Research on Escaping Poverty Trap in China's Severely Impoverished Areas

中国深度贫困地区
跨越贫困陷阱研究

蓝红星　庄天慧◎著

本书是四川省社会科学高水平研究团队“农村精准扶贫创新研究团队”的研究成果。获得四川省社会科学高水平研究团队（川社联函〔2015〕17 号）和“天府万人计划”天府社科菁英项目（川组通〔2018〕94 号）的资助。

前　言

消除贫困、改善民生、实现共同富裕，既是社会主义的本质要求，也是我们党的重要使命。党的十八大以来，以习近平同志为核心的党中央把脱贫攻坚工作纳入“五位一体”总体布局和“四个全面”战略布局，作为实现第一个百年奋斗目标的重大任务，作出一系列重大部署和安排，全面打响精准脱贫攻坚战，脱贫攻坚取得了决定性进展。同时以“三区三州”为代表的我国深度贫困地区，是全面建成小康社会、实现第一个百年奋斗目标任务最艰巨的地区，如何跨越贫困陷阱攻克深度贫困堡垒，无疑都是当前亟须深入研究和突破的重大时代命题，深入开展我国深度贫困地区跨越贫困陷阱研究，具有重要的理论价值和重大的现实意义。

本书得到四川省社会科学高水平研究团队“农村精准扶贫创新研究团队”（2015～2017 年）和“天府万人计划”天府社科菁英项目的资助。本书借鉴经济学、民族学、管理学、社会学等相关理论，紧扣“深度贫困地区跨越贫困陷阱高质量打赢脱贫攻坚战”重大时代命题，围绕深度贫困核心主题，以跨越贫困陷阱为底线目标，遵循“理论研究—实证分析—政策建议”的总体思路，理论研究与实证分析相互支撑，历史进程与目标进程有机联系，重点难点与对策建议互为呼应，提高针对性与应急性，契合紧迫的决策需求。主要内容分为六大部分：

第一部分（第一章、第二章）为理论研究。在深化深度贫困和脱贫质量时代内涵科学认识的基础上，从理论上阐明深度贫困、精准扶贫和精准脱贫互动辩证关系，借鉴贫困陷阱、多维贫困、慢性贫困、贫困治理等理论，构建了深度贫困地区跨越贫困陷阱研究理论分析框架。

第二部分（第三章、第四章）为贫困现状分析。全面分析我国深度贫困地区空间集聚及分布情况，客观总结我国深度贫困地区的贫困表征，深入剖析深陷贫困陷阱的成因机理。对我国深度贫困地区的贫困现状进行总体分析，对深度贫困地区的各个维度展开描述性分析。

第三部分（第五章、第六章、第七章）为分层多维贫困测度。立足多维贫困视角，参照“户—村—县”的逻辑思路，借鉴 A – F 多维贫困的测度方法，对我国深度贫困地区的多维贫困进行三个层面的测度，更加全面地剖析我国深度贫困地区的多维贫困状况。

第四部分（第八章、第九章）为贫困治理成效实证检验。全面深入分析了样本深度贫困地区脱贫进度、脱贫速度和脱贫程度，从脱贫环境压力（P）、状态（S）、响应（R）三个维度，综合评价深度贫困县精准脱贫进程，并对我国少数民族深度贫困地区扶贫的政策效果进行检验。

第五部分（第十章）是典型经验模式总结。客观总结我国深度贫困地区的主要做法、初步成效与基本经验，紧扣贫困退出标准，直面按期脱贫时间约束，研判深度贫困地区脱贫攻坚的特殊困难和挑战。

第六部分（第十一章、第十二章）为贫困陷阱跨越的风险应对与机制构建。前瞻性研判了面向 2020 年我国深度贫困地区如期精准脱贫面临的潜在动态和静态风险，并立足乡村振兴战略背景，探析我国深度贫困地区精准脱贫与乡村振兴的有机衔接问题。

主要研究结果表明，面向 2020 年这一关键时间节点，我国深度贫困地区脱贫攻坚已具备坚实的政治、民意和实践基础，整体脱贫进程顺利，如期精准脱贫宏观风险可控，但脱贫质量亟须提高，须防范扶贫产业市场波动、易地扶贫搬迁稳不住、金融过度负债、财政担保兜底、脱贫户返贫等潜在风险。

基于前人研究基础，本书在以下三个方面作出贡献：①深入分析了深度贫困、精准扶贫和精准脱贫三者之间的辩证关系，构建了深度贫困研究理论分析框架。系统阐述了深度贫困的内涵及表征，阐明了脱贫质量的科学内涵，丰富和发展了中国特色扶贫开发理论。②深入开展了深度贫困的系统性经验研究。从宏观和微观、历史和现实等视角，在深入剖析我国深度贫困地区面临的特殊挑战、诊断深度贫困地区脱贫攻坚重点难点的基础上，客观评价了我国深度贫困地区脱贫历史进程，厘清深度贫困地区决战决胜脱贫攻坚的基本态势和脱贫压力；实证分析了我国典型深度贫困地区脱贫进度、脱贫速度和脱贫程度，为客观判断深度贫困地区精准脱贫实现程度、科学制订攻坚方案、研判和应对潜在风险提供了重要决策参考和科学依据。③聚焦前沿问题，在理论与实践紧密结合方面取得了突破性进展。如静态动态风险视角，论证了隐性风险、显性风险及临界风险对“致贫—脱贫—返贫”的机理，提出对隐性贫困和临界贫困进行事前风险管理，针对深度贫困地区代际贫困突出的特征，提出了以关注第二代发展式扶贫为核心的新理念与新路径。

需要说明的是，四省藏区多维贫困及其治理对策研究（14XMZ006）、集中连片特困地区农村慢性贫困问题研究——以大小凉山彝区为例（12YJC790086）等前期课题研究为本书奠定了厚实基础，本书既是对研究团队多年来研究成果的总结、凝练和升华，更是针对深度贫困地区跨越贫困陷阱的特殊重要性、精准扶贫实践问题导向性、精准脱贫倒排工期紧迫性开展新探索行动的结果。限于自身水平有限、时间紧迫，研究报告难免有疏漏，敬请批评指正。

目　录

第一章　绪　论

第一节　研究背景和研究意义

一、研究背景

1. 我国脱贫攻坚取得决定性进展，但深度贫困地区攻坚任务依然艰巨

反贫困是古今中外治国理政的一件大事。消除贫困、改善民生，逐步实现共同富裕，是社会主义的本质要求，是我们党的重要使命。中国曾是世界上贫困人口最多的国家，也是世界上最早进行国家救助的国家之一。几千年来，在中华民族发展史上，扶危济困、改善民生始终是中国传统文化的内在追求。从先秦诸子百家倡导的“仁爱”“民本”“兼爱”“大同”等思想理念，到中国共产党消除贫困、改善民生的使命追求，消除贫困始终是华夏民族孜孜不倦的向往追求。中国共产党成立至今98年以来，一直把为人民谋幸福、为中华民族谋复兴作为使命，“永远把人民对美好生活的向往作为奋斗目标”①。

改革开放以来，特别是从20世纪80年代中期开始，实施有组织、有计划、大规模的扶贫开发，先后制定实施了《国家“八七”扶贫攻坚计划（1994～2000年）》《中国农村扶贫开发纲要（2001～2010年）》，2011年颁布实施《中国农村扶贫开发纲要（2011～2020年）》。党的十八大以来，习近平总书记站在全面建成小康社会、实现中华民族伟大复兴中国梦的战略高度，把扶贫开发纳入“五位一体”总体布局和“四个全面”战略布局进行部署，把贫困人口脱贫作为全

① 习近平．决胜全面建成小康社会　夺取新时代中国特色社会主义伟大胜利［M］．北京：人民出版社，2017.

面建成小康社会、实现第一个百年目标的底线任务和标志性指标，在全国范围全面打响了脱贫攻坚战，进入了决战决胜攻坚阶段，中国脱贫攻坚战取得决定性进展。

（1）取得了历史上最好的减贫绩效。自党的十八大以来，全国农村贫困人口累计减少6853万人。截至2018年，全国农村贫困人口从2012年末的9899万人减少至1660万人，减贫幅度达到80%；贫困发生率从2012年末的10.2%下降至1.7%，累计下降8.5个百分点。年均脱贫人数1373万人，是1994～2010年年均减贫人数的两倍多。贫困地区农村居民人均收入年均实际增10.7%。2013～2017年，贫困地区农村居民人均可支配收入年均名义增长12.4%，扣除价格因素，年均实际增长10.4%，实际增速比全国农村平均水平高2.5个百分点。2017年贫困地区农村居民人均可支配收入是全国农村平均水平的69.8%，比2012年提高7.7个百分点，与全国农村平均水平的差距进一步缩小。住钢筋混凝土房或砖混材料房的农户占57.1%，自然村通电率接近100%，通电话率98.2%，贫困县数量实现了首次减少，2016年有28个贫困县脱贫“摘帽”，2017年125个贫困县脱贫“摘帽”。

（2）显著加快了贫困地区发展。贫困地区特色优势产业迅速发展，旅游扶贫、光伏扶贫、电商扶贫等新业态从无到有、从小到大，快速发展。生态扶贫、易地搬迁扶贫、退耕还林等明显改善了贫困地区生态环境改善，奠定了实现生态保护和扶贫脱贫有机结合的基础。前所未有的大规模、高强度集中投入，促进了贫困地区农村基础条件的明显改善和公共服务水平的明显提升。精准识别、精准帮扶、精准管理、精准退出等精准扶贫方略实施，明显提高了贫困地区基层治理能力和管理水平。

（3）展现了以精准扶贫为核心的贫困治理体系的巨大国际价值。一是以实施综合性扶贫策略回应发展中国家扶贫问题的复杂性和艰巨性；二是发挥政府在减贫中的主导作用以回应全球经济增长带动减贫弱化的普遍趋势；三是中国在实践中逐步形成，并经过大规模实践检验的自上而下、分级负责、逐级分解与自下而上、村民民主评议相结合的精准识别机制，为有效解决贫困瞄准这一世界难题提供了科学方法。联合国秘书长安东尼奥·古特雷斯（António Guterres）在致“2017减贫与发展高层论坛”贺信中，高度评价中国精准扶贫成就，称赞“精准减贫方略是帮助贫困人口、实现《2030年可持续发展议程》宏伟目标的唯一途径。中国已实现数亿人脱贫，中国的经验可以为其他发展中国家提供有益借鉴”。[①] 联合国粮农组织减贫项目官员安娜·坎波斯表示：“中国在减贫领域取得

① 中共国务院扶贫办党组．脱贫攻坚砥砺奋进的五年［EB/OL］．http：//cpc.people.com.cn/n1/2017/1017/c414305－29590538.html.

巨大成果是因为政府始终把扶贫工作摆在重要位置，并且在扶贫方面有清晰的目标。中国在减贫领域为其他国家树立了榜样。”法国著名经济学家米歇尔·阿列塔（Michel Aglietta）指出：“中国的扶贫成功经验值得推广学习。”精准扶贫方略是解决全球贫困问题的有效路径，成为国际社会的共识。脱贫攻坚不仅成为中国特色道路自信、理论自信、制度自信、文化自信的生动写照，而且也成为全球反贫困事业的亮丽风景。

同时也要看到，我国脱贫攻坚任务依然十分艰巨。2018 年底，全国农村贫困人口还有 1660 万人，如期实现脱贫攻坚目标平均每年需要减少贫困人口近 830 万人，目前来看，脱贫攻坚的重点和难点都在深度贫困地区。因此，如何在现有精准扶贫政策体系下，针对深度贫困地区人口特征，破解深度贫困难题，成为当前脱贫攻坚的主攻方向（如表 1 –1 所示）。

表 1 –1　按现行农村贫困标准衡量的农村贫困状况

年份	贫困发生率（%）	贫困人口规模（万人）
1978	97.5	77039
1980	96.2	76542
1985	78.3	66101
1990	73.5	65849
1995	60.5	55463
2000	49.8	46224
2005	30.2	28662
2010	17.2	16567
2014	7.2	7017
2015	5.7	5575
2016	4.5	4335
2017	3.1	3046
2018	1.7	1660

资料来源：历年《中国农村贫困监测报告》。

2. 聚焦深度贫困地区，坚决打好精准脱贫攻坚战是党的十九大提出的三大攻坚战之一

精准脱贫是党的十九大报告提出的三大攻坚战中对全面建成小康社会最具有决定性意义的攻坚战。党的十九大提出，“要坚决打好防范化解重大风险、精准脱贫、污染防治的攻坚战”，即“打好三大攻坚战”，首次提出了“打好精准脱

贫攻坚战”，虽然从“打赢”到“打好”只是一字之差，但却对下一步的扶贫脱贫工作提出了更高的要求，这既是顺应高速经济增长向高质量发展转变的需要，又是提升脱贫质量的需要。从目前情况来看，深度贫困是影响和决定实现2020年脱贫目标的关键因素，只有妥善解决深度贫困问题，才能保证所有贫困人口如期脱贫。当前和未来的扶贫脱贫重点和难点就是：

（1）深度贫困人口总量大且比重越来越大。伴随脱贫攻坚的深入，一些贫困程度相对较轻家庭，在国家政策的帮扶下，率先实现脱贫，剩下的贫困人口，大部分属于深度贫困人口。其中，因病致贫大约有2000万贫困人口，生活在“一方水土不能养活一方人”的地区大概有300万人，其他类型的贫困人口约200万人。如此大的深度贫困人口规模，严重影响着2020年脱贫目标任务实现进度和程度，也决定了我国未来脱贫重点和难点发生了新变化。

（2）深度贫困人口致贫原因复杂，传统的脱贫模式效果降低。精准扶贫以来，围绕脱贫的具体路径，中央曾提出“五个一批”，主张分类实施、精准施策。但深度贫困人口往往是多种致贫原因交织的结果，互相作用，很难用常规的、单一的某个“一批”的模式去脱贫，需要超常规的“组合拳”，这对脱贫攻坚本身就是一个挑战。例如，一些深度贫困人口既无产业，又无就业能力，又有严重的疾病，还存在子女教育问题且居住于自然灾害较为恶劣地区，很难用传统的扶贫模式对其进行脱贫，这就需要创新脱贫模式。

（3）深度贫困人口比较脆弱，脱贫稳定性不高。即使脱贫，返贫现象也比较突出，在一定程度上削弱了减贫的整体效果。深度贫困人群和贫困地区的最大特点是脆弱性强，不仅表现为经济脆弱性，且表现在社会关系脆弱性和自然环境资源脆弱性。在目前国家强力推动的脱贫攻坚目标任务刚性约束和严格考核监察下，就会出现为了实现任务目标而更愿意选择一些见效快的短期帮扶项目，这样即使有些贫困家庭和贫困村可能很快达到脱贫标准，但也由于这种脆弱性而很快出现返贫现象。实际上，深度贫困人口因病、因灾、因学返贫人口众多。

（4）多维贫困慢性贫困等现象较为普遍。深度贫困地区处于生态性贫困、经济性贫困、知识性贫困、制度性贫困共存的多维度贫困状态。深度贫困地区不合理的资源开发利用、不适宜的生产经营活动导致生态环境持续恶化、农业生产力水平降低，农牧民生产生活日益困难而形成生态性贫困；深度贫困地区单一的农牧业生产结构、广种薄收式的粗放型经营模式等因素导致水土流失、土地退化，农牧业产量低且不稳定，农牧民处于经济性贫困的状态；深度贫困地区农牧民文化水平低、思想观念落后、劳动力技能缺乏、市场意识淡薄，处于知识性贫困的状态，进而加剧了生活的贫困；城乡二元制度并存、社会保障制度供给不足、农村土地制度不完善等制度缺陷导致了制度性贫困。多种贫困状态并存，加剧了深度贫困地区反贫困的复杂性。

因此，在新的历史时期，按照中央加大扶贫开发力度，提高扶贫开发质量和水平的要求，在全面推进脱贫攻坚的同时，把推进深度贫困地区脱贫攻坚作为重点，瞄准最困难群体，创新工作思路和举措，集中力量打一场攻坚战，帮助深度贫困群体尽快摆脱贫困势在必行。这是统筹城乡、区域协调发展的重要内容，是贯彻落实科学发展观的重大举措，是巩固党的执政基础的必然选择，确保全面小康“少数民族一个都不能少”“任何地区都不能掉队”。

3. 打赢打好脱贫攻坚战，是民族地区深化精准扶贫精准脱贫战略的必然要求

民族地区与全国同步全面建成小康社会，重点在农村，难点在“四大片区”，尤其是藏区彝区等深度贫困地区。深入系统开展深度贫困地区精准脱贫研究，既是深入贯彻习近平总书记在深度贫困地区脱贫攻坚座谈会上的重要讲话和党的十九大精神，也是持续推进深度贫困地区脱贫攻坚，坚决夺取深度贫困地区脱贫攻坚全面胜利，确保到2020年深度贫困地区与全国同步全面建成小康社会的客观要求。在全面建成小康社会的决战决胜期，在必须限期脱贫、精准脱贫的刚性约束条件下，对我国脱贫攻坚任务繁重的深度贫困地区的坚决打赢脱贫攻坚战的先进经验、成功模式进行总结提炼，深入分析深度贫困地区的贫困程度动态变化，实证检验帮扶措施有效性，研判面向历史和目标脱贫进程，评估如期脱贫面临潜在风险，确保攻克深度贫困堡垒，是民族地区深化精准扶贫精准脱贫战略的必然要求。

二、研究意义

1. 有利于为2030年可持续发展议程贡献中国智慧和中国方案

贫困是困扰世界各国的难题，努力消除贫困更是各国必须承担的历史责任。随着经济全球化的推进，全球贫困问题逐渐成为影响和抑制世界经济稳步发展的重要因素。减少贫困、根除贫困不仅是国际组织长期关注的重点，也是各国政府致力解决的首要任务。2000年9月，联合国召开会议，189个国家共同签署了《联合国千年宣言》，庄严承诺：“我们将不遗余力地帮助我们十亿多同胞摆脱目前凄苦可怜和毫无尊严的极端贫困状况。”联合国2015年后发展议程提出了17个可持续发展目标，排在第一位的目标是消除贫困和饥饿，促进经济增长，其中，第一个衡量指标是，“到2030年，在世界所有人口中消除极端贫困”。

深入探究我国深度贫困地区脱贫攻坚的实践及经验可以为发展中国家更有效地治理贫困提供借鉴和参考。我国在实践中逐步形成，并经过大规模实践检验的自上而下、分级负责、逐级分解与自下而上、村民民主评议相结合的精准识别机制，为有效解决贫困瞄准这一世界难题提供了科学方法。作为人类命运共同体的

主要推动者和建设者，解决深度贫困地区脱贫问题，是我国为实现联合国提出的“到 2030 年，在世界所有人口中消除极端贫穷”这一目标提供基础性支撑的大国担当。探索深度贫困地区脱贫路径和制度创新，是为世界解决极端贫困和区域性整体贫困提供我国方案、贡献我国经验，彰显新时代大国责任的客观要求。

2. 有利于促进我国民族地区繁荣发展、团结稳定和长治久安

我国的深度贫困人口主要分布在民族地区。党的十八大提出了“确保到 2020 年实现全面建成小康社会宏伟目标”。这一目标事实上内在地隐含着，到 2020 年要在全国范围内全面建成小康社会，其中，包括民族地区等特殊区域。但是，从民族地区的发展实际来看，民族地区与全国相比存在较大的差距，与东部发达地区相比差距则更加明显，而且民族地区脱贫攻坚任务仍然艰巨。这些问题在很大程度上影响民族地区实现全面建成小康社会的目标，制约着民族地区与全国同步实现小康。由于历史原因，民族地区的发展明显落后，如果不加快民族地区的发展，就很难实现真正意义上的民族团结和平等。

深度贫困地区既是我国民族集中聚居的地区，也是我国贫困人口最集中的地区之一。同时，“三区三州”地区是国家特困连片地区覆盖面最广，贫困深度、强度最为严重的地区，集革命老区、边疆山区、民族聚居区、生态脆弱区、连片贫困区为一体的特殊地区，其面临的贫困和反贫困问题直接关系到我国缩小地区发展差距、构建和谐社会等重大战略的推进。因此，研究如何加快深度贫困地区发展步伐，实现民族地区与全国同步建成小康社会目标，对于实现中央提出的到 2020 年实现全面建成小康社会宏伟目标具有重要意义。

3. 有利于进一步提高脱贫质量，确保深度贫困地区按时打赢打好精准脱贫攻坚战

由于深度贫困地区的特殊历史、自然地理、经济及社会文化因素，存在贫困面广、贫困程度深、减贫速度慢、减贫成本高及脱贫任务重等困难，是当前及未来脱贫攻坚的主战场，更是我国全面建成小康社会建设的关键。摸清深度贫困地区的贫困根源及面临的挑战是下一步制定深度贫困地区精准脱贫的前提。当前阶段，我国对深度贫困地区的特殊性认识不够，导致扶贫脱贫措施针对性不强，一些地方脱贫效果不明显；对民族传统文化重视不够，忽视了少数民族文化的传承保护和发展；精准扶贫精准脱贫资金缺口还相对较大；深度贫困人口适应现代社会生存发展的能力较弱。

因此，深入研究深度贫困地区的空间分布特征、脱贫攻坚的困难和挑战以及历史进程（主要做法、初步成效与基本经验）、目标进程（脱贫进度、脱贫速度和脱贫程度），有利于提升我国深度贫困地区的脱贫质量，构建稳定脱贫长效机制，对我国按时打赢打好精准脱贫攻坚战、同步建成小康社会具有重要的现实意义。

第二节 研究目标

揭示我国深度贫困地区的贫困空间分布与致贫机理，剖析深度贫困地区的贫困现状、实践经验与政策效果检验，探明影响深度贫困地区脱贫进程的关键因素，并立足慢性贫困和多维贫困的视角，凝练深度贫困地区脱贫攻坚的现实路径、典型经验，探讨深度贫困地区脱贫攻坚的路径选择、机制构建与制度安排，为深度贫困地区的脱贫攻坚、确保同步建成小康社会，提供具有科学性、前瞻性和应用性的决策依据和政策建议。

第三节 研究思路与主要内容

本书紧扣深度贫困这一核心主题，重点围绕“深度贫困地区如期打赢打好精准脱贫战”重大实践前沿问题，遵循“理论研究—实证分析—政策建议”的总体思路，理论研究与实证分析相互支撑，历史进程与目标进程有机联系，重点难点与对策建议互为呼应，提高针对性与应急性，契合紧迫的决策需求，研究技术路线如图 1－1 所示。

主要研究内容分为六大部分，具体如下：

第一部分为理论研究。在深化深度贫困和脱贫质量时代内涵科学认识的基础上，从理论上阐明深度贫困、精准扶贫和精准脱贫互动辩证关系，借鉴贫困陷阱、多维贫困、慢性贫困、贫困治理等理论，构建了深度贫困研究理论分析框架。

第二部分为贫困现状初探。全面分析我国深度贫困地区空间集聚及分布情况，客观总结了我国深度贫困地区的贫困表征，深入剖析了陷入深度贫困的成因；对我国深度贫困地区的贫困现状进行总体分析，对深度贫困地区的各个维度展开描述性分析。

第三部分为多维贫困测度。立足多维贫困视角，参照“户—村—县”的逻辑思路，借鉴 A－F 多维贫困的测度方法，对我国深度贫困地区的多维贫困进行三个层面的测度，更加全面地剖析我国深度贫困地区的多维贫困状况。

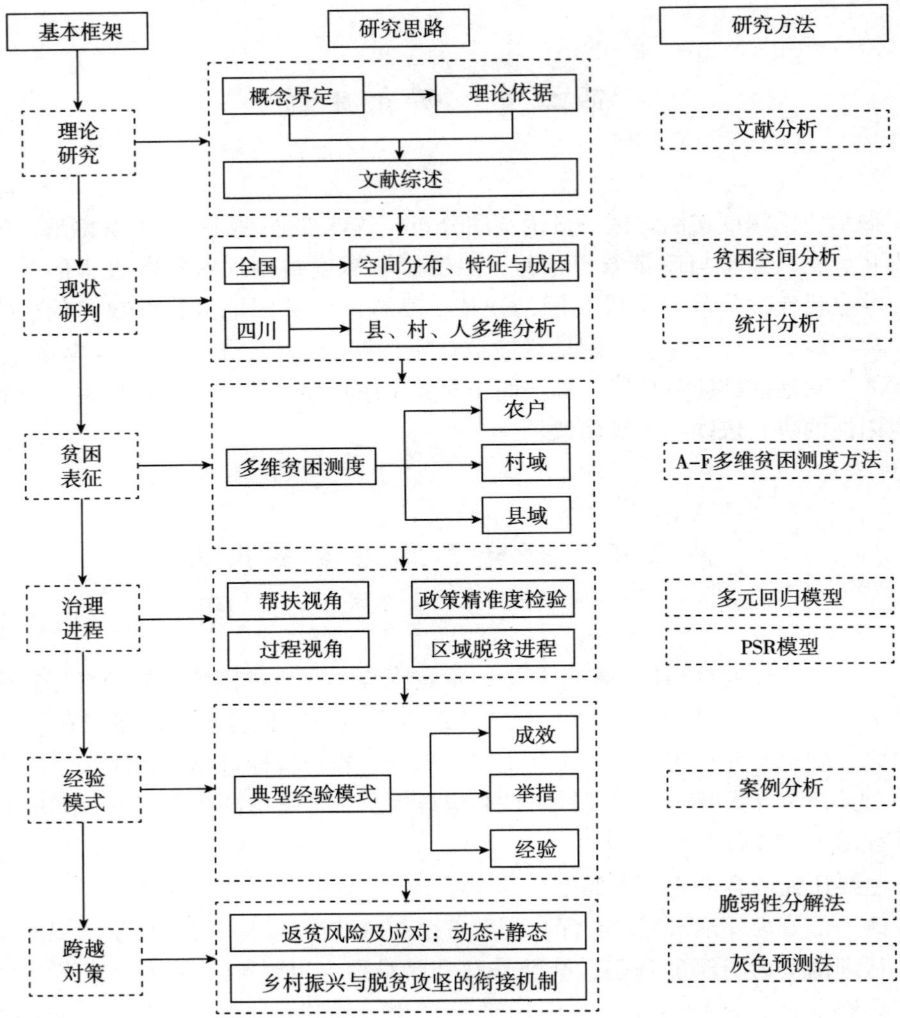

基本框架
研究思路
研究方法

理论研究
概念界定
理论依据
文献综述
文献分析

现状研判
全国
空间分布、特征与成因
四川
县、村、人多维分析
贫困空间分析
统计分析

贫困表征
多维贫困测度
农户
村域
县域
A-F多维贫困测度方法

治理进程
帮扶视角
政策精准度检验
过程视角
区域脱贫进程
多元回归模型
PSR模型

经验模式
典型经验模式
成效
举措
经验
案例分析

跨越对策
返贫风险及应对：动态+静态
乡村振兴与脱贫攻坚的衔接机制
脆弱性分解法
灰色预测法

图1-1　研究技术路线

第四部分为贫困治理进程。全面深入分析了四川深度贫困地区脱贫进度、脱贫速度和脱贫程度，从脱贫环境压力（P）、状态（S）、响应（R）三个维度，综合评价了深度贫困县精准脱贫进程；对我国少数民族贫困地区扶贫的政策效果进行检验。

第五部分是典型经验模式总结。客观总结我国深度贫困地区的主要做法、初步成效与基本经验，紧扣贫困退出标准，直面按期脱贫时间约束，研判深度贫困地区脱贫攻坚的特殊困难和挑战。

第六部分为贫困陷阱跨越的风险应对与机制构建。前瞻性研判了面向2020年我国深度贫困地区如期精准脱贫面临的潜在动态和静态风险，并立足乡村振兴战略背景，提出我国深度贫困地区精准脱贫与乡村振兴的有机衔接机制。

总体来说，本书对深度贫困地区脱贫进程展开研究，在从整体上把握我国，尤其是深度贫困地区脱贫进程的现状基础上，既包括立足现状、面向历史的区域贫困程度动态变化分析、帮扶措施有效性检验，也包括着眼未来关键时间节点、达成预期目标的脱贫程度综合评价、风险评估及其影响因素分析。

一、数据来源

1. 实地调查数据

本书主要成员长期专注减贫研究，先后主持“四省藏区多维贫困及其治理对策研究（14XMZ006）”“推进西南民族地区森林碳汇扶贫的政策研究（15BJY093）”等国家社科基金项目，教育部人文社科项目“集中连片特困地区农村慢性贫困问题研究——以大小凉山彝区为例（12YJC79086）”等研究项目，在积累了大量前期研究成果基础上，以西南减贫与发展研究中心为依托，组建了四川省社会科学高水平研究团队“农村精准扶贫创新研究团队（2015～2017年）”，承担了四川省社会科学规划重点项目“多维贫困视域下四川藏区贫困治理策略研究（SC14A013）”、四川省扶贫开发局2017年度重点项目“贫困户脱贫后长效增收机制研究”。先后多次深入四川省32个深度贫困县、87个乡（镇）、224个贫困村实地调研，对5200余农户、500余名扶贫相关部门工作人员及乡镇干部、驻村干部、村干部进行了问卷调查、座谈交流或深度访谈，取得了第一手调查数据资料。

2. 公开数据和扶贫部门统计数据

本书采用了公开出版的《中国农村贫困监测报告》（2011～2017）、《中国统计年鉴》（2011～2017）、《中国县域统计年鉴》（2011～2017）、《四川省国民经济和社会发展统计公报》（2011～2017）、《四川统计年鉴》（2011～2017）、《四川农村年鉴》中的市（州）、县（市、区）统计数据、《中国农村扶贫开发纲要（2011～2020年）》、四川省扶贫和移民工作局和甘孜藏族自治州、阿坝藏族羌族自治州、凉山彝族自治州等相关市州部分统计、扶贫开发建档立卡数据及相关政府工作报告、研究报告、报刊及互联网数据。

二、研究方法

1. 规范研究与实证研究相结合

对中国深度贫困地区空间分布特征及成因、四川省深度贫困地区脱贫攻坚的实践经验与挑战、脱贫政策效果检验等主要采取规范分析，为推动四川省精准脱贫提出了具体措施与政策建议；注重实证研究对理论研究的充实和支撑，侧重地对四川省深度贫困地区多维贫困、慢性贫困、脱贫进程与风险等问题开展专题实证研究，提出针对性、可操作性强的决策参考与政策建议。

2. 定性研究与定量研究相结合

综合运用经济学、民族学、社会学、统计学等多学科领域的最新研究成果和研究方法。注重以定性分析统领定量分析，采用了系统分析法、结构分析法、比较分析和案例分析法等定性分析方法，在强调描述性统计分析的同时，根据理论假说，运用了 DEA、Logistic、结构方程模型等多种计量分析方法和 SPSS、Stata、Eviews 等多种数据分析软件。

3. 理论研究与政策研究相结合

坚持边研究、边实践、边总结、边提升，及时将研究成果形成《重要成果专报》送交有关政府部门，作为制定深度贫困地区精准扶贫精准脱贫、贫困退出验收考核第三方评估等政策制定的决策依据。

第四节　研究创新与不足

一、研究创新

与当前国内外同类研究综合比较，本书在学科交叉、系统性、前瞻性等方面具有鲜明特色，创新性集中体现在：

第一，深入分析深度贫困、精准扶贫和精准脱贫三者之间的辩证关系，构建了深度贫困研究理论分析框架。吸收并借鉴多维贫困、慢性贫困、贫困陷阱、贫困治理等前沿理论，深入辨析了精准扶贫、精准脱贫和深度贫困之间的理论实践逻辑，系统阐述深度贫困的内涵及表征，阐明脱贫质量的科学内涵，为我国深度贫困地区脱贫攻坚实践工作提供了理论指导和科学依据，丰富和发展中国特色反贫困理论。

第二，率先深入开展深度贫困的系统性经验研究。从宏观和微观、历史和现实等视角，在深入剖析深度贫困地区特殊挑战，诊断深度贫困地区脱贫攻坚重点难点基础上，全面分析深度贫困地区脱贫历史进程，厘清脱贫攻坚的基本态势和脱贫压力；深入分析深度贫困地区脱贫进度、脱贫速度和脱贫程度，为客观判断深度贫困地区精准脱贫实现程度、科学制订攻坚方案、研判和应对潜在风险提供

重要决策参考和科学依据。

第三，聚焦前沿问题，在理论与实践紧密结合方面取得突破性进展。例如，静态动态风险视角，论证隐性风险、显性风险及临界风险对“致贫—脱贫—返贫”的机理，提出对隐性贫困和临界贫困进行事前风险管理；针对深度贫困地区脱贫攻坚基本态势，提出深化精准扶贫“五大统筹”思路；针对深度贫困地区脱贫攻坚主要挑战，提出防范五大潜在风险建议；针对深度贫困地区代际贫困突出的特征，提出以关注第二代发展式扶贫为核心的新理念与新路径。

二、研究不足

由于深度贫困地区实地调研相对困难、部分统计数据缺失等多种无法克服的原因，研究中存在以某一时间段或局部区域的贫困和扶贫状况，来反映我国深度贫困地区总体状况的问题，研究结果与整体状况难免存在差异，研究结论尚需实践检验；跨越贫困陷阱问题是当前理论和实践领域均亟待研究和解决的重大课题，还有许多问题值得深入研究，特别是随着精准扶贫实践的深入，脱贫攻坚中面临的新问题也将层出不穷，仍然需要多学科、跨领域的专家学者、政策制定者和落实者广泛参与，不断开展进一步的研究和成果分享，为样本地区深度贫困县乃至全国深度贫困地区高质量打赢脱贫攻坚战、同步建成全面小康社会作出积极贡献。

第二章　理论基础与文献回顾

第一节　概念界定

一、贫困

人类对贫困的认识是一个随着人类发展而不断演进的过程。经济学视角认为，贫困是福祉被剥夺，即个人或家庭没有足够的收入满足其基本需要。因而，收入支持政策是反贫困政策的主要工具。社会学视角认为，贫困是一种社会排斥现象。强调个体与群体的隔裂，特别是老、弱、病、残等弱势群体，没有充足的公民权利参与经济和社会活动。因而，社会包容政策是反贫困政策的主要工具。发展学视角认为，从收入定义贫困来看，强调了收入的工具性作用，忽视了促进人类发展的真正目的。而发展是拓展人类有理由珍视的真实自由。贫困的原因是由于个体或家庭的基本可行能力不足。基本可行能力包括公平地获得就业、教育、健康、社会保障、安全饮用水、卫生设施等促进人类体面地生活的基本需要，甚至包括主观感受。因而，从多维度视角促进人的能力提升是反贫困政策的核心内容。从政治学视角，主要有两类典型观点：一类是马克思的阶段理论，贫困是资产阶级对无产阶级的剥夺。消除贫困的核心思想是无产阶级革命。另一类是阿玛蒂亚·森的权利理论。贫困是由于生产、交易、流动等基本权利缺乏造成的，反贫困政策的核心应该是赋予公民权利（如图2－1所示）。

1. 经济学视角：收入/消费贫困和资产贫困

所谓收入贫困，是指收入或消费达不到一定标准或数量的状态。《韦氏大学生词典》将贫困解释为“是一个人缺乏通常的或社会可接受的货币量或物质财富的状态”。这个定义包含两个重要思想，一是界定贫困的标准是“通常的或社

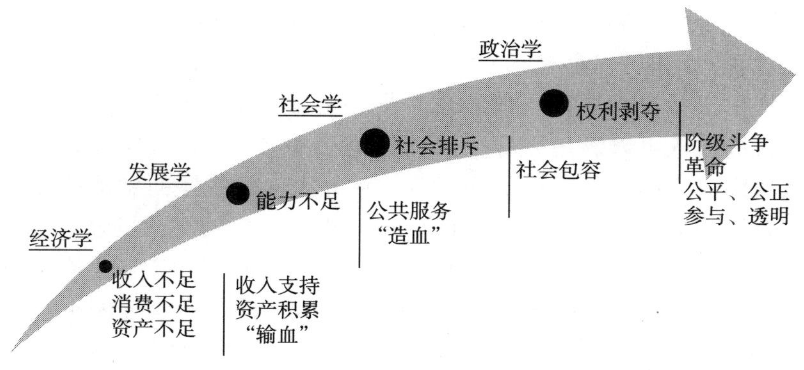

图 2-1 贫困内涵演进

会可接受的"；二是界定贫困的载体是"货币量或物质财富"。这一界定方法源自英国学者 Benjamin Seebohm Rowntree 在 1901 年出版的《贫困：城镇生活研究》一书中提出："如果一个家庭的总收入不足以支付仅维持家庭成员生存需要的最低量生活必需品的开支，那么这个家庭就基本陷入贫困之中。"在他的定义中，强调从收入（或支出）的角度来判断是否贫困。因此，这种贫困通常被称为收入贫困（Income Poverty），是在 20 世纪 70 年代以前占主流的贫困界定方式，同时也是当今包括中国在内的很多发展中国家政府对贫困的界定方式。例如，国家统计局农村社会经济调查总队将贫困定义为"个人或家庭依靠劳动所得和其他合法收入不能维持其基本的生存需求"；叶普万将贫困定义为"物质生活困难，即一个人或一个家庭的生活水平达不到一种社会可接受的最低标准。他们缺乏某些必要的生活资料和服务，生活处于困难境地"①。

Benjamin Seebohm Rowntree 的贫困概念是与生理上最低需要相联系的，低于这个需要，人就不能正常成长和生活，因此，这种贫困又被称为绝对贫困（Absolute Poverty），它强调一种最低的生活水平，而不是生活的标准②。此后，美国学者 Lloyd G. Reynolds 和英国学者 Pete Alcock 对绝对贫困的内涵有更细致的描述③。按照 Michael P. Todaro 和 Stephen C. Smith 的理解，绝对贫困应该是不存在国界的，和国家的人均收入无关④。但更多的学者对此提出质疑：一是因为不同

① 叶普万．贫困概念及其类型研究述评［J］．经济学动态，2006（7）：124-127.

② Rowntree B. S.，Hunter R. Poverty：A Study of Town LIFE［J］．Charity Organisation Review，1902，11（65）：260-266.

③ 陈健生．生态脆弱地区农村慢性贫困研究［D］．西南财经大学博士学位论文，2008.

④ Todaro，M. P.，Smith，S. C. Economic Development［M］．New Jersey：Prentice Hall，2011.

的身体条件、气候条件和工作习惯会引起最低支出水平存在差距，进而使其最低需求量（收入）不同[①]，存在国别差距；二是贫困不仅取决于该个体拥有多少收入，还取决于社会中其他人的收入水平。美国经济学家 Galbraith 指出，“即使一部分人的收入可以满足生存需要，但是当明显低于当地其他人的收入时，他们也是贫困的，因为他们得不到当地大部分人认可的体面生活所需要的基本条件”。因此，他们提出相对贫困（Relative Poverty）的概念，强调人们生活水平的相对性和差距性。世界银行（1996 年）将相对贫困定义为某人或家庭与本国平均收入的比值，如将贫困线划定为平均收入的一半或分配额的40%，相对贫困线随着平均收入的变化而变化[②]。这个定义体现了相对贫困概念的动态性。

尽管从收入视角来看，相对贫困较绝对贫困更有意义，它不仅定义社会人群的不同状态，还呼唤人们关注社会公平，但在实践中，政府等机构往往最终采用绝对贫困线作为划分依据。在中国，官方惯用收入来定义和衡量贫困，按照收入贫困线来区分人群。2008 年以前，有全国性的绝对贫困和相对贫困（低收入）两条线；2008 年以后，“两线合一”，用统一的贫困收入线标准来确定贫困人口。

随着社会发展和人们生活水平的提高，我国收入贫困线也会不断提高。换句话说，在一段时期和一定地区内，绝对贫困是可以消除的，但相对贫困是永远存在和无法消除的。有研究发现，在农村贫困地区扶贫过程中存在绝对贫困线不能完全覆盖贫困者，建立相对贫困线有利于在贫困新形势下精准识别贫困户，从而有效遏制扶贫资源分配中精英捕获的瓶颈[③]。因此，提出重视相对贫困问题，设定“相对贫困线”为贫困度量的另一把尺子，以便有效促进贫困人口增收脱贫[④]。当前，我国东部一些发达地区，已经解决了温饱和生存问题，部分人群面临的是出行难、就医难、上学难、住房难等问题，以及增加收入困难、与社会平均收入水平差距拉大的问题，进入了相对贫困的阶段。

2. 发展学视角：能力贫困

能力贫困（Capability Poverty）是诺贝尔经济学奖获得者 Sen 于 20 世纪 70 ~ 90 年代末在一系列论著中提出的能力贫困观的核心概念。他认为，“贫困不是单

---

① ［印］阿玛蒂亚·森．贫困与饥荒［M］．王宇，王文玉译．北京：商务印书馆，2001.

② 世界银行．贫困与对策［M］．陈胜华等译．北京：经济管理出版社，1996.

③ 刘欢．从绝对到相对转变视域下的中国农村脱贫新探析——基于精准扶贫背景的分析［J］．软科学，2017，31（5）：11 -15.

④ 陈宗胜，沈扬扬，周云波．中国农村贫困状况的绝对与相对变动——兼论相对贫困线的设定［J］．管理世界，2013（1）：67 -77.

纯由低收入造成的，很大程度上是由基本能力缺失造成的"，贫困的真正含义是贫困人口创造收入的能力和机会的贫困。Sen 所说的能力在我国译为"可行能力"，它是"一种自由，是实现各种可能的功能性活动组合的实质自由"①，是与生活内容相关联的一个集合（能力集）②，包括教育、健康、营养等。为什么要从能力角度定义贫困呢？Sen 认为，在分析社会公正时，个人的利益，也就是个人有实质性的自由去选择他认为有价值的生活的能力，是非常重要的。

Sen 的能力贫困观点得到广泛认同，联合国开发计划署在 1996 年的《人类发展报告》中正式引入能力贫困的概念，用三个非收入指标（健康、识字、生育）来度量能力贫困，并在随后两年的《人类发展报告》中进一步提出人类贫困指数（Human Poverty Index，HPI）HPI—1 和 HPI—2，与人类发展指数（HDI）共同从三个维度反映各国发展情况。世界银行也在随后的《世界发展报告》中提出贫困人口的能力问题，并将"能力"引申到"机会"和"权利"层次，丰富了贫困的内涵。国际学术界还成立了"人类发展与可行能力协会"（Human Development and Capability Association，HDCA）、"能力和可持续性中心"（Capability and Sustainability Centre，CSC）、剑桥大学的圣艾德蒙德学院等研究机构，专门研究贫困人口的能力提高问题。这些研究大体可归为两类：一类是用"可行能力方法"（Capability Approach）对发展中国家的贫困、发展相关问题展开广泛研究，侧重对可行能力含义的扩展和运用；另一类是对可行能力的影响因素，特别是权利和制度安排的研究。例如，Binswanger 指出，发展中国家某些政策和制度降低了农民（尤其是其中的穷人和妇女）的发展能力③，因此，制度环境的改进对增强农民自我发展能力至关重要。

国内学者是在研究贫困成因过程中引入能力问题的。王小强和白南风在《富饶的贫困》中较早提出"素质贫困论"④，曾引起广泛关注。此后，从"自我发展能力"角度研究贫困问题的路径可分为两条：一是以某一贫困地区为对象，例

① ［印］阿玛蒂亚·森．以自由看待发展［M］．任赜，于真译．北京：中国人民大学出版社，2002.

② ［印］阿玛蒂亚·森．论经济不平等［M］．王利文，于占杰译．北京：社会科学文献出版社，2006.

③ Binswanger H. P. Empowering Rural People for Their Own Development［J］. Agricultural Economics，2007，37（1）：13－27.

④ 王小强，白南风．富饶的贫困［M］．成都：四川人民出版社，1986.

如，郑长德、李豫新和张争妍、宋铁对民族地区的自我发展能力展开探讨①②③，认为“区域自我发展能力”是一个区域的自然生产力和社会生产力的总和，是对一个区域自然资本、物质资本、人力资本和社会资本积累状况的整体描述，民族地区的精准扶贫要从区域层面进行。二是以贫困人口为对象，认为自我发展能力就是“贫困人口运用所学知识、技能，获取社会资源、利用社会资源，实现自身价值的能力”④。王春萍、王瑜和汪三贵、潘明明等对我国农村贫困人口的自我发展能力建设展开讨论⑤⑥⑦，主张通过教育、医疗、劳动力迁移和人口规模控制与结构调整提升农村劳动力文化、身体素质和务工技能，实现贫困人口自我发展能力提升。

3. 社会学视角：社会排斥

从经济学视角定义贫困，强调了收入的重要性，但是忽视了个体或家庭所处的社会环境和不利的社会因素。为了更加充分地理解贫困，社会学家从个人或家庭在社会中处于社会弱势（Social Disadvantage）的分析角度，将贫困区分为剥夺（Deprivation，Missing Out）和社会排斥（Social Exclusion，Left Out）。剥夺这一概念主要用于识别谁是穷人并帮助设定贫困线，例如，测量收入贫困。相应地，社会排斥主要用于识别那些被排斥在福利制度之外的人及不能够参与到社会和经济活动中的人⑧。

社会排斥的对象是具有层次性的，但是社会排斥所导致的社会问题却是综合性的，社会成员在某一个层面遭受的排斥，往往会导致他在另一层面也遭受到排斥。由于社会排斥并不仅仅是一个结果，更强调是一种过程，如果把这一过程延伸，我们将看到社会排斥在代际间的传递。一个家庭的社会资本、经济资本、文化资本等方面都是决定着他能否向上流动及向上流动程度的关键性因素。对于一个遭遇社会排斥的家庭来说，因其在各个方面或多或少都处于匮乏状态，其后代

---

① 郑长德．中国民族地区自我发展能力构建研究［J］．民族研究，2011（4）：15－24.

② 李豫新，张争妍．西部民族地区自我发展能力测评及影响因素分析［J］．广西民族研究，2013（3）：161－169.

③ 宋铁．民族地区自我发展能力与跨越式发展对策研究［J］．贵州民族研究，2015（7）：138－141.

④ 杨科．论农村贫困人口的自我发展能力［J］．湖北社会科学，2009（4）：61－64.

⑤ 王春萍．可行能力视角下城市贫困与反贫困研究［M］．西安：西北工业大学出版社，2008.

⑥ 王瑜，汪三贵．农村贫困人口的聚类与减贫对策分析［J］．中国农业大学学报（社会科学版），2015，32（2）：98－109.

⑦ 潘明明，李光明，龚新蜀．西部民族特困区农村人力资源开发减贫效应研究——以南疆三地州为例［J］．人口与发展，2016，22（2）：72－81.

⑧ Saunders P.，Naidoo Y.，Griffiths M. Towards New Indicators of Disadvantage：Deprivation and Social Exclusion in Australia［J］. Australian Journal of Social Issues，2008，43（2）：175－194.

向上流动的资本严重缺乏，因而遭遇排斥的可能性是大大地高于正常家庭后代的。

弱势群体因其经济层面的原因而导致他们无法在参与政策的制定时发出自己的声音，同样，因为政治上的无权而无法得到经济上、文化上、教育上的诸多保障。经济弱势、政治弱势、文化弱势互相转化，层层强化，弱势群体的生活就陷入了一种不良循环，如果对这种情况不加任何干涉的话，随着社会的发展进步，他们与强势群体或一般社会群体的差距就会越来越大，这部分人将被社会抛得越来越远。

贫困和剥夺的概念，使人们更加关注现象本身，而社会排斥概念使人们更加关注现象的本质或原因。从这个意义上来讲，社会排斥概念的提出和广泛应用，是人类社会对贫困现象认识的一次理论升华。贫困和剥夺更多地让人们与经济资源的不足相联系，而社会排斥则更容易让人联想到政治、经济、文化和社会制度。

4. 政治学视角：权利贫困

自20世纪90年代以来，学者从政治视角进一步拓展贫困研究，提出“权利贫困”（Entitlement Poverty）的概念。大多数学者认为，从经济资源角度看待贫困，看到的只不过是一种表象，同样，从个人能力角度审视贫困仅是拓展贫困的内涵，导致贫困的深层次原因应该是政治权利和社会权利的缺失。因此，权利贫困是更深层次的贫困，既是导致收入贫困的原因，也是能力贫困的延伸；当人们的物质生活提高到一定水平后，权利贫困就显示出其重要意义和作用。

权利贫困概念的提出与Sen有关。他在论述“可行能力”时提及，“它可能因基本权利被剥夺、受社会排斥、丧失机会等而造成缺失”，因而，能力贫困的深层次原因是“权利贫困、机会缺失”①。此后，一些学者将脆弱性（Vulnerability）、风险（Risk）和发言权等引入其中，形成了富含政治意义的权利贫困概念。洪朝辉（2003）较早对权利贫困进行综合研究，指出权利贫困的表现有四个：一是社会权利的缺失，二是获取这些权利的机会不平等和渠道不足，三是权利缺乏法律保证，四是权利失而复得的机会很少②。这里的权利是一个复合概念，包括公民的自由权利（如人身自由权、言论自由权和行动自由权等）、政治参与和选举权利、社会权利（如资源分配权、工作权、财产权、土地使用权、教育权、性别平等权等）。

---

① ［印］阿玛蒂亚·森．以自由看待发展［M］．任赜，于真译．北京：中国人民大学出版社，2002.

② 洪朝辉．论中国城市社会权利的贫困［J］．江苏社会科学，2003（2）：116－125.

西方学术界对权利贫困的论述建立在社会剥夺、社会排斥、脆弱性等现象上。首先，社会剥夺是指“社会上一般认为或风俗习惯认同的应该享有的食物、基本设施、服务与活动的缺乏与不足，常常因为剥夺而不能享有作为一个社会成员应该享有的生活条件”。其次，社会排斥是被一定的社会圈子排斥在外的现象，是“个人、家庭和人的群体的资源（包括物质资源、文化资源和社会资源）有限，以致部分人被排除在他们的成员可以接受的最低限度生活方式之外”。最后，脆弱性“有两个方面，暴露于冲击、压力和风险之中的外在方面及孤立无助的内在方面，这两个方面都意味着缺失应付破坏性损失的手段”①。具体而言，外在的方面，包括从不正常的降雨和流行病，到犯罪和暴力，再到家庭在结构上的脆弱性和国内冲突等；内在的方面，主要指缺乏发言权和政治权利，即无权无势、孤立无援的感觉，以及个体的心理素质缺陷。一般地，人们更多地从自然灾害、市场波动、政策调整、健康及家庭变故等方面理解脆弱性。当一个人遇到外部风险时，没有足够的能力来应对，就会遭遇困境，从而陷入收入贫困之中。需要注意的是，社会排斥和社会剥夺往往是多重的，即同时存在多种形式的排斥和剥夺②。按照政治学的理论，消除贫困的根本途径在于创造更加包容的发展机会，让每一个弱势群体具有平等的就业、获得公共资源、公共服务和参与社会事务的权利。为此，需要在政治决策过程中引入更加民主、透明和问责的方法。

综上所述，贫困的定义经历了一个从狭义到广义、从单一到多元、从绝对到相对的动态变化过程。经济学家强调收入对于满足人们基本需要，从而实现减贫的重要性。基本需要的内容是随着人类社会的发展而不断发展的；社会学家关注被排斥的社会群体，希望通过国家层面的制度变革来促进机会公平，消除社会排斥。从当前中国的实际情况来看，消除社会排斥，促进社会包容对于构建全面小康社会十分必要；发展学家关注弱势群体的能力缺失，希望通过公平、公正的机会，让每个人获得平等的教育、健康、社会保障、就业、市场准入的机会，其实质是强调发展机会的公平性；政治学家关注权利的被剥夺，马克思主义理论一直是指导我党建设社会主义市场经济的理论武器。理论联系实践，实事求是是党的理论的核心思想，不断解决社会主义现代化建设过程中涌现的社会矛盾，不断完善党的理论和治理结构，践行以人民为中心的执政理念。

---

① Chambers R. Poverty and Livelihoods：Whose Reality Counts?［J］. Environment & Urbanization，1995，7（1）：173－204.

② 杨菊华．社会排斥与青年乡—城流动人口经济融入的三重弱势［J］．人口研究，2012，36（5）：69－83.

二、精准扶贫

2013 年 11 月，习近平总书记在湖南省湘西州十八洞村考察时首次提出“精准扶贫”概念，指出“扶贫要实事求是，因地制宜。要精准扶贫，切忌喊口号，也不要定好高骛远的目标”。之后，习近平总书记多次对精准扶贫做出重要论述，精准扶贫思想不断丰富和完善，精准扶贫成为我国脱贫攻坚的基本方略。精准扶贫的核心是从实际出发，找准扶贫对象，摸清致贫原因，因地制宜，分类施策，开展针对性帮扶，实现最终脱贫。从扶贫工作开发的内容看，精准扶贫的核心内涵集中体现在“扶持谁”“谁来扶”“怎么扶”“如何退”四个核心问题。

1. “扶持谁”问题

习近平总书记指出，“要解决好‘扶持谁’的问题，确保把真正的贫困人口弄清楚，把贫困人口、贫困程度、致贫原因等搞清楚，以便做到因户施策、因人施策”。解决“扶持谁”的问题，要求实现“扶持对象精准”，具体工作内容为精准识别和精准管理。2013 年底，中办、国办印发了《关于创新机制扎实推进农村扶贫开发的意见》提出由国家统一制定识别办法，并按照县为单位、规模控制、分级负责、精准识别、动态管理的原则，开展贫困人口识别、建档立卡和建立全国扶贫信息网络系统等工作。2014 年 5 月，国务院扶贫办等中央部门联合印发关于建档立卡、建立精准扶贫工作机制等文件，对贫困户和贫困村建档立卡的目标、方法和步骤、工作要求等做出部署。2014 年 4 ~ 10 月，全国组织 80 万人深入农村开展贫困识别和建档立卡工作，共识别 12.8 万个贫困村、8962 万贫困人口，建立起全国扶贫开发信息系统。2015 年 8 月至 2016 年 6 月，全国动员近 200 万人开展建档立卡“回头看”，补录贫困人口 807 万，剔除识别不准人口 929 万，较好地解决了“扶持谁”的问题。

2. “谁来扶”问题

习近平总书记指出：“要解决好‘谁来扶’的问题，加快形成中央统筹、省（自治区、直辖市）负总责、市（地）县抓落实的扶贫开发工作机制，做到分工明确、责任清晰、任务到人、考核到位。”近年来，我国建立起脱贫攻坚责任体系。中央出台《省级党委和政府扶贫开发工作成效考核办法》，脱贫攻坚任务重的省份的党政主要负责人向中央签署脱贫责任书，层层签订脱贫责任书、立下军令状，形成省市县乡村五级书记抓扶贫工作格局。要求普遍建立干部驻村帮扶制度，其间全国共选派 77.5 万名干部驻村帮扶、19.5 万名优秀干部到贫困村和基层组织薄弱涣散村担任第一书记，解决扶贫“最后一公里”难题。东西扶贫协作深化，结对关系调整完善。东部 267 个经济较强县（市、区）结对帮扶西部 406 个贫困县，中央层面共有 310 个单位定点帮扶 592 个贫困县，实施“百县万村”行动、“万企帮万村”等社会扶贫。

3.“怎么扶”问题

习近平总书记指出：“要解决好‘怎么扶’的问题，按照贫困地区和贫困人口的具体情况，实施‘发展生产脱贫一批、易地扶贫搬迁脱贫一批、生态补偿脱贫一批、发展教育脱贫一批、社会保障兜底一批’五个一批工程，坚持扶贫对象精准、项目安排精准、资金使用精准、措施到户精准、因村派人精准、脱贫成效精准，要提高扶贫措施有效性，核心是因地制宜、因人因户因村施策，突出产业扶贫，提高组织化程度，培育带动贫困人口脱贫的经济实体。”推进精准帮扶工作是解决“怎么扶”问题的重点，实现“项目安排精准、资金使用精准、因村派人精准”。瞄准建档立卡贫困对象，建立需求导向的扶贫行动机制，深入分析致贫原因，逐村逐户制订帮扶计划，专项扶贫措施与精准识别结果和贫困人口发展需求相衔接。

2015 年 11 月，中央印发了《中共中央国务院关于打赢脱贫攻坚战的决定》（以下简称《决定》）进一步阐明精准扶贫、精准扶贫方略，中共中央办公厅、国务院办公厅出台 11 个《决定》配套文件。2016 年 12 月，国务院印发了《“十三”脱贫攻坚规划》。自实施精准扶贫以来，中央和国家机关各部门共出台 100 多个政策文件或实施方案，各地方相继出台和完善“1 + N”的脱贫攻坚系列文件。2017 年 9 月，中共中央办公厅、国务院办公厅印发《关于支持深度贫困地区脱贫攻坚的实施意见》的通知，为攻克深度贫困堡垒、确保全面建成小康社会、支持深度贫困地区脱贫攻坚指明了方向。

4.“如何退”问题

习近平总书记指出：“精准扶贫是为了精准脱贫。要设定时间表，实现有序退出，既要防止拖延病，又要防止急躁症。要留出缓冲期，在一定时间内实行‘摘帽’不摘政策。要实行严格评估，按照摘帽标准验收。要实行逐户销号，做到脱贫到人，脱没脱贫要同群众一起算账，要群众认账。”

2016 年 4 月，中共中央办公厅、国务院办公厅印发了《关于建立贫困退出的意见》，对贫困户、贫困村、贫困县退出的标准、程序和相关要求做出细致规定，为贫困人口退出提供制度保障。严格实施考核评估制度，组织开展省级党委和政府扶贫工作成效考核，就各地贫困人口识别和退出准确率、因村因户帮扶工作群众满意度、“两不愁三保障”实现情况等开展第三方评估；结合收集的情况和各省总结，按照定性定量相结合、第三方评估数据与部门数据相结合、年度考核与平时掌握情况相结合的原则，对各省（自治区、直辖市）脱贫攻坚成效开展综合分析，形成考核意见；对综合评价好的省份通报表扬，对综合评价较差且发现突出问题的省份，约谈党政主要负责人；对综合评价一般或发现某些方面问

题突出的省份，约谈分管负责人。将考核结果作为省级党委、政府主要负责人和领导班子综合考核评价的重要依据。

总之，精准扶贫是针对我国扶贫实践工作中长期存在“扶贫对象不明、贫困原因不清、扶贫资金与项目指向不准、扶贫措施针对性不强”等问题，精准回应了“扶持谁”“谁来扶”“怎么扶”及“如何退”四大重要减贫命题，是变“粗放漫灌”为“精准滴灌”，以定点、定时、定量消除贫困为目标，以政府、市场、社会、社区、扶贫对象协同参与为基础，以资源统筹、供需匹配为保障，对扶贫对象实施精准识别、精准扶持、精准管理的贫困治理模式。

三、精准脱贫

2015 年 6 月 18 日，习近平总书记在贵州考察时指出：“精准扶贫是为了精准脱贫。要设定时间表，实现有序退出，既要防止拖延症，又要防止急躁症。要留出缓冲期，在一定时间内实行‘摘帽’不摘政策。要实行严格评估，按照‘摘帽’标准验收。要实行逐户销号，做到脱贫到人，脱没脱贫要同群众一起算账，要群众认账。”

与精准扶贫相比，精准脱贫更像是一种目标导向，即在设定时间节点与脱贫目标的前提下，精准扶贫的最终实现效果检验。精准脱贫更加强调脱贫目标的实现性、脱贫措施的有效性、脱贫对象的认同性以及脱贫效果的稳定性。换言之，精准扶贫与精准脱贫之间的辩证关系集中体现为手段与目标、过程与结果、量变与质变、战术与战略的关系。精准扶贫是手段，精准脱贫是目标；精准扶贫是过程，精准脱贫是结果；精准扶贫是量变，精准脱贫是质变；精准扶贫是战术，精准脱贫是战略[①]（如图 2－2 所示）。

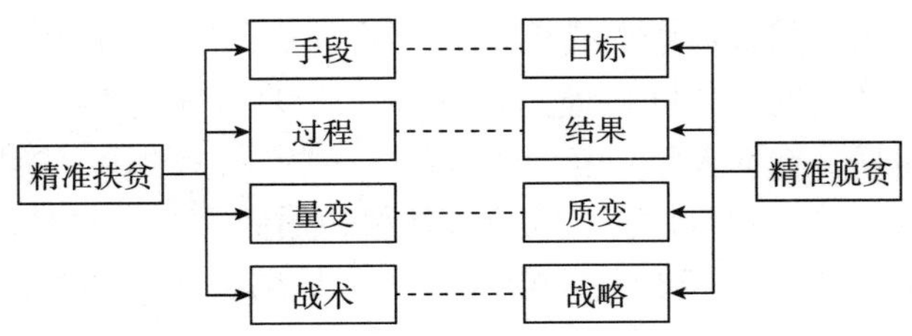

图 2－2　精准扶贫与精准脱贫的辩证关系

① 庄天慧，杨帆，曾维忠．精准扶贫内涵及其与精准脱贫的辩证关系探析［J］．内蒙古社会科学（汉文版），2016，37（3）：6－12.

精准扶贫的最终目标是要达到精准脱贫。首先是贫困户和贫困人口的脱贫，其脱贫标准就是要达到“两不愁”（不愁吃、不愁穿）和“三保障”（保障义务教育、基本医疗和安全住房），农民人均纯收入达到和超过国家确定的贫困线；贫困村的退出标准为村级的贫困发生率降至2%以下（西部地区降至3%以下），同时统筹考虑村内的基础设施、基本公共服务、产业发展和村集体经济收入等方面的状况；贫困县退出的标准可以概括为“三率一度”，即贫困综合发生率低于2%（西部地区3%以下）、漏评率低于2%、错退率低于2%，群众综合认可度高于90%。需要注意的是，“精准脱贫”这一目标的重点在于“脱”，而真正意义上的“脱贫”（稳定脱贫）是不会“轻易返贫”，这是检验精准脱贫成效的关键指标，也是脱贫质量的核心内涵。

四、深度贫困

2017年6月23日，习近平总书记在山西省太原市主持召开了深度贫困地区脱贫攻坚座谈会，并在会上提出了“脱贫攻坚工作进入目前阶段，要重点研究解决深度贫困问题”的重要扶贫思想。在此之前，深度贫困是一个比较陌生的概念，国内外鲜有关于深度贫困的直接定义，国际上与深度贫困较为近似的则有在20世纪末21世纪初便兴起的如极端贫困/赤贫（Extreme Poverty）和慢性贫困（Chronic Poverty）等。关于极端贫困，联合国与世界银行为全世界制定了一个标准：单人每日收入低于1.25美元的全球贫困线标准，即处于极端贫困状态。

慢性贫困则不仅是一个人口学意义上的个体长期贫困，而且是带有明显地域特征的持续性贫困①。按照CPRC（2004～2005）慢性贫困报告对慢性贫困的定义，即“5年后仍处于贫困状态的人口”②。2007年CPRC从慢性贫困与一般贫困的差异角度重新定义了慢性贫困的概念，慢性贫困就是持续相当长时期的贫困。处于慢性贫困中的人群始终或长期生活在贫困线以下，贫困往往要持续很多年甚至于全部生命周期或代际传递。该报告在2007年的新定义中指出，慢性贫困是历经很长时期，也许多年，甚至于人的一生的一种贫困。生活在这种贫困中的个人不能够满足他或她对食物、衣物或住房的最低需要。同时，该报告还重新界定了与慢性贫困有关的三种贫困定义。一是长期贫困，如果外部条件保持不变，个人或家庭许多年都难以摆脱的一种贫困现象；二是生命历程贫困，经历一个人全部人生的一种贫困现象；三是代际贫困，从父母到孩子传递的一种贫困现象，而孩子又通过儿童—青年—遗传方式将贫困再向下一代传递。

---

① 陈健生．生态脆弱地区农村慢性贫困研究［D］．西南财经大学博士学位论文，2008.

② The Chronic Poverty Research Centre. The Chronic Poverty Report 2004－2005［R］. 2005.

有关深度贫困的概念，由于受到与其他贫困的关系、地区、特征等因素的影响，国内各学者对此概念的界定有所差异。代表性的观点主要有两个：牛胜强认为，深度贫困是相对于一般贫困而言，是指自然条件、经济发展、社会文明、公共服务、民生水平等较差的区域以及贫困缺口较大的居民的一种综合现象①；李小云认为，深度贫困属于多维度贫困的长期沉淀，主要表现在不同规模的、群体性的福利缺失，脱贫难度很大。这种整体性表现在整个村庄甚至更大范围内大部分群体的贫困状态，并且往往与整个地区的经济社会发展的落后相联系②。

与深度贫困紧密相关的概念有深度贫困地区和贫困深度。深度贫困地区是指一个地区基于环境条件差、基础设施落后等所导致的区域性整体经济社会发展缓慢，造成当地居民在食品、健康、寿命、居住、知识、参与、个人安全和环境方面等基本需要普遍得不到满足的生活状态。现实中，资源短缺、环境恶劣所导致的深度贫困往往是多维贫困长期累积、沉淀的结果，表现为该区域长期存在大规模群体性福利缺失，并与该区域存在的发展方式落后、经济总量小、资源环境压力大、综合竞争力弱等问题密切相关。这种群体性表现为整个村庄甚至更大范围（贫困村、贫困乡、贫困县等）大部分群体处于长期、跨代及绝对贫困的复杂贫困状态，其致贫原因远比普通地区分散存在的个体贫困更为复杂，脱贫难度也更为艰巨。总之，深度贫困是相对于一般贫困而言的，是指自然条件、经济发展、社会文明、公共服务、民生水平等较差的区域，以及贫困缺口较大的居民的一种综合现象，它既是贫困的贫中之贫、困中之困，也是减贫的难中之难、坚中之坚。

早在 2011 年，中国就将六盘山区、秦巴山区、武陵山区、乌蒙山区、滇桂黔石漠化区、滇西边境山区、大兴安岭南麓山区、燕山—太行山区、吕梁山区、大别山区、罗霄山区等区域的连片特困地区和已明确实施特殊政策的西藏、四省藏区、新疆南疆三地州等 14 个片区确定为集中连片特殊困难地区③，这些片区不仅是全国扶贫对象最多、贫困发生率最高、扶贫工作难度最大的地区，是扶贫攻坚的主战场，也是当时中国的深度贫困地区。自党的十八大以来，随着脱贫攻坚高位推进，脱贫攻坚工作面临的形势发生了明显变化，特别是在 2017 年脱贫攻坚取得决定性进展的时候，深度贫困地区更加集聚。

贫困深度就是指贫困人口陷入贫困的程度。贫困的衡量主要有三个维度：广

① 牛胜强．多维视角下深度贫困地区脱贫攻坚困境及战略路径选择［J］．理论月刊，2017（12）：146－150.

② 李小云．把深度性贫困的治理作为精准扶贫的重中之重［J］．老区建设，2017（7）：10－13.

③ 中国农村扶贫开发纲要（2011～2020 年）［EB/OL］．http：//www.gov.cn/jrzg/2011－12/01/content_ 2008462.htm.

度、差异度和深度。贫困广度是指贫困人口的数量规模，贫困人口越多，扶贫范围越大；贫困差异度是指贫困人口收入分布的不均衡程度，收入差距越大表明收入分布的均衡性越差，扶贫难度越大；贫困深度则是指贫困人口收入相对于贫困线的缺口，缺口越大表明贫困群体的生活水平越低，贫困程度越深。从狭义上来讲，深度贫困主要是指深深陷入贫困难以脱贫的状态，最为直观的衡量标准就是Sen 指数①、FGT 指数②等描述贫困深度的指数。

我国政府将深度贫困地区的特征简要概括为“两高、一低、一差、三重”。“两高”是指贫困人口占比高、贫困发生率高；“一低”是指人均可支配收入低；“一差”即基础设施和住房差；“三重”即低保“五保”贫困人口脱贫任务重，因病致贫返贫人口脱贫任务重，贫困老人脱贫任务重。不过，深度贫困之所以被称为“深度”贫困，不仅表现为一定时间点上的收入水平低下与物质匮乏，也表现为纵向时间维度上贫困的“顽固性”，即贫困具有长期性和代际性的特点，难以在短时期内摆脱贫困，或脱贫后容易返贫。“顽固性”贫困的产生往往与贫困地区或贫困人口陷入贫困恶性循环或贫困陷阱存在密切关联。贫困陷阱的产生既与贫困人口自身的局限有关，也与恶劣的自然环境、经济发展水平低、社会制度不健全等结构性因素的制约有关。穷人自身的局限性及宏观结构性因素的制约都会导致穷人难以打破贫困的恶性循环，无法摆脱贫困陷阱，陷入慢性贫困之中，并将贫困传递到下一代。

五、脱贫进程

“进程”一词意为事物发展变化或进行的过程。过程是一个广义的概念，任何一个过程都有输入和输出，输入是实施过程的基础、前提和条件；输出是完成过程的结果；输入和输出之间是增值转换的关系，过程的目的就是增值，为了实现输入和输出之间的增值转换就要投入必要的资源和活动。

脱贫进程包括三个方面：第一，在精准扶贫精准脱贫资源输入过程中，贫困地区的发展基础、发展条件，主要包括自然环境基础、经济社会发展基础以及贫困条件基础；第二，扶贫资源输入转化为输出的短期增值效果，即扶贫对象当前在基础设施、经济发展、公共服务、社会保障等多维度的脱贫状态；第三，当期状态距离目标状态的距离，即以 2020 年为截止时间，客观评估精准扶贫精准脱贫对象的脱贫进展，反映的是扶贫对象当前贫困状况与脱贫目标的

① Sen A. Poverty：An Ordinal Approach to Measurement［J］. Econometrica，1976，44（2）：219－231.

② Foster J.，Greer J.，Thorbecke E. A Class of Decomposable Poverty Measures［J］. Econometrica，1984，52（3）：761－766.

距离。

因此，本书将脱贫进程定义为扶贫对象脱贫基础、脱贫速度、实现程度和目标距离的综合过程。这将有利于把贫困的动态性引入脱贫进程分析中，从贫困发生的源头到贫困治理的成效，再到贫困治理的目标标准，系统地把握脱贫进程的整体性，有助于研究者站在全局视角去探究深度贫困地区精准脱贫面临困难的深层次原因。

六、脱贫质量

随着精准扶贫的进一步推进，以往重视脱贫数量和脱贫速度的观念逐渐转变，现有研究对脱贫质量提出新要求，并更多地聚焦于脱贫的可持续性。但是从目前来看，理论界对脱贫质量的内涵并没有清晰的界定。可持续脱贫是指在一个相当长的时期内实现由贫困人口向非贫困人口转变的相对稳定状态①，可分为绝对贫困（未解决温饱、初步解决温饱）、相对贫困（初步脱贫、彻底脱贫）和致富奔小康三个阶段五个层次。传统农户是否能建构适应市场机制的现代生计②、注重微观个体的教育发展问题③、全面应对脱贫中的风险缺口④等，是否能实现可持续脱贫的关键。可持续脱贫更侧重关注农户生计能力的可持续性，对潜在的风险冲击、社区和政府的外部影响则较为弱化。

一般来说，脱贫质量主要基于宏观和微观脱贫环境，最直接体现在农户收入水平的提升上。在微观脱贫环境中，主要围绕脱贫户的可持续生计能力展开，宏观脱贫环境则依据脆弱性和社会排斥两个分析框架。其中，脆弱性包括贫困群体面临的潜在风险冲击及抵抗风险的能力（抗逆力），社会排斥则重点关注特殊群体（如残疾人、孤寡老人、失依儿童等），该部分群体难以通过能力提升实现稳定脱贫，因此，将其纳入宏观脱贫环境中，主要依靠宏观政策制度保障其生活水平（如图 2－3 所示）。

脱贫质量主要有三层内涵：第一，经济内涵。是指脱贫对象的长效稳定增收，主要包括收入流量、结构和资本存量的稳定和优化。第二，能力内涵。既要求贫困对象的内生脱贫动力以及可持续生计能力稳定，也要求帮扶干部的内生帮

① 凌经球．可持续脱贫的机制创新与治理结构转型：对若干国家级贫困县的调查研究［M］．南宁：广西人民出版社，2009.

② 李海鹏，梅傲寒．民族地区贫困问题的特殊性与特殊类型贫困研究［J］．中南民族大学学报（人文社会科学版），2016，36（3）：129－133.

③ 张琦，史志乐．我国贫困家庭的教育脱贫问题研究［J］．甘肃社会科学，2017（3）：201－206.

④ 潘国臣，李雪．基于可持续生计框架（SLA）的脱贫风险分析与保险扶贫［J］．保险研究，2016（10）：71－80.

扶动力与帮扶能力稳定。第三，风险内涵。既强调降低脱贫户风险冲击发生的概率，也要注重增强个人、社区和政府的抗逆力。

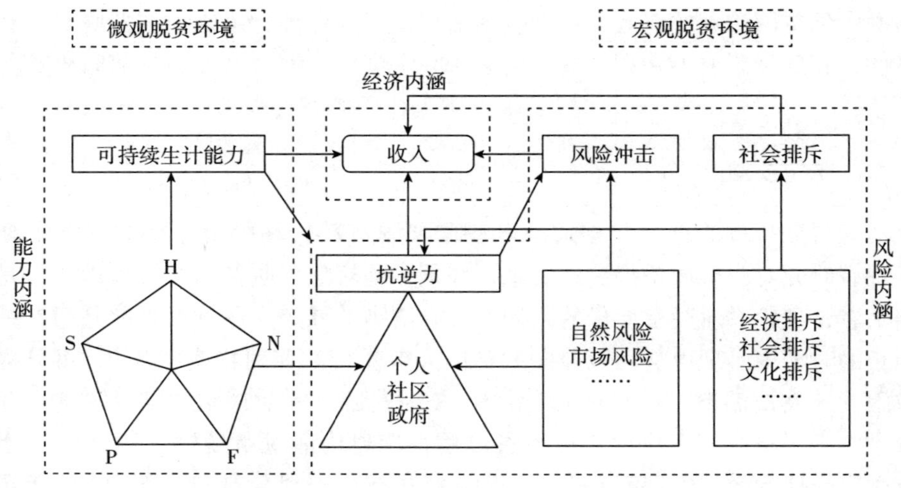

图 2－3　脱贫质量的三维分析框架

1. 经济内涵

随着贫困理论的演进，贫困的内涵逐渐由仅从收入的单个维度拓展到以能力为代表的多个维度，但家庭经济收入依然是衡量脱贫质量的重要标准。因此，长期稳定增收是确保脱贫质量的必然要求，从经济内涵的角度来看，高质量脱贫意味着贫困户收入总量要持续超过国家贫困线标准；同时，持续稳定增收应当考虑支出水平的同步提升，保障农户生活水平的稳步提高；收支结构更加优化，更加可持续性；家庭资产存量为正且持续增长。

2. 能力内涵

内源发展能力是实现贫困地区可持续发展的重要保障。但内源发展能力并不局限于脱贫户的可持续生计能力，还应当包括其内生发展动力。脱贫质量高既要求脱贫户拥有强烈的内生发展动力，也需要其掌握可行的发展能力，只有两者统一，才能保障脱贫的稳定性和可持续性，才是真正的高质量脱贫。内生动力稳定，包括贫困户的内生发展动力和帮扶干部的内生帮扶动力、生计能力稳定，农户的生计能力在一定程度上可以通过人力资本反映，主要包括身体素质、文化素质和就业技能，都是脱贫质量的能力内涵。

3. 风险内涵

脆弱性是一个动态的概念，是受到的风险冲击和抵御风险冲击的能力相较的结果。农户的生产生活是一个周而复始的循环过程，过程中的任一环节均存在风险冲击的可能。风险的存在则会干扰和破坏贫困户从赤贫到富裕的进程。因此，降低脱贫户的脆弱性是实现稳定脱贫的“最后一道关卡”。

高质量脱贫就是能有效降低风险冲击概率，一方面，要降低脱贫户受潜在风险冲击的频率，进而预防风险对脱贫户带来的损失；另一方面，也要减少潜在风险多样化，尽量规避“可控性”风险冲击的发生，减少潜在风险导致脱贫户重新返贫的可能性，进而达到稳定脱贫的目的。

同时，能显著增强抗逆力。抗逆力主要分为个人抗逆力、社区抗逆力和政府抗逆力。从微观层面来看，个人抗逆力是指在风险冲击发生后，脱贫户自身抵御风险冲击的能力，如果个人抗逆力较弱，则会直接导致家庭再次陷入贫困，进一步导致对下一代投入资源的减少，使子女的健康和教育都受到严重的影响，最后发生贫困的代际传递，陷入贫困陷阱的恶性循环。从中观层面来看，社区作为农户个人和家庭生产生活的载体，对贫困户稳定脱贫有着举足轻重的作用。社区抗逆力作为社会风险管理的一个新视角，是一种基于社区自身资源的防灾抗灾、自救自保能力①。从宏观层面来看，政府抗逆力是政府部门根据为遭受风险冲击的个人和家庭提供扶持、救助的政策选择或应对策略，旨在提高农户和社区的抗逆能力。因此，稳定脱贫则要求脱贫户个人、社区和政府同步提升应对风险冲击的抗逆力，从动态的视角预测风险冲击发生的种类、概率、时间和程度，均可以在事前起到降低脆弱性的作用，从而免予再次返贫。

第二节 理论依据

随着精准扶贫的持续发力，我国剩余贫困人口越来越集中于民族地区与特定人群，贫困问题和不平等问题在特定区域、特定人群中愈加严峻。在造成这一困境的诸多因素中，除首要的自然地理因素之外，社会文化和历史传承还发挥着巨大的作用。生态的脆弱性和社会文化的敏感性高度融合，一方面，加剧了深度贫困地区的贫困程度；另一方面，也要求采取超常规的贫困治理措施。“脱贫攻坚工作进入目前阶段，要重点研究解决深度贫困问题”，既是对过往精准扶贫工作取得成就的肯定，也是对深度贫困地区精准扶贫工作的新要求。深度贫困地区不

① 朱华桂．论社区抗逆力的构成要素和指标体系［J］．南京大学学报（哲学·人文科学·社会科学），2013（5）：68－74.

同于一般的贫困地区，其资源禀赋和社会结构具有很大差异，往往是整个区域都处于更加落后的状态；深度贫困问题也不同于一般的贫困问题，不能用一般的方法来解决，必须采取超常规的扶贫政策和措施，确保如期脱贫。那么围绕这个问题，有哪些理论可用于指导和解决研究中所遇到的问题？要回答这一问题，需要全面梳理和认真挖掘已有的关于贫困陷阱、慢性贫困、多维贫困及贫困治理的相关理论，凝练出理论的核心思想，形成系统科学的解决问题的思路，从而对本书提供借鉴，并作为本书的理论依据。

一、贫困陷阱理论

“贫困陷阱”最早可以追溯到 Nurkse 贫困恶性循环理论。在《不发达国家的资本形成》一书中，Nurkse 提出：“发展中国家长期经济停滞是由于存在两个方面的恶性循环。在供给方面的恶性循环：收入水平低导致了储蓄不足，限制了资本形成，既导致了产出水平较低，又进而产生了收入水平低的结果；在需求方面的恶性循环：收入水平低导致了购买能力较弱，限制了投资热情，从而导致了产出水平较低，又进而产生了收入水平低的结果。这两方面的恶性循环相互作用，使发展中国家长期陷入贫困之中。”[①] 同一时期，不少经济学家都对贫困陷阱展开了研究，代表理论有纳尔逊的“低水平均衡陷阱”理论[②]及缪尔达尔的“循环累积因果关系”理论[③]，主要强调了发展中国家由于低收入造成资本低水平的供给与需求，进而陷入“技术陷阱”。

长期以来，经济理论为贫困陷阱的研究提供了许多不同的模式。由于受到学科、地区、致因等异质性因素影响，众多学者对贫困陷阱的界定在不同研究体系之间存在相当大的差距。在研究内容上，与传统的物质资本匮乏和投资不足导致贫困陷阱的理论不同，当代贫困陷阱理论研究不仅关注人口增长和物质资本，也关注自然地理因素、个体行为及制度、资本、教育、环境、健康、文化、灾害、性别等对贫困陷阱的影响[④⑤⑥]。在研究视角上，也把目光从以往对宏观的国家、

① ［美］R. 纳克斯．不发达国家的资本形成问题［M］．谨斋译．北京：商务印书馆，1966.

② Richard R. Nelson. A Theory of the Low – Level Equilibrium Trap in Underdeveloped Economies ［M］. American Economic Association, 1956.

③ Myrdal G. Economic Theory and Under – developed Regions ［M］. Harper & Brothers Publishers, 1957.

④ Jalan J., Ravallion M. Geographic Poverty Traps? A Micro Model of Consumption Growth in Rural China ［J］. Journal of Applied Econometrics, 2002, 17 (4): 329 – 346.

⑤ Berhanu W. Recurrent Shocks, Poverty Traps and the Degradation of Pastoralists' Social Capital in Southern Ethiopia ［J］. African Journal of Agricultural&Resource Economics, 2011, 6 (1): 141 – 178.

⑥ Klasing M. “Culture Matters” – Growth, Technological Progress, Poverty Traps and Endogenous Cultural Change ［J］. Journal of Thermal Stresses, 2013, 36 (2): 71 –93.

区域等视角转移到更为微观的家庭与贫困个体上。

Azariadis 和 Stachurski 将贫困陷阱理解为一系列自我强化机制，它使各国开始贫困并保持贫困，即贫困导致贫困。因此，当前的贫困本身就是未来贫困的直接原因①。马丁·瑞沃林在其著作《贫困经济学》中对“贫困陷阱”一词进行了具体的解释：在微观上，贫困陷阱通常是指一个家庭（或公司）财富很少而且财富的小幅增加无助于其永久摆脱贫困的情况；在宏观上，贫困陷阱是指贫困国家因贫穷而无法储蓄，使其保持一个低水平增长从而陷入持续贫困②。

国内关于贫困陷阱的研究以空间贫困陷阱、人力资本贫困陷阱为主要方向。空间贫困陷阱理论强调空间地理因素是贫困形成并长期存在的最重要决定因素③，在空间地理视角下，我国贫困地区，尤其是民族地区贫困发生的原因主要在于地理位置偏远、生态环境脆弱、自然灾害频发、生存环境恶劣④，由于社会发展条件先天不足，区域贫困现象普遍，导致社会发展滞后，贫困呈现发生率高、返贫率高、持续时间长等特征，出现空间贫困陷阱。

此外，由于区域社会发展基础薄弱，贫困人口消费水平有限，人力资本投资不足，从而陷入人力资本贫困陷阱，集中体现在健康和教育两方面。一是由于贫困导致的食物消费和营养不足，贫困人口健康人力资本低下，使就业机会和就业能力受到限制，不利于经济增长和收入增加，由此陷入恶性循环⑤；二是家庭贫困带来的风险溢价会成为其投资中的一项额外成本而削弱教育投资的吸引力，教育的机会成本和未来收益的不确定性也会影响教育投资决策⑥，由此导致教育投资不足，贫困人口人力资本水平得不到提升，陷入贫困陷阱之中。

在区域层面，一方面，学者指出经济开发建设的重要性，以产业发展为杠杆，优化产业结构，多渠道筹集资金以促进地区发展，同时完善基础设施建设，

---

① Azariadis C., Stachurski J. Chapter 5 Poverty Traps [M]. Handbook of Economic Growth. Elsevier B. V. 2005: 295-384.

② Ravallion M. The Economics of Poverty [M]. Oxford University Press, 2016.

③ 陈全功，程蹊．空间贫困理论视野下的民族地区扶贫问题［J］．中南民族大学学报（人文社会科学版），2011，31（1）：58-63.

④ 庄天慧，张军．民族地区扶贫开发研究——基于致贫因子与孕灾环境契合的视角［J］．农业经济问题，2012（8）：50-55.

⑤ 王弟海．健康人力资本、经济增长和贫困陷阱［J］．经济研究，2012（6）：143-155.

⑥ 邹薇，郑浩．贫困家庭的孩子为什么不读书：风险、人力资本代际传递和贫困陷阱［J］．经济学动态，2014（6）：16-31.

推进社会保障体系升级[①]；另一方面，由于空间贫困视角下，贫困地区与生态脆弱区的耦合特征，相关研究也指出应重视可持续发展，走“绿色减贫”道路[②]。在微观层面，研究注重对个体可行能力的保障和提升。研究指出，通过教育、医疗、劳动力迁移和人口规模控制与结构调整提升农村劳动力文化、身体素质和务工技能来推动劳动力合理流动，进而实现经济、社会健康发展，农民生活质量提升和农村生态环境改善是民族地区人力资源开发减贫的关键路径[③④]。

二、慢性贫困理论

慢性贫困研究是20世纪末21世纪初兴起于西方经济发展研究领域中贫困问题研究的一个分支，其研究力量以英国曼彻斯特大学、谢菲尔德大学、伯明翰大学的专家学者为主，并联合国际上十几所大学和科研机构共同组建慢性贫困研究中心（Chronic Poverty Research Centre，CPRC）。该中心的宗旨在于通过学术研究和提供政策指导，推动减贫的国际合作，使那些长期处于贫困的人口能够从扶贫政策中受益，并更多地分享人类进步的成果。2004年，CPRC发布了第一部慢性贫困研究报告（CPRC 2004～2005年），第一次提出了慢性贫困的概念，认为“慢性贫困”是指一个个体经历了五年或五年以上的确切的能力剥夺，其中，个体可以指个人，也可以指一个家庭或家族[⑤]。近年来，在西方有关贫困的研究中，也有研究认为，90%的慢性贫困者都经历了四年贫困时期[⑥]。

慢性贫困（Chronic Poverty）理论在对贫困特征的认识上继承了既有的贫困理论，并在此基础上拓宽了贫困研究的视野。慢性贫困理论从定义上将贫困的持久性作为认识贫困特征的出发点，反映出贫困持续的时间在其中的作用。现行的各种贫困理论，大都从收入贫困（单一维度）、人类贫困（多元维度）及社会排斥、剥夺、歧视等方面来界定贫困。慢性贫困研究继承和保留了传统的贫困思想和认识框架，并开创性地引入贫困的代际传递性（生命历程贫困）、贫困动态、贫困群体异质性、贫困长期性等新的术语和范畴，试图通过寻求新的认识角度，

---

① 黄承伟，叶韬，赖力．扶贫模式创新——精准扶贫：理论研究与贵州实践［J］．贵州社会科学，2016（10）：4－11.

② 张琦．中国绿色减贫指数报告［M］．北京：经济日报出版社，2014.

③ 潘明明，李光明，龚新蜀．西部民族特困区农村人力资源开发减贫效应研究——以南疆三地州为例［J］．人口与发展，2016，22（2）：72－81.

④ 郑长德．论西部民族地区人力资源的开发与人力资本的形成［J］．人口与经济，2001（3）：57－63.

⑤ Chronic Poverty Research Centre. The Chronic Poverty Report 2004－2005［R］．2005.

⑥ Armando Barrientos，Miguel Niño－Zarazúa. Social Transfers and Chronic Poverty：Objectives，Design，Reach and Impact［R］．2011.

从理论上对贫困的长期性、严重性和反复性做深入研究。

慢性贫困研究在认识框架上综合传统贫困思想框架，并正在形成自己的认识框架。CPRC（2004～2005 年）前两个阶段研究中，在分析框架上主要继承已有的贫困认识思路，如绝对贫困和相对贫困、能力与自由、贫困人口主观评价、脆弱性及社会排斥等，仅非收入贫困算得上新的认识。进入第三阶段（2005～2010 年），CPRC 对慢性贫困认识框架做出了很大改造甚至于重建，着眼于从保障和资产缺失方面研究慢性贫困，增加生计适应性以增强微观视角，综合能力与自由、政治与社会的思想，重新解读了社会排斥的含义①②。从 CPRC 慢性贫困认识框架的大幅度调整可以看出，一方面，慢性贫困研究正在由初期的全盘照搬逐步转向确立和形成自己的认识框架，以摆脱传统贫困研究的局限性和认识上的束缚；另一方面，这种大幅度转变似乎又表明慢性贫困研究的确才刚刚起步，缺少成型的研究框架，对于如何正确认识这种贫困类型尚不成熟。

中国不是慢性贫困国家，但是存在慢性贫困现象。借鉴慢性贫困的研究成果与分析框架有助于认识我国的慢性贫困现象，探讨形成这种贫困的原因，制定专门针对慢性贫困人口的反贫困战略和扶贫政策。

从中国来看，慢性贫困常常是与暂时性贫困相对应的概念。章元等基于 Rodgers Rodgers 研究构建了一个新方法，通过加总家庭在一定时间段内的总贫困，并将其分解为暂时性贫困和慢性贫困成分，农户的总贫困的下降主要来自暂时性贫困成分而非慢性贫困成分的下降，但是慢性贫困成分在总贫困中的比重远远高于暂时性贫困成分的比重③④。同时，蓝红星发现，父辈贫困的家庭，陷入慢性贫困的概率大大增加，并提出通过阻断贫困代际传递来缓解慢性贫困⑤。

自此，贫困研究明显开始重视对慢性贫困问题的探索，并提出一系列阻断贫困代际传递的策略。例如，祝建华分析教育因素在贫困代际传递中的影响，提出通过促进贫困家庭父母教育发展、促进贫困家庭人力资本投资、提倡“上游干

---

① Chronic Poverty Research Centre. The Chronic Poverty Report 2004 – 2005［R］. 2005.

② Chronic Poverty Research Centre. The Chronic Poverty Report 2008 – 2009：Escaping Poverty Traps［R］. 2008.

③ 章元，万广华，史清华. 中国农村的暂时性贫困是否真的更严重［J］. 世界经济，2012（1）：144 – 160.

④ 章元，万广华，史清华. 暂时性贫困与慢性贫困的度量、分解和决定因素分析［J］. 经济研究，2013（4）：119 – 129.

⑤ 蓝红星. 民族地区慢性贫困问题研究——基于四川大小凉山彝区的实证分析［J］. 软科学，2013，27（6）：73 – 78.

预”及帮助家庭采取合理的风险应对行动等路径来缓解贫困的代际传递[1]；辜胜阻等主张通过进一步增加专项扶贫投入，重视贫困地区优生优育和子女教育问题以切断贫困的代际传递，同时提升以产业扶贫为核心的“造血”式扶贫水平，加快贫困地区基础设施建设与增加公共服务供给，打破长期贫困陷阱[2]。

三、多维贫困理论

多维贫困理论是一个起源于经济学的概念，最初人们定义和界定贫困都是用传统的福利理论，是以一种单维的方式，即用收入或资源占有量来衡量贫困，只简单地将收入或消费低于某个预设贫困线的情况视为贫困。但随着研究的深入，学者发现贫困问题是具有复杂性和多样性的社会问题。因此，对贫困问题的研究逐渐由静态、单维的思考演变成为动态的、多维的深入研究，并不断地完善和发展至今。

多维贫困的提出源于“可行能力”理论。1973 年，Sen 在其代表作《贫困与饥荒——论权利与剥夺》一书中首先提出了“能力贫困”的概念，并指出能力的缺乏是家庭贫困的根源，收入贫困只是能力贫困的外在表现，这一理论是对以往收入贫困概念的深入和拓展，从社会环境和福利资源分配维度来分析贫困[3]。虽然福利经济学家 Pigou[4] 等早已认识到贫困和福利问题远非以货币表示的经济指标就能够轻松描述并解决，但较早明确提出从多维角度来认识贫困与发展问题的学者则是 Sen，其“可行能力”理论从贫困发生机理角度拓宽了贫困分析的维度，被认为是多维贫困理论发展的基础[5]。

最早继承和发展了 Sen 的多维贫困理论的是 Hagenaars，他在维度指标的选取上突破了一维的束缚，选用了收入和闲暇这两个创新的维度来分析贫困，并提出了贫困测度的 H－M 指数，为后续研究多维贫困指数构建的学者奠定了基础[6]。同时期的学者 Townsend 从需求角度指出，在现代社会中个人的需求除了考虑基本营养之外，还要考虑个人对教育、居住和安全的需要[7]，虽然他并没有直接研

① 祝建华．贫困代际传递过程中的教育因素分析［J］．教育发展研究，2016（3）：36－44.

② 辜胜阻，李睿，杨艺贤．切断贫困代际传递实现全国同步小康的对策思考［J］．社会科学家，2015（4）：63－67.

③［印］阿玛蒂亚·森．贫困与饥荒：论权力与剥夺［M］．王宇，王文玉译．北京：商务印书馆，2011.

④ Pigou A. C. The Economics of Welfare［M］. China Social Sciences Press，1999.

⑤ Sen A. Poverty：An Ordinal Approach to Measurement［J］. Econometrica，1976，44（2）：219－231.

⑥ Hagenaars A. A Class of Poverty Indices［J］. International Economic Review，1987，28（3）：583－607.

⑦ Townsend P. The International Analysis of Poverty［M］. Harvester Wheatsheaf，1993.

究多维贫困的识别或测度，但却间接地为之后多维贫困研究提供了新的参考依据。1995 年，在哥本哈根召开的社会发展世界高层会议上，贫困得到了更加全面的解释：全面贫困应被看作具有“各种表现形式，包括缺乏充分的生产资源和收入来确保可持续的生计；饥饿与营养不良；健康状况差；有限的教育或缺乏受教育的机会；由于疾病而增加的死亡率；无家可归；不安全的环境，以及社会歧视与排斥。它还表现在公民在社会及文化生活的决策过程中缺少参与”①。这不仅丰富了贫困的研究维度，其中提到的社会歧视与排斥也为之后的学者在此基础上加入家庭脆弱性问题，以及提出权利贫困概念奠定了基础。

2007 年 5 月，由 Sen 发起的研究团队在牛津大学国际发展系创立了“牛津贫困与人类发展中心”（Oxford Poverty and Human Development Initiative，OPHDI），之后 Alkire 也建立了研究团队，对 Sen 的理论继续进行发展和研究。《世界发展报告》指出，贫困是指福利的被剥夺状态，即贫困不仅指物质的匮乏，还包括低水平的教育和健康；除此之外，贫困还包括风险和面临风险时的脆弱性，以及不能表达自身的需求和缺乏参与机会②。

国际性机构在实际操作中的运用极大地发展了多维贫困理论。联合国开发计划署（The United Nations Development Programme，UNDP）基于 Sen 的学术理论及经济学家 Alkire 和 Foster 的贫困测量方法，首次公布了全球 104 个国家和地区的多维贫困指数，从此多维贫困的研究成为近年来贫困问题研究的一个焦点，从多维视角解读贫困并探索扶贫政策在学术界得到认可和推动③。2010 年，联合国计划开发署（UNDP）又与英国牛津大学合作，在对人类发展指数和人类贫困指数扩展的基础上，开发推出了“多维贫困指数”（Multidimensional Poverty Index，MPI），从三个维度 10 个指标来衡量贫困④。与人类发展指数相比，UNDP—MPI 虽然仍从健康、教育和生活水平三个维度来反映多维贫困，但用于测量各个维度的指标数从 3 个增加到 10 个。在 UNDP—MPI 中，健康和教育维度各有 2 个指标，生活水平维度有 6 个指标。这个指数与“不平等调整后的人类发展指数”“性别不平等指数”作为三个创新性的度量指标首次被运用于 UNDP《2010 年人类发展报告》中。

---

① United Nations. The Copenhagen Declaration and Program of Action：World Summit for Social Development ［R］. 1995.

② Alkire S，Seth S. Measuring Multidimensional Poverty in India：A New Proposal ［R］. OPHDI Working Paper，2008.

③ 吴孙沛璟. 多维视角下的拉美贫困及扶贫政策研究 ［D］. 对外经济贸易大学硕士学位论文，2015.

④ UNDP. Human Development Report 2010 ［R］. New York：Oxford University Press，2010.

联合国的下属机构世界银行从不同视角研究了贫困，认为贫困不仅指缺少收入，它是多维度的，包括经济、社会与政治的视角①。亚洲开发银行将贫困划分为三个需求层次，即生存层次：营养、健康、饮用水/卫生设施；安全层次：工作/收入、住所、和平；能力层次：教育、参与权、社会心理②。并提出根据不同层次的贫困实施不同援助方式，例如，开展政策对话、提供贷款、担保、技术援助和赠款等，使援助分层次、分领域地进行，支持其成员在基础设施、能源、环保、教育和卫生等领域发展，从而更加准确地实施帮扶，增强了减贫的效果。

四、贫困治理理论

"治理"一词是20世纪末兴起的一个新概念。1992年成立的全球治理委员会将治理定义为"各种公共的或私人的个人和机构管理其共同事务的诸多方式的总和"。贫困治理则是基于"治理"理念提出来的一个解决贫困问题的新概念。从扶贫角度而言，贫困治理可以概括为由外部援助机构发起的，有组织、有计划地针对贫困地区的援助过程。实践中，人们常常使用诸如"反贫困""扶贫""减贫"等词语来表达大致相同的意思。事实上，贫困治理与扶贫等概念是有一定差异的，贫困治理涵盖了非政府组织的作用，更加强调扶贫对象的参与性和制度的作用，同时更强调扶贫、脱贫的持续性。

贫困治理理论早期以Paul Rosenstein - Rodan等为代表。1943年，英国伦敦大学教授Paul RoSenstein - Rodan提出"大推进的平衡增长"理论，认为经济生产各部门相互联系、依存、相互影响，只对工业部门投资而不对其他部门投资，就不可能使单项工业的投资真正实现，更不可能形成大规模的投资市场和利益。因此，针对发展中国家，他主张大力发展工业才有可能冲破贫困的恶性循环。1950年，Prebisch在《拉丁美洲经济发展及其主要问题》中，详细阐述了"中心—外围"理论，在世界资本主义体系中，存在"中心"与"外围"两个部分，且他认为两者之间存在不平等的经济关系，想摆脱不平等，需通过消除技术进步成果分享上的不平等、贸易比价的不合理，收入水平的不平等③。

20世纪50年代，Ragnar Nurkse等的理论使贫困治理理念得到进一步拓展。1953年，美国哥伦比亚大学教授Ragnar Nurkse出版了《不发达国家的资本形成》一书，系统地提出了贫困恶循环理论。Ragnar Nurkse认为，发展中国家之

① African Development Bank, Asian Development Bank, European Bank for Reconstruction and Development, et al. G8 Okinawa Summit Global Poverty Report［R］. 2000.

② Bank A D. Reducing Poverty: Major Findings and Implications［R］. 1999.

③ Prebisch R. The Economic Development of Latin America and Its Principal Problems［J］. Geographical Review, 1950, 21 (1): 171 - 173.

所以贫困，不是因为这些国家国内资源不足，而是因为他们人均收入水平低、生活贫困，并形成“贫困的恶性循环”①。只有打破这种循环，才能走出贫困。1955 年，法国经济学家 Francois Perroux 在《略论“发展极”的概念》一文中，首先提出了“发展极”的概念和理论。Perroux 认为，增长的发生时间和地点具有任意性，强度也有所不同，增长会通过不同渠道扩散，而且最终对整个经济产生不同的终极影响。当增长极发展到一定时期后，会出现资本、技术和劳动力等生产要素向周围地区流动而产生一种辐射影响，增长极周围地区经济发展的现象。1956 年，美国经济学家 R. R. Nelson（1956）发表了《不发达国家的一种低水平均衡陷阱理论》一文，并认为发展中国家必须进行大规模的资本投资，使投资和产出的增长超过人口增长，才可能冲出“低水平均衡陷阱”。1958 年，针对平衡增长理论模型的缺陷及其运用在发展中国家经济发展中所面临的一系列难以克服的困难和障碍，美国经济学家 Albert O. Hirschman（1958）在《经济发展战略》一书中，着重从现有资源的稀缺和企业家的缺乏等方面，对平衡增长理论进行了批评，并提出了不平衡增长理论。他认为，发展中国家应把资源投放到主导产业上，先发展一部分先导产业，使国民经济各部门出现不平衡，以此为动力逐步扩大对其他产业的投资，通过“连锁效应”带动其他部门的投资和发展，最终使发展中国家摆脱经济落后贫穷的状态②。

在 20 世纪末，在反思资本主义的浪潮下，循环积累因果、依附论等理论为发展中国家贫困治理提供了一种新的视角。瑞典经济学家 Karl Gunnar Myrdal 在其代表作《亚洲的戏剧：对一些国家的贫困问题研究》和《富国与穷国》中，详细阐述了“循环积累因果关系”的贫困理论。与 Ragnar Nurkse 的“贫困恶性循环”理论不同，Karl Gunnar Myrdal 认为，在一个动态的社会经济发展过程中，贫困不仅是资本稀缺，还是社会、经济、政治、制度等方面的诸多因素的综合结果，而且呈“循环积累”发展态势，每个循环结果不管是良性或恶性均会对下一个循环起到“积累效应”。Samir Amin 在 *Accumulation on a World Scale：A Critique of the Theory of Underdevelopment* 等书中，都对依附理论作了颇有见地的阐述。他认为，世界资本主义再生产是由出口部门、群众消费部门、奢侈消费部门和设备部门组成，其中，群众消费与设备部门居再生产的中心，这两个部门是再生产的基本动力。因此，Amin 主张加强发展中国家间的合作，同时要努力使收入尽

① 纳克斯．不发达国家的资本形成问题［M］．北京：商务印书馆，1966.

② ［美］艾伯特·赫希曼．经济发展战略［M］．倪吉祥译．北京：经济科学出版社，1992.

量平均化①。

第三节 实践逻辑

一、2030 年全球目标——消除一切形式的贫困

始于 2000 年的联合国千年发展目标（Millennium Development Goals，MDGs）2015 年底到期，全球落实千年发展目标取得积极进展。中国始终高度重视落实千年发展目标。15 年来，在中国政府坚持不懈的努力下，在社会各界的广泛参与下，在国际社会的大力支持下，中国在消除贫困与饥饿、普及初等教育、促进性别平等、保障妇幼健康、疾病防控、环境保护等许多方面取得了巨大进展，千年发展目标落实成绩显著。中国作为一个负责任的发展中大国，15 年来为其他发展中国家实现千年发展目标积极提供支持和帮助。在推动实现千年发展目标的进程中，中国政府和人民立足国情，积极探索，勇于实践，积累了丰富的发展经验，走出了一条具有中国特色的发展道路②（如图 2－4 所示）。

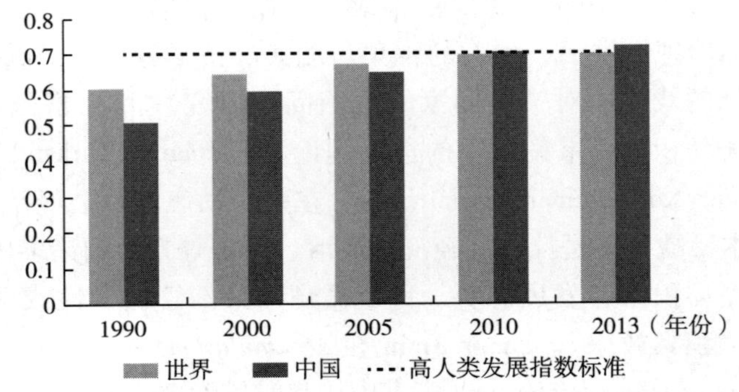

图 2－4　1990～2013 年中国与世界平均人类发展指数变化情况

资料来源：http：//hdr. undp. org/en/content/table2 human development index trends 1980－2013.

① Amin S. Accumulation on a World Scale：A Critique of the Theory of Underdevelopment［J］. Monthly Review Pr.，1974，52（7）：101－136.

② 中国实施千年发展目标报告（2000～2015 年）［EB/OL］. http：//www. fmprc. gov. cn/web/wjb_673085/zzjg_ 673183/gjjjs_ 674249/xgxw_ 674251/t1283856. shtml.

2015 年 9 月 25 日，联合国可持续发展峰会通过了一份由 193 个会员国共同达成的成果性文件，即《2030 年可持续发展议程》（*The* 2030 *Agenda for Sustainable Development*）。这一纲领性文件包括 17 项可持续发展目标和 169 项具体目标，于 2016 年 1 月 1 日正式启动。2030 年可持续发展议程是对千年发展目标的继承和升级，力求完成尚未完成的目标，特别是帮助最弱势群体。该议程包括 17 个可持续发展目标及 169 个相关具体目标，其重点是：消除贫困和饥饿，促进经济增长；全面推进社会进步，维护公平正义；加强生态文明建设，促进可持续发展（如专栏 2 – 1 所示）。

专栏 2 – 1　2030 年可持续发展议程 17 大目标

（1）在全世界消除一切形式的贫困；

（2）消除饥饿，实现粮食安全，改善营养状况和促进可持续农业；

（3）确保健康的生活方式，促进各年龄段人群的福祉；

（4）确保包容和公平的优质教育，让全民终身享有学习机会；

（5）实现性别平等，增强所有妇女和女童的权能；

（6）为所有人提供水和环境卫生并对其进行可持续管理；

（7）确保人人获得负担得起的、可靠和可持续的现代能源；

（8）促进持久、包容和可持续的经济增长，促进充分的生产性就业和人人获得体面工作；

（9）建造具备抵御灾害能力的基础设施，促进具有包容性的可持续工业化，推动创新；

（10）减少国家内部和国家之间的不平等；

（11）建设包容、安全、有抵御灾害能力和可持续的城市和人类住区；

（12）采用可持续的消费和生产模式；

（13）采取紧急行动应对气候变化及其影响；

（14）保护和可持续利用海洋和海洋资源以促进可持续发展；

（15）保护、恢复和促进可持续利用陆地生态系统，可持续管理森林，防治荒漠化，制止和扭转土地退化，遏制生物多样性的丧失；

（16）创建和平、包容的社会以促进可持续发展，让所有人都能诉诸司法，在各级建立有效、负责和包容的机构；

（17）加强执行手段，重振可持续发展全球伙伴关系。

资料来源：《变革我们的世界：2030 年可持续发展议程》，2015 年。

到2030年，在全球所有人口中消除极端贫困，目前极端贫困的衡量标准是每人每日生活费不足1.25美元；到2030年，按各国标准界定的陷入各种形式贫困的各年龄段男女和儿童至少减半；执行适合本国国情的全民社会保障制度和措施，包括最低标准，到2030年在较大程度上覆盖穷人和弱势群体；到2030年，确保所有男女，特别是穷人和弱势群体，享有平等获取经济资源的权利，享有基本服务，获得对土地和其他形式财产的所有权和控制权，继承遗产，获取自然资源、适当的新技术和包括小额信贷在内的金融服务；到2030年，增强穷人和弱势群体的抵御灾害能力，降低其遭受极端天气事件和其他经济、社会、环境冲击和灾害的概率和易受影响程度。确保从各种来源，包括通过加强发展合作充分调集资源，为发展中国家、特别是最不发达国家提供充足、可预见的手段以执行相关计划和政策，消除一切形式的贫困；根据惠及贫困人口和顾及性别平等问题的发展战略，在国家、区域和国际层面制定合理的政策框架，支持加快对消贫行动的投资。

二、全面建成小康社会——不能落下深度贫困地区

改革开放以来，中国扶贫开发经历了以区域瞄准为重点的救济式扶贫（1978～1985年）、贫困县瞄准为重点的开发式扶贫（1986～2000年）、贫困村瞄准为重点的综合性扶贫（2001～2010年）和贫困户瞄准为重点的精准扶贫阶段（2011年至今）四个阶段①。截至2017年，我国农村贫困发生率由改革开放之初的97.5%下降到3.1%。当前，农村贫困主要表现在深度性贫困和转型性贫困两个方面，虽然两者之间互为关联，同属发展不均衡在不同层面的体现，但深度性贫困属于多维度贫困的长期历史沉淀的产物，其致贫原因远比转型性贫困更为复杂，脱贫难度很大。与以分散性的个体贫困为主要特点的转型性贫困不同的是，深度性贫困主要表现在不同规模的、群体性的福利缺失。这种整体性表现在整个村庄甚至更大范围内大部分群体的贫困状态，并且往往与整个地区的经济社会发展的落后相联系②。

区域经济社会发展是长久的发展战略，它不同于“开发式扶贫”。从全国总的贫困人口范围来看，贫困户分布更加分散，致贫原因更加复杂多元化，区域发展政策对普通农村来说减贫效应逐步下降。但是，对于贫困人口比较集中的地方，如四川的阿坝藏族羌族自治州、甘孜藏族自治州以及凉山彝族自治州，这些地区是深度贫困集中发生的地区，整体性贫困、集中性贫困、绝对性贫困成为其

---

① 陆汉文，黄承伟．中国精准扶贫报告［M］．北京：社会科学文献出版社，2016.

② 李小云．把深度性贫困的治理作为精准扶贫的重中之重［J］．老区建设，2017（7）：10－13.

显著特征。在这种情况下，在深度贫困集中的地区，区域发展政策尤其重要。

在深度贫困地区，精准扶贫与区域发展并不矛盾，国家对连片特困地区的区域发展有明确的部署。其中与深度贫困地区有关的工程、项目、政策等，目的都是要尽快解决深度贫困地区基础设施和公共服务面临的共性制约问题。区域发展是一个综合性的经济、社会、文化的发展。深度贫困村庄远离中心乡镇，耕地少，用水缺，道路交通差，居住环境恶劣，农业效益低，贫困人口收入低，购物、上学、就医等都要支付比一般地区更高的成本。致贫原因主要表现为生产要素缺乏、生态环境脆弱、思想观念落后、素质能力不足、产业发展不足、抗风险能力不足、社会发展滞后、公共保障不足。

所以，区域发展是解决深度贫困地区深度贫困问题和精准扶贫的基础性条件，精准扶贫要与区域发展相结合。正如习近平总书记指出的，深度贫困地区的区域发展是精准扶贫的基础，是精准扶贫的重要组成部分。因此，深度贫困地区要发挥后发优势，因地制宜、精准施策，用好自然生态、风土人情等资源，大力发展特色农牧业、旅游业等，加强地方病防治，推进移风易俗，树立健康文明新风尚，建立健全稳定脱贫的长效机制，确保深度贫困地区脱贫攻坚任务如期完成。

第四节　文献综述

贫困减缓作为人类发展的目标之一，一直是各国政府以及国际组织政策制定的重要基点。自中华人民共和国成立以来，中国政府一直关注贫困人口的脱贫，贫困减缓被认为是中国经济改革最成功之处①。中国自改革开放以来，取得了累计减贫 7 亿多人，对全球减贫贡献率超过 70% 的巨大成就②，并一直不断积极探索新的方法、新的思路，“中国式减贫”也将继续为全球减贫事业贡献智慧与力量，继续践行社会主义社会制度的本质特征与大国担当。尤其是自党的十八大以来，习近平总书记以强烈的历史责任感，坚持问题导向和目标导向，亲自深入贫困地区看真贫、出实招，并主持召开重要会议破解脱贫攻坚重要难题，形成了以精准扶贫为核心的习近平扶贫思想，并引领中国扶贫事业取得重大突破，举世

① Naughton B. The Chinese Economy：Transitions and Growth ［J］. Mit Press Books，2008，1（4）：511 - 513.

② Programme U N D. The Millennium Development Goals Report 2015 ［J］. Agenda，2010，23（81）：155 - 157.

瞩目。

短短5年内，中国贫困人口由2012年底的9899万人减少到2017年底的3046万人，累计减少了6853万人，同期贫困发生率从10.2%下降至3.1%，累计下降了7.1个百分点。但脱贫攻坚越往后，越是难啃的“硬骨头”，下一阶段的脱贫攻坚任务的重点难点也进一步向深度贫困地区聚焦。因此，在进入脱贫攻坚战决战决胜最后三年的关键时期，深度贫困地区是扶贫攻坚最短的“短板”，面临着贫困面广、贫困程度深、返贫率高、扶贫难度大等主要矛盾，是攻坚克难的“硬骨头”。目前，政府部门和学术界都积极投入到深度贫困地区的研究中，群策群力，坚决打好打赢脱贫攻坚战。

综观国内外深度（极端）贫困地区的反贫困研究，一直备受学术界关注。中国自改革开放以来，学术界对深度（极端）贫困地区的研究，从未间断过。从研究主题来看，国内外主要研究和探讨深度贫困地区的基本特征、测度方法、减贫路径与动力机制、减贫政策，以及与其他学科的交叉问题研究，为本书提供了坚实的理论基础与实证经验。

一、贫困及贫困深度测度

从15~16世纪贫困问题引起关注之始，学者就开始关注贫困的测度，大致经历了从以收入为主要测度标准的单维贫困测度发展到包括能力、健康、教育、机会等多维贫困测度的历程。贫困测度几乎是与对贫困概念、含义的理解同步发展起来的。在20世纪70年代以前，均在单一的收入贫困标准下进行贫困的研究与测度。早期对多维贫困的研究主要集中在物质生活、质量指数层面[①]。直到1983年，印度经济学家Sen首次从多维的角度出发，用能力方法定义贫困[②]，为后来的多维贫困测度方法的发展奠定了基础。Hagenaars构建了首个多维贫困指数，即从收入和闲暇两个维度进行的贫困评价研究，而不再以单一的收入作为研究指标，开始注意其他方面[③]。这是多维贫困研究的开始，也是多维贫困测度研究的开始。

之后，越来越多的学者加入了多维贫困的研究中，也推动了多维贫困测度方法日新月异的发展。例如，Chakravarty和Tsui构建了基于公理方法的多维贫困测

① Council O. D. Measuring the Condition of the World's Poor［M］. Published for the Overseas Development Council Pergamon Press, 1979.

② Sen A. Poverty and Famines: An Essay on Entitlements and Deprivation［M］. Oxford: Clarendon Press, 1982.

③ Hagenaars A. A Class of Poverty Indices［J］. International Economic Review, 1987, 28（3）: 583-607.

量指标 Ch – M 指数；联合国发展计划署为了更好地描述人类的福利水平，在1997 ~2010 年采用了人类贫困指数（HPI），从健康、教育、生活水平三个维度测度贫困水平①；2011 年开始采用多维贫困指数（MPI），从教育、健康、财产、服务、学校教育、营养和卫生系统等 10 个指标进行贫困测度②。此外，为了更为完整地反映贫困状态，学者还从其他逻辑框架下构建了贫困测度体系，除了基本需求之外，纳入了社会排斥、不平等与脆弱性等方面③④⑤⑥。例如，Aline Coudouel 等将社会的不平等、脆弱性作为研究贫困的重要组成部分⑦。其中，基本需求包括营养、基础教育、卫生、饮用水、住房等⑧。Chakravarty 构建了 Watts 多维贫困指数，从收入、生命与受教育三个方面测度了各国的贫困状态⑨。2007 年5 月，牛津贫困与人类发展中心（OPHDI）的 Sabina Alkire 和 James Foster 基于Sen 的可行能力剥夺理论发展了多维贫困的测量方法，简称 A – F 方法，并在国际上得到广泛应用⑩。

与国外研究相比，国内贫困测度，基本立足于中国国情，更注重多维贫困测度方法的探索与实际运用。既往研究的指标构建基本是按照研究区域的区域经济发展特点、人文特征与贫困特点构建的指标体系，因此，在指标构建上也没有统一的标准，主要基于统计年鉴、贫困监测等宏观数据、实地调研或中国微观数据库的大样本微观数据进行测度。例如，胡鞍钢等基于青海减贫成效和减贫经验扩充了贫困定义，从收入贫困、人类贫困、信息贫困及生态贫困四个维度构建了指

---

① Programme U N D. Human Development Report 1990［J］. New York：Oxford University Press，1993，46（2）：430.

② Chakravarty S R. On Shorrocks´Reinvestigation of the Sen Poverty Index［J］. Econometrica，2000，65（5）：1241 –1242.

③［瑞］冈纳·缪尔达尔. 世界贫困的挑战：世界反贫困大纲［M］. 顾朝阳译. 北京：北京经济学院出版社，1991.

④ Gordon D. et al. Povety and Social Exclusion in Britain［M］. New York：Joseph Rowntree Foundation.

⑤ Elbers，C. and Gunning，J. W. Estimating Vulnerability［R］. Department of Economics，Free University of Amsterdam Working Paper，2003.

⑥ Christiaen Sen，L. and Boisvert，R. N. Measuring Household Food Vulnerability：Case Evidence from Northern Mali，Department of Applied Economics and Management［R］. Cornell University，Working Paper，2000.

⑦ Aline Coudouel，Jesko S. Hentschel，Quentin T. Wodon，Poverty Measurement and Analysis［M］. UK Press，1999.

⑧ Louis – Marie Asselin. Composite Indicator of Multidimensional Poverty［J］. Econometrica，2002.

⑨ Satya R. Chakravarty. On the Watts Multidimensional Poverty Index and its Decomposition［J］. World Development，2008，62（3）：366 –401.

⑩ Alkire S. Choosing Dimensions：The Capability Approach and Multidimensional Poverty［J］. Social Science Electronic Publishing，2007，76（5）：89 –119.

标体系，利用《青海省统计年鉴》宏观数据进行了多维贫困测度①。而杨帆等则是基于可持续生计视角，利用自然资本、物质资本、金融资本、人力资本、社会资本五个维度构建了生计资本指标体系，利用青海省县域层面的宏观数据进行了多维贫困测度②。

随着中国扶贫事业的推进，尤其是党的十八大以来，"中国式减贫"逐渐形成了以"精准"为核心的习近平减贫思想。全国上下也形成了"精准"思维，微观大数据的可获得性助推了微观视角多维贫困的研究，也进一步助推了减贫事业的发展。例如，王小林与 Alkire 构建了包括八个维度的指标体系，利用健康与营养调查微观大数据对东北、东部、中部、西部 9 个省份进行了 A－F 方法的贫困测度③。张庆红等基于新疆南疆三地州深度贫困地区的减贫经验与现实，构建了收入、教育、健康和生活质量四个维度的指标体系，采用了 A－F 方法对实地调研的微观大数据进行了贫困测度研究④。另外，陈琦、王金营等均根据研究区域实际特征构建了指标体系，并基于微观数据进行了多维贫困测度与研究⑤⑥。

二、深度贫困及致贫因素

关于贫困形成的原因，即穷人为何贫困，为何出现大规模、大面积的贫困，主要有两种解释视角：一种是穷人自身原因论，例如，古典政治经济学的穷人懒惰论，社会达尔文主义的适者生存论，经济自由主义的竞争失败论，贫困文化论和个人选择理论等。另一种是环境原因论，认为是自然地理环境、国家整体经济环境和社会制度环境造成了人们的贫困。

例如，贫困陷阱理论认为，是多种相互关联的因素形成的因果关系导致了某些国家、地区或人群陷入贫困之中无法摆脱，代表性理论是贫困恶性循环理论、

---

① 胡鞍钢，童旭光，诸丹丹．四类贫困的测量：以青海省减贫为例（1978—2007）［J］．湖南社会科学，2009（5）：45－52.

② 杨帆，庄天慧，龚荣发等．青海藏区县域多维贫困测度与时空演进分析［J］．统计与决策，2017（22）：121－125.

③ 王小林，Sabina Alkire. 中国多维贫困测量：估计和政策含义［J］．中国农村经济，2009（12）：4－10.

④ 张庆红，阿迪力·努尔．新疆南疆三地州农村多维贫困程度及特征分析［J］．干旱区资源与环境，2015，29（11）：32－36.

⑤ 陈琦．连片特困地区农村贫困的多维测量及政策意涵——以武陵山片区为例［J］．四川师范大学学报（社会科学版），2012，39（3）：58－63.

⑥ 王金营，李竞博．连片贫困地区农村家庭贫困测度及其致贫原因分析——以燕山—太行山和黑龙港地区为例［J］．中国人口科学，2013（4）：2－13.

低水平均衡陷阱理论和循环累积因果关系理论等[①]。无论是从贫困人口自身原因出发，还是从自然环境、宏观经济环境、社会制度等外部因素出发，以上两种视角对于揭示人类贫困问题都具有一定解释力，为人们理解和解决贫困问题提供了有益的启示与帮助。上述两种视角并非相互矛盾，它们本质上是相互补充的。在实践中，贫困的成因往往更加复杂，经常是多种致贫因素共同作用的产物，这些致贫因素既可能包含个人因素，也可能包含超越个体的自然、经济、社会、体制、文化等宏观因素。

我国深度贫困地区多为老少边穷地区，多种制约因素的积累作用导致了深度贫困状态。自然环境约束和生态脆弱性[②③④⑤]，在深度贫困地区农村产业结构单一，救灾保障机制不完善的背景下，自然资源的约束将会增加农村贫困的脆弱性，导致因灾返贫率提升；基础设施供给不足，包括交通基础设施、水电等生活基础设施、通信基础设施等[⑥⑦⑧]。基础设施对应着资本的积累，基础设施的匮乏导致贸易成本的上升、福利水平下降及信息交流的困难，从多个角度导致了收入贫困、消费贫困和能力贫困。

教育供给数量和质量不足。主要体现在教育层次较低，初中及以上教育层次的入学率和巩固率较低，并且教育投入不足，师资力量匮乏，教育设施设备严重缺乏[⑨⑩]。教育的缺失和对教育回报的低预期导致了教育供给两个方面的不足，进而进一步限制了贫困人口自我发展能力的形成和提升，并形成贫困的恶性循

---

① 谭诗斌．现代贫困学导论［M］．武汉：湖北人民出版社，2012.

② 朱明熙，冯俏彬，郭佩霞．从扶贫看民族地区“新农村建设”的艰巨性和复杂性［J］．经济研究参考，2008（4）：2－23.

③ 庄天慧，张海霞，杨锦秀．自然灾害对西南民族地区农村贫困的影响研究——基于21个国家级民族贫困县67个村的分析［J］．农村经济，2010（7）：52－56.

④ 庄天慧，余崇媛，刘人瑜．西南民族贫困地区农业技术推广现状及其影响因素研究——基于西南4省1739户农户的调查［J］．科技进步与对策，2013，30（9）：37－40.

⑤ 刘一明，胡卓玮，赵文吉等．基于BP神经网络的区域贫困空间特征研究——以武陵山连片特困区为例［J］．地球信息科学学报，2015，17（1）：69－77.

⑥ 程联涛．我国贫困地区区域特征及扶贫对策［J］．贵州社会科学，2014（10）：114－117.

⑦ 王璐，黄晓燕，曹小曙等．贫困山区不同层级可达性及其经济效应——以秦巴山区为例［J］．经济地理，2016，36（1）：156－164.

⑧ 张童朝，颜廷武，何可等．基于市场参与维度的农户多维贫困测量研究——以连片特困地区为例［J］．中南财经政法大学学报，2016（3）：38－45.

⑨ 王志章，刘天元．连片特困地区农村贫困代际传递的内生原因与破解路径［J］．农村经济，2016（5）：74－79.

⑩ 周强，张全红．中国家庭长期多维贫困状态转化及教育因素研究［J］．数量经济技术经济研究，2017（4）：3－19.

环[①]；医疗卫生设施和经费投入不足。主要表现在医疗网点少、医务人员数量不足、医疗设施设备落后、医疗报销比例不高，这些尤其导致了民族地区农村人口健康状况的恶化；扶贫政策制定和实施的内在缺陷。盯住固定贫困线的减贫政策在实施过程中倾向于关注贫困深度较低的群体，以表现出高效的减贫成果，但这些减贫政策的实施容易导致对其他贫困群体的漠视，导致相对贫困程度的加剧。因此，如何针对不同地区、不同人群提高扶持政策的针对性、有效性，制定差异化的政策措施是必须考虑的重点[②]。

特殊的文化背景是民族地区贫困形成区别于一般贫困的重要特征。少数民族，尤其是边远民族的价值观存在以下特征：淡薄的商品观念、落后的消费观念、严重的依赖心理、安于现状的守常心理及广泛存在的宗教思想[③④]。此外，少数民族的多生观念也在一定程度上导致贫困的发生和加剧，[⑤⑥] 重男轻女思想也较汉族地区严重，加剧了女童贫困和妇女贫困。这些因素既是致贫的重要因素，同时也是减贫的阻力来源。

三、深度贫困减贫绩效评估

扶贫绩效评价是在扶贫方案制定实施以后，对政策的实际运行效果进行综合评价，考察政策运行的过程和结果是否合乎政策制定时所指向的目标。所以反贫困政策绩效评估是根据反贫困政策实际执行效果和效益的基础上，运用科学合理的方法（定性和定量分析的方法）判断政策在多大程度上实现了预期目标，以及政策实施对其他行业和领域产生的前后向关联效应，目前大多数文献一般从“投入”和“产出”的角度考虑政策实施的经济效率。除了考察反贫困政策的经济效益之外，还要综合考虑政策的社会、环境层面，促使政策的制定和执行实现多赢局面。1992 年，世界银行认为，反贫困绩效评估的内容应包括相关性、目标实现程度、有效性、持续性、制度发展影响力、目标完成情况、世界银行参与

---

① 杨栋会．西南民族地区农村收入差距和贫困研究［D］．中国农业科学院博士学位论文，2009.

② 黄承伟．新形势下我国贫困问题研究的若干思考［J］．中国农村研究，2013（1）.

③ 汪小娟．民族贫困地区环境与资源法制实践的困境与对策［J］．贵州民族研究，2015（6）：34－37.

④ 万国威，高丽茹．结构、文化抑或排斥：西部民族地区特困农牧民的致贫机理［J］．人口学刊，2016，38（5）：70－82.

⑤ 宁亚芳．西部民族地区人口政策缓贫效果检验［J］．中国人口科学，2014（6）：84－95.

⑥ 顾永红，向德平，胡振光．可持续生计视角下连片特困地区妇女贫困研究［J］．江汉论坛，2014（6）：136－140.

度及贷款人参与度①。

国内学者根据中国国情及区域特征，除了关注扶贫的直接主体——贫困群体——的生活水平、生活环境的改善之外，还关注间接方式的益贫性，例如，汪三贵等通过调查发现，连片特困地区不同扶贫项目依据自身特点采取了普惠式到户、选择具备特定条件的农户到户、项目间接带动等不同的到户方式，总体上扶贫项目到户率不高，各项目到户率存在较大差异，扶贫项目没有明显的"益贫"特征。另外，还有学者基于反贫困的指标体系出发，构建了贫困基础、社会经济、人文发展和生态环境四个向度的指标体系②③，将贫困地区可持续发展的经济、人文、社会、环境层面纳入考察，为我国脱贫攻坚的可持续发展提供了参考。也有学者基于其他视角构建深度贫困扶贫绩效体系，例如，庄天慧基于现代文明生活方式视域，从生活水平、生活认可、生活参与三个方面构建扶贫指标体系，运用层次分析法对深度贫困地区小凉山彝区的扶贫绩效提供了思路。也有对行政环境④、教育扶贫层面⑤构建扶贫评估绩效的研究。可见，中国深度贫困地区尚未形成较为全面、系统的反贫困评估指标体系，针对扶贫绩效的研究仍处于积极探索阶段。

四、深度贫困地区脱贫对策

现有的经典反贫困理论观点大体分为三类：第一类是以福利经济学为基础，强调政府及其财政再分配对反贫困的重要作用，研究如何通过再分配进行资源配置以提高效率，进行收入分配以实现公平，进行集体选择以增进社会福利；第二类是以发展经济学为基础，强调经济增长对反贫困的重要作用，通过促进资本形成、平衡增长和不平衡增长、促进结构转换等方法来减少贫困，代表性理论包括"贫困恶性循环"理论、"低水平均衡陷阱"理论、"临界最小努力"理论、"循环积累因果关系"理论、"人口法则"、"人力资本"理论、"二元经济结构"理论、"发展模型"理论、"不平衡增长"理论、"发展极"理论等；第三类是马克思贫困理论，着重从资本主义私有制和资本积累的一般规律上探讨贫困的根源，

---

① 世界银行．贫困与对策：1992 年减缓贫困手册［M］．陈胜华，杜晓山，周慧媛译，北京：经济管理出版社，1996.

② 王荣党．农村区域性反贫困度量指标体系的设计与实证——以云南为例［J］．中国农村经济，2006（12）：69－76.

③ 张琦，史志乐．我国农村贫困退出机制研究［J］．中国科学院（院刊），2016（3）：296－301.

④ 靳永翥，丁照攀．精准扶贫战略背景下项目制减贫绩效的影响因素研究——基于武陵山、乌蒙山、滇桂黔三大集中连片特困地区的调查分析［J］．公共行政评论，2017，10（3）：46－70.

⑤ 肖唯楚．关于财政教育扶贫投入效率的实证研究——以武陵山连片特困区 C 县为例［J］．华中师范大学研究生学报，2012（3）：20－25.

指出资本主义私有制是贫困最深层次的根源，认为要使无产阶级摆脱贫困，只有“剥夺剥夺者”，通过暴力革命在政治上推翻资产阶级统治，建立社会主义制度，而后通过一系列社会措施来实现无产阶级的脱贫。

关于深度贫困地区精准扶贫的路径选择，学者普遍认为，深度贫困地区属于多维度贫困的长期沉淀，扶贫成本高、难度大，主张采取综合性扶贫开发措施且多集中于定性研究。为确保2020年全面建成小康社会，完成脱贫攻坚底线任务，我们需要本着“精准”方略，针对不同深度贫困地区的重点难点问题，构建多位扶贫大格局，针对深度贫困地区和深度贫困群众进行分类施策，聚焦聚力，打赢脱贫攻坚战。因此，扶贫对策要依据地方事实，既要解决区域整体性贫困问题，完善基本公共服务，从产业、教育、就业等层面加大帮扶力度，提高帮扶实效，又要重点突出，针对深度贫困群体，构建长期稳定脱贫机制，既要注重物质扶贫，还要注重精神扶贫，扶贫与扶志、扶智结合，激发贫困群众发展内生动力①。

目前，政府部门和学者抱着打赢脱贫攻坚战的必胜决心，坚持基本方略、聚焦精准发力视为决战决胜深度贫困的方法路径，多元主体参与、凝聚强大合力作为决战决胜深度贫困的重要保障，扶贫扶志扶智结合、培育内生动力作为决战决胜深度贫困的根本目标②，积极探索具有针对性的深度贫困地区脱贫攻坚新思路、新方法。例如，李俊杰等对乌蒙山区③、郑长德对“三区三州”④、罗莉等对高原藏区⑤、沈茂英对四川藏区⑥的贫困特殊性、禀赋特征及对贫困的影响做了深入探讨与研究。而李小云等则针对深度贫困地区的福利问题提出设立深度性贫困综合治理计划，整合各种资源，集中投入非竞争性的公共资源，弥补深度贫困地区在这些方面的福利缺失⑦。

五、文献述评

综上所述，深度贫困地区具有经济机会欠缺、基础设施薄弱、自然地理条件

---

① 覃志敏．推进深度贫困地区的精准扶贫治理［J］．中国国情国力，2017（12）：48－50.

② 黄承伟．聚焦精准发力决战决胜深度贫困［J］．中国扶贫，2017（16）：57－60.

③ 李俊杰，李海鹏．民族地区农户多维贫困测量与扶贫政策创新研究——以湖北省长阳土家族自治县为例［J］．中南民族大学学报（人文社会科学版），2013，33（3）：127－132.

④ 郑长德．“三区”“三州”深度贫困地区脱贫奔康与可持续发展研究［J］．民族学刊，2017（6）：1－8，95－97.

⑤ 罗莉，谢丽霜．精准扶贫背景下藏区特色优势产业发展研究［J］．青海社会科学，2016（5）：9－14.

⑥ 沈茂英．四川藏区精准扶贫面临的多维约束与化解策略［J］．农村经济，2015（6）：62－66.

⑦ 许汉泽，李小云．精准扶贫背景下农村产业扶贫的实践困境——对华北李村产业扶贫项目的考察［J］．西北农林科技大学学报（社会科学版），2017，17（1）：9－16.

恶劣、生态环境脆弱等多种因素叠加的特征，是当前我国脱贫攻坚的坚中之坚，备受政府部门和学术界的关注。在精准扶贫精准脱贫的大扶贫格局下，“针对一般贫困地区扶贫理论方法路径”逐步走向成熟，但“深度贫困”特征显著的贫困地区、贫困群体的研究模式与研究经验依然欠缺，主要体现在以下三个方面：

一是对深度贫困地区的扶贫研究主要集中在描述定性层面，而定量研究相对较少，导致反贫困政策建议方面缺乏针对性，难以及时响应政府深化精准扶贫工作的决策需求。

二是对深度贫困地区地方性知识系统认识不足。深度贫困地区与民族地区高度耦合，由于我国民族地区贫困的地域差异性明显，地方性（个性）知识必须与反贫困实践和发展相协调，但对地方性知识系统的运行机制和对反贫困的影响机理缺少深入研究，将地方性知识与民族地区内源性发展动力相联系的研究相对较少。所以，应加强学科之间的合作，加大经济学、民族学、社会学、管理学等层面的研究力度，注重地方文化保护，直面区域差异，实现精准帮扶。

三是政策措施的针对性有待提高。人类反贫困实践告诉我们，不存在任何一种理论是永远有效、放之四海而皆准。深度贫困地区致贫因素的复杂性和地方社会文化的多元性决定了反贫困策略必须因地制宜、分类施策，精准到户到人。

第五节　本章小结

本部分基于全面梳理深度贫困相关文献资料，厘清了深度贫困、贫困陷阱、脱贫进程及脱贫质量等科学内涵，为后面研究奠定扎实的理论研究基础。

第一，深度贫困属于绝对贫困，绝对贫困中的最底层部分为深度贫困，深度贫困既是绝对贫困，又是绝对贫困中的相对贫困，很难通过自身能力跨越贫困陷阱；深度贫困兼具极端贫困（Extreme Poverty）、慢性贫困（Chronic Poverty）等特征，其识别既超越简单以收入水平距离为依据判断贫困程度，也避免了传统静态审视贫困的不足，同时还增加了脱贫时间约束，主要体现在贫困程度更深、持续时间更长、致贫因素更复杂、扶贫难度更大、脱贫稳定性更差；“依贫治贫”体现了精准要义，瞄准深度贫困是深化精准扶贫的需要，精准脱贫必然要求成功跨越深度贫困陷阱；深度贫困是后三年脱贫攻坚的重点和难点，攻克深度贫困既包括“三区”“三州”等深贫地区，也包括少数民族、残疾人等深度贫困家庭（群体）。

第二，贫困陷阱浅层表现像硬币，一方面是持续贫困问题严重，长期陷入贫困境域，另一方面是贫困再生产问题突出，暂时脱贫比例大，贫困脆弱性、抗逆力不高，返贫成为常态；贫困陷阱深层表现则是贫困黏性问题，但贫困陷阱形成的机理不能简单归咎于贫困黏性。跨越贫困陷阱要摆脱老陷阱与避免陷入新陷阱并重，动态审视深度贫困地区贫困陷阱。从深度贫困地区发展阶段来看，贫困陷阱也有其生命周期，不同发展阶段贫困陷阱是异质的。

第三，脱贫进程包括：在精准扶贫精准脱贫资源输入过程中，贫困地区的发展基础、发展条件，主要包括自然环境基础、经济社会发展基础以及贫困条件基础；扶贫资源输入转化为输出的短期增值效果，即扶贫对象当前在基础设施、经济发展、公共服务、社会保障等多维度的脱贫状态；当期状态距离目标状态的距离，即以2020年为截止时间，客观评估精准扶贫精准脱贫对象的脱贫进展，反映的是扶贫对象当前贫困状况与脱贫目标的距离。脱贫进程为扶贫对象脱贫基础、脱贫速度、实现程度和目标距离的综合过程。这将有利于把贫困的动态性引入脱贫进程分析中，从贫困发生的源头到贫困治理的成效，再到贫困治理的目标标准，系统性地把握脱贫进程的整体性，有助于研究者站在全局视角去探究深度贫困地区精准脱贫面临困难的深层次原因。

第四，高质量脱贫内嵌于脱贫标准遵循、脱贫资源高效、脱贫目标达成、脱贫质量保证和返贫风险防范，标准遵循是前提，资源高效是要求，目标达成是底线，质量保证是根本，返贫防范是关键。不参照现行扶贫标准，脱贫质量无从谈起，谨防扶贫标准越高等同脱贫质量越高认识误区；超常投入更需讲求资源效益，不讲效益不顾成本不可持续，兼顾成本刚性约束与增量效益激励；没有目标管理的扶贫，政治动员下限期脱贫的预期目标缺乏保障；没有质量的脱贫数量，是数字减贫的新伪装；返贫率是检验高质量脱贫的标志性指标。

因此，本书紧扣深度贫困这一核心主题，重点围绕“深度贫困地区如期打赢打好精准脱贫战”重大实践前沿问题展开研究。本章已对深度贫困相关理论和研究进展做了梳理，明确把握“2030年在全世界消除一切形式的贫困”和“全面建成小康社会，深度贫困地区不能落下”这两个实践逻辑，遵循“理论研究—实证分析—政策建议”的总体思路，理论研究与实证分析相互支撑，历史进程与目标进程相互联系，重点难点与对策建议互为呼应，瞄准深度贫困地区深度贫困问题，在精确研判贫困现状的基础上，厘清后三年深度贫困地区脱贫攻坚的基本态势和脱贫压力。同时，聚焦前沿问题，前瞻性研判面向2020年深度贫困地区如期精准脱贫的潜在风险，提出对隐性贫困和临界贫困进行事前风险管理，以确保深度贫困地区脱贫稳定性，实现对习近平总书记在精准脱贫座谈会上提出的“提高脱贫质量”的纲领性要求的回应。

第三章　我国深度贫困地区空间分布、特征及成因

当前，脱贫攻坚已经到了啃“硬骨头”、攻坚拔寨的关键阶段，打好精准脱贫攻坚战，前提是打赢深度贫困地区脱贫攻坚战。深度贫困地区脱贫攻坚是我国如期实现脱贫攻坚目标的难中之难、重中之重、坚中之坚。我国深度贫困问题的区域性特征明显，贫困空间集聚特征显著，在空间上主要以青藏高原为中心，向北延伸到塔克拉玛干沙漠北缘，向东北延伸到黄土高原，向东南延伸到乌蒙山区。深度贫困地区因其基础设施匮乏、自然资本不足、文化观念滞后、市场化水平较低、政策供给失衡等因素，呈现自然条件差、经济基础弱、贫困程度深等特征。脱贫攻坚本来就是一场硬仗，深度贫困地区脱贫攻坚更是“硬仗中的硬仗”。要打赢这场硬仗，“啃下这块最硬的骨头”，应当以解决突出制约问题为重点，强化支撑体系，加大政策倾斜，聚焦精准发力，攻克坚中之坚。

第一节　空间分布

一、深度贫困地区范围

国家确定的深度贫困地区主要包含“三区”“三州”地区。其中，“三区”即西藏自治区、四省藏区（除西藏自治区之外的青海、四川、云南、甘肃省藏族与其他民族共同聚居的民族自治地方）和新疆南疆四地州（喀什地区、和田地区、克孜勒苏柯尔克孜自治州以及阿克苏地区）；“三州”，即四川省的凉山彝族自治州、云南省的怒江傈僳族自治州和甘肃省的临夏回族自治州①。“三区”“三

① 中共中央办公厅、国务院办公厅．关于支持深度贫困地区脱贫攻坚的实施意见［Z］．2017－09－21.

州”贫困人口占全国贫困人口总量的8.2%，贫困发生率约为16.69%，相当于全国平均水平的3.7倍，是全国典型的深度贫困地区①。除此之外，深度贫困地区还包括贫困发生率超过18%的贫困县和贫困发生率超过20%的贫困村。这些地区普遍具有自然条件差、经济基础弱、贫困程度深等特征。

我国深度贫困地区涉及6个省、25个市州、212个县，截至2016年底，人口占全国总人口的1.9%，贫困人口占全国贫困人口的8.2%，贫困发生率约为16.7%。国家确定的深度贫困地区范围具体（如表3-1所示）。

表3-1　中国深度贫困地区范围

片区	地区	省（自治区）	州（县）	面积（万平方千米）	人口（万人）	县数（个）
“三区”	西藏	西藏	拉萨市、昌都地区、山南地区、日喀则地区、那曲地区、阿里地区、林芝地区	122.84	331	74
	四省藏区	四川	阿坝藏族羌族自治州、甘孜藏族自治州、凉山彝族自治州、木里藏族自治县	25.04	214.55	32
		云南	迪庆藏族自治州	2.39	37.2	3
		甘肃	甘南藏族自治州、武威市天祝藏族自治县	4.68	94.92	9
		青海	海北藏族自治州、黄南藏族自治州、海南藏族自治州、果洛藏族自治州、果洛藏族自治州、玉树藏族自治州、海西蒙古族藏族自治州	77.96	215.59	33
	南疆四地州	新疆	喀什地区、和田地区、克孜勒苏柯尔克孜自治州、阿克苏地区	61.44	1013.42	33
“三州”	—	四川	凉山彝族自治州	0.82	190	16
		云南	怒江傈僳族自治州	4.91	499.5	4
		甘肃	临夏回族自治州	1.47	54.5	8
合计				301.55	2650.22	212

注：四川凉山州的木里藏族自治县，因其已纳入四省藏区进行统计，为避免重复统计，故未纳入“三州”统计口径。

资料来源：根据各省2017年统计年鉴或统计公报整理得到。

① 郑长德．“三区”“三州”深度贫困地区脱贫奔康与可持续发展研究［J］．民族学刊，2017，8(6)：1-8.

二、深度贫困地区概况

我国深度贫困地区主要分布在“三区”“三州”，面积达到301.55万平方千米，占国土面积的31.30%。表3－1中各地区主要集中分布在青藏高原及周边地区，具有经济欠发达、发展机会欠缺、生存环境恶劣、生态环境脆弱与基础设施薄弱等典型特征。其中，“三区”主要分布在青藏高原及周边地区，覆盖面积294.35万平方千米，占深度贫困地区总面积的97.61%；“三州”主要分布在青藏高原东缘的藏彝走廊上，覆盖面积7.2万平方千米，占比2.39%①。

从空间分布上来看，我国深度贫困地区共涉及西藏、四川、云南、甘肃、青海和新疆六个省份，但主要集中在西藏、青海和新疆，分别占全国深度贫困地区总面积的40.74%、25.85%、20.38%，其中，西藏是全国唯一的省级集中连片特困地区和整体性深度贫困地区；其次是四川、甘肃和云南，分别占全国深度贫困地区总面积的9.93%、1.82%和1.28%。

从人口比例来看，2016年底，我国深度贫困地区总人口约2650.68万人，占全国人口（138271万人）的1.92%。其中，“三区”人口1906.68万人，占深度贫困地区总人口的71.93%；“三州”人口744万人，占28.07%。就涉及的省份而言，主要集中在新疆、四川和西藏，占比分别为38.23%、26.94%和12.49%；其次是甘肃、青海和云南，占比分别为10.75%、8.13%和3.46%。

从贫困县的数量来看，我国深度贫困地区共有212个县（市、区）。其中，“三区”有184个，占总数的86.79%；“三州”有28个，占13.21%。从六个省区的分布来看，首先是主要集中在西藏、四川、新疆和青海，分别为74个、48个、33个和33个，分别占总数的34.91%、22.64%、15.57%和15.57%；其次是甘肃和云南，分别为17个和7个，占总数的8.02%和3.30%（见表3－2）。

表3－2　中国深度贫困地区分布情况

类别 / 省（自治区）	面积		人口		县	
	面积（万平方千米）	占比（%）	数量（万人）	占比（%）	数量（个）	占比（%）
西藏	122.84	40.74	331	12.49	74	34.91
四川	29.95	9.93	714.05	26.94	48	22.64

① 郑长德．“三区”“三州”深度贫困地区脱贫奔康与可持续发展研究［J］．民族学刊，2017，8（6）：1－8.

续表

类别 省（自治区）	面积		人口		县	
	面积（万平方千米）	占比（%）	数量（万人）	占比（%）	数量（个）	占比（%）
云南	3.86	1.28	91.70	3.46	7	3.30
甘肃	5.50	1.82	284.92	10.75	17	8.02
青海	77.96	25.85	215.59	8.13	33	15.57
新疆	61.44	20.38	1013.42	38.23	33	15.57
合计	301.55	100.00	2650.68	100.00	212	100.00

资料来源：根据各省2017年统计年鉴或统计公报整理得到。

第二节　贫困特征

受自然、经济、社会等多方面因素的影响，我国深度贫困地区总体上社会发展水平不高，基础设施不完善，贫困面积大、程度深、人口多，实现脱贫攻坚的目标艰巨①。深度贫困地区作为脱贫攻坚工作的重中之重，由于特殊自然地理环境、人文风俗、宗教信仰，导致其贫困产生的原因和治理路径存在差异性，对深度贫困地区的自然地理、经济社会环境进行深入分析，进一步研究深度贫困地区的贫困特征，有助于摸清脉络，寻根问药，精准施策，精准脱贫。

一、自然地理特征

1. “三区”自然地理环境

从地理区位上来看，西藏位于中国的西南边疆，青藏高原的西南部，集聚了全国主要的大山、高原、冻土、冰川以及永久性积雪地域，形成了其复杂、特殊的地质地貌，极不利于人类生存。四省藏区位于我国西部，处于青海、四川、甘肃、云南的交会地带，北连甘肃、新疆，南接西藏、云南，东邻四川，西衔新疆，地势险峻、气候恶劣，生产生活条件异常艰苦。并且由于地处高原，该地区土地贫瘠，自然灾害频发，因灾、因病返贫率高达15%~20%，虽幅员面积较大，但自然环境不利于农业生产和工业发展，区域经济发展面临先天性限制。南疆四地州位于新疆维吾尔自治区西南部、塔克拉玛干沙漠西南边缘，周边与印度、巴基斯坦等六国接

① 韩成福．内蒙古深度贫困地区加快脱贫的政策建议［J］．北方经济，2017（8）：33-35.

壤，集边境地区、民族地区、荒漠地区、高寒山区、农牧业易灾区于一体，地理位置非常偏僻，干旱的气候、多发的自然灾害等恶劣的自然条件使南疆农业成为典型的弱质产业，这也使天山以南广大区域成为脱贫致富难度最大的地区。

就自然资源而言，西藏自治区作为中国主要的牧区之一，拥有丰富的自然资源，主要包括土地、植物、动物、矿产、能源等。其天然草地面积、锂金属矿产、太阳能资源均是全国首位，具有先天的农牧业发展优势，但西藏长期存在的资源丰富和资金、人才、技术短缺的矛盾难以使资源优势转化为经济优势。四省藏区是长江、黄河、澜沧江等江河的发源地及水源涵养区，是我国重要的高原生态屏障，具有丰富的水能资源、旅游资源，此外，药材资源与光能资源也是当地重要的优势资源。但资源分布不均及开发不足使受益人口依然有限，无法解决四省藏区的贫困问题①。南疆四地州是我国石油、天然气资源的重要战略接替区，具有丰富的矿产和油气资源。同时，各类矿产和非油气矿产、非金属矿产资源蕴藏量大，资源开发潜力巨大，实施能源资源转换战略具有十分优越的条件，但生产资料的匮乏与产业结构的单一等因素使其自我发展能力严重不足②。

就生态环境而言，西藏自治区面积122万平方千米，位于青藏高原的主体，地势高峻，平均海拔在4000米以上，有着独特的自然生态和地理环境，素有“世界屋脊”和“地球第三极”之称。西藏的气候自东南向西北由暖热湿润向寒冷干旱呈递次过渡，自然生态由森林、灌丛、草甸、草原到荒漠呈带状更迭。复杂多样的地形地貌和特殊的生态系统类型，为生物多样性营造了天然乐园，被称为南亚、东南亚地区的“江河源”和“生态源”，也是中国乃至东半球气候的“启动器”和“调节区”。四省藏区77%的土地面积处于海拔4500米以上，属于不利于人类居住的地区。目前，四省藏区贫困人口大多分布在高寒山区、边远牧区、自然灾害和地方病高发区等，基础设施落后，自然条件恶劣。同时，四省藏区集中了众多的特殊性地理区域，例如，自然条件恶劣区域、生态脆弱区域、经济欠发达区域、高原连片贫困区域、藏民聚居区域、反分裂斗争重点区域等，生态极为脆弱③。南疆四地州属暖温带大陆性气候，干旱少雨，沙尘暴频发，水资源时空分布不均衡，工程性缺水、资源性缺水、结构性缺水矛盾突出，农业用水量占97.6%，水资源紧平衡状况短期内难以消除。森林覆盖率3.5%以下，多为荒漠草场，人均耕地少且逐年下降，土地盐碱化、沙化、荒漠化日趋严重，是新

---

① 宗鑫．青藏高原东部草原生态建设补偿区域的优先级判别研究——以玛曲县、若尔盖县、红原县、阿坝县为例［D］．兰州大学硕士学位论文，2016.

② 李学武．金融支持深度贫困区脱贫［J］．中国金融，2017（23）：88－89.

③ 张丽君，董益铭，韩石．西部民族地区空间贫困陷阱分析［J］．民族研究，2015（1）：25－35.

疆乃至全国生态环境最为脆弱的区域①（如表3－3、表3－4、表3－5所示）。

表3－3　西藏自治区深度贫困县

地级行政区	县级行政区
拉萨市	城关区、堆龙德庆区、达孜区、林周县、尼木县、当雄县、曲水县、墨竹工卡县
昌都地区	卡若区、察雅县、左贡县、芒康县、洛隆县、边坝县、江达县、贡觉县、丁青县、八宿县、类乌齐县
山南地区	乃东区、扎囊县、贡嘎县、桑日县、琼结县、洛扎县、加查县、隆子县、曲松县、措美县、错那县、浪卡子县
日喀则地区	桑珠孜区、南木林县、江孜县、定日县、萨迦县、拉孜县、昂仁县、谢通门县、白朗县、仁布县、康马县、定结县、仲巴县、亚东县、吉隆县、聂拉木县、萨嘎县、岗巴县
那曲地区	那曲县、色尼区、申扎县、班戈县、聂荣县、安多县、嘉黎县、巴青县、县索县、尼玛县
阿里地区	噶尔县、普兰县、札达县、日土县、革吉县、改则县、措勤县
林芝地区	巴宜区、米林县、墨脱县、察隅县、波密县、朗县、工布江达县

资料来源：《中国农村贫困监测报告2011》。

表3－4　南疆四地州深度贫困县

地级行政区	县级行政区
克孜勒苏柯尔克孜自治州	阿图什市、阿克陶县、阿合奇县、乌恰县
喀什地区	喀什市、疏附县、疏勒县、英吉沙县、泽普县、莎车县、叶城县、麦盖提县、岳普湖县、伽师县、巴楚县、塔什库尔干塔吉克自治县
和田地区	和田市、和田县、墨玉县、皮山县、洛浦县、策勒县、于田县、民丰县
阿克苏地区	阿克苏市、库车县、新和县、沙雅县、拜城县、温宿县、阿瓦提县、乌什县、柯坪县

资料来源：《中国农村贫困监测报告2011》、阿克苏政府网站。

表3－5　四省藏区深度贫困县

省份	地级行政区	县级行政区
四川	阿坝藏区羌族自治州	马尔康市、金川县、小金县、阿坝县、若尔盖县、红原县、壤塘县、汶川县、理县、茂县、松潘县、九寨沟县、黑水县
	甘孜藏族自治州	康定市、泸定县、丹巴县、九龙县、雅江县、道孚县、炉霍县、甘孜县、新龙县、德格县、白玉县、石渠县、色达县、理塘县、巴塘县、乡城县、稻城县、得荣县
	凉山彝族自治州	木里藏族自治县

① 李江南，陈彤．新疆南疆四地州生态农业组合模式与农牧民收入的关系研究［J］．新疆农业科学，2017，54（7）：364－372.

续表

省份	地级行政区	县级行政区
云南	迪庆藏族自治州	香格里拉市、德钦县、维西傈僳族自治县
甘肃	甘南藏族自治州	合作市、舟曲县、卓尼县、临潭县、迭部县、夏河县、碌曲县、玛曲县
	武威市	天祝藏族自治县
青海	海北藏区自治州	海晏县、祁连县、刚察县、门源回族自治县
	黄南藏族自治州	同仁县、尖扎县、泽库县、河南蒙古族自治县
	海南藏族自治州	共和县、贵德县、贵南县、同德县、兴海县
	果洛藏族自治州	玛沁县、班玛县、甘德县、达日县、久治县、玛多县
	玉树藏族自治州	玉树市、称多县、囊谦县、杂多县、治多县、曲麻莱县
	海西蒙古族藏族自治州	德令哈市、格尔木市、天峻县、都兰县、乌兰县、冷湖行委、大柴旦行委、茫崖行委

资料来源：《中国农村贫困监测报告 2011》。

2. “三州”自然地理环境

从地理区位上来看，凉山彝族自治州位于西南川滇交界处，辖区面积为 6 万余平方千米，既是全国最大的彝族聚居区，也是四川少数民族最多的地区，其境内 80% 是山区，主要地貌特征就是山高、谷深、坡陡，地貌特征复杂。凉山州贫困人口中以彝族为主，主要是集中在海拔 2500 ~ 3000 米的二半山区和高寒山区，也是全国典型的“直过民族”深度贫困地区①。怒江傈僳族自治州位于滇西北，怒江中游，北接西藏自治区，东北邻迪庆藏族自治州，东靠丽江市，西南连大理白族自治州，南接保山市，地处横断山中段滇西北高山峡谷区，地处偏远，山高坡陡，基础设施落后，经济实力薄弱。临夏回族自治州位于甘肃省中部西南面，黄河上游。北与兰州市接壤，东临洮河与定西市相望，西倚积石山与青海省海东地区毗邻，南靠太子山与甘南藏族自治州搭界，地处青藏高原与黄土高原过渡地带，境内山谷多，平地少，高寒阴湿区、干旱山区和川塬区约各占 1/3，平均海拔 2000 米以上，总面积 8169 平方千米，人地关系较为紧张，区位优势弱，是甘肃省乃至全国最贫困的地区之一。

从自然资源上来看，凉山彝族自治州资源丰富，开发潜力巨大，主要有水能资源、矿产资源、农业资源、旅游资源、民族文化资源等。但自然灾害频发，基础设施落后，产业发展薄弱，教育、医疗等社会事业发展不足以及文化教育落后

① 叶宏，郭虹．地方性知识与民族地区的减防灾——以彝族尔比为例［J］．黑龙江民族丛刊，2012（2）：147 – 150.

等因素严重阻碍了经济发展[①]。怒江傈僳族自治州地域辽阔，民族众多，气候温和，水利、矿产、旅游资源丰富，民族文化风俗多样，是我国最具发展潜力的区域之一。同时，怒江州集极端贫困、民族众多、地处边疆、高寒山区等多种特殊因素于一体，使其又是我国最贫困、最不发达的区域之一。临夏回族自治州具有丰富的矿产资源和水能资源，虽然地域比较辽阔，但可耕地面积匮乏，适宜居住的地方不多，并且由于地理条件限制，人多地少，资源匮乏，自然条件较为严酷。

从生态环境上来看，凉山彝族自治州作为典型的“一步跨千年”的“直过民族”地区，境内彝族占半数以上，彝族同胞长期与世隔绝，为避战乱求生存，在大小凉山二半山区和高寒山区迁徙繁衍、山地游耕，呈现大散居、小聚居状态，交通闭塞、生态环境恶劣，农业生产基础条件薄弱，自然条件恶劣，自然灾害频繁，成为全国脱贫难度最大的连片特困地区[②]。

怒江傈僳族自治州境内天气变化大，气候各异。境内山地面积占97%以上。受高山峡谷地形的制约，怒江全州土地可垦殖系数极低。险峻的大峡谷，可耕地面积少，垦殖系数不足4%。耕地沿山坡垂直分布，76.6%的耕地坡度均在25度以上，给人们的一切生产、生活都带来了极大的不便。

临夏回族自治州全年平均气温为8℃，无霜期155天，为半干旱地区，年均降水量只有442毫米。临夏地处青藏高原与黄土高原的过渡地带，易发暴雨、冰雹等灾害，加剧了农业生产环境的恶化，加之位于黄河上游，各类侵蚀造成了严重的水土流失，水资源严重匮乏，生态失衡，生产生活条件十分恶劣（如表3-6所示）。

表3-6 “三州”县名单

省份	地级行政区	县级行政区
四川	凉山彝族自治州	西昌市、盐源县、德昌县、会理县、会东县、宁南县、普格县、布拖县、金阳县、昭觉县、喜德县、冕宁县、越西县、甘洛县、美姑县、雷波县、木里藏族自治县
云南	怒江傈僳族自治州	福贡县、泸水县、贡山独龙族怒族自治县、兰坪白族普米族自治县
甘肃	临夏回族自治州	临夏市、临夏县、永靖县、广河县、和政县、康乐县、东乡族自治县、积石山保安族东乡族撒拉族自治县

资料来源：根据各州政府官网数据整理得到。

① 杨颖．凉山少数民族文化资源及其在旅游开发中的利用［J］．贵州民族研究，2012（3）：80－83.

② 高杰．凉山彝区精准扶贫施策困境与破解路径——以凉山州喜德县为例［J］．农村经济，2017（8）：51－56.

二、经济社会特征

1. 经济发展体量不足

从国内生产总值来看，2016 年统计数据显示，占国土面积 31.30% 的深度贫困地区创造了国内生产总值 6586.79 亿元，仅占全国国内生产总值 743585 亿元的 0.89%。“三区”和“三州”的国内生产总值分别为 4855.8 亿元和 1730.99 亿元，占比分别为 73.72% 和 26.28%。从“三区”来看，西藏、四省藏区、南疆四地州的国内生产总值分别为 1150.07 亿元、1816.57 亿元和 1889.16 亿元，占比分别为 23.68%、37.41% 和 38.91%。从“三州”来看，四川凉山彝族自治州、云南怒江傈僳族自治州、甘肃临夏回族自治州的国内生产总值分别为 1374.42 亿元、126.46 亿元和 230.11 亿元，占比分别为 79.40%、7.31% 和 13.29%。

从人均国内生产总值来看，25 个深度贫困市州的人均国内生产总值远低于全国平均水平（53817 元），仅 1/4 的市州人均国内生产总值超过全国平均水平的一半，有将近 10 个市州的人均 GDP 不足 2 万元，如新疆和田地区仅为 9900 元，不足全国平均水平的 1/5（如表 3-7 所示）。

表 3-7　2016 年中国深度贫困地区经济发展

“三区”“三州”	地区	省（自治区）	具体范围	GDP（亿元）	人均 GDP（元）	面积（万平方千米）	经济密度（万元/平方千米）	2011~2016 年平均增速（%）
“三区”	西藏	西藏	西藏自治区	1150.07	35143	122.84	9.3623	17.97
	四省藏区	四川	阿坝藏族羌族自治州	281.32	30171	8.42	33.4109	13.40
			甘孜藏族自治州	229.8	19596	15.3	15.0196	10.19
			木里藏族自治县	29.5	23600	1.32	22.3485	—
		甘肃	甘南藏族自治州	135.95	19213	4.02	33.8184	13.43
			天祝藏族自治县	44.66	212656	0.71	62.4854	14.51
		青海	海北藏族自治州	100.67	35953	4.6	21.8848	5.85
			黄南藏族自治州	74.65	12697	1.88	39.7074	10.85
			海南藏族自治州	152.68	32754	4.6	33.1913	16.95
			果洛藏族自治州	36.48	18378	7.6	4.8000	7.91
			玉树藏族自治州	61.68	15232	26.7	2.3101	10.69
			海西蒙古族藏族自治州	486.96	23263	32.58	14.9466	0.23
		云南	迪庆藏族自治州	176.88	43247	2.39	74.0084	16.70
	南疆四地州	新疆	喀什地区	759.8	16860	16.2	46.9012	16.17
			和田地区	236.33	9900	24.9	9.4912	17.22
			克孜勒苏柯尔克孜自治州	100.33	16736	7.09	14.1509	21.78
			阿克苏地区	792.7	10632	13.25	59.8264	11.32

续表

"三区""三州"	地区	省（自治区）	具体范围	GDP（亿元）	人均GDP（元）	面积（万平方千米）	经济密度（万元/平方千米）	2011～2016年平均增速（%）
"三州"	四川	四川	四川凉山彝族自治州	1374.42	29549	4.91	279.9226	8.07
	云南	云南	云南怒江傈僳族自治州	126.46	23287	1.47	86.0272	19.13
	甘肃	甘肃	甘肃临夏回族自治州	230.11	11436	0.82	280.6220	15.74
"三区""三州"				6586.79	—	301.55	21.8434	11.50

资料来源：根据各省2017年统计年鉴或统计公报整理得到。

2. 经济密度远低于全国平均水平

从经济密度来看，"三区""三州"的经济密度明显低于全国平均水平。其中，较高的甘肃临夏回族自治州和四川凉山彝族自治州，分别为280.6220万元/平方千米和279.9226万元/平方千米，均不及全国平均水平的2/5。一方面，西藏是唯一的省级深度贫困地区，覆盖面积最大，经济密度9.3623万元/平方千米，仅为全国平均经济密度的1.21%。除此之外，四省藏区、南疆四地州和云南怒江傈僳族自治州的经济密度均较低，区域经济欠发达。另一方面，深度贫困地区内25个市州的经济密度差异大（见表3－8）。例如，2016年深度贫困地区的平均经济密度为21.8434万元/平方千米，其中，甘肃临夏回族自治州经济密度最大，为280.622万元/平方千米，是经济密度最小（玉树藏族自治州仅为2.3101万元/平方千米）的121.48倍。

表3－8 "三区""三州"经济状况

片区	范围	面积（万平方千米）	GDP（亿元）	经济密度（万元/平方千米）
"三区"	西藏	122.84	1150.07	9.3623
	四省藏区	110.07	1816.57	16.5038
	南疆四地州	61.44	1889.16	30.7480
"三州"	四川凉山彝族自治州	4.91	1374.42	279.9226
	云南怒江傈僳族自治州	1.47	126.46	86.0272
	甘肃临夏回族自治州	0.82	230.11	280.6220
全国平均		963.46	743585	771.7861

资料来源：根据各省份2017年统计年鉴或统计公报整理得到。

3. 经济增速高于全国平均水平

2011～2016年，在全国整体经济增速普遍放缓的情况下，深度贫困地区以两位数（11.50%）的增速领超全国平均水平。但是，各市州经济平均增速差异较大。其中，平均增速最低的海西蒙古族藏族自治州的平均增速仅为0.23%，而平均增速最快的云南怒江傈僳族自治州为19.13%，两者相差82.83倍。

综上所述，深度贫困地区面积占全国总面积近1/3，但GDP总量却不足1%，经济密度远低于全国平均水平。同时，整体经济欠发达，区域内部发展差异明显。

第三节　区域贫困表征

一、贫困基本情况

深度贫困是属于多维贫困长时间累积的结果，主要表现在不同规模、群体性的福利缺失及自然资源缺失、基础设施差、经济发展水平低、竞争能力弱小等，脱贫难度很大。深度贫困的贫困整体性表现在整个村庄甚至更大范围内大部分群体的贫困状态，并且往往与整个地区的经济社会发展的落后相联系。“三区三州”覆盖全国25个市州、212个县，人口占全国总人口的1.9%，贫困人口占全国总贫困人口的8.2%，贫困发生率约16.7%①。

在“三区”当中，贫困发生率最高的是西藏，为17.15%；在25个市州中，贫困发生率最高的是怒江傈僳族自治州，为30.02%；在212个县中，贫困发生率最高的是怒江傈僳族自治州福贡县，为34.8%。上述三个地区贫困发生率分别是全国平均水平的3.81倍、6.67倍和7.73倍。

二、贫困主要特征

找准深度贫困地区的贫困特征，有的放矢地制定相关脱贫政策，是推进深度贫困地区脱贫攻坚的关键。结合习近平总书记在深度贫困脱贫攻坚座谈会上的讲话，深度贫困地区的贫困特征可以简单地概括为“两高、一低、一差、三重”。

“两高”即贫困人口占比高、贫困发生率高。深度贫困县贫困人口占四川省贫困人口总数22%以上；深度贫困县贫困发生率在15%以上，高于四川省贫困县平均水平近9个百分点；深度贫困村贫困发生率接近35%，高于四川省贫困村平均水

① 李小云．把深度性贫困的治理作为精准扶贫的重中之重［J］．老区建设，2017（7）：10－13.

平近24个百分点。“一低”即人均可支配收入低。深度贫困县人均国内生产总值21650元，人均公共财政预算收入1386元，农民人均可支配收入5928元，分别只有四川省平均水平的50.7%、36.2%、49.7%。“一差”即基础设施和住房差。深度贫困县的贫困村中，村内道路、入户路、危房需要维修和重建。“三重”即低保“五保”贫困人口脱贫任务重、因病致贫返贫人口脱贫任务重、贫困老人脱贫任务重。深度贫困县贫困人口中低保、“五保”贫困户占比高达近60%，因病致贫、患慢性病、患大病、因残致贫占比达80%以上，60岁以上贫困人口占比超过45%。

此外，深度贫困地区、贫困县、贫困村在贫困现象方面存在许多共同点。

第一，深度贫困地区是集革命老区、民族地区、边疆地区于一体的地区。该类区域区位条件差，交通和通信基础设施落后，交易成本高。同时，自然地理、经济社会、民族宗教、国防安全等问题相互交织在一起，加大了脱贫攻坚的复杂性和难度。

第二，深度贫困地区基础设施建设和社会发展滞后，公共服务水平低。深度贫困地区多数地处高寒山区、深山区，地理位置偏远，资源缺乏灾害多发，地广人稀，生存条件恶劣。具体表现为“西南缺土、西北缺水，青藏高原缺积温”。另外，由于建设成本高，施工难度大，推进深度贫困地区基础设施和基本公共服务建设，使其接近全国平均水平的难度大。

第三，社会发育滞后，社会文明程度低。由于历史等方面原因，许多深度贫困地区长期封闭，同外界脱节。有的民族地区，尽管中华人民共和国成立后实现了向社会主义制度的跨越，但社会文明程度依然较低，具体表现在：一是人口出生率高，平均素质低。很多人从小不学汉语、不识汉字、不懂普通话，大孩辍学带小孩；二是专业技术人才不足，生产生活难以与现代文明接轨；三是文明法制意识淡薄，家族宗教势力影响大。不少贫困群众沿袭陈规陋习，有病不就医，信教、搞法事，婚丧嫁娶讲排场、搞攀比，“一婚十年穷”。部分地区受宗教和民族等因素影响，群众思想和行为习惯严重落后，群众普遍安于现状，脱贫内生动力严重不足。

第四，深度贫困地区属于欠发达地区，产业带动脱贫增收能力不足。具体表现在：一是农业生产条件差、生产结构比较单一，生产效率低；二是区域内工业化和城市化程度较低，就地就业机会少；三是整体经济发展滞后，人穷村也穷，很多深度贫困村发展产业欠基础、少条件、没项目，产业结构单一、抗风险能力不足，对贫困户的带动作用有限。

第五，生态环境脆弱，自然灾害频发，返贫风险高。深度贫困地区往往处于全国重要生态功能区，生态保护同经济发展的矛盾突出。一些地方地处地质灾害频发地带，“十年一大灾、五年一中灾、年年有小灾”，实现脱贫和巩固脱贫成果存在很大不确定性。

三、贫困类型

古人云“病有标本”，“知标本者，万举万当；不知标本者，是谓妄行”。推进深度贫困地区脱贫攻坚，需要找准导致深度贫困的主要原因，采取有针对性的脱贫攻坚举措。深度贫困属于往往是低收入、粮食不安全和饥饿、教育和性别不平等、高疾病负担、环境恶化、不安全庇护所以及缺乏安全饮用水和基本卫生设施的原因和结果，也与公共财富的不合理治理和不公平分配有直接关系①。而我国国内深度贫困地区集历史、宗教、边防问题于一体，经济、社会、生态、文明等多种因素交织复杂，总体而言，可将其致贫因素概括为以下五个方面：

1. 基础设施落后导致特殊的资本贫困

（1）农户住房和家庭设施滞后。“三区”“三州”地处西部高原高山地带，位置偏远，农户住房和家庭设施滞后。如表 3－9 所示，西藏总体情况最差，使用管道供水的户比重、使用经过净化处理自来水的户比重、饮水无困难的户比重、独用厕所的户比重等指标均低于全部片区水平。西藏、四省藏区、南疆三地州分别有 25%、18.6%、10% 的农户饮水有困难。从分项指标来看，四省藏区、南疆三地州居住竹草土坯房的户比重分别为 9.4%、10.0%，比全国贫困地区分别高 4.9 个和 5.5 个百分点。西藏、四省藏区使用经过净化处理自来水的户比重分别比全国贫困地区低 15 个和 14.3 个百分点，独用厕所的户比重分别比全国贫困地区低 23 个和 14.4 个百分点。

表 3－9　2016 年“三区”农村农户住房和家庭设施及片区对比状况　单位：%

片区名称	居住竹草土坯房的户比重	使用管道供水的户比重	使用经过净化处理自来水的户比重	饮水无困难的户比重	独用厕所的户比重	炊用柴草的户比重
全国贫困地区	4.5	67.4	40.8	87.9	94.2	51.4
西藏自治区	1.7	48.9	25.8	75.0	71.2	54.7
四省藏区	9.4	67.5	26.5	81.4	79.8	49.4
南疆三地州	10.0	92.1	86.4	90.0	98.9	58.4

资料来源：国家统计局住户调查办公室：《中国农村贫困监测报告 2017》。因报告内仅报告南疆三地州的相关数据，所以暂未统计阿克苏地区相关数据。

（2）基本公共服务落后。深度贫困地区由于其恶劣的自然条件与落后的基

① Anyangwe S. C. E., Chipayeni M., Ben C. Health Inequities, Environmental Insecurity and Attainment of The Millennium Development Goals in Sub－Saharan Africa: The Case Study of Zambia [J]. International Journal of Environmental Research & Public Health, 2006, 3 (3): 217－227.

础设施，造成当地教育、医疗卫生等公共资源与公共服务严重短缺，使各类公共服务的供给呈现失衡的状态。以西藏各项教育指标为例，2015 年西藏地区小学入学率 98. 94%（全国为 99. 88%）、初中毛入学率 96. 24%（全国为 104%[①]）、高中阶段毛入学率 74. 47%（全国为 87%）、高等教育毛入学率 29. 45%（全国为 40%），学前教育毛入园率 61. 49%（全国为 75%）。近年来，虽然在国家加大投入的情况下，学校条件不断改善，但以教育资源为代表的公共服务匮乏仍是这些地区面临的共同难题。同时，贫困农牧民家庭的部分收入是小孩放牛、放羊、挖虫草、捡贝母挣来的，孩子上学后不仅少了这笔收入，还要承担其教育成本，增加了家庭负担，因此，影响了父母送孩子上学的积极性。另外，由于居住分散，上学路程远，不少地区学校教学质量和办学水平不高，教育设施设备缺乏，教师队伍水平不高，使不少普通群众更看重寺院教育给他们带来收入与声誉的提升。

教育基础的落后和软硬件环境交叉制约，使藏区学生普遍入学难、辍学易、留不住，导致了人力资源素质偏低、人力资本储备不足，尤其缺乏熟悉环境、掌握地方语言文化、具备良好的知识结构体系及综合素质较高的人才队伍。

2. 自然资本制约导致特殊的生态贫困

贫困群众大多居住在自然资本匮乏与环境恶劣的高寒地区、深石山区，贫困地理环境的空间分布特征明显。该典型的空间区位决定了特殊的生态环境，而特殊的生态环境又直接制约着贫困户的生产生活方式，形成了特殊的生态贫困[②]。

就深度贫困地区而言，“三区”“三州”大部分是我国的边疆地区、生态脆弱区、主体功能区。南疆四地州地处西北边陲，位于塔克拉玛干沙漠西南边缘，戈壁沙漠和山地居多，严重缺水，土地荒漠化严重。西藏和四省藏区地广人稀，高寒缺氧，无霜期短，大部分地区年积雪期超过 6 个月，人居条件恶劣，交通不便，地域相对封闭，资源缺乏、土地贫瘠、生态脆弱、灾害频繁。恶劣的自然环境导致农牧民普遍贫困，脆弱的生态环境直接制约了产业开发与发展；加之自然灾害频发，产业基础十分薄弱，可利用资源少，开发难度大，贫困户只能靠天吃饭，收入来源单一。同时，恶劣的人居生存环境对群众的身体健康造成威胁，高原性疾病、慢性病及包虫病等发病率高，进一步增加了贫困家庭负担，因病致贫成为另一个重要的致贫原因。另外，陷入深度贫困的农户在改善生活，发家致富

---

① 毛入学率，是指某一级教育不分年龄的在校学生总数占该级教育国家规定年龄组人口数的百分比。由于包含非正规年龄组（低龄或超龄）学生，毛入学率可能会超过 100%。

② 李俊杰，陈浩浩．民族地区扶贫开发的制约因素与基本思路［J］．中南民族大学学报（人文社会科学版），2015（6）：104 – 108.

愿望驱使下，过度开发自然资源，容易造成生态进一步恶化，形成生态致贫的恶性循环。

3. 较低市场化水平导致特殊的收入贫困

历史上的“三区”“三州”一直是以农耕畜牧业为主的自给自足的自然经济，生产力水平低下。恶劣闭塞的自然环境以及原始落后的生产生活方式，使广大居民难以适应市场经济的发展步伐，农牧业生产率和农畜产品商品化程度很低①。

（1）产业化水平低。“三区”“三州”农牧业总体上属于较为传统的农耕游牧生产，农牧业产业化起步晚、水平低、规模小，产业结构较为单一，缺少农业产业化龙头企业，拳头产品、品牌产品较少。农户农牧业产品除满足自身家庭的食物需求外，拿到市场上销售的产品数量较少，无法有效增加农牧民的收入。同时，由于农牧民缺少科学的种养殖技术，产品质量不高，加之农畜产品价格波动大，受市场的影响极大；农产品质量无统一标准，市场竞争力不强，影响稳定增收。

（2）扶贫效益溢出。目前，“三区”“三州”的产业扶贫主要采用外部市场主体带动产业开发的路径，致富带头人或致富能人的缺乏使依托本地资源致富的机制难以形成。当大量的扶贫政策和资源供给时，贫困户常因财富观念、自身能力等原因而无法直接享受到扶贫政策，导致扶贫效益溢出。

4. 封闭文化观念导致特殊的顽固性贫困

深度贫困地区交通不便，主要为自给自足的小农经济，与现代市场经济相脱节。“三区”“三州”文盲半文盲比例高，大量群众不会讲普通话，“圈内”交往的文化使区域内贫困户的基本特点和特征不断强化，并有代际传递趋势。同时，文化的落后使贫困户对贫困本身和扶贫政策缺乏认知能力，缺乏脱贫的内生动力，自我脱贫意识不强。此外，“三区”“三州”贫困户理财意识弱。近年来，尽管不少农牧民以采挖虫草获得了较高收益，但缺乏理财观念，往往一年的收益在当年全部花光，然后靠民间借贷的方式维持生计。因此，要根本解决深度贫困问题，亟须扭转深度贫困地区居民文化落后的局面②。

5. 政策规划限制导致特殊的发展贫困

“三区”“三州”特殊的生态环境需要特殊的政策规划，而特殊的政策规划也决定了特殊的发展方式，导致了特殊贫困类型。例如，“三区”“三州”绝大

---

① 杨波．创新资金供给方式深入破解深度贫困难题［J］．中国扶贫，2017（15）：68－70.

② 李波，刘丽娜，李俊杰．高寒藏区农村反贫困政策依赖性研究：基于分位数回归模型的经验分析［J］．中央民族大学学报（哲学社会科学版），2017（5）：69－78.

部分地区属于禁止开发区和限制开发区，承担着国家生态保护的重要历史使命，决定了“三区”“三州”经济发展比其他地区受到更多的限制。加上西藏和四省藏区面对日益严重的水土流失和草场退化，现有草场已无法承载现有的牲畜养殖规模，使本就缺少生产就业技能的农牧民，无法利用自然资源或生态产品获得更多的生计来源与收入。此外，在严守生态红线的情况下，“三区”“三州”缺乏发展方式转变和产业结构转型升级的基础和能力，只能被动执行国家主体功能区规划等各项政策，很难形成突破性发展思路，导致了特殊的发展贫困①。

第四节　本章小结

深度贫困是我国如期实现精准脱贫刚性目标必须着力要攻克的堡垒，为打赢深度贫困地区精准脱贫攻坚战，本章对深度贫困地区的空间分布、贫困特征及贫困类型进行了全面深入研究。

第一，中国的深度贫困空间聚聚特征明显，主要集中分布在青藏高原及周边地区，“三区”主要分布在青藏高原及周边地区，面积最大，“三州”主要分布在青藏高原东缘的藏彝走廊上；涉及西藏、四川、云南、甘肃、青海和新疆六个省份，但主要集中在西藏、青海和新疆三个民族地区。

第二，从自然地理特征来看，深度贫困地区的地理区位多位于偏僻的山区、荒漠及高原等极不利于人类生存的地带，生存环境恶劣，生产生活条件异常艰苦；从经济社会特征来看，深度贫困地区经济发展体量和经济密度都远低于全国平均水平，整体区域经济欠发达，并且区域内部发展差异明显；从区域贫困的表征来看，基础设施和社会发展滞后，公共服务水平低，社会发育滞后，社会文明程度低，集革命老区、民族地区、边疆地区于一体的欠发达地区。

第三，深度贫困地区集发展、民生、生态和稳定问题于一体，主要贫困类型大致可以归为五大类，基础设施落后导致特殊的资本贫困；自然资本制约导致特殊的生态贫困；较低的市场化水平导致特殊的收入贫困；封闭的文化观念导致特殊的顽固性贫困；政策规划限制导致特殊的发展贫困。

① 李俊杰，陈浩浩．民族地区扶贫开发的制约因素与基本思路［J］．中南民族大学学报（人文社会科学版），2015（6）：104－108.

第四章　深度贫困地区贫困现状总体分析

四川省作为我国深度贫困地区的典型代表之一，其贫困的现状表征具有较强的代表性。自党的十八大以来，四川省委、省政府深入学习贯彻习近平总书记系列重要讲话精神和治国理政新理念、新思想和新战略，将脱贫攻坚作为推进“四个全面”战略布局四川实践的重大政治任务、全局性工作和第一民生工程来抓，聚焦“两不愁、三保障、四个好”脱贫目标和“六个精准”总体要求，认真落实深度贫困地区脱贫攻坚座谈会重大部署，举四川省之力、全社会之力奋力推进精准扶贫精准脱贫，深度贫困地区面貌明显改善，人民生活水平不断提高。

第一节　农村贫困现状

精准扶贫实施以来，四川省农村贫困人口从 2013 年底的 625 万人减少到 2018 年底的 71 万人，平均每年脱贫人口超过 100 万人，贫困发生率从 2013 年底的 9.6% 降至 2018 年底的 1.1%（如图 4－1 所示）。

四川省建档立卡贫困村共 11501 个，2017 年底前退出贫困村（“已出列贫困村”）共 6206 个，占比为 54.0%，未退出贫困村（“未出列贫困村”）共 5295 个，占比为 46.0%。其中，有贫困人口的未退出贫困村占未退出贫困村的 93.4%，高于有贫困人口的退出贫困村（占比为 49.5%）43.9 个百分点。四川省有贫困人口的贫困村共 8018 个，有 20.8 万户，79.0 万人，占四川省贫困人口的 46.2%。有贫困人口的非贫困村有 22563 个，有 30.8 万户，92 万人，占四川省贫困人口的 53.8%。

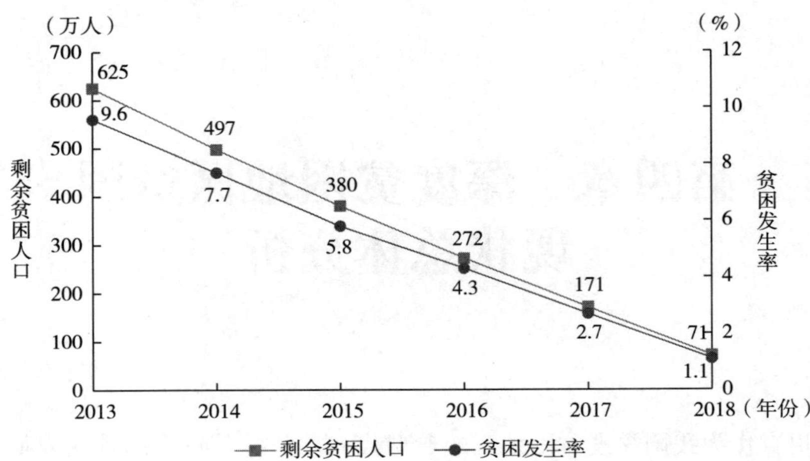

图 4－1　2013～2018 年四川省农村贫困人口减贫情况

第二节　深贫地区贫困户多维分析

一、人口特征维度

深度贫困地区贫困人口年龄结构分组情况如图 4－2 所示。整体而言，深度贫困地区的贫困人口主体年龄结构为 16～65 周岁（不含），占比为 56.3%；16 周岁（不含）以下的贫困人口次之，占比依然较大，约占总体的 38%；65 周岁及以上的贫困人口占比最小，占深度贫困地区贫困人口的 5.7%。数据表明，老人和小孩等无劳动力人群在深度贫困地区贫困人口中占据接近一半的比例，亟须加强医疗、教育、卫生等各项社会保障，创新健康扶贫、教育扶贫路径，进一步激发贫困人口内生动力。

民族结构情况如图 4－3 所示。其中，占贫困人口比例最高的民族为彝族，占到总体的 77.2%；藏族次之，占 16.7%；汉族占比最小，仅占深度贫困地区贫困人口的 5.2%。可见，深度贫困地区贫困人口以彝族为主，其主要集聚地大小凉山彝区的贫困状况最为突出。受极度恶劣的自然环境、落后的经济水平与一步跨千年的社会发展现实，以及彝族独特的家支文化影响，大小凉山彝区贫困问题更具顽固性与依赖性。

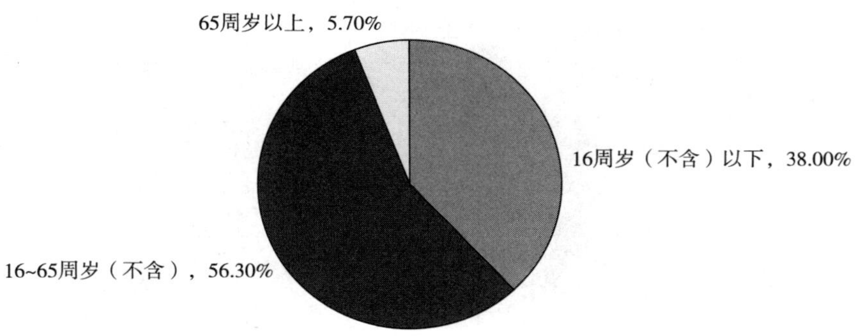

图 4 -2 贫困人口年龄结构

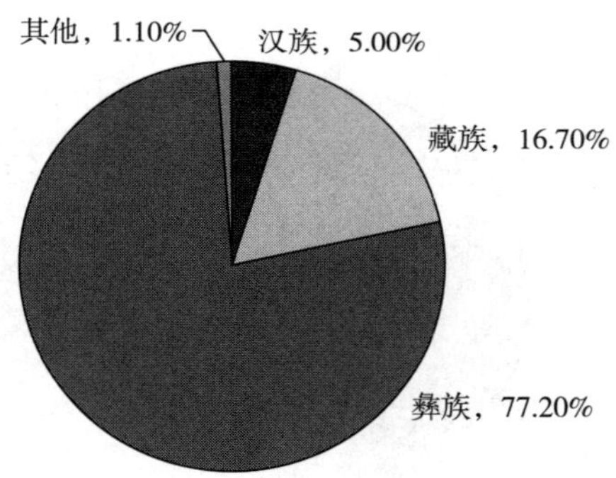

图 4 -3 贫困人口民族构成

资料来源：国务院扶贫办建档立卡数据（内部资料）。

健康状况如图 4 -4 所示。健康的贫困人口占比为 93.4%；长期慢性病贫困人口占 3.2%；大病、残疾以及多种疾病综合的情况占比为 3.4%。由此可见，经过多年来坚持不懈的医疗保障与大病防治救助等措施，健康扶贫取得了较大成效，保障了当地人力资本的健康，为深度贫困地区脱贫攻坚提供了坚实基础。但以长期慢性病为主的疾病依然是制约贫困人口摆脱贫困的重要因素，需要在完善医疗卫生保障制度的基础上，进一步精准施策。

劳动能力情况如图 4 -5 所示。普通劳动力占比最高，为 52.1%；无劳动力占比为 47.3%，技能劳动力与丧失劳动力的人口最少，共占比为 0.6%。整体而言，深度贫困地区有劳动能力的贫困人口分布较均匀，但结构不合理，主要以普通劳动力为主，技能劳动力极少。可见，深度贫困地区技术型人才缺口较大，多数人群收入来源单一，其发展可持续性欠佳。应当加大科技、教育等的投入力

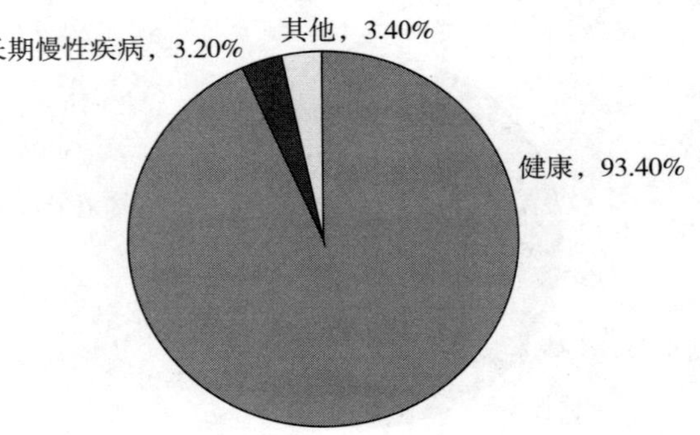

图 4－4　贫困人口健康状况

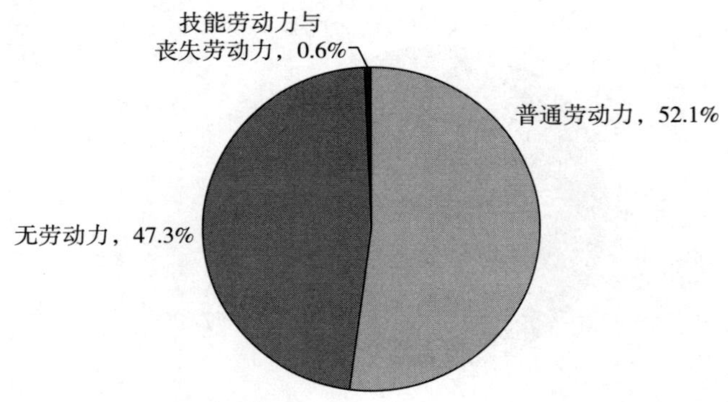

图 4－5　贫困人口劳动能力情况

资料来源：国务院扶贫办建档立卡数据（内部资料）。

度，通过技术培训增强就业，进一步增加贫困人口的收入来源，并能实现长期稳定收入，促进深度贫困地区贫困人口发展多元化。

深度贫困地区无务工贫困人口（务工状况为“其他”）占比高达95.8%，因此，应加大对贫困人口进行就业培训，增加贫困人口务工能力，促进贫困人口外出务工，及完善务工相应的劳动制度，鼓励贫困人口自发自愿通过就业增加收入。另在务工贫困人口中乡镇内务工占比较大，可能与文化排斥有关。

从务工时间来看，深度贫困地区贫困人口更倾向于4～7个月与3个月以内的短期务工，约占51.6%，长期务工占比较少（见图4－6）。可见，深度贫困地区贫困人口整体自我发展意识薄弱，应当加大宣传力度，培育贫困人口的内生动力。

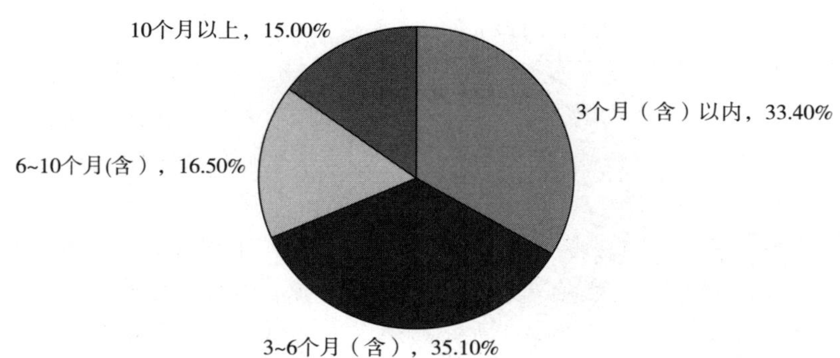

图4－6　贫困人口务工时间情况

资料来源：国务院扶贫办建档立卡数据（内部资料）。

文化程度情况如图4－7所示，在校生情况如图4－8所示。可以发现深度贫困地区贫困人口大多为小学学历，占到总人口的58.6%；文盲或半文盲占比较大，为26.2%；初中文化较少，约占11.4%；高中及以上学历占比最低。就在校生情况而言，非在校生占据了贫困人口的68.1%，处于义务教育阶段贫困人口的比例为29.7%，高中及以上在校生占比最低。以上数据表明，深度贫困地区贫困人口的教育存量较少，基础教育文化普及率有待增强；现阶段教育流量反映出深度贫困地区义务教育普及率较低，非在校生份额较大。为此，应当推广普及义务教育，加大教育扶贫力度，集中整合各项资源，各社会团体互助帮扶，助推深度贫困地区贫困人口从根源上摆脱贫困。

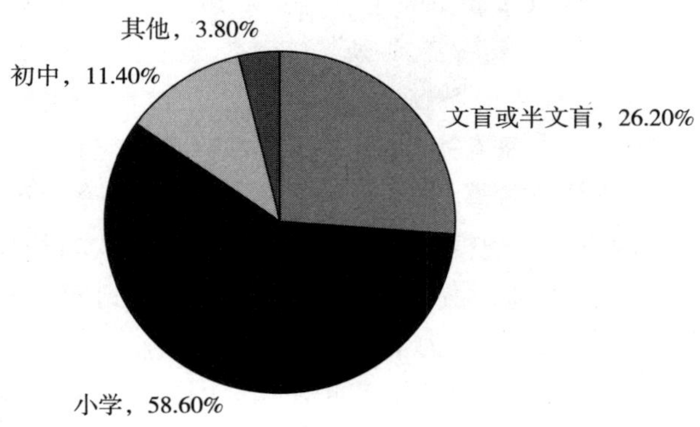

图4－7　深度贫困地区贫困人口文化程度情况

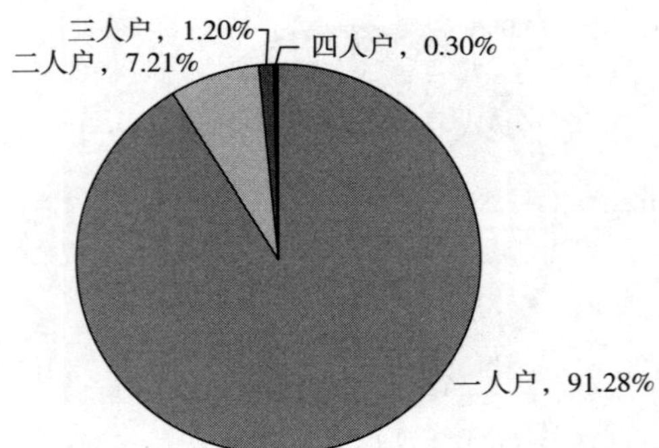

图 4-8　片区贫困人口在校生情况

资料来源：国务院扶贫办建档立卡数据（内部资料）。

二、家庭特征维度

深度贫困地区贫困户属性情况如图 4-9 所示。贫困户属性占比由高到低分别是一般贫困户占比 66.1%，低保贫困户占比 42.9%，“五保”贫困户占比 1.8%。

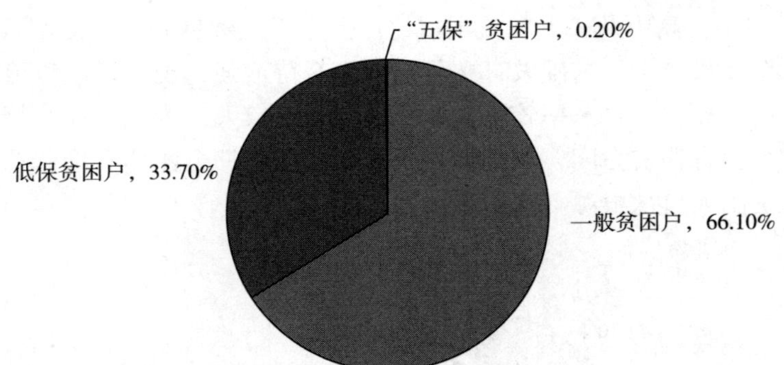

图 4-9　贫困户属性情况

资料来源：国务院扶贫办建档立卡数据（内部资料）。

深度贫困地区贫困户人口规模情况如图 4-10 所示。人口规模占比由高到低分别是五人户及以上占比最高，占总人口的 49.1%；三到四人户占比次之，为 32.2%；两人户及以下占比最低，为 18.7%。

可见，深度贫困地区家庭人口规模方面存在贫困恶性循环。由于文化差异等因素的影响，人口规模较大的家庭多含有无劳动力的老人与儿童，青壮年劳动力较少，负担较重。并且，彝族婚俗习惯与落后的生育观导致出生人口健康状况堪忧，使得家庭更易陷入贫困。为此，应当通过政府政策加以引导，普及基本生育知识、宣扬优生优育，改善人力资本的整体质量。

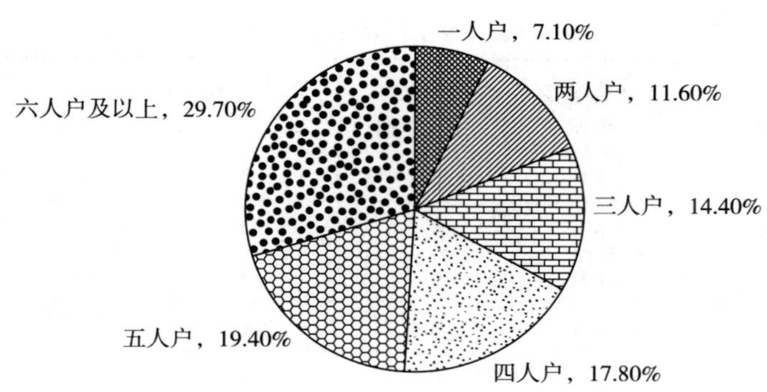

图 4－10　贫困户人口规模情况

资料来源：国务院扶贫办建档立卡数据（内部资料）。

家庭主要致贫原因情况如图 4－11 所示。致贫因素占比由高到低分别是缺资金、缺技术、缺劳动力、因病和交通条件落后，其占据份额依次为 45.6%、20.4%、9.4%、7.3%、7.2%。为此，应当加大扶贫投入力度，推动劳动技能培训，增强医疗卫生保障，大力推进基础设施建设，靶向瞄准，精准施策。深度贫困地区贫困户参加专业合作社占比为 9.7%。

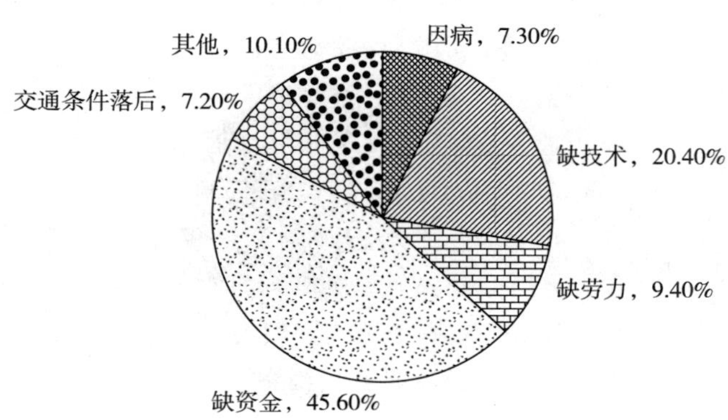

图 4－11　贫困户主要致贫原因

资料来源：国务院扶贫办建档立卡数据（内部资料）。

家庭种植产业情况如表 4－1 所示。深度贫困地区贫困户人均牧草面积最多，为 10.4 亩/人；而后依次是人均林地面积、人均耕地面积、人均退耕还林面积、人均水面面积。数据表明，因注重牧草面积的有效利用，以及重复利用，合理发展养殖业生态链，增加贫困人口收入。

表4-1 四川省深度贫困地区贫困户种植产业情况 单位：亩/人

类别/地区	人均耕地面积	人均退耕还林面积	人均林地面积	人均水面面积	人均牧草面积
四川省	1.0	0.2	1.2	0.0	3.8
四大片区	1.0	0.2	1.3	0.0	4.7
秦巴山区	1.0	0.2	1.3	0.0	0.0
乌蒙山区	0.9	0.2	0.9	0.0	0.0
大小凉山彝区	1.0	0.3	1.0	0.0	1.1
高原藏区	0.9	0.6	3.5	0.0	49.6
片区外	0.9	0.1	0.5	0.0	0.0
深度贫困地区	1.0	0.3	1.5	0.0	10.4

资料来源：国务院扶贫办建档立卡数据（内部资料）。

家庭通生产用电情况如图4-12所示。其中，通生产用电贫困户占贫困户比例为47.1%。家庭生活条件困难情况如图4-13所示。其中占比最高的是“无卫生厕所”情况，占深度贫困地区贫困户的73.2%。危房问题也占据了相当大的比例，为45.5%；而后依次是无安全饮水、饮水困难、未通生活用电。

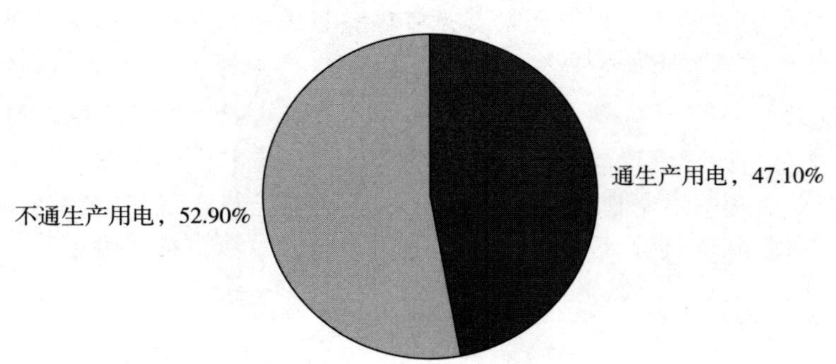

图4-12 贫困户通生产用电情况

家庭入户路类型情况如图4-14所示。入户路类型占比最高的均是泥土路，占比最低的均是沥青路。家庭主要燃料类型情况如图4-15所示。主要燃料类型为柴草，占比86.8%；其次为干畜粪占比7.6%。煤炭与清洁能源利用率较少。

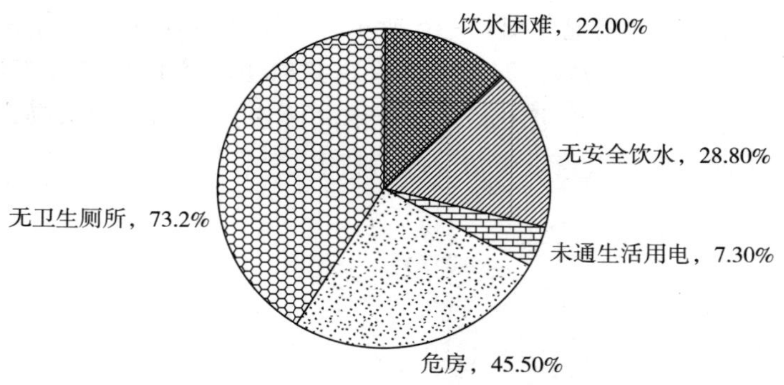

图 4－13　贫困户生活条件困难情况

资料来源：国务院扶贫办建档立卡数据（内部资料）。

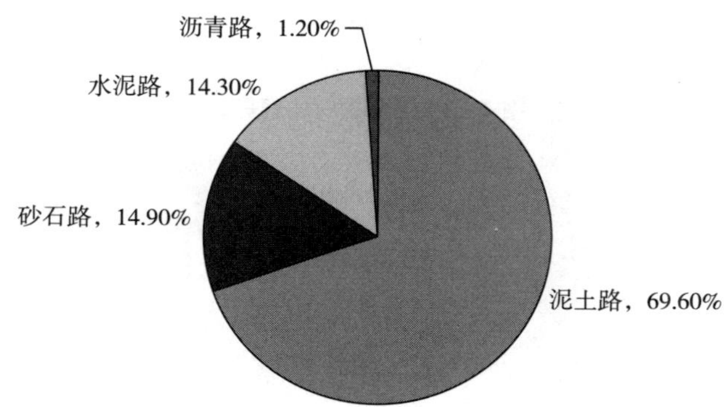

图 4－14　贫困户入户路类型

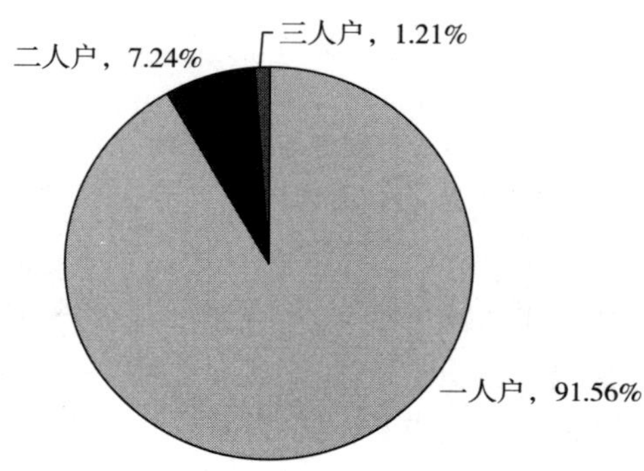

图 4－15　贫困户主要燃料类型

资料来源：国务院扶贫办建档立卡数据（内部资料）。

家庭危房等级统计情况如图 4－16 所示。深度贫困地区危房等级为 D 级、C 级占比最高，分别是 75.5%、24.2%。家庭与村主干道距离情况如图 4－17 所示。深度贫困地区与村主干道距离在 1 千米（不含）以内占比最高，为 49.2%；10 千米以上占比最低，道路设施情况改善较大。

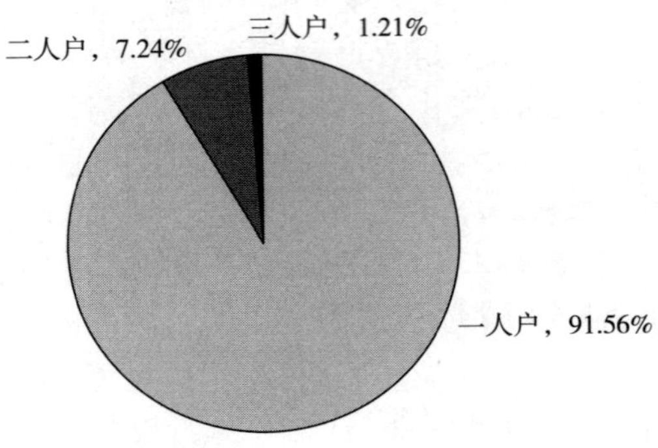

图 4－16　贫困户危房等级

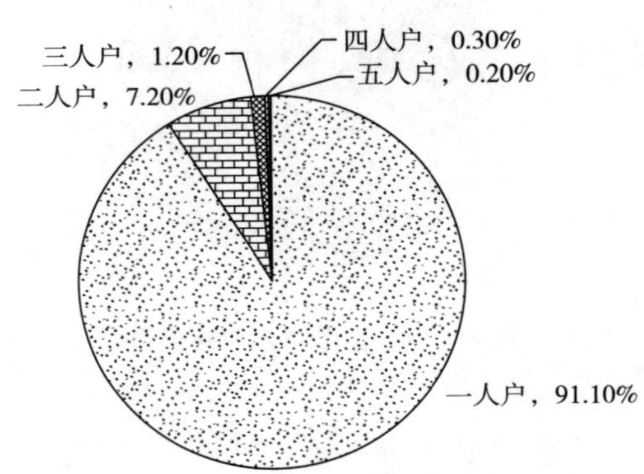

图 4－17　贫困户与村主干道距离

资料来源：国务院扶贫办建档立卡数据（内部资料）。

深度地区贫困户 2017 年人均纯收入分组情况如图 4－18 所示。人均纯收入在 1000～2000 元占比最高，为 38.3%。此外，2000～2736 元的收入占比次之，为 36.6%；3300 元以上较少，仅占 4%。

2017 年深度地区贫困户家庭收入构成情况如图 4－19 所示。户均生产经营性收入最高，占比 64.4%，为主要收入来源；其次是户均转移性收入 25.7%；户均工资性收入占比 7.2%；户均生产经营性支出占比 14.1%。可见，深度贫困地

区贫困户主要依靠农业收入与政府补贴，务工所得的工资性收入较少，就业率有待提升。为此，要加强就业培训建设，增强贫困人口劳动就业选择，促进贫困群体可持续就业发展。

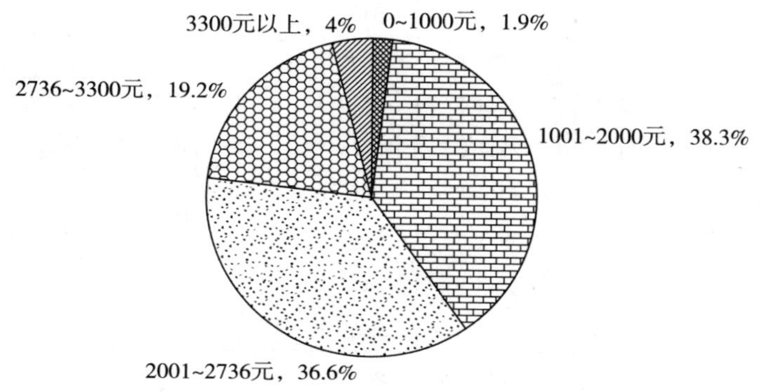

图 4－18　贫困户人均纯收入分组

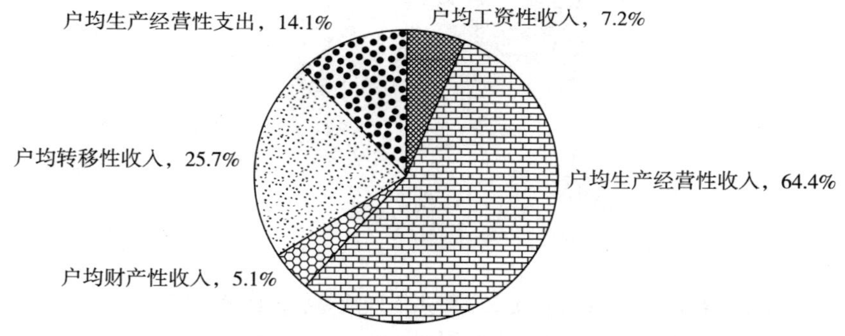

图 4－19　贫困户家庭收入构成

资料来源：国务院扶贫办建档立卡数据（内部资料）。

2017 年深度贫困地区贫困户转移性收入及养老保险金情况如表 4－2 所示。户均计划生育金为 1281 元，户均生态补偿金 1334 元，户均其他转移性收入 2100. 5 元；户均低保金最高，为 3971. 1 元；户均“五保”金为 3209 元；户均养老保险金 1048. 2 元。

三、特殊困难群体

1. 残疾人

四川省残疾贫困人口残疾等级占比情况如图 4－20 所示。一级残疾占比为 18. 5%，二级残疾占比为 33. 3%，三级残疾占比为 23. 8%，四级残疾占比为 24. 4%。

表4-2　2017年度四川省贫困户转移性收入及养老保险金情况　单位：元

类别/地区	户均计划生育金	户均低保金	户均五保金	户均养老保险金	户均生态补偿金	户均其他转移性收入
四川省	1236.8	2770.1	3483.3	1313.0	703.0	1690.5
四大片区	1263.8	2886.8	3530.7	1374.6	801.6	1682.9
秦巴山区	1270.4	2373.7	3577.3	1258.9	351.5	1577.6
乌蒙山区	1214.6	2544.5	3089.7	2258.0	424.2	1391.9
大小凉山彝区	1038.7	4010.4	3280.8	1010.7	721.5	1638.8
高原藏区	1583.5	3893.7	2689.6	1133.9	2835.0	3179.2
片区外	1187.9	2447.9	3278.2	1190.8	315.7	1708.7
深度贫困地区	1281.0	3971.1	3209.0	1048.2	1334.0	2100.5

资料来源：国务院扶贫办建档立卡数据（内部资料）。

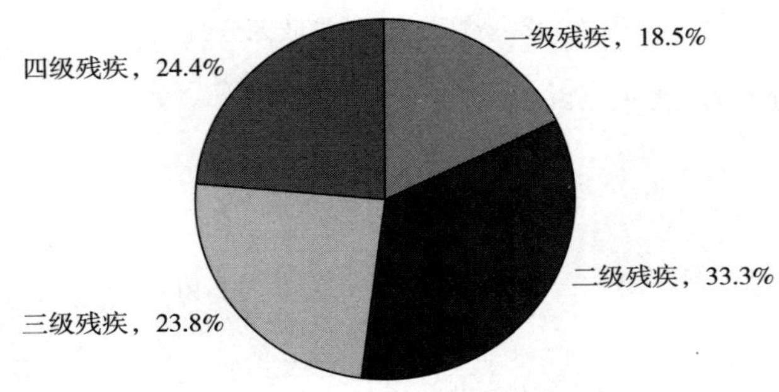

图4-20　四川省残疾贫困人口残疾等级占比分布情况

资料来源：国务院扶贫办建档立卡数据（内部资料）。

深度贫困地区残疾贫困人口残疾等级分布情况如图4-21所示。一级残疾占比最高的是高原藏区，占22.7%；二级残疾占比最高的是秦巴山片区，占比36.9%；三级残疾占比最高的是大小凉山彝区，占比26.2%；四级残疾占比最高的是乌蒙山片区，占32.1%。

深度贫困地区残疾贫困人口残疾类别占比情况如图4-22所示。视力残疾占比15%；听力残疾占比10%；言语残疾占4.7%；肢体残疾占比57.5%；智力残疾占比3.8%；精神残疾占比3.1%；多重残疾占5.9%。

2. 低保贫困户

四川省低保贫困户家庭人口规模占比情况如图4-23所示。一人户占比17.1%，二人户25.6%，三人户20.0%，四人户15.7%，五人户10.7%，六人户及以上10.9%。

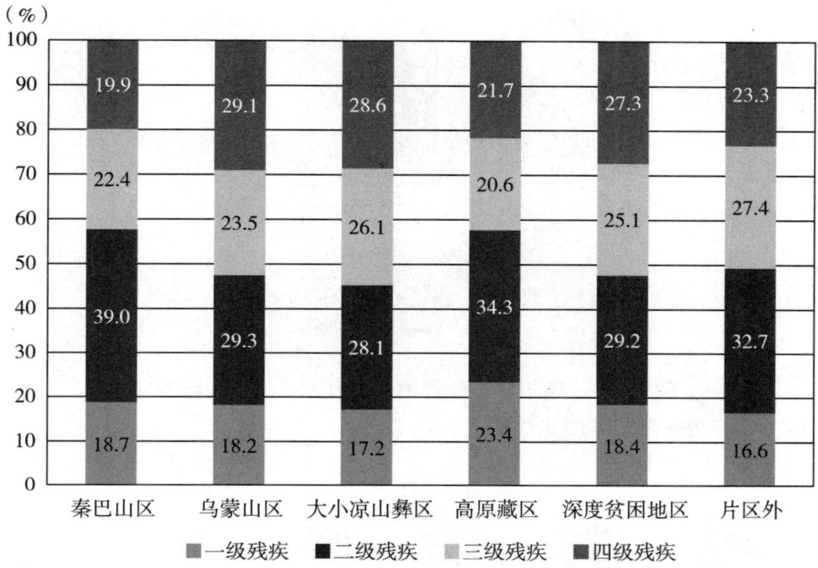

图 4－21 深度贫困地区残疾贫困人口残疾等级占比分布情况

资料来源：国务院扶贫办建档立卡数据（内部资料）。

图 4－22 深度贫困地区残疾贫困人口残疾类别占比情况

资料来源：国务院扶贫办建档立卡数据（内部资料）。

深度贫困地区低保贫困户家庭人口规模占比情况如图 4－24 所示，一人户占比最高的是片区外，占 29.9%；二人户占比最高的是片区外，占 32.1%；三人户占比最高的是秦巴山片区，占 20.5%；四人户占比最高的是高原藏区，占 20.2%；五人户占比最高的是大小凉山彝区，占 18.3%；六人户及以上占比最高的是大小凉山彝区，占 31.7%。

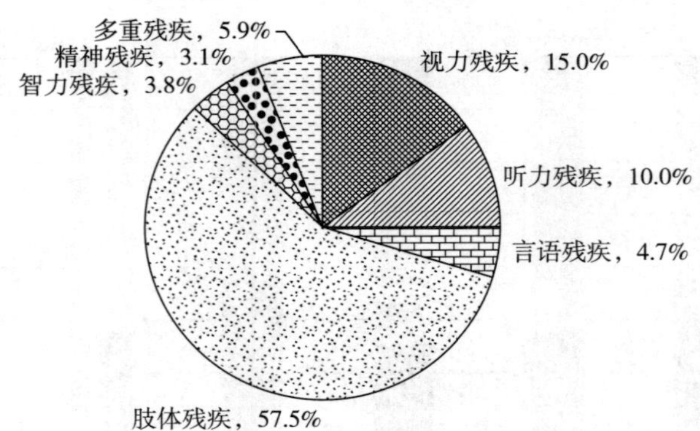

图 4-23　四川省低保贫困户家庭人口规模占比情况

资料来源：国务院扶贫办建档立卡数据（内部资料）。

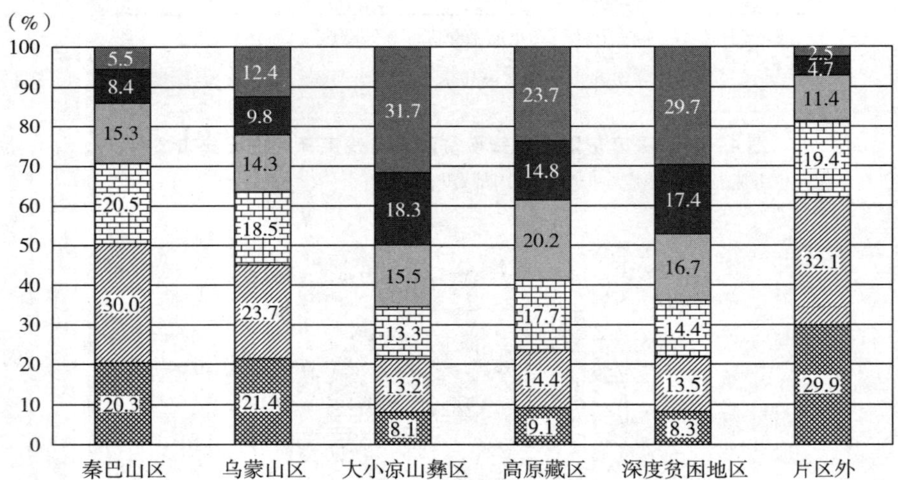

图 4-24　深度贫困地区低保贫困户家庭人口规模占比情况

资料来源：国务院扶贫办建档立卡数据（内部资料）。

四大片区中，按人保（非整户家庭成员均享受低保）占比最高的是大小凉山彝区，占 54.1%；整户保（全家享受低保）占比最高的是高原藏区，占比 68.4%（如图 4-25 所示）。

3. “五保”贫困户

四川省“五保”贫困户家庭人口规模占比情况如图 4-26 所示，一人户占比为91.1%，二人户占比为7.2%，三人户占比为1.2%，四人户占比为0.3%，五人户占比为0.2%。

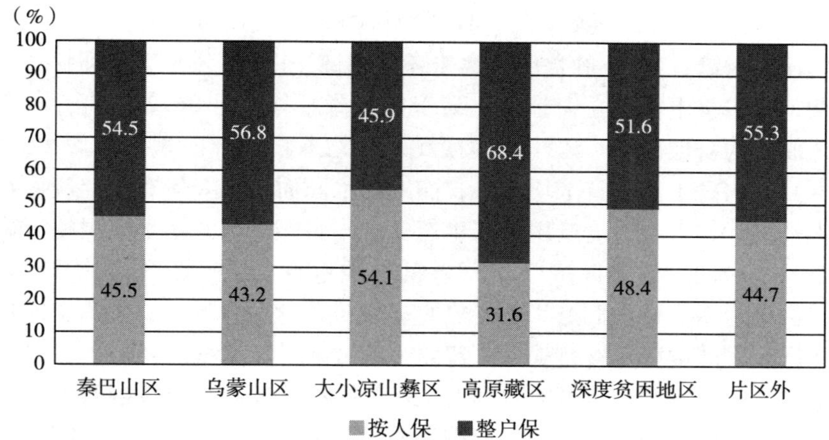

图4－25　深度贫困地区低保贫困户家中享受低保人口比例情况

资料来源：国务院扶贫办建档立卡数据（内部资料）。

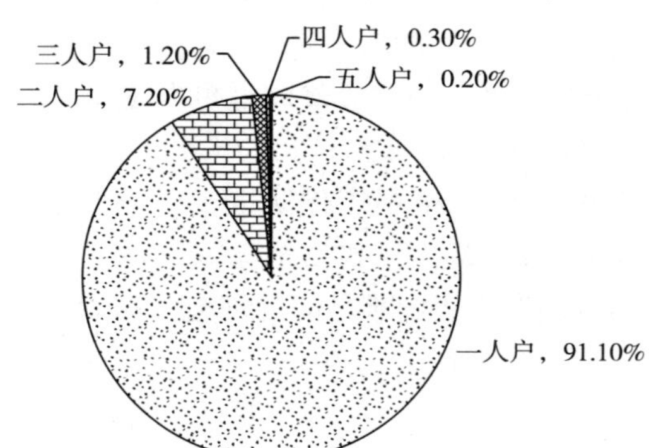

图4－26　四川省“五保”贫困户家庭人口规模情况

资料来源：国务院扶贫办建档立卡数据（内部资料）。

在四大片区中，一人户占比最高的是乌蒙山区，占比为91.7%；二人户占比最高的是高原藏区，占比为9.3%；三人户占比最高的是乌蒙山区，占比为1.6%；四人户占比最高的是秦巴山区，占比为0.3%；五人户及以上占比最高的是大小凉山彝区，占比为0.4%。

第三节　深贫村多维分析

四川省深度贫困地区共计有贫困村3993个，其中，已退出贫困村有1813

个、未退出贫困村有2180个。在这些贫困村中，95.2%的贫困村处于地形地貌集中在山丘的村镇；2.5%的贫困村属于丘陵村镇；1.8%分布于平坝村镇，整体地形复杂，大多集中在山丘，且占比高于四川省平均水平26.2个百分点。深度贫困地区的人均耕地面积、人均林地面积、人均退耕还林面积、人均林果面积、人均牧草面积均高于四川省平均水平，而人均水面面积、人均有效灌浇面积则与四川省水平接近，表明深度贫困地区生态资源丰富，而灌溉用水资源相对缺乏。

在2180个未退出贫困村中，32.5%的贫困村有农民专业合作社，有农家乐的贫困村占比为2.5%，开展乡村旅游的贫困村占比为1.5%，均低于四川省平均水平，产业发展情况仍有待提升。77.2%的贫困村无集体经济收入，且有集体经济收入的贫困村集中在2万元（含），深度贫困地区近九成贫困村农民人均纯收入在4737元以下，农村经济发展滞后。就信息化水平而言，已通宽带的贫困户有3.9万户，已通宽带的贫困村小学有243个，能用手机上网的贫困户有16.3万户，有信息员的贫困村共1093个，共有1688位信息员，远低于四川省平均水平。贫困村贫困发生率大多集中在10%（含）~40%，仅4.0%的贫困村贫困发生率在3%以下，达到脱贫标准，脱贫攻坚取得初步成效。

截至2017年底，深度贫困地区贫困村共2180个、14.0万户，深度贫困地区贫困村结对帮扶覆盖率达100%，驻村工作队也实现全覆盖，易地扶贫搬迁计划的贫困村占总贫困村数的72.4%，计划易地搬迁贫困户占总贫困户的42.4%。其中，易地搬迁计划的贫困户主要困难是缺乏资金，占25.3%。

一、基本情况

四川省共2550个深度贫困村，占贫困村比例为22.17%；有11.0万贫困户、49.0万贫困人口，户均人口规模4.4人，贫困发生率为24.8%；其中，享受低保的贫困人口占深度贫困村贫困人口的19.9%，享受“五保”的贫困人口占深度贫困村贫困人口的0.1%；平均年龄为27岁（见表4-3）。

表4-3 四川省深度贫困村贫困人口基本信息情况

类别 地区	贫困村数量（个）	深度贫困村（个）	深度贫困村占比（%）	贫困户（万户）	贫困人口（万人）	户均人口（人）	贫困发生率（%）	低保人口占比（%）	“五保”人口占比（%）	平均年龄（岁）
四川省	11501	2550	22.2	11.0	49.0	4.4	24.8	19.9	0.1	27
深度贫困地区	3993	2126	53.2	9.2	42.5	4.6	27.6	20.6	0.04	25
其他	7508	424	5.6	1.9	6.5	3.5	15.1	15.4	0.2	37

资料来源：国务院扶贫办建档立卡数据（内部资料）。

深度贫困地区的深度贫困村人口规模大、贫困发生率高、享受低保和享受

"五保"贫困人口比例低、贫困人口平均年龄低。深度贫困地区共2126个深度贫困村，涉及4个市（州）、41个县，占贫困村的53.2%，占四川省深度贫困村的83.4%，共有9.2万户、42.5万人，平均贫困发生率为27.6%，平均年龄25岁；深度贫困地区外共424个深度贫困村，涉及13个市，34个县，占贫困村的5.6%，占四川省深度贫困村的16.6%，共1.9万户、6.5万人，平均贫困发生率为15.1%，平均年龄为37岁。

四川省有2550个深度贫困村，其中，1350个集中在凉山州，占比为65.2%，有8.0万贫困户，37.5万贫困人口，贫困发生率最高，占比为31.1%，平均年龄25岁；其次是甘孜州，有612个深度贫困村，占比为45%，共计0.8万贫困户，3.3万贫困人口，贫困发生率为15.3%，平均年龄28岁；阿坝州126个深度贫困村，占比为20.8%，贫困户有0.2万户，贫困人口有0.7万人，贫困发生率为11%，平均年龄29岁；乐山市60个深度贫困村，占比为23.2%，总计0.2万户贫困户，1.0万贫困人口，平均贫困发生率为14%，平均年龄29岁（见表4-4）。

表4-4 四川省各市（州）深度贫困村贫困人口基本信息情况

地区 \ 类别	贫困村（个）	深度贫困村（个）	占比（%）	贫困户（万户）	贫困人口（万人）	户均人口规模（人）	贫困发生率（%）	低保人口占比（%）	"五保"人口占比（%）	平均年龄（岁）
四川省	11501	2550	22.2	11.0	49.0	4.4	24.8	19.9	0.1	27
攀枝花	70	13	18.6	0.1	0.3	4.8	25.9	4.2	0.0	30
泸州	324	32	9.9	0.3	1.4	4.6	19.2	19.3	0.1	33
绵阳	520	1	0.2	0.0	0.0	2.1	11.6	60.6	3.0	55
广元	739	154	20.8	0.5	1.5	3.0	11.9	13.5	0.1	44
南充	1290	25	1.9	0.1	0.4	3.1	16.1	22.0	0.0	45
宜宾	471	57	12.1	0.2	0.9	4.1	13.7	13.9	0.0	35
广安	820	23	2.8	0.1	0.3	3.0	13.0	23.0	0.2	46
达州	828	32	3.9	0.1	0.5	3.3	14.6	14.6	0.3	41
雅安	261	1	0.4	0.0	0.0	3.7	26.9	7.0	0.0	36
巴中	699	41	5.9	0.2	0.6	3.4	18.1	19.5	0.3	41
资阳	325	23	7.1	0.2	0.6	2.8	22.5	7.2	0.1	46
乐山	259	60	23.2	0.2	1.0	4.1	14.0	26.0	0.3	29
阿坝州	606	126	20.8	0.2	0.7	4.3	11.0	60.9	0.0	29
甘孜州	1360	612	45.0	0.8	3.3	4.3	15.3	44.2	0.0	28
凉山州	2072	1350	65.2	8.0	37.5	4.7	31.1	17.6	0.0	25

资料来源：国务院扶贫办建档立卡数据（内部资料）。

二、深度贫困村“五有”情况

四川省2550个深度贫困村无集体经济收入占比为53.9%，到乡镇未通沥青（水泥）路占比为31.2%，无卫生室占比为29.0%，没有文化室占比为20.3%，无通信网络占比为25.7%（见表4-5）。深度贫困地区2126个深度贫困村的“五有”状况整体水平低于四川省平均水平，其中，无集体经济收入占比为55.0%，到乡镇未通沥青（水泥）路占比为35.3%，无卫生室占比为32.0%，没有文化室占比为23.3%，无通信网络占比为29.7%。

表4-5　深度贫困村贫困户“五有”占比情况

类别/地区	深度贫困村（个）	有无集体经济收入（%）		到乡镇是否通沥青（水泥）路（%）		是否有卫生室（%）		是否有文化室（%）		是否有通信网络（%）	
		有	无	有	无	有	无	有	无	有	无
四川省	2550	46.1	53.9	68.8	31.2	71.0	29.0	79.7	20.3	74.3	25.7
深度贫困地区	2126	45.0	55.0	64.7	35.3	68.0	32.0	76.7	23.3	70.3	29.7
其他地区	424	51.4	48.6	89.4	10.6	85.8	14.2	94.6	5.4	94.6	5.4

资料来源：国务院扶贫办建档立卡数据（内部资料）。

在深度贫困地区中，无集体经济收入占比最高的是甘孜州和凉山州，分别是63.1%和51.6%；到乡镇未通沥青（水泥）路占比最高的是凉山州和甘孜州，分别占比为40%和32.2%；无卫生室占比最高的仍然是甘孜州和凉山州，占比分别是35.6%、33.2%；无卫生室占比最高的仍然是甘孜州和凉山州，占比分别是31.4%、21.9%，阿坝州和乐山市远低于前两者，只有不到5%；凉山州31.6%的贫困村无通信网络，甘孜州为29.9%，阿坝州仅为16.7%。综合来看，凉山州和甘孜州深度贫困村村“五有”实现程度较低，且与阿坝州、乐山市存在较大差距（见表4-6）。

表4-6　各市（州）深度贫困村“五有”占比情况

类别/地区	深度贫困村（个）	有无集体经济收入（%）		到乡镇是否通沥青（水泥）路（%）		是否有卫生室（%）		是否有文化室（%）		是否有通信网络（%）	
		有	无	有	无	有	无	有	无	有	无
四川省	2550	46.1	53.9	68.8	31.2	71.0	29.0	79.7	20.3	74.3	25.7
攀枝花	13	23.1	76.9	76.9	23.1	92.3	7.7	100	0.0	92.3	7.7

续表

类别／地区	深度贫困村（个）	有无集体经济收入（%）		到乡镇是否通沥青（水泥）路（%）		是否有卫生室（%）		是否有文化室（%）		是否有通信网络（%）	
		有	无	有	无	有	无	有	无	有	无
泸州	32	40.6	59.4	68.8	31.3	93.8	6.3	93.8	6.3	96.9	3.1
绵阳	1	100	0.0	0.0	100	0.0	100	100	0.0	100	0.0
广元	154	65.6	34.4	97.4	2.6	93.5	6.5	96.8	3.2	94.2	5.8
南充	25	36.0	64.0	92.0	8.0	72.0	28.0	84.0	16.0	100	0.0
宜宾	57	40.4	59.6	93.0	7.0	82.5	17.5	98.2	1.8	94.7	5.3
广安	23	47.8	52.2	65.2	34.8	87.0	13.0	95.7	4.3	100	0.0
达州	32	31.3	68.8	81.3	18.8	56.3	43.8	78.1	21.9	81.3	18.8
雅安	1	0.0	100	0.0	100	100	0.0	100	0.0	100	0.0
巴中	41	48.8	51.2	85.4	14.6	82.9	17.1	95.1	4.9	92.7	7.3
资阳	23	30.4	69.6	100	0.0	78.3	21.7	95.7	4.3	100	0.0
乐山	60	50.0	50.0	98.3	1.7	91.7	8.3	96.7	3.3	98.3	1.7
阿坝州	126	53.2	46.8	90.5	9.5	92.9	7.1	96.0	4.0	83.3	16.7
甘孜州	612	36.9	63.1	67.8	32.2	64.4	35.6	68.6	31.4	70.1	29.9
凉山州	1350	48.4	51.6	60.0	40.0	66.8	33.2	78.1	21.9	68.4	31.6

资料来源：国务院扶贫办建档立卡数据（内部资料）。

三、生活条件困难情况

从总体来看，深度贫困地区9.2万贫困户，危房占比为50.5%，未实现饮水安全占35.1%，饮水存在困难占比为26.6%（见表4－7）。

表4－7　深度贫困村贫困户生活条件困难情况

类别／地区	总户数（万户）	生活条件困难情况占比（%）		
		危房	未实现饮水安全	饮水困难
四川省	11.0	46.0	31.7	24.7
深度贫困地区	9.2	50.5	35.1	26.6
其他地区	1.9	23.7	15.1	15.0

资料来源：国务院扶贫办建档立卡数据（内部资料）。

具体到各市州，首先是危房、未实现饮水安全和饮水仍然存在困难比例最高的均为凉山州，分别占比为55.3%、37.1%和27.9%。其次是甘孜州，略低于凉山州。阿坝州和乐山市总体情况相对较好（见表4－8）。

表4－8　各市（州）贫困户生活条件困难情况占比统计

序号	市（州）	总户数（万户）	生活条件困难情况占比（%）		
			危房	未实现饮水安全	饮水困难
全省		11.0	46.0	31.7	24.7
1	攀枝花	0.1	53.9	10.3	6.2
2	泸州	0.3	17.8	29.4	25.5
3	绵阳	0.002	0	0	0
4	广元	0.5	24.6	7.7	9.1
5	南充	0.1	34.7	27.1	37.8
6	宜宾	0.2	26.1	5.9	8.7
7	广安	0.1	10.2	3.9	2.2
8	达州	0.1	17.9	8.2	7.7
9	雅安	0.003	0	0	0
10	巴中	0.2	24.7	47.0	39.4
11	资阳	0.2	19.9	0	0
12	乐山	0.2	6.9	1.0	0.8
13	阿坝州	0.2	14.0	9.0	5.5
14	甘孜州	0.8	22.1	31.2	25.2
15	凉山州	8.0	55.3	37.1	27.9

资料来源：国务院扶贫办建档立卡数据（内部资料）。

四、项目实施情况

深度贫困地区2126个深度贫困村有效受益贫困户项目数共1112个，平均每个深度贫困村项目数为0.5个，规划4.0万受益贫困户，实际受益贫困户2.3万户，户均享受项目数1.7个。项目类型主要为基础设施、易地扶贫搬迁和产业扶贫，占比分别为54.0%、26.0%、16.0%（见表4－9）。

从深度贫困地区各市州的情况来看，凉山州和甘孜州有效受益贫困户项目较高，分别为538个、364个，受益项目以基础设施建设和易地扶贫搬迁为主；平均每村享受项目数量较多的为阿坝州和乐山市，分别为1.4个/村和1.1个/村；凉山州受益贫困户和实际受益贫困户户数差异明显，为1.4万户，甘孜州仅有0.3万户，阿坝州几乎不存在差异（见表4－10）。

表 4-9　深度贫困村项目实施情况

类别 地区	村（个）	有效受益贫困户项目（个）	不同项目类型占比（%）					平均享受项目（个）	规划受益贫困户（万户）	实际受益贫困户（万户）
			教育培训	易地扶贫搬迁	金融扶贫	产业扶贫	基础设施			
四川省	2550	1732	5.8	25.8	6.2	22.7	39.5	0.7	5.0	3.0
深度贫困地区	2126	1112	1.6	26.0	2.3	16.0	54.0	0.5	4.0	2.3
其他地区	424	620	13.2	25.3	13.1	34.8	13.5	1.5	1.0	0.7

资料来源：国务院扶贫办建档立卡数据（内部资料）。

表 4-10　各市（州）深度贫困村项目实施情况

类别 地区	村（个）	有效受益贫困户项目（个）	不同项目类型占比（%）					平均享受项目（个）	规划受益贫困户（万户）	实际受益贫困户（万户）
			教育培训	易地扶贫搬迁	金融扶贫	产业扶贫	基础设施			
四川省	2550	1732	5.8	25.8	6.2	22.7	39.5	0.7	5.0	3.0
攀枝花	13	7	0.0	57.1	0.0	28.6	14.3	0.5	0.0	0.0
泸州	32	47	6.4	34.0	31.9	21.3	6.4	1.5	0.2	0.1
绵阳	1	0	0.0	0.0	0.0	0.0	0.0	0.0	0.0	0.0
广元	154	291	22.0	15.8	13.4	43.3	5.5	1.9	0.4	0.3
南充	25	26	3.8	65.4	3.8	19.2	7.7	1.0	0.0	0.0
宜宾	57	105	5.7	25.7	5.7	36.2	26.7	1.8	0.2	0.1
广安	23	9	0.0	66.7	0.0	33.3	0.0	0.4	0.0	0.0
达州	32	33	9.1	12.1	18.2	18.2	42.4	1.0	0.1	0.0
雅安	1	2	0.0	0.0	0.0	0.0	100	2.0	0.0	0.0
巴中	41	69	2.9	47.8	18.8	29.0	1.4	1.7	0.1	0.1
资阳	23	4	25.0	50.0	25.0	0.0	0.0	0.2	0.0	0.0
乐山	60	64	12.5	29.7	0.0	31.3	26.6	1.1	0.0	0.0
阿坝州	126	173	0.0	12.1	1.2	12.7	74.0	1.4	0.1	0.1
甘孜州	612	364	2.7	14.0	5.8	15.7	61.8	0.6	0.6	0.3
凉山州	1350	538	0.4	37.2	0.6	15.8	46.1	0.4	3.3	1.9

资料来源：国务院扶贫办建档立卡数据（内部资料）。

第四节　深贫县多维分析

一、基本情况

四川省有 45 个深度贫困县，位于大小凉山彝区（13 个）和高原藏区（32

个），分布在乐山市、阿坝州、甘孜州、凉山州，分别有3个、13个、18个和11个贫困县。四川省深度贫困县贫困人口62.2万人，其中，女性人口占比为49.0%、少数民族人数占比为94.8%、持有残疾人证的残疾人占比为3.1%、现役军人占比为0.1%、享受低保人口占比为23.2%、参加大病医疗保险占比为100.0%（见表4－11）。

表4－11 四川深度贫困县贫困人口基本信息情况

序号	市（州）	县（市、区）	贫困人口（万人）	各类贫困人口占比（%）				
				女性	少数民族	持证残疾人	现役军人	享受低保
1	乐山市	金口河区	0.1	47.4	24.2	10.7	0.1	31.4
2		峨边县	0.9	46.9	73.2	7.3	0.2	39.3
3		马边县	1.8	47.4	69.1	4.6	0.2	23.2
4	阿坝州	汶川县	0.0	48.6	74.9	16.4	0.0	76.2
5		理县	0.0	44.6	85.9	15.2	0.0	43.5
6		茂县	0.1	48.3	98.5	10.9	0.0	53.2
7	阿坝州	松潘县	0.1	52.4	75.5	9.4	0.7	58.1
8		九寨沟县	0.1	50.4	67.4	5.9	0.4	28.1
9		金川县	0.1	49.4	83.6	11.9	0.3	31.1
10		小金县	0.2	49.1	63.2	8.9	0.4	15.4
11		黑水县	0.4	53.2	99.8	4.9	0.1	60.0
12		马尔康市	0.0	51.8	98.9	10.8	0.4	32.0
13		壤塘县	0.4	53.3	99.8	4.0	0.1	36.3
14		阿坝县	0.7	53.3	99.2	3.8	0.5	92.5
15		若尔盖县	0.1	50.9	99.9	4.4	0.7	49.9
16		红原县	0.0	56.9	99.8	5.7	0.0	39.3
17	甘孜州	康定县	0.3	50.8	91.3	5.9	0.1	23.1
18		泸定县	0.1	49.1	30.6	10.5	0.2	23.5
19		丹巴县	0.3	51.4	89.8	7.2	0.0	14.0
20		九龙县	0.2	48.4	72.9	4.3	0.0	24.6
21		雅江县	0.4	52.1	99.7	3.6	0.1	39.1
22	甘孜州	道孚县	0.4	55.2	99.3	3.1	0.2	38.6
23		炉霍县	0.4	55.6	99.7	3.5	0.3	23.5
24		甘孜县	0.6	52.8	99.9	3.0	0.2	63.4
25		新龙县	0.5	53.9	99.8	2.6	0.1	39.9
26		德格县	1.0	52.8	100.	3.1	0.2	56.5

续表

序号	市（州）	县（市、区）	贫困人口（万人）	各类贫困人口占比（%）				
				女性	少数民族	持证残疾人	现役军人	享受低保
27	甘孜州	白玉县	0.4	56.2	100	3.3	0.2	35.0
28		石渠县	1.0	51.9	99.7	2.3	0.2	50.1
29		色达县	0.7	52.2	99.9	2.1	0.3	45.5
30		理塘县	1.1	51.7	99.6	3.3	0.2	33.8
31		巴塘县	0.4	51.2	99.8	2.5	0.2	50.6
32		乡城县	0.2	52.4	99.5	5.0	0.4	70.4
33		稻城县	0.2	53.0	99.3	4.7	0.0	68.1
34		得荣县	0.2	52.5	99.9	6.2	0.0	56.6
35	凉山州	木里县	1.6	48.7	85.3	3.7	0.0	21.9
36		盐源县	2.6	46.2	74.4	3.4	0.1	26.2
37		普格县	4.3	48.2	95.5	1.5	0.1	10.3
38	凉山州	布拖县	5.7	48.2	98.7	4.0	0.1	25.6
39		金阳县	6.1	49.3	98.3	1.7	0.0	13.0
40		昭觉县	7.5	48.0	99.9	2.3	0.1	16.2
41		喜德县	3.7	48.3	97.2	4.0	0.2	17.5
42		越西县	4.5	48.7	97.1	3.9	0.2	25.1
43		甘洛县	2.5	47.1	84.6	3.4	0.1	17.5
44		美姑县	7.4	48.9	100	2.4	0.1	12.9
45		雷波县	3.0	48.5	96.6	2.9	0.2	21.3

资料来源：国务院扶贫办建档立卡数据（内部资料）。

二、主要特点

四川省深度贫困县贫困户共计14.0万户，其主要致贫原因占比由高到低依次为“缺资金”占比为45.7%，“缺技术”占比为20.4%，“缺劳力”占比为9.4%，“因病”致贫占比为7.3%，“交通条件落后”占比为7.2%，“自身发展动力不足”占比为3.1%，“因残致贫”占比为2.8%，“缺土地”占比为1.9%，“因学致贫”占比为1.1%，“因灾致贫”占比为0.6%，“缺水”占比为0.6%（见表4-12）。

三、务工情况

四川省外务工脱贫人口务工地点分布情况。省外务工脱贫人口主要务工地为广东、浙江、江苏、上海、重庆和福建。其中到广东省务工最多，占省外务工脱贫人口的26.2%。

表 4－12　深度贫困县贫困户主要致贫原因

序号	市州	县（市、区）	户数（万户）	主要致贫原因占比（%）										
				缺资金	缺技术	缺劳力	因病	交通条件落后	自身发展力不足	因残	缺土地	因学	因灾	缺水
合计			14	45.7	20.4	9.4	7.3	7.2	3.1	2.8	1.9	1.1	0.6	0.6
1	乐山市	金口河	0.04	3	8.5	12	56.1	0.2	0	15.5	0	2.8	1.8	0
2		峨边县	0.3	23.5	18.3	10.1	28	0.6	4.8	12.7	0.2	1.7	0.1	0
3		马边县	0.4	33.3	16.5	10.1	26.6	2.3	1.4	5.6	0.6	2.3	1.1	0.1
4	阿坝州	汶川县	0.01	3.7	3.7	8.2	52.2	0	0.7	23.9	1.5	2.2	3.7	0
5		理县	0.003	3.6	7.1	7.1	53.6	0	0	10.7	3.6	3.6	10.7	0
6		茂县	0.02	1.8	11.2	7.7	55	0	1.8	18.9	0.6	1.2	1.8	0
7		松潘县	0.02	0	32	24.9	27.4	0	1	13.7	0.5	0	0.5	0
8		九寨沟	0.02	8.2	2.3	16.4	52.6	0	6.4	14	0	0	0	0
9		金川县	0.04	4.8	4	4.2	56.2	0.6	1.1	15.8	0.6	11.3	1.4	0
10		小金县	0.1	5.6	10.3	17.8	45.1	0.5	0.5	11.5	1.2	7	0.3	0
11		黑水县	0.1	25.5	21	15	23.8	0.1	0.6	9.7	0.3	2.6	1.4	0.1
12		马尔康市	0.01	6.1	12.2	12.2	44.9	1	4.1	12.2	1	4.1	2	0
13		壤塘县	0.1	26	18.8	20.6	19.4	0.1	2.8	4.6	3.3	3.2	1.2	0
14		阿坝县	0.2	32.9	18.6	24.2	12.3	0.8	5.9	3.7	1.3	0.3	0.1	0.1
15		若尔盖	0.01	44.8	11.2	7.5	4.5	0	31.3	0	0.7	0	0	0
16		红原县	0.01	46.8	4.6	24.8	12.8	0	2.8	8.3	0	0	0	0
17	甘孜州	康定县	0.1	17.1	17.8	18.8	34.6	0.1	1.5	7.2	0.8	1.6	0.3	0.1
18		泸定县	0.03	14.2	34.3	6.8	25.9	0	3.4	13.3	0.6	0.9	0.6	0

续表

序号	市州	县（市、区）	户数（万户）	主要致贫原因占比（%）										
				缺资金	缺技术	缺劳力	因病	交通条件落后	自身发展力不足	因残	缺土地	因学	因灾	缺水
19	甘孜州	丹巴县	0.1	10.9	17	12.2	43.1	1.8	0.5	9.6	1	2	1.8	0.1
20		九龙县	0.1	19.2	20.7	12.5	27.8	1.9	4.6	7.1	1.1	4.9	0.3	0
21		雅江县	0.1	19.4	17.5	20.2	30.6	4.6	1.9	3.5	0.6	0.8	0.9	0
22		道孚县	0.1	17.5	16.5	29.6	20.7	0.6	1.4	6.1	3.2	1.6	2.2	0.6
23		炉霍县	0.1	18.5	38.5	30.1	2.5	0.6	5.3	0.7	2.4	0.3	1	0
24		甘孜县	0.1	39.3	32.6	14.4	8.3	0.4	0.8	1.2	1.9	1	0.1	0
25		新龙县	0.1	35.3	32.3	15.6	7.3	2.2	1	2	3.3	0	0.8	0.1
26		德格县	0.3	27.3	23.4	16.6	17.5	3.6	6.9	3.4	0.9	0	0.2	0.1
27		白玉县	0.1	4.5	43.6	17.6	13.3	6.1	8.6	4.9	0.9	0.3	0.1	0
28		石渠县	0.3	24.1	28.9	22.3	15.1	2.3	3	0.8	0.1	0.3	2.3	0.8
29		色达县	0.2	5.9	30.6	18.7	25.7	2.4	12.6	2.2	1.6	0.1	0.2	0.1
30		理塘县	0.2	23.2	32.4	12.1	23.9	0.9	1.5	4.8	0.2	0.6	0.3	0.1
31		巴塘县	0.1	25.1	20.9	25.5	14.5	1.8	3.2	3.2	1.3	1.8	2.4	0.1
32		乡城县	0.04	10.9	31	9	34	0	0.3	10.6	0	3.4	0.8	0
33		稻城县	0.04	23.2	30.4	10.2	25	0	0.5	10.2	0.5	0	0	0
34		得荣县	0.03	24.8	12.1	16.9	27.8	0	0.3	3.6	1.2	0.9	12.4	0

续表

序号	市州	县（市、区）	户数（万户）	主要致贫原因占比（%）										
				缺资金	缺技术	缺劳力	因病	交通条件落后	自身发展力不足	因残	缺土地	因学	因灾	缺水
35	凉山州	木里县	0.3	47.8	18.8	4.2	7.9	6	3.5	3.2	1.4	2.7	1.7	2.8
36		盐源县	0.6	66	5.6	3.9	2.2	10.1	3.1	1.2	1.4	2.7	0.7	3.2
37		普格县	1	47	20.2	7.5	0.7	8.6	11.4	0.7	1.4	1.7	0.3	0.4
38		布拖县	1.2	36.8	30.4	15.1	1.9	6.1	2.3	3.9	2.6	0.1	0.1	0.7
39		金阳县	1.2	31.5	30	7.5	1	21.5	2.4	1.3	2.3	0.6	0.3	1.5
40		昭觉县	1.7	63.5	16.3	6	1.9	6	0.2	1	3.7	1	0.4	0.1
41		喜德县	0.9	48.6	20.3	10	2.6	7.2	2.1	1.9	1.2	2.9	2.1	0.9
42		越西县	1.1	50.7	19.5	9.4	3	8.5	3.5	2.6	2.2	0	0.4	0.2
43		甘洛县	0.6	42.2	21.8	5.3	9.9	5.3	6	3.5	3	2.6	0.3	0.2
44		美姑县	1.6	79.5	9.4	2.5	1.1	4.7	0.8	0.4	1.2	0	0.2	0.2
45		雷波县	0.7	39.4	22.9	7.2	3.1	17.6	2.6	3.6	1.6	1.1	0.4	0.4

资料来源：国务院扶贫办建档立卡数据（内部资料）。

四川省 45 个深度贫困县共计贫困人口 62.2 万人，有务工情况贫困人口占 4.4%，无务工的贫困人口占 95.6%。其中，有务工人口中 2.0% 在乡镇内务工，1.2% 在省外务工，0.7% 在县外省内务工及 0.5% 在乡镇外县内务工（见表 4－13）。

表 4－13　四川深度贫困县贫困人口务工状况

序号	市（州）	县（市、区）	贫困人口（万人）	不同务工情况占比（%）				
				乡镇内	乡镇外县内	县外省内	省外	其他
全省			62.2	2.0	0.5	0.7	1.2	95.6
1	乐山市	金口河区	0.1	8.1	2.4	5.1	2.1	82.3
2		峨边县	0.9	4.2	2.5	3.2	3.8	86.3
3		马边县	1.8	3.7	1.3	3.8	5.2	86.1
4	阿坝州	汶川县	0.0	24.8	2.5	3.5	0.5	68.7
5		理县	0.0	15.2	5.4	0.0	0.0	79.4
6		茂县	0.1	9.1	5.4	1.3	2.2	82.1
7		松潘县	0.1	11.2	2.9	1.1	0.8	83.9
8		九寨沟县	0.1	16.1	12.9	0.7	0.7	69.6
9		金川县	0.1	9.0	1.9	0.9	0.0	88.2
10		小金县	0.2	8.4	2.9	0.8	0.3	87.6
11		黑水县	0.4	6.2	1.1	10.8	8.8	73.2
12		马尔康市	0.0	8.6	3.2	1.4	0.7	86.0
13		壤塘县	0.4	8.3	1.0	0.2	0.1	90.4
14		阿坝县	0.7	0.6	0.0	0.0	0.0	99.3
15		若尔盖县	0.1	2.8	0.1	0.0	0.0	97.1
16		红原县	0.0	6.7	1.7	1.4	1.0	89.3
17	甘孜州	康定县	0.3	10.1	3.3	0.3	0.0	86.3
18		泸定县	0.1	14.1	4.2	1.8	0.7	79.2
19		丹巴县	0.3	8.2	1.5	0.9	0.0	89.4
20		九龙县	0.2	24.5	0.8	0.3	0.0	74.4
21		雅江县	0.4	6.0	0.0	0.1	0.0	93.9
22		道孚县	0.4	13.6	1.9	0.2	0.0	84.3
23		炉霍县	0.4	13.6	0.7	0.1	0.0	85.6
24		甘孜县	0.6	26.9	1.4	0.1	0.0	71.6
25		新龙县	0.5	7.9	0.2	0.0	0.0	91.8
26		德格县	1.0	3.4	0.0	0.0	0.0	96.6

续表

序号	市（州）	县（市、区）	贫困人口（万人）	不同务工情况占比（%）				
				乡镇内	乡镇外县内	县外省内	省外	其他
27	甘孜州	白玉县	0.4	6.5	0.2	0.1	0.4	92.9
28		石渠县	1.0	0.3	0.0	0.0	0.0	99.7
29		色达县	0.7	1.9	0.0	0.0	0.0	98.1
30		理塘县	1.1	2.7	0.6	0.0	0.0	96.8
31		巴塘县	0.4	6.2	1.0	0.0	0.0	92.7
32		乡城县	0.2	7.8	1.0	0.0	0.0	91.2
33		稻城县	0.2	16.3	0.9	0.1	0.0	82.8
34		得荣县	0.2	4.0	0.1	0.1	0.0	95.9
35	凉山州	木里县	1.6	1.7	0.6	0.2	0.3	97.3
36		盐源县	2.6	0.9	0.3	0.2	0.2	98.4
37		普格县	4.3	0.3	0.2	0.4	3.0	96.0
38		布拖县	5.7	0.2	0.1	0.1	1.0	98.7
39		金阳县	6.1	1.7	0.5	0.7	1.9	95.2
40		昭觉县	7.5	1.9	0.6	0.3	1.0	96.3
41		喜德县	3.7	0.1	0.1	0.2	0.5	99.1
42		越西县	4.5	0.6	0.4	2.1	1.9	94.9
43		甘洛县	2.5	0.6	0.6	2.4	2.5	94.0
44		美姑县	7.4	0.1	0.0	0.1	0.3	99.5
45		雷波县	3.0	0.5	0.2	0.4	0.5	98.3

资料来源：国务院扶贫办建档立卡数据（内部资料）。

第五节　深度贫困表征及原因

一、主要表征

（1）区域整体贫困特征明显，扶贫成本高。深度贫困县县域经济发展水平不高，地方财政普遍要依靠上级转移支付，城镇化水平低，产业发展基础薄弱，绝大部分深度贫困县依然还未通高速公路，区域内部交通一体化建设滞后，精准扶贫与区域发展双轮驱动态势确立难度大，扶贫成本更高。

（2）贫困村基层组织薄弱，稳定退出难。深度贫困村的基层组织功能弱化，无人管事；农村年轻人流出严重，无人干事；集体经济薄弱，无钱办事。农民集

体意识观念不断降低，尊老养老敬老孝道文化面临冲击，贫困村村“两委”作用有待提升。因此，未来工作中应将夯实农村基层党组织与脱贫攻坚有机结合。

（3）农户贫困程度较深，脱贫难度高。不仅贫困发生率高，识别出来的贫困户与扶贫标准线边缘农户较难区分，临界贫困现象突出，特别是在大小凉山彝区；一些群众居住在二半山和高寒山区，生产生活环境改善难度大，加之深度贫困地区传统文化中某些生产、消费、生活等传统价值观念和生活方式对贫困的形成有着深远影响，脱贫难度大，容易留下“死库容”。

（4）制约稳定脱贫因素多，返贫压力大。地震、泥石流等自然灾害频发，因灾致贫因灾返贫现象常见，例如，“8·8”九寨沟县7.0级地震、茂县叠溪镇滑坡等，均对两个贫困县2017年度“摘帽”进度造成巨大影响，也不可避免地对脱贫户带来返贫风险，陷入“扶贫—脱贫—返贫—再扶贫”的拉锯战。2017年，凉山州14万人成功脱贫，但在动态调整过程中，新增识别贫困人口4.2万人，已脱贫人口重新返贫1.6万人，返贫人口占四川省返贫总量的94%，脱贫质量不高，加之制约稳定脱贫因素多，深度贫困地区返贫压力大。

二、致贫原因

（1）经济区位边缘化，集民族地区、革命老区、贫困地区于一体。从地理第一性（自然地理）角度来看，自然地理禀赋不利是“三区三州”陷入贫困陷阱的基础性因素。在四川省深度贫困县中，少数民族县45个，革命老区县21个，这些地区生存环境恶劣，是四川省甚至全国的贫中之贫、困中之困、坚中之坚，致贫原因比较复杂，历史因素与现实问题交织，物质贫困与精神贫困并存，观念落后与能力不足同在，加大了脱贫攻坚的复杂性和难度（如表4－14所示）。

表4－14　四川深度贫困地区的区位集聚力与分散力①

区位	集聚力	分散力
第一性	丰裕的自然资源：旅游资源、康养资源、碳汇资源	面积广，区内距离大； 自然灾害频发，区域开发成本高； 距核心区距离远，交易成本高
第二性	文化多样性：民族文化资源、红色文化资源	人口密度低，收入低，本地市场小； 人口文化水平低，集聚动力不足； 城镇化水平低，分工不足，集聚力弱； 经济基础薄弱，基础设施滞后，交易成本高； 民族构成复杂，冲突与心理距离大

① 郑长德．“三区”“三州”深度贫困地区脱贫奔康与可持续发展研究［J］．民族学刊，2017，8（6）：1－8，95－97.

（2）基础设施历史欠账与建设维护成本偏高现实相互影响。一方面，深度贫困地区交通等基础设施存在历史欠账；另一方面，深度贫困地区生存条件比较恶劣，自然灾害多发，地理区位禀赋导致建设成本高、施工难度大，加剧了当地基础设施建设滞后问题，开展脱贫攻坚基础设施条件受到较大限制。

（3）社会发育滞后与公共服务薄弱相互叠加。由于历史地理等方面的原因，许多深度贫困地区长期封闭，因此，同外界脱节。尽管 1949 年以后实现了社会制度跨越，但社会文明程度依然很低，不少贫困群众沿袭陈规陋习。加之深度贫困地区地广人稀，基本公共服务户均边际成本高，公共服务供给能力和水平都面临挑战。

（4）因病致贫、因病返贫问题相互交织。四川省深度贫困地区海拔偏高，生存条件较为恶劣，影响个体身体健康的外部因素较多，长期慢性病概率增加，农民看病支出在居民消费支出结构中占比高，导致不少农户因病致贫、因病返贫，加之大骨节病、包虫病等地方病的长期困扰实现稳定脱贫难度加大。

第六节　本章小结

本章节主要从贫困户、贫困村、贫困县三个角度层层递进对四川省深度贫困地区的现状进行了多维度分析。从贫困户属性、家庭主要致贫原因、种植情况、通生产用电、家庭入户路、收入构成等情况对贫困户进行了全面分析；从村的“五有”情况、生活条件及劳动力构成、扶贫项目实施等情况对贫困村进行了详细分析；围绕贫困户的致贫原因对深度贫困县外出务工情况进行了重点分析。四川省深度贫困的主要表征为：

第一，区域整体贫困特征明显，大部分深度贫困县依然还未通高速公路，区域内部交通一体化建设滞后，精准扶贫与区域发展双轮驱动态势确立难度大，扶贫成本更高；深度贫困村的基层组织功能弱化，无人管事，农村年轻人流出严重，无人干事，集体经济薄弱，无钱办事，稳定退出难；农户贫困程度较深，识别出来的贫困户与扶贫标准线边缘农户较难区分，临界贫困现象突出，特别是在大小凉山彝区，脱贫难度高；制约稳定脱贫因素多，地震、泥石流等自然灾害频发，因灾致贫因灾返贫现象常见，陷入“扶贫—脱贫—返贫—再扶贫”的拉锯战。

第二，四川省深度贫困地区陷入贫困的主要原因包括经济区位边缘化，集民族地区、革命老区、贫困地区于一体，自然地理禀赋不利是“三区”“三州”陷

入贫困陷阱的基础性因素；基础设施历史欠账与建设维护成本偏高现实相互影响，地理区位禀赋导致建设成本高、施工难度大，加剧了当地基础设施建设滞后问题，开展脱贫攻坚基础设施条件受到较大限制；社会发育滞后与公共服务薄弱相互叠加，许多深度贫困地区长期封闭，社会文明程度依然很低，加之深度贫困地区地广人稀，基本公共服务户均边际成本高，公共服务供给能力和水平都面临挑战；因病致贫、因病返贫问题相互交织，农民看病支出在居民消费支出结构中占比高，导致不少农户因病致贫、因病返贫，加之大骨节病、包虫病等地方病的长期困扰实现稳定脱贫难度加大。

第五章　深度贫困地区户级多维贫困测度

深度贫困地区是实现“2020 年全面建成小康社会”奋斗目标的重点和难点区域，四川深度贫困地区主要在高原藏区、大小凉山彝区等民族地区，具有贫困顽固性、多维性特征凸显等特点，是脱贫攻坚的“短板”中的“短板”和“硬骨头”中的“硬骨头”，须采取超常规举措，才能有效助推深度贫困地区贫困家庭实现脱贫致富美好愿景。厘清深度贫困地区多维贫困状况，分解贫困根源，对症下药，是下一阶段脱贫攻坚工作顺利推进的关键所在，对深化实施精准扶贫精准脱贫方略，巩固和提高脱贫成效，进而攻克深度贫困堡垒具有重要现实意义。

第一节　深度贫困测度的必要性

一、理论意义

深度贫困地区包括“三区”“三州”，深度贫困地区的贫困不仅是一个经济问题，更是一个社会问题和政治问题。因此，我国社会稳定与否在一定程度上取决于深度贫困地区贫困人口收入水平的高低、相对剥夺感的强弱、持续忍受贫困时间的长短。实现深度贫困地区的减贫与发展，既是从人权角度保障区域贫困人口生存和发展权利，也是维护社会和谐稳定发展的客观需要。通过多年的不懈努力，我国在深度贫困地区的贫困治理积累了宝贵经验。

时至今日，我国政府和学者对民族地区贫困的研究主要集中在民族地区经济发展方式与环境的关系①、国家发展中公平与效率②、民族地区的文化与民族贫困③④、扶贫中的政府与市场的关系⑤⑥、民族地区反贫困思路与方式⑦⑧等内容的研究上。这些研究从贫困的不同角度分析了民族地区的贫困表现与影响因素，建立实证测量检验，并在此基础上提出扶贫政策建议。虽能够从某个侧面为解决民族贫困问题做出一定的贡献，但是民族地区的贫困，是自然生态条件、资金、技术、人口素质等因素综合作用的结果，当前分散的“不同片断”的研究，不能描述民族贫困问题的“完整图景”，更不能为分析民族贫困提供全面的理论框架和解释。民族贫困问题不同于一般贫困问题，其根源在于不同民族群体对待整个外部环境的行动（如科技推广、扶贫项目、一般发展政策等）和民族群体内部的行动逻辑（个体和家庭的福利观念、消费习惯、生育行为、生计逻辑、行为模式等）之间存在异质性。

从政策功能角度出发，贫困测量的意义在于监测和瞄准，贫困监测准确地告诉我们谁是贫困的人口及贫困人口分布状况，而瞄准则告诉我们如何采取扶贫干预措施，改善贫困人群的福利水平和可行能力。尽管关于贫困测量的理论和意义一目了然且学者多有论述，但当理论遇到现实后，就迫切需要回答这样一个问题：各种贫困测量方法在哪些方面和哪些程度上解释了贫困？可能有时我们明显感到某个特定群体长期处于极端贫困，但却在测量方法和数据中找不到理论支持。同时也存在对特定群体的贫困现状有了高度认同，但却拿不出有效的瞄准干预措施等情况。这些问题的根源都在于贫困的测量。因此，厘清我国贫困测量的官方视角与实践逻辑，有助于查找问题本源，为最后三年冲刺脱贫攻坚打下坚实基础。

---

① 费孝通．边区开发与社会调查［M］．天津：天津人民出版社，1987.

② 王绍光，胡鞍钢．中国：不平衡发展的政治经济学［M］．北京：中国计划出版社，1999.

③ 鲁建彪．关于民族贫困地区扶贫路径选择的理性思考［J］．经济问题探索，2011（5）：150－154.

④ 李乐为，岑乾明．区域公共产品协同供给：西部连片贫困区反贫困新思路——对湘鄂龙山、来凤“双城一体”的观察与思考［J］．农业经济问题，2011（12）：91－96.

⑤ 李羚，于莫．民族地区政府扶贫中的农村市场建设思考——以四川省凉山州为例［J］．经济体制改革，2010（4）：113－115.

⑥ 陈忠言．中国农村开发式扶贫机制解析——以沪滇合作为例［J］．经济问题探索，2015（2）：90－94.

⑦ 黄毅，韩琳玉．新型城镇化视角下民族地区反贫困问题研究［J］．农村经济，2015（6）：67－71.

⑧ 王晓毅．反思的发展与民族地区反贫困——基于滇西北和贵州的案例研究［J］．中国农业大学学报（社会科学版），2015，32（4）：5－14.

二、实践价值

理论上，贫困测量体系的最直接层级，测量者完全可以通过对农户收入和消费的计算或其他可能的理论方法来识别出在研究区域内谁是贫困者。然而现实的复杂性却使理论难以在实践中操作。主要体现在以下两点：一是各种测量方法在操作上的复杂性使测量者难以按照理论来操作。二是农村的贫困测量者往往是农村社区治理的精英，作为政府末梢的村委会面临着来自上级政府的各种行政任务和压力，而贫困测量在诸多行政任务的优先序列中无疑处于最末端。并且贫困监测和评估缺失也使农村贫困测量难以得到合理操作。在这种情况下，贫困户的指标可能在一定程度上成为其他行政治理压力下的产物而丧失其贫困识别的意义。正是由于贫困测量在实践中遇到很多不能解决的问题，因而贫困测量体系最低层级的农村社区管理者往往有其自己的贫困测量逻辑和方法。贫困测量的官方实践逻辑主要体现在以下三个方面：

1. 贫困指标配额在某种程度上是政府博弈妥协的结果

由于贫困测量的随意性，分配扶贫资源就难以找到有效的依据。Caizhen Lu（2017）总结了官方测量贫困的过程，政府要求的测量建档立卡过程为：农户调查—收集数据和计算—开会讨论名单—查证名单—公示—提交①。而实际的操作过程却为：村委会或公开会议根据配额产生名单—公示结果—填表—提交—批准。2007 年以后，随着农村最低生活保障制度在全国范围内的建立，低保与扶贫两项制度衔接成为识别贫困的主要具体工作。尽管如此，政府要求的和实际操作的仍是 Caizhen Lu 总结的两套区别明显的思路。在实践中，政府部门分配贫困的指标配额，主要考虑人口、贫困情况等因素，而不是基于贫困监测和评估，这就给各地政府留下很大的空间来操作，贫困指标配额的分配在某种程度上成为上级政府和下级各政府之间的博弈。下级政府想得到更多的扶贫资源，于是争取能够得到更多的指标配额，而配额是有限的，因此博弈的能力就变得非常关键。这种分配指标配额的操作思路存在以下问题：一是贫困测量的结果，指标配额不符合贫困的实际情况；二是指标配额成为政府间博弈妥协的结果。

2. 扶贫工作的逆向激励问题对贫困测量有重要影响

一方面，由于贫困测量是分配扶贫资源的基础，因此，地方政府可能更多地报告本辖区内的贫困数字，以获得更多的扶贫资源。另一方面，基于更多扶贫资源的激励，地方政府也有把"贫困帽子"持续戴下去的倾向。如果一直保持地

---

① Lu C. China's Peasant Agriculture and Rural Society: Changing Paradigms of Farming [J]. Canadian Journal of Development Studies – Revue Canadienne, 2017, 38 (3): 1–4.

方政府想要的贫困程度，政府部门除了在上级政府部门活动之外，本辖区统计工作也是需要随时跟进的。扶贫工作中逆向激励问题的存在，使贫困测量在一定程度上表现出随意性，影响了贫困测量的精度①。

3. 由政府主导导致的随意性

长期以来，各级政府主体在较大程度上把贫困问题看成简单的经济问题。尽管中国政府在减贫成绩上毋庸置疑，但是数次调整贫困标准及其带来的贫困规模显著变化体现了中央政府出于社会稳定、国际发展援助和保护人权的政治考虑。地方政府也同样把贫困问题当成政治问题，受限于中央政府的扶贫工作计划，地方政府常常为了减少贫困而选取一些指标使贫困程度变轻，或为了得到支援贫困的资金而故意夸大地区的贫困程度。在贫困测量体系的最低层次，农村社区的治理主体甚至把贫困指标当作乡村治理的工具。

综上所述，以往深度贫困地区测度的操作方法在实践中存在诸多问题，集中表现为贫困测量和识别过程受政治因素影响，不利于贫困识别。因此，本书针对长期处于极端贫困状态的深度贫困地区的贫困特征，采用多维贫困的测量方法，在贫困人群识别精度、瞄准对象和瞄准的内容上、揭示贫困的全面内涵上都比收入标准的测量方法更具有优势。同时，多维贫困的测量结果更符合农户本身认知、地方和政府干部认知和外来专家学者、社会组织的认知，因此在对深度贫困地区贫困的研究与扶贫开发实践中要对贫困人口健康、教育、文化等各个方面进行观测，积极探索多维度量化指标，强化量化指标的可操作性，并从贫困的分解上查找贫困成因，为进一步提升少数民族扶贫精准度，提高扶贫效度，为深度贫困地区尽快消除贫困提供政策参考。

第二节　深度贫困地区的多维贫困

贫困是一个多维概念，但长期以来，贫困被理解成为一个一维概念，仅指经济上的贫困。世界银行曾根据33个发展中国家贫困状况的研究结果，规定一天1美元作为极端贫困的标准和一天2美元作为贫困的标准②。后来，理论界有人提出贫困应该表现为福利的缺乏。一些福利的获得决定于其收入水平，而另一些福

① 杨浩，庄天慧，汪三贵．少数民族贫困测量：理论和实践［J］．西南民族大学学报（人文社科版），2015（9）：33－40.

② 世界银行．1981年世界发展报告［M］．北京：中国财政经济出版社，1983.

利的享用，例如，一些公共产品的享用、在存在配给制的社会里的住房供给等，都与货币变量无关。可见，福利是个多维概念，除由收入水平决定外，还可能包含公共产品的提供、住房供给、扫盲和平均寿命等，因此，贫困应该表现为多维性。

Amartya Sen 最早在福利经济学基础上创立了多维贫困理论。Sen（1981）首次提出"能力贫困"概念，认为家庭贫困的根源是来自"能力的缺乏"，是能力被剥夺造成的，而不仅仅是收入低下。他认为，收入贫困只是能力贫困的外在表现，是由于个体工作经验、知识、获得的机会和健康状况的不同，导致获取收入的技能和能力的差距。[①] Sen 根据人的正常基本可行能力获得保障为基础，即免受不正常死亡、饥饿、营养不良、慢性流行病以及其他方面条件的缺失，提出了以能力方法为标准定义贫困的多维贫困理论。自此贫困测度摆脱了以往收入指标的单一维度，对贫困问题的研究进入全新的多维领域，许多关于多维贫困的研究成果纷纷涌现。

最早继承和发展阿玛蒂亚·森的多维贫困理论的是 Hagenaars（1987），他在维度指标的选取上突破了一维的束缚[②]。同时期的学者 Townsend（1993）从需求的角度指出，在现代社会中个人的需求除了考虑基本营养之外，还要考虑个人对教育、居住和安全的需要[③]，虽然他并没有直接地研究多维贫困的识别或测度理论，但却间接地为后者对贫困多维度的研究提供了新的参考依据。1995 年，《哥本哈根宣言》中从健康、教育、医疗、住房、安全、社会排斥与歧视、社会文化在生活决策过程中的参与度等更加全面地解释了贫困（United Nations，1995）[④]。这不仅丰富了贫困的研究维度，其中，提到的社会歧视与排斥也为之后的学者在此基础上加入家庭脆弱性问题，从而为权利贫困概念的提出奠定了基础。2007 年 5 月，由阿玛蒂亚·森发起的研究团队对其理论进行了深入的发展，创立了牛津贫困与人类发展中心（Oxford Poverty and Human Development Initiative，OPHDI），之后 Alkire 也建立了研究团队，对阿玛蒂亚·森的理论继续进行发展和研究[⑤]。

---

① ［印］阿玛蒂亚·森．贫困与饥荒论权利与剥夺［M］．王宇，王文玉译．北京：商务印书馆，2001.

② Hagenaars，A Class of Poverty Indices［J］. International Economic Review，1987，28（3）.

③ Townsend O. P. The International Analysis of Poverty［M］. New York：Harvester，1993.

④ Information UNDP. The Copenhagen Declaration and Programme of Action［J］. European Journal of Gastroenterology & Hepatology，1995，14（2）：115－122.

⑤ Alkire S.，Foster J. Counting and Multidimensional Poverty Measurement［J］. Journal of Public Economics，2007，95（7）：476－487.

国际性机构在实际操作运用中极大地发展了多维贫困理论。例如，世界银行（1990）基于能力贫困的要求将贫困界定为人们缺乏达到最低生活标准的能力，其最低生活标准包括了收入、医疗卫生、识字能力和预期寿命等①。2000 年对这一概念再次做了修正，认为贫困就是人们福利的被剥夺状态。联合国开发计划署（The United Nations Development Programme，UNDP）基于阿玛蒂亚·森的学术理论及经济学家阿尔基尔和福斯特的贫困测量方法，首次公布了全球 104 个国家和地区的多维贫困指数②。2010 年，联合国计划开发署（UNDP）开发推出了“多维贫困指数”（Multidimensional Poverty Index，MPI），从三个维度 10 个指标来衡量贫困（United Nations Development Programme，2010）③。与人类发展指数相比，虽然 UNDP—MPI 维度没变，但用于测量各个维度的指标数从 3 个增加到 10 个。亚洲开发银行将贫困划分为三个需求层次，即生存层次：营养、健康、饮用水/卫生设施；安全层次：工作/收入、住所、和平；能力层次：教育、参与权、社会心理④（Bank A. D.，1999）。在不同层次的贫困给予不同的援助方式，使援助分层次、分领域，从而更加精确地实施帮扶，提高减贫效率。例如，开展政策对话、为贫困户提供贷款和担保、给予他们技术援助或直接发放现金补助等。

第三节 大小凉山彝区多维贫困实证分析

大小凉山彝区是四川深度贫困地区两大片区之一，也是全国深度贫困地区的重点区域，具有重要的代表性。因此，本书将以大小凉山彝区为例展开深度贫困地区贫困家庭多维贫困研究，按照严格的分层等距抽样方法，选取了大小凉山彝区 13 个县的 1180 户贫困家庭展开实地调查问卷，并从多维贫困的角度对其进行测量和分解分析，以期能够较好地剖析民族地区贫困家庭多维贫困状态，为后期深度贫困地区贫困家庭精准帮扶、精准脱贫提供可靠依据。

---

① 世界银行.1990 年世界发展报告：贫困问题·社会发展指标［M］. 北京：中国财政经济出版社，1990.

② 吴孙沛璟，赵雪梅. 多维视角下的拉美贫困及扶贫政策［J］. 拉丁美洲研究，2016（3）：15－30.

③ UNDP. The Real Wealth of Nations：Pathways to Human Development，Human Development Report 2010［J］. Social Science Electronic Publishing，2010（3）：244－245.

④ Bank A. D. Reducing Poverty：Major Findings and Implications［M］. Asian Development Bank Institute，1999.

一、数据和方法

1. 数据来源

鉴于多维贫困研究对其维度和指标的要求，为保证样本数据的可靠性和权威性，本书采用四川省扶贫和移民工作局2016年建档立卡贫困户的调查数据，该数据全部来自各贫困县选派第一书记进村入户开展实际调研，具有较高的真实性和可靠性，综合反映了现阶段四川省大小凉山彝区所有贫困户生产、生活、医疗、帮扶计划等多方面的实际情况。

与现阶段其他大部分有关多维贫困研究不同的是，本书将研究对象锁定为已被确认为收入贫困的贫困户，在此基础上对贫困户其他维度的贫困进行深入分析，使研究结论更具代表性和可借鉴性。选取大小凉山彝区内凉山彝族自治州所辖的盐源、普格、布拖、金阳、昭觉、喜德、越西、甘洛、美姑、雷波10个贫困县及乐山市所辖金口河区、峨边彝族自治县和马边彝族自治县3个贫困县，共计13个县（区）（见表5-1），作为样本研究区域。

表5-1　样本分布

县名	总体规模（户）	抽取样本（户）	百分比（%）
盐源县	11953	120	10.17
普格县	6363	64	5.42
布拖县	7943	79	6.69
金阳县	7065	71	6.02
昭觉县	12074	121	10.25
喜德县	9274	93	7.88
越西县	13106	131	11.10
甘洛县	9418	94	7.97
美姑县	12873	129	10.93
雷波县	10989	110	9.32
金口河区	1438	14	1.19
峨边彝族自治县	7272	73	6.19
马边彝族自治县	8123	81	6.86

资料来源：笔者根据调研数据计算得到。

该区域作为四川深度贫困地区两大片区之一，是四川省脱贫攻坚的主战场和少数民族的集聚地，多维连片贫困特性凸显。研究该连片区域的多维贫困，具有

重要的理论和现实意义。

同时，本书采用分层抽样的方法，运用随机触发器对各县贫困户按总体规模1%的样本数量，随机选取了1180份样本，此抽样方法既保证了经验样本的客观性，又保证了其整体性和代表性。

2. 样本描述性统计分析

表5－2　样本基本特征

项目	类别	样本数（个）	比例（%）
户主性别	男	1006	85.25
	女	174	14.75
户主民族	彝族	985	83.47
	汉族	180	15.25
	其他	15	1.27
户主受教育程度	文盲或半文盲	390	33.14
	小学	709	60.24
	初中及以上	78	6.63
家庭规模	1～3人	487	41.27
	4～5人	510	43.22
	6～7人	174	14.75
	8人及以上	9	0.76
是否务工	是	477	40.42
	否	703	59.58
可支配收入	1070元及以下	70	5.93
	1071～2140元	699	59.24
	2140元及以上	411	34.83

资料来源：笔者根据调研数据计算得到。

本次研究样本（见表5－2）从户主性别来看，男性户主1006人，占总数的85.25%，女性户主174人，占总数的14.75%，可见大小凉山彝区贫困户男性户主较多；从户主所属民族来看，以彝族居多，985人，占比83.47%，汉族180人，占比15.25%，其他少数民族仅占1.27%；从户主受教育程度来看，文盲或半文盲390人，占样本总量的33.14%，小学文化709人，占比60.24%，初中及以上文化78人，仅占6.63%，可见大小凉山彝区的教育水平相对低下。

在调查样本中，家庭规模在1～5人的家庭较多，为997户，占比84.49%，

6 人及以上规模占比 15.51%；家庭中至少有一人外出务工的有 477 户，占总数的 40.42%，未参加务工的家庭超过一半，共有 703 户，占比 59.58%。2014 年家庭人均可支配收入处于 1071～2140 元的家庭较多，为 699 户，占总数的 59.24%，而低于 1070 元，或高于 2140 元的家庭分别占比为 5.93% 和 34.83%。

3. 多维贫困测度及分解方法

阿玛蒂亚·森把发展看作深化人们享受实质自由的过程，包括免受困苦（诸如饥饿、营养不良等）的基本可行能力。人们因基本可行能力被剥夺，从而陷入贫困。基于此，多维贫困测算就是要识别贫困个体被剥夺的维度，从而测算出贫困个体多维贫困状况，即多维贫困发生率（H）；贫困深度指标，即平均剥夺份额（A）和贫困人口综合贫困状况（MPI）。

多维贫困状况的测量基于贫困识别和构建测量方法两个步骤。Alkire 和 Foster① 基于能力化的多维贫困测度基础上，构建了“双临界值”识别和测量方法，即 A－F 多维贫困测量方法。该方法主要包括对贫困的识别、加总和分解四个步骤。

（1）构建多维贫困指标体系，并将数据输入到对应的数据矩阵中。设计贫困户数据矩阵 $Y \in (X_{ij})_{n \times m}$，其中，$n$ 表示贫困户样本数量；m 表示测量指标数量。

（2）依据指标临界值和矩阵 $Y \in (X_{ij})_{n \times m}$，计算剥夺矩阵［$g_{ij}$］。依据定义，其中，剥夺矩阵［$g_{ij}$］表示贫困户被剥夺情况的矩阵；如果贫困户在某指标 j 下处于被剥夺状态，则在剥夺矩阵［g_{ij}］中给指标赋值为 1；否则，赋值为 0。

（3）在剥夺矩阵中根据临界值 k 确定出多维贫困个体，并将非贫困个体的剥夺值进行归零化处理。将归零后的剥夺矩阵叫作已删减矩阵 g^0（k）（$n \times m$）表示多维贫困个体指标的剥夺情况。其中，k 表示临界值。

（4）根据 g^0（k）（$n \times m$）的贫困个体剥夺信息进行贫困加总，计算出 A、H 和 MPI，运用 A、H 和 MPI 分析研究区域多维贫困情况（如表 5－3 所示）。

表 5－3　多维贫困测算变量指标解释

变量名	解释
数据矩阵 Y	数据矩阵 $Y \in (X_{ij})_{n \times m}$ 表示农户个体指标信息的集合，n 表示样本数量；m 表示测量指标数量，即维度总数；X_{ij} 表示个体 i 在维度 j 上的取值

① Alkire S., Foster J. Counting and Multidimensional Poverty Measurement [J]. Journal of Public Economics, 2007, 95 (7): 476－487.

续表

变量名	解释
剥夺临界值Z_j	剥夺临界值Z_j（$1 \times m$）是测定各指标是否被剥夺的阈值，Z_j表示j指标的剥夺临界值
剥夺矩阵g^0（$n \times m$）=［g_{ij}］	剥夺矩阵g^0（$n \times m$）=［g_{ij}］是用来存储个体被剥夺的情况，如果$X_{ij} < Z_j$，则i在指标j上贫困，记$g_{ij}^0 = 1$；如果$X_{ij} \geqslant Z_j$，则i在指标j上不贫困，记$g_{ij}^0 = 0$
贫困临界值k	贫困临界值k表示确定为贫困个体的维度数。其中，$0 \leqslant k \leqslant m$，多维贫困测算一般取值$0 \sim m$
已删减矩阵g^0（k）（$n \times m$）	已删减矩阵g^0（k）（$n \times m$）是用来存储贫困个体被剥夺的情况。与剥夺矩阵的区别在于已删减矩阵对剥夺矩阵中非贫困个体被剥夺的指标进行了归零处理
多维贫困发生率H	$H = \frac{q}{n}$，其中，q表示多维贫困人口，n表示研究区总人口
平均剥夺份额A	$A_k = \frac{\sum_{i=1}^{n} C_i(k)}{q(k) \times m}$，其中，$C_i$（$k$）表示在贫困临界值为$k$的情况下个体$i$被剥夺的指标数量，$q$（$k$）表示多维贫困人口，$m$表示测量指标数量
多维贫困指数MPI（M_0）	$M(k) = U[g(k)] = H \times A = (\sum_{i=1}^{n}\sum_{j=1}^{m} w_j g_{ij}) / (nm)$，表示一个地方贫困状况的综合指标，$w_j$表示指标权重
指标贡献度β_j	$\beta_j = \frac{\sum_{i=1}^{n} w_j g_{ij} w_i / (nm)}{M(k)} = \frac{\sum_{i=1}^{n} w_j g_{ij} w_i / (nm)}{(\sum_{i=1}^{n}\sum_{j=1}^{m} w_j g_{ij}) / (nm)}$，其中，$w_j$表示$j$指标的权重

资料来源：笔者整理得到。

二、指标及赋值

1. 指标选择

顾名思义，贫困家庭的多维贫困就是从贫困家庭的多个维度去测量贫困。参照联合国开发计划署（UNDP）2014年发布的《2014年人类发展报告》① 中对多维贫困维度和指标的选取，依据《四川省农村扶贫开发纲要（2011～2020）》

① UNDP. Human Development Report 2014：Sustaining Human Progress：Reducing Vulnerabilities and Building Reseilence［J］. Palgrave Macmillan，2014：631－638.

中：不愁吃、不愁穿，保障其义务教育、基本医疗和住房的“两不愁，三保障”的多维脱贫标准，结合大小凉山彝区的连片特困贫情，本书将卫生设施、新农合新农保等评价指标考虑在内，最后以 MPI 为基准对其进行归纳、总结和调整，在健康、教育和生活标准 3 个维度的基础上，增添社会保障维度，形成 4 个维度共计 7 项评价指标的测算体系。其中：

最高教育程度是该家庭成员自身综合素质的一个重要表现，是其生产能力、就业意识的直接影响因素。良好的素质教育有助于打破固有的传统思维模式，更易接受外界的新事物新文化，提升其生产和就业能力①。

健康状况直接反映了个人或家庭未来的发展能力，是能否长期摆脱贫困的最关键指标。如果没有良好的身体素质，不仅会大大降低个人的生产生活能力，还会增加家庭的生活医疗开支，增加家庭负担，加深其贫困程度②。

住房条件、饮水安全和生活用电作为生活条件的重要指标，直接关系到家庭的生活水平及幸福感。而卫生厕所也是人们日常生活中不可或缺的基本卫生设施，在保障农民身体健康、方便群众生活、环境保护等方面发挥着重大的作用，直接关系到农户的健康和生活条件维度。2015 年，习近平总书记也在延边州光东村指出，随着农业现代化步伐的加快，新农村建设也要不断推进，要来个“厕所革命”，让农村群众用上卫生的厕所，基本公共服务要更多向农村倾斜，向老少边穷地区倾斜③。

新农合（新型农村合作医疗）和新农保（新型农村社会养老保险）都是为农民提供的一种保障制度，是有效保障农村居民基本生活、基本医疗的底线，在农村居民因病、因缺乏劳动力致贫返贫等贫困问题的缓解上起到极其重要的作用，所以将社会保障单独作为一个维度增添到测算体系中④。

2. 剥夺临界值与权重的确定

本书参照联合国开发计划署多维贫困指标剥夺临界值的确定，考虑到多维贫困指标赋权权重的动态性和主观性较大，故采用较为常用且相对简单的等权重法，即各维度等权重以及同一维度内各指标等权重的方法，其维度及指标的剥夺临界值与权重（如表 5－4 所示）。

---

① 王春超，叶琴．中国农民工多维贫困的演进——基于收入与教育维度的考察［J］．经济研究，2014（12）：159－174.

② 张全红．中国多维贫困的动态变化：1991～2011［J］．财经研究，2015，41（4）：31－41.

③ 何思妤，曾维忠．老水库移民多维贫困测量［J］．农村经济，2017（5）：66－71.

④ 左停．贫困的多维性质与社会安全网视角下的反贫困创新［J］．社会保障评论，2017，1（2）：71－87.

表5－4 维度、指标、临界值及权重选取与设定

维度＼类别	指标	剥夺临界值	权重
教育	最高教育程度	未完成小学义务教育视为教育维度贫困，赋值为1	0.25
健康	健康状况	对自己目前健康状况评价差或患有严重疾病视为健康维度贫困，赋值为1	0.25
生活条件	住房条件	没有住房或房屋结构为土坯、茅草视为贫困，赋值为1	0.0625
	卫生设施	家中没有各类卫生厕所视为贫困，赋值为1	0.0625
	饮水安全	饮水不安全视为贫困，赋值为1	0.0625
	生活用电	家中没有通生活用电或经常断电视为贫困，赋值为1	0.0625
社会保障	新农合和新农保	至多参与新农合、新农保中的一项视为社会保障维度贫困，赋值为1	0.25

资料来源：笔者整理得到。

三、结果分析

1. 单维贫困测度结果

总体来看，大小凉山彝区贫困家庭各维度均存在贫困剥夺（如表5－5所示）。

表5－5 大小凉山彝区贫困户单维贫困发生率 单位：%

区域＼类别	教育	健康	生活条件	社会保障
大小凉山彝区	48.56	22.54	53.54	76.61
大凉山彝区	48.91	16.60	57.34	77.47
小凉山彝区	46.43	58.33	30.65	71.43

资料来源：笔者根据调研数据计算得到。

贫困剥夺情况最严重的维度是社会保障，首先是单维贫困发生率是76.61%。其次是生活条件，单维贫困发生率达到了53.54%的水平，教育维度单维贫困发生率达到了48.56%，接近50%的水平。健康状况唯独是剥夺情况最轻的，单维贫困发生率为22.54%。

从不同区域对比来看，尽管大小凉山彝区贫困家庭各维度均存在贫困剥夺，但却表现出不一致性。大凉山彝区贫困家庭各维度单维贫困发生率与整个彝区较为接近，而小凉山彝区则表现出较大差异。大凉山彝区贫困家庭在社会保障、生活条件和教育3个维度上贫困剥夺情况均高于小凉山彝区，其单维贫困发生率分别高出6.04个、26.69个和2.48个百分点。小凉山彝区贫困家庭则在健康维度上比大凉山彝区遭遇更严重的贫困剥夺，两者单维贫困发生率相差41.73个百分点。

2. 多维贫困测度结果

总体来看，大小凉山彝区贫困剥夺主要还是集中在3个维度及以下，因此，本节最多分解到3个维度。从表5－6可以看出，当只考虑1个维度时，大小凉山彝区贫困家庭贫困发生率为91.36%，表明该区域91.36%的贫困家庭存在着4个维度中的任意一个维度的贫困剥夺。此时的贫困剥夺份额为53.82%，多维贫困指数为49.17%。

表5－6　大小凉山彝区贫困户多维贫困估计结果　　单位：%

区域＼类别	K	贫困发生率（H）	贫困剥夺份额（A）	多维贫困指数（M_0）
大小凉山彝区	1	91.36	53.82	49.17
	2	52.71	65.89	34.73
	3	11.69	83.47	9.76
大凉山彝区	1	91.21	53.54	48.83
	2	50.99	65.94	33.62
	3	9.78	83.96	8.21
小凉山彝区	1	92.26	55.48	51.19
	2	63.10	65.63	41.41
	3	23.21	82.21	19.08

资料来源：笔者根据调研数据计算得到。

随着维度K值的不断增大，大小凉山彝区贫困家庭贫困发生率（H）和多维贫困指数（M_0）均呈下降趋势，贫困剥夺份额（A）则呈上升趋势。当K取值为3时，大小凉山彝区贫困家庭贫困发生率下降到11.69%，贫困剥夺份额为83.47%，多维贫困指数下降到9.76%。

从不同区域对比来看，小凉山彝区贫困剥夺深度和广度均高于大凉山彝区。当K取值为1时，小凉山彝区的贫困发生率为92.26%，贫困剥夺份额为55.48%，多维贫困指数为51.19%，而此时大凉山彝区的贫困发生率为91.21%，贫困剥夺份额为53.54%，多维贫困指数为48.83%。当K取值为3时，小凉山彝区的贫困发生率为23.21%，贫困剥夺份额为82.21%，多维贫困指数为19.08%。而此时大凉山彝区贫困发生率则为9.78%，贫困剥夺份额为83.96%，多维贫困指数8.21%。

3. 多维贫困指数的分解

（1）按指标分解。按照A-F方法，本部分对多维贫困指数M_0进行了维度上的分解。最终得出了不同K值下各个维度对多维贫困指数M_0的贡献率。如表5-7所示，首先，当K取值为1时，大小凉山彝区贫困家庭卫生设施和新农合、新农保的贫困贡献率最大，分别占到了22.62%和22.30%的比例；其次，住房条件，其贫困贡献率达到了17.81%。贫困贡献率最小的指标是生活用电，比例为3.45%。当K取值为3时，首先，大小凉山彝区贫困家庭贫困贡献率最大的指标是新农合、新农保和最高受教育程度，比例均为19.63%。其次是卫生设施，贡献率为15.50%。从分析中可以看出，新农合和新农保在当地贫困家庭贫困剥夺中一直拥有最大的贫困贡献率，说明当地社会保障工作维度缺失较为严重，应在工作中予以重视，重点解决。最高受教育程度、健康状况和生活用电的贫困贡献率随着K值增大而有所增加，在反贫困中应及时给予关注。

表5-7　大小凉山彝区多维贫困指数在不同值下的维度贡献率　　单位:%

k	M_0	最高受教育程度	健康状况	住房条件	卫生设施	饮水安全	生活用电	新农合和新农保
1	49.17	14.13	6.56	17.81	22.62	13.12	3.45	22.30
2	34.73	18.38	8.61	15.61	19.95	11.90	4.08	21.48
3	9.76	19.63	14.79	13.23	15.50	11.66	5.55	19.63

资料来源：笔者根据调研数据计算得到。

（2）按区域分解。利用A-F方法的地区分解公式，本部分将大小凉山彝区贫困家庭多维贫困指数M_0进行区域分解，进而得出各个区域贫困家庭的贫困贡献状况。

表5-8　不同K值下各区域多维贫困贡献率　　单位:%

	K=1	K=2	K=3
M_0	49.17	34.73	9.76
大凉山彝区	85.18	83.03	72.16
布拖县	7.23	8.10	4.18
甘洛县	7.85	7.53	7.11
金阳县	6.27	7.03	4.83

续表

	K = 1	K = 2	K = 3
雷波县	9. 59	8. 60	8. 63
美姑县	11. 11	10. 69	8. 57
普格县	5. 15	5. 29	1. 57
喜德县	8. 20	8. 19	10. 15
盐源县	9. 89	9. 26	12. 59
越西县	10. 14	8. 39	6. 57
昭觉县	9. 76	9. 94	7. 98
小凉山彝区	14. 82	16. 97	27. 84
峨边县	6. 29	7. 14	13. 35
金口河区	1. 10	1. 28	0. 71
马边县	7. 43	8. 56	13. 78

资料来源：笔者根据调研数据计算得到。

从表 5 - 8 可以看出，从整体来看，当 K 取值为 1 时，大凉山彝区贫困家庭的贫困贡献度高于小凉山彝区，它们的贫困贡献率分别为 85. 18% 和 14. 82%。随着 K 值的增加，大凉山彝区贫困家庭的贫困贡献率呈降低态势，小凉山彝区贫困家庭贫困贡献率呈现渐增态势，但前者仍高于后者。当 K 取值为 3 时，大凉山彝区贫困家庭的贫困贡献率下降到 72. 16%，小凉山彝区贫困家庭的贫困贡献率则增加到 27. 84%。从分析中可以看出，大凉山彝区因贫困规模比小凉山彝区大，所以贫困家庭贫困贡献率整体上比小凉山彝区高。同时，从 K 值增大时小凉山彝区贫困家庭贫困贡献率逐渐增大也可以看出，小凉山彝区贫困家庭整体上贫困深度和广度大于大凉山彝区。

从区域内部来看，当 K 取值为 1 时，大凉山彝区各县贫困家庭贫困贡献率最大的美姑县，贡献率为 11. 11%；小凉山彝区贫困家庭贫困贡献率最大的是马边县，贫困贡献率为 7. 43%。当 K 取值为 3 时，大凉山彝区贫困家庭贫困贡献率最大的是盐源县，贡献率为 12. 59%；而小凉山彝区贫困家庭贫困贡献率最大的仍然是马边县，贡献率递增到了 13. 78%。分析表明，虽然大凉山彝区的美姑县贫困家庭数量多，但家庭多维贫困程度较盐源县、喜德县低。马边县作为小凉山彝区唯一一个国家扶贫工作重点县，无论是其贫困家庭总体数量，还是贫困程度，均高于小凉山彝区的其他区县。

（3）按家庭特征分解。不同特征的贫困家庭，多维贫困状况理应表现各异。本部分笔者将分别从户主性别、户主受教育年限、家庭规模、家庭人均可支配收

入和家庭是否有成员外出务工五个角度对贫困家庭多维贫困贡献率进行分解。

1）男女户主家庭多维贫困贡献率。如表5－9所示，当K取值为1时，区域以男性为户主的贫困家庭多维贫困贡献率明显高于以女性为户主的贫困家庭，其贡献率分别为85.36%和14.64%。说明以男性为户主的贫困家庭在大小凉山彝区居多。这与当地重男轻女思想较重及整体上男性户主居多是相吻合的。

表5－9　不同K值下男女户主家庭多维贫困贡献率　　单位：%

	K = 1	K = 2	K = 3
M_0	49.17	34.73	9.76
女户主	14.64	15.16	18.50
男户主	85.36	84.84	81.50

资料来源：笔者根据调研数据计算得到。

随着K值的增大，以男性为户主的贫困家庭多维贫困贡献率连续下降，而同时以女性为户主的贫困家庭多维贫困贡献率却呈现增大趋势。特别是当K取值为3时，以女性为户主的贫困家庭多维贫困贡献率增加到了66.67%，而以男性为户主的贫困家庭多维贫困贡献率降到了33.33%。从前文分析可以看出虽然以女性为户主的贫困家庭在整体数量上少于以男性为户主的贫困家庭，但其多维贫困深度和广度却明显高于男性户主贫困家庭。

2）不同受教育年限家庭多维贫困贡献率。研究表明，户主受教育程度会在很大程度上影响家庭贫困状况。如表5－10所示，当K取值为1时，户主最高受教育程度为小学的贫困家庭贫困贡献率最大，占比为51.56%；其次是文盲或半文盲，贫困贡献率为42.62%；贡献率最小的是最高受教育程度在初中及以上的人群，贡献率为5.82%。

表5－10　按户主不同文化程度的家庭多维贫困贡献率　　单位：%

	K = 1	K = 2	K = 3
M_0	49.17	34.73	9.76
文盲或半文盲	42.62	54.33	68.31
小学	51.56	40.38	27.29
初中及以上	5.82	5.28	4.40

资料来源：笔者根据调研数据计算得到。

随着K值的不断增大，户主最高受教育程度为小学和初中及以上的贫困家庭贫困贡献率均逐渐减小，而户主最高受教育程度为文盲和半文盲的贫困家庭贫困贡献率却一直在增大。特别是当 K 取值为 3 时，户主受教育程度为文盲和半文盲的家庭贫困贡献率增加到了 68.31%。说明大小凉山彝区贫困家庭主要还是以户主受教育年限为小学和文盲或半文盲为主，户主文化程度在初中及以上的家庭陷入贫困的比例不高。同时也可以看出，户主文化程度为文盲和半文盲的贫困家庭贫困剥夺情况比受教育程度为小学和初中及以上的家庭更为严重。

3）不同人口规模家庭多维贫困贡献率。大小凉山彝区贫困家庭主要以 4~5 人和 1~3 人家庭为主，他们的贫困贡献率分别占到 46.05% 和 36.06%（如表 5-11所示）。

表 5-11 不同人口规模家庭多维贫困贡献率 单位:%

	K=1	K=2	K=3
M_0	49.17	34.73	9.76
1~3 人	36.06	31.20	26.97
4~5 人	46.05	48.88	47.21
6~7 人	16.92	18.64	24.36
8 人及以上	0.97	1.28	1.47

资料来源：笔者根据调研数据计算得到。

随着 K 值的不断增大，人口规模为 1~3 人的贫困家庭贫困贡献率呈递减趋势，规模为 4~5 人的贫困家庭贫困贡献率呈先上升再递减的趋势，而 6~7 人和 8 人及以上规模的贫困家庭贫困贡献率虽仍然低于人口规模为 1~3 人和 4~5 人的家庭，但贡献率却呈递增趋势。这充分说明了相较于 1~3 人和 4~5 人规模的贫困家庭，6~7 人和 8 人及以上规模的贫困家庭多维贫困程度更加严重。也从侧面证明人口规模对家庭贫困有重要影响的结论，表明家庭应保持适度人口规模。

4）不同人均可支配收入家庭多维贫困贡献率。不同收入阶段的贫困家庭，其多维贫困贡献率存在较大差异。处于低保线以下面临生存问题的绝对贫困家庭和处于低保线以上的相对贫困家庭，他们的贫困状况是否存在巨大差异？本部分将依据一半低保线、低保线以及高于低保线三个收入阶段将贫困家庭进行细分，来测算不同人均可支配收入贫困家庭多维贫困贡献率。从表 5-12 中可以看出，区域贫困家庭收入水平主要是集中在一半低保线到低保线水平之间（1071~2040 元），其贫困贡献率达到了 60.80%。同时，如果将一半低保线以下的贫困家庭考虑进去，则贫困贡献率比例上升到了 66.93%，而处于低保线以上的贫困家庭贡献率为 33.07%，说明该区域的贫困家庭还是以绝对贫困家庭为主，面临着严峻的生存问题。随着 K 值的增大，1070 元及以下的贫困家庭贫困贡献率呈现递增趋势，而可支配收入在 1071～2140 元的贫困家庭多维贫困贡献率则表现为先上升后降低，低保线以上的贫困家庭多维贫困贡献率表现为先下降后上升。虽然一半低保线及以上收入的家庭贫困贡献率没有按照理论预期变化，但从人均可支配收入在 1070 元及以下的贫困家庭的贫困贡献率的变化可以看出，收入越低的家庭，其多维贫困剥夺情况更加严重。

表 5－12　不同人均可支配收入家庭多维贫困贡献率　　单位：%

	K=1	K=2	K=3
M_0	49.17	34.73	9.76
1070 元及以下	6.13	6.22	6.24
1071～2140 元	60.80	62.79	59.14
2041 元及以上	33.07	30.99	34.62

资料来源：笔者根据调研数据计算得到。

5）务工家庭与非务工家庭多维贫困贡献率。在汉族地区，一般情况下外出务工能够给家庭带来务农以外的额外收入，从而缓解家庭贫困。但从表 5－13 中可以看出，彝区贫困家庭却表现出不一样的情况。首先，从 K 取 1 时有成员外出务工和没有成员外出务工的贫困家庭多维贫困贡献率可以看出，彝区有成员外出务工的贫困家庭较没有成员外出务工的家庭少，这与中西部绝大多数汉族贫困农村中有成员外出务工的家庭占多数的情况表现不一致。当然，造成彝区有成员外出务工和没有成员外出务工的贫困家庭贫困贡献率差异的原因也可能是部分外出务工的家庭有额外的务工收入，从而缓解了家庭贫困所导致的。

表 5－13　按是否有成员外出务工家庭多维贫困贡献率　　单位：%

	K=1	K=2	K=3
M_0	49.17	34.73	9.76
没有成员外出务的家庭	57.65	56.81	56.58
有成员外出务工的家庭	42.35	43.19	43.42

资料来源：笔者根据调研数据计算得到。

但随着 K 值的递增，有成员外出务工的贫困家庭贫困贡献率却呈递增趋势。特别是当 K 取值为 3 时，有成员外出务工贫困家庭的贫困贡献率上升到了

43.42%，而没有成员外出务工的贫困家庭贫困贡献率却减低到56.58%。这反映了外出务工并没有给当地贫困家庭的贫困减缓带来好处，反而加重了区域贫困家庭的多维贫困程度。这与笔者在彝区调研搜集到的数据具有一致性。彝区多数贫困人口因自身语言不通，掌握的技能较少，他们在脱离自身生存条件到外地务工时，不仅不能很好地融入当地生产和生活，反而还会因自身找不到工作而给家庭带来更大的经济负担。

第四节　本章小结

本书在参照MPI多维贫困指数的基础上，结合大小凉山彝区贫困家庭的实际贫困状况，设计了贫困家庭多维贫困指标体系。采用了2016年大小凉山彝区建档立卡户数据，采用维度等权重方法，考察了四川大小凉山彝区2市（州）13个区县农村贫困家庭多维贫困状况。

一、结论

第一，大小凉山彝区贫困家庭存在严重的多维贫困剥夺。通过分析可以看出，大小凉山彝区贫困家庭存在较为普遍的多维贫困剥夺，特别是在社会保障、生活条件维度方面遭受的贫困剥夺情况较为严重。从分区域来看，大凉山彝区贫困规模大于小凉山彝区，但小凉山彝区贫困家庭的贫困深度却明显高于大凉山彝区。

第二，虽然以女性为户主的贫困家庭数量规模不大，但遭受的贫困剥夺情况更为严重。研究中以女性为户主的贫困家庭规模仅为174个，单维度的贫困贡献率仅为14.64%，但贫困贡献率却呈递增趋势，其贫困剥夺情况相较于男性为户主的家庭更为严重。

第三，户主文化程度深刻影响彝区贫困家庭多维贫困状况。研究发现，户主文化程度越低，家庭拥有越强的贫困剥夺深度和广度。特别是当K取值为3时，户主受教育程度为文盲和半文盲的家庭贫困贡献率增加到了68.31%。

第四，规模在5人及以上的贫困家庭遭受的贫困剥夺情况更为严重。大小凉山彝区贫困家庭主要以规模为1~3人和4~5人的家庭为主。同时，6~7人和8人及以上规模的贫困家庭贫困贡献率虽仍然低于人口规模为1~3人和4~5人的家庭，但贡献率却呈现递增趋势，说明规模在5人及以上的贫困家庭遭受的贫困剥夺情况更为严重。

第五，彝区绝大多数贫困家庭还处于生存贫困状态，且收入越低，贫困剥夺情况越严重。彝区有占比 65.17% 的贫困家庭人均可支配收入位于农村低保线以下。同时，从人均可支配收入在 1070 元及以下的贫困家庭的贫困贡献率的变化可以看出，收入越低的家庭，其多维贫困剥夺情况更加严重。

第六，外出务工进一步加深了彝区贫困家庭多维贫困。在脱离了自身赖以生存的环境后，大批彝族男女因自身语言不通以及综合素质不高的缘故，在外很难生存下去，外出务工不但没有增加家庭经济收入，反倒加重了区域家庭多维贫困状况。

二、政策启示

第一，对于深度贫困地区贫困家庭的精准识别和精确帮扶，多维贫困指标及其分析框架具有更丰富的政策含义。相对于收入贫困，多维贫困不仅能够准确识别贫困对象，更能深入精准剖析多维致贫原因，提供更为丰富的贫困信息，从而为下一步的贫困精准帮扶提供更为可靠的参考和依据。

第二，深度贫困地区贫困帮扶应更加关注异质性群体的贫困问题。应在以后的贫困帮扶中更多地关注女性、老人等异质性群体，虽然他们遭受的贫困剥夺整体比例不大，但剥夺程度却更深。

第三，保持合理的人口规模有助于缓解贫困家庭贫困状况。贫困家庭往往陷入人口越多越贫困的怪圈。要在深度贫困地区合理引导贫困家庭保持合理的人口规模，提升人口综合素质，摒弃人多力量大、多子多福的传统陋习。

第四，贫困帮扶应更加注重贫困人口的能力提升。加大对深度贫困地区贫困人口的教育、培训力度，首先是普通话学习应用，增强他们的综合素质，才能有效化解贫困人口务工难、增收难问题，为他们提供可持续的脱贫致富保障。

第六章　深度贫困地区村级多维贫困测度

目前，多维贫困测量方法主要运用于贫困县（郑长德、单德朋，2016）、农户（贫困户）（王小林，Sabina，Alkire，2009；郭建宇、吴国宝，2012）和贫困人口（邹薇、方迎风，2011）等宏微观层面，而关于村级层面的多维贫困研究却鲜有涉及（汪三贵等，2007；叶初升，2010；郭辉，2015），但是，村一级作为最基层的组织，是群众路线的基础。全国12.8万个贫困村补齐短板实现脱贫"摘帽"是现实需要，也是经济社会发展的必由之路。本章以我国深度贫困地区四川省大小凉山彝区为例，抽样选取300个贫困村进行多维贫困测量，旨在探析贫困村的识别、多维贫困程度、影响多维贫困的因素，并提出以超常规举措应对深度贫困地区贫困村脱贫攻坚的新思路。

第一节　研究区域概况和数据来源

一、研究区域概况

作为深度贫困地区的重要组成部分，大小凉山彝区位于我国地势第一级阶梯向第二级跨越的横断山区。区域山高谷深，生态环境脆弱、自然灾害频发，贫困面宽、量大、程度深，是我国全面小康和脱贫攻坚的"短板"和"硬骨头"，是习近平总书记在深度贫困地区脱贫攻坚座谈会上明确提出的连片深度贫困地区，是四川省脱贫攻坚四大片区之一，同时也是少数民族的集中区和极端贫困[①]地区，多维连片贫困特性凸显，研究该连片区域的多维贫困具有重要的理论和现实意义。

---

① 极端贫困人口指每日收入低于1.25美元的全球贫困线标准，处于极度贫困状态的人口。

大小凉山彝区现有13个贫困县，面积3.38万平方千米，占到四川省面积的6.95%。截至2015年，区域13个贫困县农村居民人均纯收入5750.85元，仅为四川省平均水平的65.33%；农村建档立卡贫困人口44.70万人，占四川省农村贫困人口的8.98%；贫困发生率为16.11%，高于四川省平均水平8.41个百分点。

二、数据来源

为保证样本数据的可靠性和权威性，本书采用四川省扶贫和移民工作局2015年建档立卡贫困村调查数据，该数据主要通过各贫困县选派第一书记进村入户开展实际调研汇总，具有较高的真实性和可靠性，综合反映了现阶段四川省脱贫攻坚四大片区所有贫困村生产、生活、医疗、帮扶计划等多方面的实际情况。

与现阶段其他大部分有关多维贫困研究不同的是，本书将研究对象锁定为贫困村，在此基础上对贫困村整体多维贫困进行深入分析，使研究结论在精准扶贫和整村推进中更具代表性和可借鉴性。同时，采用分层等距抽样的方法，运用随机触发器对各深度贫困县贫困村按总体规模15.54%的样本数量，随机选取300份样本，此抽样方法既保证了经验样本的客观性，又保证了其整体性和代表性（如表6－1所示）。

表6－1　样本分布概况

地区		总体规模（个）	样本数（个）	比例（%）
大凉山彝区	普格县	103	16	15.54
	布拖县	163	25	15.54
	金阳县	150	23	15.54
	昭觉县	191	30	15.54
	喜德县	136	21	15.54
	越西县	208	32	15.54
	美姑县	272	42	15.54
	雷波县	171	27	15.54
	盐源县	122	19	15.54
	甘洛县	208	32	15.54
小凉山彝区	金口河区	5	1	15.54
	峨边彝族自治县	106	16	15.54
	马边彝族自治县	95	15	15.54
合计		1930	300	15.54

三、样本特征

在本书研究区域中，按不同特征人群将从妇女人口、劳动力、外出务工人口、长期慢性病患者和大家庭①五个方面进行分析。样本的构成情况如表 6－2 所示②。

表 6－2　区域基本特征

特征	总量	平均数	比例（%）
贫困人口（人）	65919	219	23.83
妇女人口（人）	114079	379	41.24
劳动力（人）	143577	477	51.90
外出务工人口（人）	32508	108	11.75
长期慢性病患者（人）	10234	34	3.70
大家庭（户）	27090	90	40.72

大小凉山彝区 13 个深度贫困县（区）共计 276619 人，家庭 66521 户。该区域的贫困人口有 65919 人，收入贫困发生率为 23.83%，显著高于同时期全国平均水平的 7.2%，妇女③人口数为 114079 人，占总人口的 41.24%，劳动力达到 143577 人，占到了总人口的 51.90%，外出务工人口为 32508 人，比例仅为 11.75%，长期慢性病患者为 10234 人，占比为 3.70%，大家庭占到总户数的 40.72%。

第二节　多维贫困测量模型建立

一、A－F 多维贫困测量方法

Amartya Sen 把发展看作深化人们享受实质自由的过程，包括免受困苦，诸

① 2015 年我国家庭平均规模为 3.35 人，因此，一般人口统计学上将 5 人（含）以上的家庭户定义为大家庭，同时期大小凉山彝区家庭平均规模为 4.16 人，鉴于彝区的特殊性，本书将大家庭定义为家庭规模在 6 人及以上的家庭。

② 表中比例除大家庭是大家庭规模数占该区域家庭总户数的比例之外，其他比例均是研究因素占总人口之比。

③ 在司法解释中定义 14 周岁以上的女性称为妇女，未满 14 周岁的男女称为儿童。本书的妇女以司法解释中的定义为准。

如饥饿、营养不良等的基本可行能力。人们因基本可行能力被剥夺，因而陷入贫困。基于此，多维贫困测算就是要识别出贫困个体被剥夺的维度，从而测算出贫困个体多维贫困状况，即多维贫困发生率（H），贫困深度指标，即平均剥夺份额（A）和贫困人口综合贫困状况（多维贫困指数）。

多维贫困状况的测量基于贫困识别和构建测量方法两个步骤。Alkire 和 Foster 基于能力化的多维贫困测度，构建了“双临界值”识别和测量方法，即 A－F 多维贫困测量方法。该方法主要包括对贫困的识别、加总和分解三个步骤。A－F 多维贫困测量方法能够很方便地对多维贫困进行识别、加总和分解，是目前为止较为理想的多维贫困测度方法。首先，该测量方法对贫困识别更加简单化、明确化，且容易操作。其次，在运用修正的 FGT 方法①的基础上，较为容易计算出贫困强度以及贫困深度下的多维贫困指数。最后，A－F 方法可以方便地对贫困进行分解，从而比较不同地区、不同特征人群的多维贫困状况。

二、指标选取和剥夺值设定

贫困村的多维贫困测量建立在贫困户或贫困人口的整体水平之上，本书依据《中国统计年鉴 2015》各项指标平均水平和《中共中央关于打赢脱贫攻坚战的决定》明确提出到 2020 年稳定实现农村贫困人口不愁吃、不愁穿，义务教育、基本医疗和住房安全有保障的要求，结合四川省贫困村退出标准，主要从经济水平、社会保障、基础设施、教育文化和人居环境 5 个维度共计 10 项指标对贫困村进行多维贫困测量与分解。需要注意的是，贫困村的多维贫困测量应优先考虑指标的覆盖率或普及率（如表 6－3 所示）。

表 6－3　维度、指标及临界值的设定

维度	指标	剥夺临界值	临界值设定依据
经济水平	收入贫困发生率	以收入计算的贫困发生率大于 7.2% 则视为贫困，赋值 1	2015 年全国贫困发生率
	村集体经济覆盖率	村集体经济人均年收入低于 3 元则视为贫困，赋值 1	《四川省贫困县贫困村贫困户退出实施方案》
社会保障	参合率	参加新型农村合作医疗的人口比例小于 98.9% 则视为被剥夺，赋值 1	样本贫困村当期平均水平
	参保率	60 岁及以上人口参加新型农村基本养老保险的人口比例小于 60% 则视为被剥夺，赋值 1	样本贫困村当期平均水平

① FGT 方法是由 Foster、Green 和 Thorbeeke 于 1984 年提出的衡量贫困的一种方法。

续表

维度	指标	剥夺临界值	临界值设定依据
基础设施	广播电视覆盖率	广播电视的覆盖人口比例小于98.3%则视为被剥夺，赋值1	2015年全国平均水平
	通生活用电率	通生活用电的家庭比例小于100%则视为被剥夺，赋值1	《四川省贫困县贫困村贫困户退出实施方案》
教育文化	基础教育比例	6岁以上上过初中的人口比例小于40.15%则视为被剥夺，赋值1	2015年全国平均水平
	高等教育比例	6岁以上上过大专及以上人口比例等于0，则视为贫困，赋值1	大小凉山彝区实际情况
人居环境	住房安全比例	房屋为危房的家庭比例大于0则视为被剥夺，赋值1	《四川省贫困县贫困村贫困户退出实施方案》
	饮水便利比例	便利获取饮水的家庭比例小于69.26%则视为被剥夺，赋值1	2015年全国平均水平

三、权重的确定

在已有研究中，常用的权重确定方法主要有数据推动（Data－driven）、规范的（Normative）和混合的方法。数据推动方法主要包含频率、统计方法等。规范方法常采取的是等权重，例如，联合国人类贫困指数。目前，比较简单地确定多维贫困指标权重的方法是等权重法，尽管也有一些研究人员采取主成分分析等统计方法确定权重，但结果始终带有随意性，没有找出统一科学的做法。基于此，本书使用等权重法对深度贫困地区贫困村多维贫困指标体系进行赋权，即各维度等权重及同一维度内各指标等权重。各指标的权重如表6－4所示。

表6－4　各指标权重确定

维度	指标	权重
经济水平	收入贫困发生率	1/10
	村集体经济覆盖率	1/10
社会保障	参合率	1/10
	参保率	1/10
基础设施	通广播电视率	1/10
	通生活用电率	1/10
教育文化	基础教育比例	1/10
	高等教育比例	1/10

续表

维度	指标	权重
人居环境	住房安全比例	1/10
	饮水便利比例	1/10

第三节　多维贫困测量结果与分析

一、多维贫困测度结果

从区域总体来看，大小凉山彝区贫困剥夺在各个维度上都较为严重，测度结果不容乐观。如表6－5所示，当只考虑1个维度或2个维度时，大小凉山彝区贫困村贫困发生率为100%，表明研究区域所有的贫困村都存在5个维度中任意2个维度的贫困剥夺。此时的贫困剥夺份额为80.33%，多维贫困指数为80.33%，说明研究区域贫困状况十分严重。随着维度K值的不断增大，处于多维贫困状况的贫困村个体数量（H）逐渐减小，多维贫困指数（M）也呈现下降趋势，贫困剥夺份额（A）则呈现上升趋势。当K取值为4时，大小凉山彝区贫困村贫困发生率下降到67.44%，平均剥夺份额上升到87.59%，多维贫困指数下降到59.07%。需要特别指出的是，当K取值为5时，研究区域中仍有12.29%的贫困村遭受着所有维度的贫困剥夺，同时，多维贫困指数为12.29%。

表6－5　大小凉山彝区贫困村多维贫困估计结果　　单位:%

维度数K	贫困发生率H（K）			贫困剥夺份额A（K）			多维贫困指数M_0（K）		
	大小凉山彝区	大凉山彝区	小凉山彝区	大小凉山彝区	大凉山彝区	小凉山彝区	大小凉山彝区	大凉山彝区	小凉山彝区
1	100	100	100	80.33	81.12	73.75	80.33	81.12	73.75
2	100	100	100	80.33	81.12	73.75	80.33	81.12	73.75
3	97.34	97.4	96.88	81.19	81.98	74.52	79.04	79.85	72.19
4	67.44	69.52	50	87.59	88.02	82.50	59.07	61.19	41.25
5	12.29	13.75	0	100	100	—	12.29	13.75	—

注：“—”表示因贫困发生率H作为分母为0，故A和M_0无法计算。

二、多维贫困指数分解

1. 按维度进行分解

按照 A－F 方法，本部分对多维贫困指数 M_0 进行了维度上的分解。最终得出了各个维度对多维贫困指数 M_0 的贡献率，结果如表 6－6 所示。

表 6－6　各维度单维贫困发生率及各维度对多维贫困的贡献率　　单位:%

维度	经济水平		社会保障		基础设施		教育文化		人居环境	
指标	收入贫困发生率	村集体经济	新农保	新农合	广播电视	饮水便利	基础教育	高等教育	住房安全	生活用电
贫困发生率	100	99	76.7	79.4	90.03	51.16	99	62.46	87.38	58.14
指标贡献率	12.45	12.32	9.55	9.88	11.21	6.37	12.32	7.78	10.88	7.24
维度贡献率	24.77		19.43		17.58		20.1		18.12	

从表 6－6 可以看出，大小凉山彝区贫困村在各个维度都有不同程度的贫困现象发生，尤其在收入贫困发生率、村集体经济和基础教育方面缺失较为严重，贫困发生率十分高，分别达到了 100%①、99% 和 99%。同时，经济水平和教育文化两个维度对多维贫困指数 M_0 的贡献率最高，分别为 24.77% 和 20.1%。

着重从村集体经济进行分析可以发现，深度贫困地区村集体经济严重匮乏，单维贫困发生率高达 99%，即在每 100 个贫困村中，仅有 1 个贫困村满足拥有村集体经济并且村集体经济收入达到人均 3 元的标准。在 10 个指标中，其对 M 的贡献率也超过 10% 的平均水平，为 12.32%，与基础教育的贡献率持平。但与基础教育不同的是，目前，在深度贫困地区，尤其是在民族地区，义务教育的投入期限较长，但投入力度连年攀升，而村集体经济建设却一直是薄弱环节，因此，短时间内难以得到根本改变。

2. 按不同特征人群进行分解

不同特征的人口结构理应使多维贫困状况有不同的表现。本书主要从贫困村人口结构进行多维贫困分解，包括五个角度：妇女人口、劳动力、外出务工人口、长期慢性病患者和家庭规模。统计学中以平均数为标准来判断某种现象或事物数量的大小，水平高低，效果和质量的好坏。因此，在进行以上五个方面的多维贫困分解时，本书采用 300 个样本的平均值作为分割线。其中，妇女人口为

① 收入贫困发生率为 100% 解释了本书选取的对象是 2015 年已经被认定为收入贫困的村。

41.42%，劳动力为51.9%，外出务工人口为11.75%，长期慢性病患者为3.7%，家庭规模的分割线为大家庭占比40.72%。

（1）妇女人口。目前有关妇女贫困的研究较多（李芝兰，2007；王爱君，2013；陈光燕，2016；张晓颖等，2016），但在民族地区，妇女是否更贫困，仍然值得商榷。部分研究表明，妇女作为弱势群体，应该给予更多的关注（万兰芳、向德平，2016）。本书鉴于前人研究，以妇女比例占全村人口的41.42%为分界线，主要从贫困村中妇女人口比例高低对多维贫困的贡献进行探讨，结果如表6－7所示。

表6－7　妇女人口多维贫困贡献率　　单位:%

K	1	2	3	4	5
M_0	80.33	80.33	79.04	59.07	12.29
妇女比例小于41.42%	39.95	39.95	39.81	36.28	29.73
妇女比例大于等于41.42%	60.05	60.05	60.19	63.72	70.27

从表6－7可以看出，当K取值为1～5时，妇女比例大于等于41.42%的贫困村多维贫困贡献率更大，这就表明，当位于1～5个维度时，妇女人口越多，越容易使贫困村陷入贫困，甚至在K取值为5时，这种情况更加严峻。由此可见，妇女越多的贫困村，其遭受的多维贫困广度和深度就越大。主要原因在于民族地区的性别不平等，导致妇女文化程度低、健康状况差，其非农就业机会少，工资性收入水平低。这也从一个方面论证了民族地区妇女更容易陷入贫困的观点。

（2）劳动力。贫困村摆脱贫困的重要途径即是通过劳动力的劳动创造财富。理论上，社会劳动力资源总数的计算方法是劳动年龄人口和劳动年龄之外实际参加劳动人数之和减去劳动年龄内不可能参加劳动人数的差值。而本书的劳动力指的是年龄处于适合参与到劳动的阶段，是作为生产者统计的这类人口。我国一般规定男子16～60岁、女子16～55岁的人口为劳动适龄人口。①

如表6－8所示，劳动力比例大于等于51.9%的贫困村对多维贫困的贡献率较小，且随着维度的增加，呈下降的趋势，即劳动力有利于减缓贫困的广度。劳动力对贫困村贫困程度的加深具有阻碍作用，但如何将这些劳动力有效地利用起来使贫困村摆脱贫困才是当下需要解决的难题。

① 《劳动保险条例》（1953年）和《劳动合同法》（2013年）。

表6-8 劳动力多维贫困贡献率 单位:%

K	1	2	3	4	5
M_0	80.33	80.33	79.04	59.07	12.29
劳动力比例小于51.9%	55.13	55.13	55.23	55.68	64.86
劳动力比例大于等于51.9%	44.87	44.87	44.73	44.32	35.14

(3)外出务工人口。现有研究指出，务工对于民族地区来说是把“双刃剑”，认为外出务工在增加家庭平均收入的同时也增加了贫困发生率和收入不平等，从而造成贫困化增长现象(《社会保障绿皮书》，2017)。一方面，务工在增加非农收入的同时，也可以增长见识，转变陈旧观念；另一方面，少数民族群体在外出务工地可能面临劳动力市场的歧视或排斥。本书基于此类文章存在的争议，对贫困村外出务工比例对多维贫困的贡献率进行分析，结果如表6-9所示。

表6-9 外出务工多维贫困贡献率 单位:%

K	1	2	3	4	5
M_0	80.33	80.33	79.04	59.07	12.29
外出务工比例小于11.75%	59.47	59.47	59.23	60.80	62.16
外出务工比例大于等于11.75%	40.53	40.53	40.73	39.20	37.84

结果显示，务工比例小于11.75%的贫困村对多维贫困的贡献率更大，务工比例大于等于11.75%的贫困村贡献相对较少，但当K值等于3时，外出务工比例较大的贫困村多维贫困贡献率从40.53%上升至40.73%，这就较好地解释了在某种程度上，外出务工对于多维贫困有着一定的阻碍作用，但这种阻碍作用远不能抵消其积极作用，因此，务工对贫困地区依然起着积极的作用，能够缓解贫困村多维贫困程度。

(4)长期慢性病患者。程名望等(2014)认为，农村减贫短期内应该更关注健康问题，本书在此类研究观点的基础上，从村级层面探讨长期慢性病患者与多维贫困的关系，结果如表6-10所示。

表6-10 长期慢性病患者多维贫困贡献率 单位:%

K	1	2	3	4	5
M_0	80.33	80.33	79.04	59.07	12.29
比例小于3.7%	23.16	23.16	22.95	20.42	18.92
比例大于等于3.7%	76.84	76.84	77.05	79.58	81.08

研究结果表明，贫困村长期慢性病患者比例大于3.7%的贫困村对多维贫困的贡献率较大，且随着K取值的增加，其贡献率呈上升趋势，当K取值为5时其贡献率达到了81.08%，平均增幅达到1.38%，而长期慢性病患者比例小于3.7%的贫困村多维贫困贡献率仅有18.92%，平均每个维度下降4.58个百分点。长期慢性病是一个长期累积的过程，随着维度的增加，其贡献率也随之增加，表明长期慢性病患者遭受的贫困剥夺更加严重，由于长期的药物支出和健康程度较低不能较好地从事生产活动，从而导致收入水平较低和其他维度的剥夺，如图6－1所示。

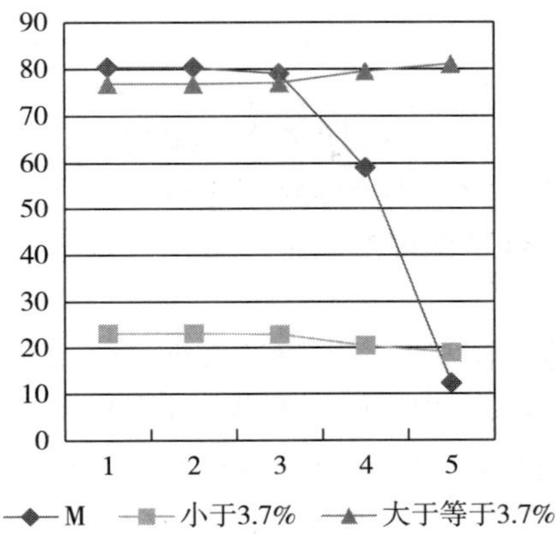

图6－1　不同K值下长期慢性病患者多维贫困贡献率变化

（5）家庭规模。关于家庭规模与贫困的研究目前较多，但多局限于家庭内部结构（刘娟，2006；杨龙、汪三贵，2015；郭熙保、周强，2016），本书将家庭规模分为6人户以下和6人户及以上，即中小家庭和大家庭，来分析家庭规模的大小对多维贫困的贡献率。

表6－11　家庭规模多维贫困贡献率　　单位：%

K	1	2	3	4	5
M_0	80.33	80.33	79.04	59.07	12.29
大家庭比例小于40.72%	71.40	71.50	72.91	73.88	72.20
大家庭比例大于等于40.72%	28.60	28.50	27.09	26.12	27.80

从表6－11可以看出，对于任意K值，大家庭比例较少的贫困村对多维贫困的贡献率大于大家庭比例较大的贫困村。由此可见，在民族地区，家庭规模越

大，反而使其越不容易陷入贫困。但值得一提的是，随着 K 值从 4 增加到 5，大家庭比例较大的贫困村对多维贫困的贡献率也随之增加。换言之，随着剥夺维度的增加，大家庭比例较大的贫困村遭受着贫困剥夺加重。资源约束的前提下，家庭规模越大，越无法实现资源配置与利益分配的一致性，造成更多维度的贫困剥夺。

第四节　本章小结

本章在参照联合国 MPI 多维贫困指数的基础之上，以深度贫困地区为研究区域，以贫困村为研究对象，对大小凉山彝区进行了多维贫困测量，并结合当地贫困村的实际贫困状况，设计了深度贫困地区贫困村多维贫困指标体系。得到以下结论：

第一，深度贫困地区贫困村存在严重的多维贫困剥夺。通过多维贫困指数和贫困剥夺份额可以看出，深度贫困地区贫困村存在较为普遍的多维贫困剥夺，且存在任意两个维度的贫困剥夺。尤其是在经济水平、教育文化维度方面遭受的贫困剥夺情况更为严重。

第二，妇女人口较多的贫困村对多维贫困指数贡献较大。研究总体趋势表明妇女人口比例越大，贫困村多维贫困越严重，且陷入贫困的广度和深度都越大。这与以户为研究对象得出的妇女人口比例越大的家庭，多维贫困越严重的结论相吻合。民族地区妇女贫困除经济因素之外，还有一定程度的性别歧视，妇女获得权力、教育、培训和生产资源的机会有限（朱楚珠、李树茁，2000），加之生育导致的健康问题以及其他所出现的导致家庭不稳定的诸因素。

第三，务工对深度贫困地区贫困村的积极作用远超消极作用。结果表明，一方面，务工比例较小的贫困村，其对多维贫困的贡献率更大。然而，当 K 取值为 3 时，务工比例较大的贫困村对多维贫困的贡献率少量上涨。由此表明，务工在 3 个维度条件下，会轻微加重贫困村多维贫困，这也能较好地解释由于民族地区人口受到语言、地域、习俗等的约束，外出务工在一定程度上可能对贫困村脱贫起着阻碍作用。但在深度贫困地区内部，得益于外出务工所增加的总平均收入，其反贫困作用依然凸显。如果将研究区域延伸至包括其他地区或民族诸如汉族，由于存在收入不平等的问题，结论可能会相悖（《社会保障绿皮书》，2017）。

第四，长期慢性病深刻影响贫困村多维贫困。长期慢性病人口比例较大的贫困村对多维贫困的贡献率较大，且与该比例较小的贫困村有显著差异，表示长期

慢性病是贫困地区的“毒瘤”，深刻影响贫困村多维贫困。随着 K 值的增加，其多维贫困贡献率也随之增加，这也能很好地解释长期慢性病对于脱贫的反作用力，因此，贫困主体强健的体魄是其摆脱贫困奔小康的基础。深度贫困地区长期慢性病主要包括心脑血管疾病、类风湿性关节炎、慢性呼吸系统疾病和糖尿病，从经济支出高、劳动力水平不高等方面影响贫困地区的生产生活。

第五，大家庭发展后劲较足。与现有研究比较，大家庭比例较高的贫困村比大家庭比例较低的贫困村对多维贫困的贡献率更少。换言之，家庭规模越大，反而越不容易陷入贫困，其原因在于家庭内部成员的资源共享以及能提供的劳动力更多。但随着维度的增加，大家庭比例较高的贫困村对多维贫困的贡献率有所回升，表明其受到的贫困剥夺程度依然严重，这就可以解释大家庭在资源共享的同时也存在资源的分摊，家庭所需支出的费用也就更多。

第七章 深度贫困地区县级多维贫困测度

区域贫困是指某区域在国家现行的贫困标准下，贫困人口数量占该区域总人口比例较大，或区域内贫困线以下的人口的收入与区域平均收入缺口较大，同时区域的年人均收入远远低于国家平均水平的地区。区域贫困一般是因生态环境恶劣、经济基础薄弱、社会发展进程缓慢、科学技术落后或体制和政策不合理而导致的一种发展迟缓或停滞的不发达状态①。突出表现为区域性的要素短缺、结构失衡、功能失调。本章从贫困地理学的视角，从人（贫困主体）、地（自然环境和社会环境）、业（生计活动）三大维度，构建县域多维贫困测度指标体系，并以四川省为例，对我国深度贫困地区不同县域的多维贫困情况展开跨时区测度与比较。

第一节 现实判断

目前针对多维贫困内涵的界定主要沿着两条线展开：一是从人的基本权利入手，在贫困指标中体现更多人类发展的维度；二是从致贫原因入手，在贫困指标中体现更多与贫困成因有关的维度②。基于县域的视角和四川深度贫困地区当前的减贫任务，本书更为关注多维致贫因素的分析。只有对其致贫的关键原因进行科学判断，才能进一步对四川深度贫困地区的贫困现状和贫困的动态演变过程进行客观判定，进一步刻画四川深度贫困地区贫困的多维特征。

---

① 冯艳．区域贫困测度、识别与反贫困路径选择研究［D］．辽宁大学博士学位论文，2015.

② 郑长德，单德朋．集中连片特困地区多维贫困测度与时空演进［J］．南开学报（哲学社会科学版），2016（3）.

由于四川省深度贫困地区其所处的特殊的地理位置，加之独特的民族文化，致贫原因复杂。一方面，表现为环境脆弱性高。四川省深度贫困地区处于西南山地农牧交错生态脆弱区、青藏高原江河水源涵养区。面临生态系统脆弱、土地贫瘠、地震灾害高发、水土流失严重、水旱灾害频发、生态退化等生态危机，生态保护与经济发展的矛盾十分尖锐。45 个深度贫困县全是少数民族县，其中，20 个是革命老区县，44 个县处于限制开发区或禁止开发区。35 个县处于生态功能区。脆弱生态环境与区域贫困形成一种恶性循环，脆弱生态环境区频繁发生的各种自然灾害（如地震、泥石流、塌方、旱涝灾害等）加重区域人口贫困，导致区域脱贫人口较高的返贫率。另一方面，表现为贫困主体的生计行为抗逆力低。“抗逆力”（Resilience）一词来自机械力学与工程学，表达的是一个物体在受到外力产生形变而没有断裂的情况下恢复到初始状态的能力，后来被用到心理学、社会福利等领域。抗逆力是具有抵抗风险能力与资源的个体在遭遇风险过程中脱离风险的过程及其积极的应对结果①。由于经济滞后，特困地区所需的财政资金不足，拖累地区基础设施建设与公共服务供给，在市场竞争中处于不利地位，对企业、项目缺乏吸引力，难以承接先进地区的产业转移，也导致不少扶贫项目难以成活。由于经济滞后，区域能够提供的就业岗位有限，人们难以摆脱对土地、森林等自然资源的依赖，增加环境压力。这种恶性循环的贫困问题积重难返，导致贫困的相关不利因素通过家庭传递给下一代成为常态，出现贫穷“代际传递”现象。体现为深度贫困地区整个特定地域综合体中，“人”（贫困主体）、“业”（生计行为）、“地”（自然和社会环境）要素耦合失调②，深度贫困与生态脆弱耦合，PPE 怪圈与 RAP 怪圈③并存④。

通过对致贫原因的分析，关于四川省深度贫困地区致贫原因的基本认知是：区域贫困的本质是特定时空情境下“人”（贫困主体）、“业”（生计活动）、“地”（自然和社会环境）维度上的剥夺或三者之间耦合失调的过程与状态。

1. 贫困主体是四川省深度贫困地区贫困的能动性要素

农村社会发育程度低、农民文化素质较低、进一步影响农户的生计行为，增加自然环境和社会环境脆弱性。作为贫困主体的人，通过生计行为，影响其生存

---

① 刘玉兰．西方抗逆力理论：转型、演进、争辩和发展［J］．国外社会科学，2012（5）．

② 丁建军，冷志明．区域贫困的地理学分析［J］．地理学报，2018，73（2）．

③ “PPE 怪圈”指贫困（Poverty）、人口（Population）和环境（Environment）之间形成的“贫困—人口—环境退化”的恶性循环。“RAP 怪圈”是指因农村、农业、农民各自发展条件不足所形成的恶性循环现象，即“农村社会分工欠发育，社会发育程度低农业经济结构单一，传统农业所占份额较大农民文化素质低，缺乏进城谋生的必要劳动技能”的恶性循环现象。

④ 陈艾，李雪萍．脆弱性—抗逆力：连片特困地区可持续生计分析［J］．社会主义研究，2015（2）．

的自然和社会环境，同时，其自然和社会环境也约束和形塑人的生计行为，影响其生存发展，在贫困主体、生计行为、自然和社会环境这三要素中，贫困主体具有能动性，其是区域贫困形成和改变的关键因素。

2. 行为既是贫困主体作用于环境的载体和中介，也是人与环境协调发展的关键因素

生计行为与贫困主体对接，表现为生计活动，例如，种植、养殖、经商、务工等各种工作或职业类型；生计行为与环境对接，表现为产业形式的经济社会活动，例如，农业、工业和服务业等。生计行为这一中介要素维度上的剥夺、单一化或缺乏包容性，往往是造成“人地关系”相连，是较为活跃的构成要素，在“人地关系”的变迁中起着“破坏性创新”的作用①。

3. 自然环境对贫困主体具有制约性，社会环境在与贫困主体和生计行为互动中具有调节性，可以通过改造将其转化为消贫因子

大量的研究表明，贫困具有地域或空间属性，贫困的产生离不开“地”这一客体性要素。“地”这一客体性要素既包括自然环境，也包括社会环境，既包含“第一性地理因素”（the First Nature），也包含“第二性地理因素”（the Second Nature）。在“人地关系”中，“地”这一要素具有更强的客观性和相对静态性，特别是“第一性地理因素”通常是制约性因素或致贫因素，而“第二性地理因素”和社会环境则相对可塑，在与主体性要素“人”和中介性要素“业”的互动中有较大的调节弹性。当前，中国面向 14 个集中连片特困区的扶贫攻坚也是基于这一理解的实践。

4. 在四川省深度贫困地区，脆弱的自然环境下，农牧民生计资源匮乏、生计方式单一、生计资本单薄，过度依赖自然的生计行为

增大了自然灾害风险，生态环境愈加脆弱；少数民族相对聚居或散居，伴之以公共产品供给不足、人们行动能力较弱；经济欠发达，伴之以资本、人力资源匮乏；产业发展脆弱伴之以市场风险巨大等。四川省深度贫困地区的主要原因在于在四川省深度贫困地区这一特定时空情境下，“人”（贫困主体）、“业”（生计活动）、“地”（自然和社会环境）维度上的剥夺或三者之间未能实现协调发展的过程与状态。

① 丁建军，冷志明．区域贫困的地理学分析［J］．地理学报，2018，73（2）．

第二节　指标体系构建

一、构建原则

县域贫困是由经济、社会、资源和环境等要素综合作用的结果，在设置县域多维贫困评价指标体系时，除了要符合统计学的基本规范之外，还必须遵循以下原则：

1. 科学性原则

指标体系一定要建立在科学基础上，指标概念必须明确，并且有一定的科学内涵，能够科学、客观、真实地度量和反映县域多维贫困的现状及原因。

2. 可操作性原则

指标的设置要尽可能利用现有统计资料。指标要具有可测性和可比性，易于量化。在实际调查评价中，指标数据易于通过统计资料整理、抽样调查，或典型调查，或直接从有关部门获得。选择计算、计算范围口径相一致的指标，以利于评价过程中进行时间和空间以及横向和纵向的比较分析。

3. 相对完备性原则

指标体系作为一个有机整体，应该能比较全面地反映和测度被评价区域的主要贫困特征和贫困状况，并针对区域减贫面临的主要问题进行设计。

4. 相对独立性原则

描述区域复合系统发展状况的指标往往存在指标间信息的重叠，因此在选择指标时，应尽可能选择具有相对独立性的指标，从而增加评价的准确性和科学性。

5. 代表性原则

在完备性的基础上，指标体系力求简洁，尽量选择那些有代表性的综合指标和主要指标。

二、指标选取

贫困识别一直是贫困研究和扶贫实践的重要内容和环节。不同学科提出了大量的贫困识别指标和方法，并且经历了从单维识别到多维识别的发展，例如，MPI 等多维贫困识别指标得到广泛应用。在对四川省深度贫困地区致贫机理分析的基础上，参考国内已有的对区域贫困测度的研究成果，尤其是对连片特困地区贫困测度的研究成果，进行指标构建和选取。近年来，随着扶贫理论和扶贫工作的深入，贫困的度量已由传统的经济指标向包括经济、社会、环境在内的多维度扩展，运用多维贫困方法测度区域贫困成为热点。陈琦利用英国牛津大学开发的A－F多维贫困测量方法，以武陵山片区为例，基于实地调研的农户数据，借鉴MPI多维贫困指标和《中国农村扶贫开发纲要（2011～2020）》提出的减贫目标构建了多维贫困测量的指标体系。丁建军①基于“发展”与“贫困”之间的对应关系，通过构建涵盖经济、社会和生态3个维度24项指标的综合发展指标体系，测算和比较分析了11个集中连片特困区的贫困程度。姜安印、冯英杰基于人类发展指数的三个维度——预期寿命指数、教育指数、人均GDP对六盘山集中连片特困地区的61个县域的贫困状况进行了评价②。赵莹、刘小鹏、郭永杰从经济、社会和环境三个维度进行多维贫困的指标体系构建，对贫困进行了多维测量。刘艳华、徐勇③（2015）借鉴国际上关于脆弱性—可持续生计框架模型在贫困研究中的学术思想，建立农户拥有的5大生计资本和环境/背景脆弱性两部分6个维度构成农村多维贫困测度指标体系，对中国农村开展了县域尺度的贫困地理识别，并与单维度收入贫困以及国家最新认定的扶贫开发重点县进行了对比分析。郑长德、单德朋④基于风险与机会视角，使用2001～2013年县级数据对集中连片特困地区663个贫困县的多维贫困进行量化测度。徐勇、段健、徐小任⑤（2016）从收入、消费、教育、人口城镇化、交通及生活设施等6个维度选择了12个指标，建立了多面体法区域多维发展综合测度方法及模型，对中国的区域多维发展状况进行了综合测度实证研究。徐文奇、周云波、平萍⑥运用“Alkire－Foster”多维贫困测量法，利用中国家庭追踪调查数据（CFPS），对2010～2014年我国多维贫困状况进行定量测度、指数分解与国际比较，杨帆、陈凌珠、庄天慧、龚荣发等⑦⑧从可持续生计视角，构建县域多维贫困测度指标体系，对四川

---

① 丁建军．中国11个集中连片特困区贫困程度比较研究［J］．地理科学，2014，34（12）．

② 姜安印，冯英杰．六盘山集中连片特困地区县域贫困状况评价［J］．石家庄经济学院学报，2015，38（4）．

③ 刘艳华，徐勇．中国农村多维贫困地理识别及类型划分［J］．地理学报，2015，70（6）．

④ 郑长德，单德朋．集中连片特困地区多维贫困测度与时空演进［J］．南开学报（哲学社会科学版），2016（3）．

⑤ 徐勇，段健，徐小任．区域多维发展综合测度方法及应用［J］．地理学报，2016，71（12）．

⑥ 徐文奇，周云波，平萍．多维视角下的中国贫困问题研究［J］．经济问题探索，2017，12.

⑦ 杨帆，陈凌珠，庄天慧等．可持续生计视阈下县域多维贫困测度与时空演化研究［J］．软科学，2017（10）．

⑧ 杨帆，庄天慧，龚荣发等．青海藏区县域多维贫困测度与时空演进分析［J］．统计与决策，2017（22）．

藏区、青海藏区不同县域多维贫困状况展开跨时区测度与比较。已有的关于区域贫困的测度，在测度范围内包括片区①、分省②、流域或山区③、县域④等；在测度的技术方法方面，主要集中在指标体系综合评价法和基于 GIS 的地理学分析方法；在指标体系设计和研究视角方面，多维度的、综合性的评价成为主流，在数据来源方面，基于农户的数据和基于县域的统计数据成为两大主流。

虽然已有很多学者从区域的层面对连片特困地区、民族地区等的贫困进行了测度和评价，但现有关于区域贫困的测度主要还是从“人”这个微观的贫困个体出发进行指标设计和评价或参照贫困个体贫困测度的范式对区域进行贫困测度，指标体系缺乏对区域贫困的本质及其形成过程的系统反映。同时相对于其他区域，深度贫困地区的“空间属性”尤其突出，丁建军、冷志明（2018）⑤ 从地理学学科角度提出的“人”“地”“业”构成了区域贫困三要素思路，清晰地阐述了区域贫困的本质“人”（贫困主体）、“业”（生计活动）、“地”（自然和社会环境）维度上的剥夺或三者之间未能实现协调发展的过程与状态，本书主要借鉴其思路，衡量四川省深度贫困地区在“人”（贫困主体）、“业”（生计活动）、“地”（自然和社会环境）三个维度的剥夺程度，借鉴多维贫困方法，测度四川省深度贫困地区的贫困程度。具体指标体系设计如下：

1. 贫困主体

作为主体性要素，“人”是贫困研究关注的焦点。可行能力理论指出贫困的根源是“人”实现其基本权利、福利相关可行能力的缺失或剥夺，可行能力大体上又可分为可行生活能力、生产能力和发展能力。可持续生计分析框架则认为贫困由个体或家庭生计资本的缺失所致，生计资本包括自然资本、物质资本、人力资本、金融资本和社会资本。可行能力理论和可持续生计分析框架分别关注了主体性要素“人”的“能力”和“资本”维度。不过，“能力”和“资本”任一维度的缺失都可能导致贫困。从区域层面来看，影响人的可行能力的主要是教育、社会保障和医疗的供给能力。影响贫困个体生计资本的有自然资本和金融资本，由于人力资本和可行能力的考量有可能重复，在此不重复设置，物质资本和社会资本在区域层面体现为公共基础设施建设和社会排斥，不在本部分

① 邢成举，葛志军．集中连片扶贫开发：宏观状况、理论基础与现实选择［J］．贵州社会科学，2013，281（5）．

② 张丽君，侯霄冰，西藏多维贫困特征及精准扶贫研究［J］．黑龙江民族丛刊，2017（3）．

③ 田宇，许建，麻学锋．武陵山片区多维贫困度量及其空间表征［J］．经济地理，2017，37（1）．

④ 王艳慧，钱乐毅，段福洲．多维贫困度量及其空间分布格局研究［J］．地理科学，2013，33（12）．

⑤ 丁建军，冷志明．区域贫困的地理学分析［J］．地理学报，2018，73（2）．

反映。

2. 自然和社会环境

社会排斥理论则认为经济、地理资本论认为，贫困是地理资本缺失的结果。社会排斥理论则认为经济、社会、文化、政治等制度缺乏包容性是贫困产生的根源。自然本有的区位、生态条件和随着经济社会发展逐渐形成的一个区域的经济政治地位等区域社会环境，共同作用于一个区域内居民的生计生活。主要通过先天的地理资本和后天的社会排斥两方面来衡量，具体通过人口对资源的压力、耕地质量、区位条件、地方财政能力等来衡量，指标包括人口密度、有效灌溉耕地面积比重、公路密度、电话普及度、财政自给率。

3. 生计活动

产业的脆弱性、包容性又决定了“业”的容量和质量，进而影响“人”的基本权利和福利的实现。脆弱性越低意味着产业竞争力较强、比较稳定，能提供更多的生计岗位，包容性越高则意味着能为各种能力、各种生计资本的所有者提供生计活动。本书通过产业结构、人均农业机械动力、农业技术创新度、企业密度、经济密度等来反映。

表7-1 县域多维贫困的贫困维度和指标选择

贫困维度	细分维度	指标	指标计算方法
贫困主体	可行能力	教育供给能力	（小学学生数+中学学生数）/年末总人口
		社会保障供给能力	各种福利性收养性单位床位数/年末总人口
		医疗供给能力	医疗卫生机构床位数/年末总人口
	生计资本	耕地规模	年末实有耕地面积/行政区域面积
		金融保障能力	居民储蓄存款余额/年末总人口
自然和社会环境	地理资本	人口密度	年末总人口/行政区域面积
		有效灌溉耕地面积比重	有效灌溉面积/年末实有耕地面积
	社会排斥	公路密度	公里里程/行政区域面积
		电话普及度	（移动电话用户数+固定电话用户数）/户籍人口数
		财政自给率	一般公共预算收入/一般公共预算支出
生计活动	产业脆弱性	产业结构	第一产业生产总值/地区生产总值
		人均农业机械动力	（农业机械总动力/乡村年末常住人口数）
	产业包容性	农业技术创新度	设施农业占地面积/年末实有耕地面积
		企业密度	规模以上工业企业单位数/年末总人口
		经济密度	GDP亿元/平方千米

第三节　方法与数据

一、研究方法

本书沿用 Alkire 和 Foster 提出的多维贫困测度基本原理，测度四川省深度贫困地区县域多维贫困。该方法操作步骤如下①②③：

1. 贫困维度确定与指标选取

主要从贫困主体、自然和社会环境、生计活动三个维度选取指标，具体指标体系如表 7－1 所示。

2. 确定指标剥夺临界值

剥夺临界值是多维贫困测度中用以划定一个被评价单元在某一个评价指标中是否贫困的标准，当一个被评价单元在某一个评价指标上达到该临界值时，视其在这个方面属于贫困。剥夺临界值有绝对和相对之分，由于目前针对生计资本的多维贫困测度很少，各指标的绝对剥夺临界值尚未被开发测试达成基本共识，因此，本书将借鉴相对贫困理念，取同一时间点上所有样本某指标均值的 70% 作为该指标的相对剥夺临界值。本书选取的评价指标均为正向指标，即指标值越大，表示越不贫困，低于某指标均值 70% 的样本，即为该指标的贫困样本，赋值为 1，否则赋值为 0。该方法的优点是能够反映贫困的动态变化和相对贫困内涵。由于涉及对四川藏区不同县域跨年度多维贫困比较，为了确保比较具有可比性，指标相对剥夺临界值以 2015 年数据计算为准，适用于其他被评价年份。

3. 确定贫困维度和指标权重

现有研究主要采取等权重法（Equal Weights Approach）赋予各贫困维度等同的权重，这意味着不同贫困维度对多维贫困的贡献度相同。同理，在同一贫困维度内部，各贫困指标也被赋予等同权重。然而，现有研究同时表明，不同指标维度对多维贫困的贡献存在差异，其贡献度并不等同。因此，等权重法面临着理论

---

① 郭建宇，吴国宝. 基于不同指标及权重选择的多维贫困测量——以山西省贫困县为例［J］. 中国农村经济，2012（2）：12－20.

② 王小林，Sabina Alkire. 中国多维贫困测量：估计和政策含义［J］. 中国农村经济，2009（12）：4－10.

③ 郑长德，单德朋. 集中连片特困地区多维贫困测度与时空演进［J］. 南开学报（哲学社会科学版），2016（3）：135－146.

解释与实证经验的冲突。一个变通的方法是使用频率加权法（Frequency – based Weighting Approach），该方法采用平方贫困距理念，针对贫困主体不同贫困维度分布情况的差异，进行差别化权重赋予。该方法认为，在某个贫困测量指标上的非贫困样本比重越大，则贫困样本主观感受到自身贫困的认知越强烈，即“不患寡而患不均”，因此，非贫困群体越大的指标赋予的权重越大。该理念体现主观贫困的内涵，即使某主体客观贫困状况并未发生变化，但随着其他主体客观贫困状况获得改善，其主观贫困认知将得到强化。

本书综合运用等权重法和频率加权法确定各贫困维度和指标的权重。首先，对贫困主体、自然和社会环境、生计行为三个贫困维度进行等权重赋值，分别赋予1/3的权重。其次，在各贫困维度对应贫困指标的权重赋予上采用频率加权法。以贫困主体为例，设该维度五个指标教育供给能力、社会保障能力、医疗供给能力、金融保障能力、根底规模被定义为非贫困的样本比重分别为 x_1、x_2、x_3、x_4、x_5，则各指标 $m(m=1,2,3,4,5)$ 在总体多维贫困中的权重 $w_m=\frac{1}{3}\times\frac{x_i^2}{\sum x_i^2}$。同理可得其他贫困维度中各贫困指标在总体多维贫困中的权重。

4. 县域多维贫困识别

根据前文确定的各测量指标临界值和权重，计算各评价单元的多维贫困剥夺分值。当一个被评价单元的多维贫困剥夺分值大于0.2时，即确定其为多维贫困。

5. 多维贫困程度判定

根据多维贫困剥夺分值，将多维贫困进一步细分为5个等级，如表7–2所示。

表7–2　多维贫困程度及其判断标准

多维贫困程度	多维贫困剥夺分值
微度多维贫困	[0～0.2]
轻度多维贫困	(0.2～0.4]
中度多维贫困	(0.4～0.6]
重度多维贫困	(0.6～0.8]
极度多维贫困	(0.8～1]

二、数据来源

本书数据均来自《中国县域统计年鉴》（2016、2014、2012）、《四川省统计年鉴》（2016、2014、2012）。对缺失值以均值替代进行了处理，2011 年人均规模以上工业企业单位数因 2011 年、2012 年均无统计数据，用 2013 年数据替代。

第四节　结果分析

一、多维贫困的描述性统计

人均中小学在校学生数、有效灌溉面积占年末实有耕地面积比重、财政自给率三个指标低于贫困线的行政区划县数量有所增加，均增加 7 个。耕地中有效灌溉面积比重这一指标地域贫困线贫困县数量的增加，意味着深度贫困县发展农业生产，尤其是种植业面临的自然条件约束在增强，自然资本有所减弱，财政自给率指标低于贫困线贫困县数量增加，反映出随着精准扶贫精准脱贫等工作的开展，地方财政支出较大，对国家财政依赖性较高，地方财政赤字风险较高。人均中小学在校学生数这一指标低于贫困线贫困县数量增加，主要由于小学生在校人数大幅度减少有一定关系，整体小学生在校学生人数 2015 年较 2013 年减少 73611 人，尤其是四川藏区小学生在校人数减少非常明显，其中，康定市小学生在校人数由 2011 年的 28479 人减少为 2015 年的 8766 人，进一步分析发现，这可能与 2005 年到 2009 年出生率下降有一定关系，按照 6 岁入学倒退计算，2011 年和 2015 年入学的学生出生时间分别为 2005 年和 2009 年，分析发现，阿坝藏族羌族自治州 2009 年的出生率较 2005 年降低了 21.3%，甘孜藏族自治州 2009 年的出生率较 2005 年降低了 21.9%，这可能导致适龄入学儿童总数减少。由表 7 –3和表 7 –4 可以看出，四川藏区的人口出生率和人口自然增长率都处于下降趋势，人力资本将受到一定影响。

表 7 –3　2005 ~ 2015 年四川省三州地区人口出生率　　单位：‰

年份 区域	2005	2008	2009	2010	2015
阿坝藏族羌族自治州	12.2	9.6	9.6	9.89	9.59

续表

区域＼年份	2005	2008	2009	2010	2015
甘孜藏族自治州	14.6	11.5	11.4	12.67	11.20
凉山彝族自治州	17.6	12.1	11.8	14.44	19.3

表 7－4　2005～2015 年四川省三州地区人口自然增长率　单位：‰

区域＼年份	2005	2008	2009	2010	2015
阿坝藏族羌族自治州	6.3	3.4	5.4	5.17	5.12
甘孜藏族自治州	7.2	6.7	6.6	6.76	7.16
凉山彝族自治州	10.2	6.8	6.7	8.53	13.20

表 7－5　各贫困指标贫困状况

多维贫困测度指标	单位	贫困线（以 2015 年为标准）	2015 年		2013 年		2011 年	
			低于贫困线县域数	低于贫困线县域比例（%）	低于贫困线县域数	低于贫困线县域比例（%）	低于贫困线县域数	低于贫困线县域比例（%）
人均福利性收养性单位床位数	床/万人	20.93	20↑	44.44	8	17.78	18	40.00
人均医疗卫生机构床位数	床/万人	28.39	6↓	13.33	21	46.67	29	64.44
人均中小学在校学生人数	人/万人	955.48	7↑	15.56	17	37.78	0	0.00
耕地面积占行政区域比重	%	2.86	32↓	71.11	33	73.33	33	73.33
人均储蓄存款余额	元/人	10238	18↓	40.00	25	55.56	33	73.33
有效灌溉耕地面积占年末实有耕地比重	%	0.17	18↑	40.00	18	40.00	11	24.44

续表

多维贫困测度指标	单位	贫困线（以2015年为标准）	2015年		2013年		2011年	
			低于贫困线县域数	低于贫困线县域比例（%）	低于贫困线县域数	低于贫困线县域比例（%）	低于贫困线县域数	低于贫困线县域比例（%）
人口密度	人/平方千米	23.00	29→	64.44	29	64.44	29	64.44
公路密度	千米/平方千米	0.22	20↓	44.44	21	46.67	23	51.11
人均电话使用数	数量/人	0.54	8↓	17.78	13	28.89	18	40.00
财政自给率	%	0.07	23↑	51.11	15	33.33	16	35.56
第二、第三产业占地区生产总值比例	%	0.51	2↓	4.44	3	6.67	3	6.67
人均农业机械动力	千瓦特/人	1.37	16↓	35.56	19	42.22	19	42.22
人均设施农业占地面积	公顷/万人	1.94	29↑	64.44	28	62.22	28	62.22
人均规模以上工业企业单位数	数量/万人	0.52	25↑	55.56	23	51.11	24	53.33
经济密度	万元/平方千米	39.53	25↓	55.56	24	53.33	29	64.44

注："↓"表示2015年低于贫困线县域数较2011年减少；"↑"表示2015年低于贫困线县域数较2011年增加，"→"表示2015年低于贫困线县域数较2011年不变。

表7－5给出了以2015年为标准计算得出的各指标贫困线及低于贫困线的四川省深度贫困地区行政区划县个数及比例。2015年与2011年相比，低于贫困线的行政区划县数量减少的贫困维度共有8个，低于贫困线的行政区划县数量不变的贫困维度1个，低于贫困线的行政区划县数量增加的贫困维度共有6个。

2015年与2011年相比，其中，人均医疗卫生机构床位数、人均储蓄存款余额、人均电话使用数三个指标减少县域数位列前三位，分别为23个、15个和10个，表明自党的十八大以来，随着国家和四川精准扶贫精准脱贫工作的深入开展，四川省深度贫困地区在医疗、通信方面建设取得了很大进展，尤其是深度贫困地区人民的储蓄水平提高，金融资本增强，深度贫困地区扶贫开发取得了显著成效。

二、多维贫困的时空演变

1. 城乡一体县域收入贫困深度测度

在我国，城乡二元经济结构明显，城乡差距非常大，目前出现在中文文献中关于区域贫困度测算的文章均是按照城市或农村分别进行的，城乡合一的测算难度较大。但城市和乡村的发展具有互动作用，割裂开评价不能全面反映一个县域的贫困程度。本书借鉴冯艳（2015）运用的贫困深度测度方法，利用平均收入水平以下的区域的收入与平均收入水平的差距来衡量，为了得到一个无量纲的数值，用该值除以城乡一体的人均收入（此数据2013年国家统计年鉴和少部分省可以查找），其余数据通过计算得到。

P_{id}表示贫困深度，取值越大，贫困程度越深，相对贫困问题越突出，l_r 表示全国（省）农村居民人均纯收入，l_{ir}表示 i 省（市）农村居民人均纯收入，l_c 表示全国（省）城镇居民人均可支配收入，l_{ic}表示 i 省（市）城镇居民人均可支配收入，d_{ic}表示 i 省（市）域城镇贫困深度，d_{ir}表示（市）域农村贫困深度，a_i 表示 i 省（市）域城镇人口占总人口的比重，incom 表示全国（省）城乡一体居民人均可支配收入。

根据以上模型，以四川省农村居民人均纯收入、四川省城镇居民人均可支配收入为参照，计算出2015年45个深度贫困县的贫困深度（见表7-6）。

表7-6 2015年四川深度贫困县贫困深度划分

贫困深度类型	贫困县
Ⅰ度贫困（贫困深度≤1）	金口河区、九龙县、马尔康市、红原县、康定市、九寨沟县、松潘县、若尔盖县、阿坝县、黑水县
Ⅱ度贫困（1＜贫困深度≤10）	汶川县、金川县、茂县、小金县、理县、丹巴县、壤塘县、稻城县、甘孜县、理塘县、雅江县
Ⅲ度贫困（10＜贫困深度≤20）	马边县、得荣县、巴塘县、色达县、峨边县、乡城县、盐源县、石渠县、白玉县、新龙县、道孚县、泸定县、德格县、炉霍县、木里县、普格县
Ⅳ度贫困（20＜贫困深度≤30）	越西县、雷波县、布拖县、昭觉县、金阳县、美姑县、甘洛县、喜德县

资料来源：2016年四川省领导干部农村经济工作手册，排序按照计算结果由低到高。

2. 四川省深度贫困地区县域多维贫困结构

从图7-1看出，四川省深度贫困县县域之间相比，2015年四川省深度贫困

地区内部相比贫困程度差异不大，以微度和轻度多维贫困为主。其中，微度多维贫困县域数占总数35.6%，轻度多维贫困占县域总数40%，中度和重度多维贫困合计占总数24.4%。进一步将深度贫困县多维贫困测度结果与贫困深度测度结果比较（见表7－6），可以发现，喜德县、美姑县、昭觉县、布拖县、德格县，在贫困深度和多维贫困程度都是相对深的县，贫困程度深，脱贫难度相对较大。马尔康市、九龙县、金口河区、康定市、丹巴县、小金县、九寨沟县、汶川县无论是在收入贫困深度上还是多维贫困程度上，均是贫困程度相对较轻的县域，有望早于深度贫困地区其他县域脱贫“摘帽”。

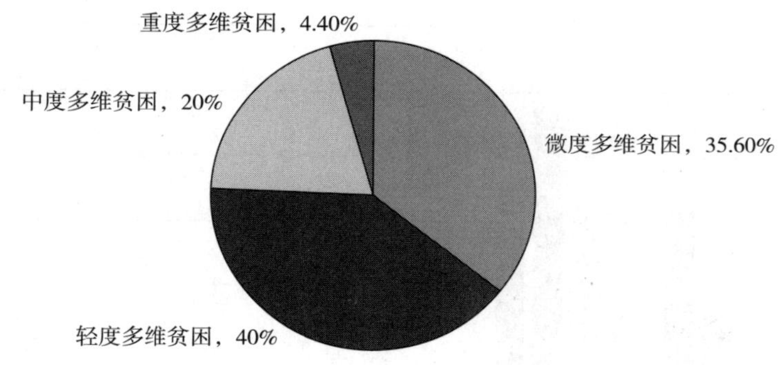

图7－1　2015年四川省深度贫困地区多维贫困结构

三、多维贫困的时间演变

根据多维贫困程度判断标准，对2011～2015年四川藏区深度贫困县处于不同多维贫困等级的行政区划县数量进行统计。为了计算简便和便于比较，如无说明，下文相关数据均采用等权重法测算得出，不再一一说明。由图7－1可知，四川省深度贫困地区极度多维贫困县在2015年消除了。由图7－2还可知，2011～2015年，微度和轻度多维贫困在增加，中度以上多维贫困在减少，可见随着四川省精准扶贫工作在深度贫困地区的扎实推进，四川省深度贫困地县域多维贫困程度在波动中不断减轻，多维贫困状况得到了不同程度改善，扶贫成效突出。

四、多维贫困的空间演变

图7－2显示了2011年、2013年、2015年四川省深度贫困县不同多维贫困等级县域的分布情况，从中可以看出，一是不同县域的多维贫困程度呈现差异

性，以2011年为例，微度多维贫困县有11个，轻度多维贫困县有14个，中度多维贫困县有16个，重度多维贫困县有3个，极度多维贫困县有1个；二是贫困程度深的县域呈现聚集性，随着精准扶贫精准脱贫工作的大力开展，深度贫困县中相对多维贫困程度深的县域主要集中在川藏交界处的甘孜藏区和凉山州境内的大小凉山彝区；三是多维贫困程度与经济贫困程度呈现趋同性。经济贫困程度与多维贫困程度在区域分布上呈现趋同性，经济贫困和多维贫困程度深的地区主要集中在大小凉山彝区和川藏交界处的甘孜藏区，其中，大小凉山彝区的经济贫困程度最深，甘孜藏区的多维贫困程度最深。

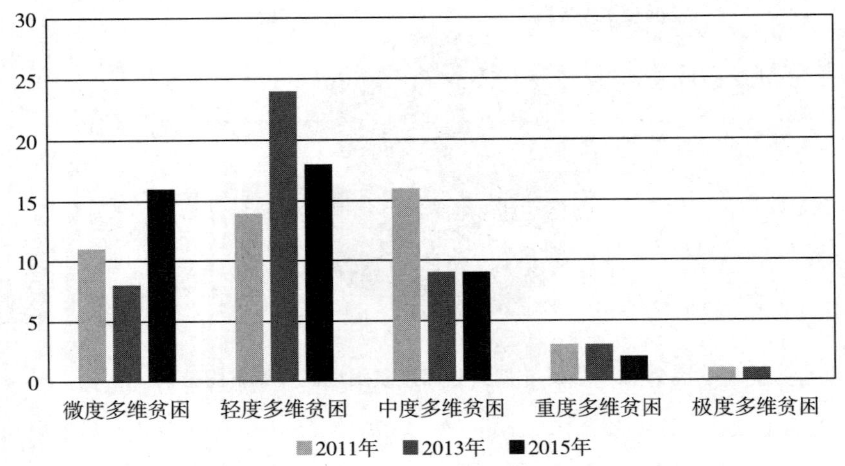

图7－2　2011～2015年四川省深度贫困县多维贫困变化情况

五、多维贫困的贡献度分析

从表7－7的数据可以看出，四川省深度贫困地区多维贫困程度大幅度下降，尤其是自2014年实施精准扶贫战略以来，减贫幅度较之前大大增加。从各维度来看，总体而言，自然环境和社会环境对多维贫困的贡献较大，其中，地理资本的贡献度呈上升趋势，社会排斥的贡献度一直最高。这一结论与现实基本相符，所谓的深度贫困地区，主要是由于自然条件恶劣、生产生活条件较差，脱贫难度大的地区，在自然禀赋约束经济社会发展的同时，由于自然条件、基础设施建设滞后等造成的社会排斥，是造成当前深度贫困地区脱贫难的原因之一。

表 7-7 2011~2015 年各贫困维度对多维贫困的贡献

类别 年份	贫困主体		自然环境和社会环境		生计活动		多维贫困指数
	可行能力	生计资本	地理资本	社会排斥	产业脆弱性	产业包容性	
2011	0.245	0.122	0.083	0.282	0.145	0.123	0.340
2013	0.284	0.099	0.120	0.234	0.148	0.115	0.333
2015	0.197	0.093	0.136	0.271	0.153	0.150	0.243

各维度对多维贫困的贡献在区域之间有差异。如表 7-8 所示，在大小凉山彝区和四川省高原藏区，社会排斥维度均贡献最大，可见在四川省深度贫困地区致贫因素中，由于社会环境发育不足导致社会排斥，地区发展资源获得能力差等是深度贫困地区主要致贫原因。但大小凉山彝区和高原藏区也存在差异，产业脆弱度对多维贫困的贡献是大小凉山彝区第二高维度，贫困主体的可行能力对多维贫困贡献度是高原藏区第二高维度。可见，当前在大小凉山彝区，增强产业抗风险水平，提高产业科技水平，优化产业结构，是大小凉山彝区脱贫的主要路径。对于高原藏区而言，应加强社会保障和教育的供给能力，提高贫困主体的人力资本，进一步增强当地人民的可行能力，这些应成为高原藏区脱贫攻坚的主要着力点之一。

表 7-8 2015 年四川省高原藏区和大小凉山彝区各贫困维度对多维贫困贡献

类别 区域	贫困主体		自然环境和社会环境		生计活动		多维贫困指数
	可行能力	生计资本	地理资本	社会排斥	产业脆弱性	产业包容性	
大小凉山彝区	0.151	0.113	0.158	0.291	0.197	0.090	0.241
高原藏区	0.214	0.085	0.126	0.262	0.134	0.176	0.244

第五节 本章小结

本章从贫困地理学的视角，从人（贫困主体）、地（自然环境和社会环境）、业（生计活动）三大维度，构建县域多维贫困测度指标体系，并对四川深度贫困地区不同县域的多维贫困情况展开跨时区测度与比较，得出如下两点结论及政策启示：

第一，四川省深度贫困地区扶贫开发取得了显著成效，同时，深度贫困地区内部贫困程度具有差异性。随着时间的推移，四川省深度贫困地区各县域的多维贫困程度在波动中不断减轻，多维贫困状况得到了不同程度改善。随着精准扶贫工作的深入开展，深度贫困地区内的甘孜藏区和大小凉山彝区贫困程度仍然相对较深，扶贫任务艰巨，脱贫难度大，在现有深度贫困地区扶贫政策的基础上，应该进一步给予政策倾斜和扶持，确保其如期“摘帽”。

第二，四川省深度贫困地区脱贫应着眼于提高市场融入度的基础设施改善和产业发展。从对多维贫困不同维度的贡献度分析可知，由公路基础设施、通信基础设施、财政自给能力等为基础的县域社会发展环境对于县域的贫困程度贡献度最高，可见当前四川省深度贫困地区脱贫攻坚的着力点应从加强对公路、通信等提高贫困群体市场融入度的基础设施建设入手，降低其由于自然环境等造成的社会排斥效应，同时，要发展具有益贫性的产业，提高产业科技水平，增强产业发展的可持续性，帮助贫困人口脱贫。

第八章　基于 P－S－R 模型深度贫困县脱贫“摘帽”的实证分析

在精准扶贫实践进程过半的时间节点，区域脱贫、县域“摘帽”离脱贫攻坚目标还有多远距离？按照当前速度，是否能够在规定时间达到目标？我国深度贫困地区的脱贫进程究竟如何？值得深入分析和研究。本章主要分为两部分，第一部分立足区域脱贫的视角，以县为单位，依据 45 个深度贫困县自精准扶贫实施以来的年度脱贫率量化各地脱贫实现程度及剩余脱贫距离，并进行脱贫历史速度分析与目标速度测算。第二部分基于 PSR（压力—状态—响应）模型构建深度贫困地区脱贫环境评价指标体系，采用熵值法对各地区脱贫压力、脱贫状态和政府响应等脱贫环境进行定量分析和综合评价。

第一节　脱贫进度分析

一、脱贫实现程度及剩余距离

根据贫困人口脱贫状况，本书将 45 个深度贫困县的已脱贫人口比例与剩余贫困发生率通过整理汇总，绘制出各县剩余脱贫距离图（见图 8－1）。截至 2017 年底，脱贫实现程度超过 60% 的深度贫困县有 30 个；超过 80% 的有 12 个；低于 50% 的有 5 个，均在凉山州。

深度贫困地区脱贫进程内部差异显著。截至 2017 年底，45 个深度贫困县中，剩余脱贫距离最小、最接近精准脱贫目标任务的是阿坝州的理县，脱贫完成程度为 96.95%，而距离最大的是凉山州的美姑县，完成程度仅为 26.61%，不到理县的 1/3。按市州层面来看，阿坝州的平均完成程度达到 82.2%，甘孜州为 66.31%，凉山州仅为 48.39%，乐山市三县平均为 66.33%。可以看出，乐山市与甘孜州的深度贫困地区脱贫进度差距不大，但凉山州明显低于其他市州平均水平。凉山州深度贫困地区（大凉山彝区）是四川省精准脱贫任务的重中之重和困中之困。

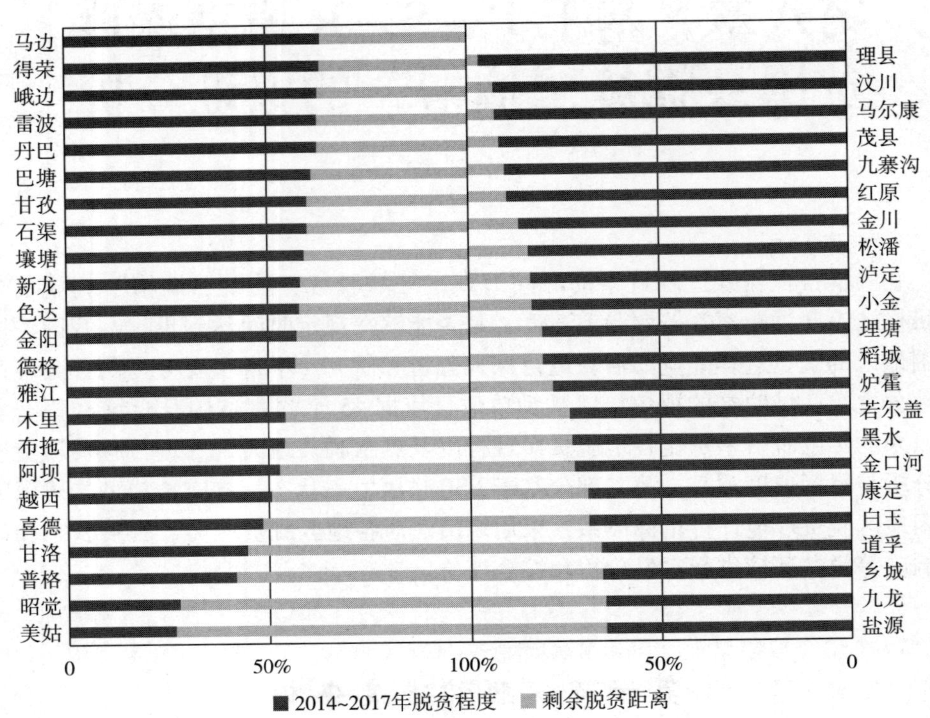

图 8－1　45 个深度贫困县脱贫距离

资料来源：根据 45 个深度贫困县 2014～2017 年贫困发生率整理得到。

考虑到各深度贫困县脱贫攻坚起点的异质性，例如，2013 年底，贫困发生率超过 30% 的深度贫困县有 10 个，其中，甘孜州理塘县的贫困发生率更是高达 39.5%，而阿坝州汶川县的贫困发生率仅有 8.4%，内部差异巨大。因此，为避免各地区初始贫困发生率差异对脱贫进程分析的影响，本书使用 2013 年与 2016 年底的贫困发生率之差反映 45 个深度贫困县的脱贫程度（见图 8－2）。

从表 8－1 看出，2013～2016 年，贫困发生率区域内排名下降最多的是阿坝州理县和甘孜州白玉县，分别从 2013 年底的 15.3%（排名 35）、25.7%（排名 16）下降到 2016 年底的 3.9%（排名 43）和 14.7%（排名 22），在这三年中，侧面反映了理县和白玉县的脱贫程度较其他地区快；与此同时，排名上升最多的

是阿坝州的九寨沟县和阿坝县，分别从 2013 年底的 13.9%（排名 40）、21.0%（排名 28）下降到 2016 年底的 8.1%（排名 35）和 15.2%（排名 17），由此反映两地区的脱贫程度较其他地区慢。

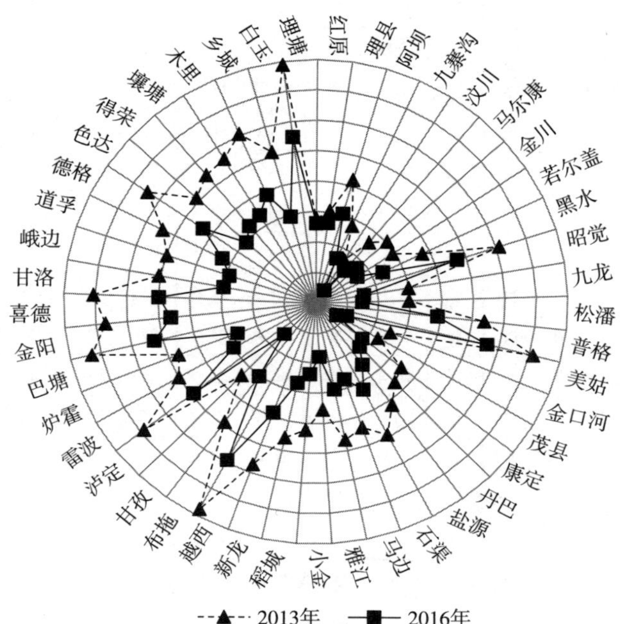

图 8－2　各县脱贫程度

资料来源：根据 2013 年、2016 年底 45 个深度贫困县贫困发生率整理得到。

表 8－1　深度贫困地区脱贫程度及排名

县名	2013 年	排名	2016 年	排名	排名升降	降低百分点	排名	县名	2013 年	排名	2016 年	排名	排名升降	降低百分点	排名
理县	15.3	35	3.9	43	8	11.4	2	丹巴	18.2	31	10.1	31	0	8.1	29
白玉	25.7	16	14.7	22	6	11.0	3	茂县	11.5	44	3.8	44	0	7.7	31
泸定	16.8	34	7.1	40	6	9.7	18	松潘	14.8	38	7.4	38	0	7.4	35
得荣	25.6	17	14.8	21	4	10.8	7	九龙	15.0	37	7.8	37	0	7.2	36
道孚	24.9	20	14.4	24	4	10.5	10	黑水	18.8	30	11.8	30	0	7.0	38
巴塘	23.4	23	13.3	27	4	10.1	15	汶川	8.4	45	2.5	45	0	5.9	43
理塘	39.5	1	27.5	3	2	12.0	1	布拖	38.9	2	29.6	1	－1	9.2	20
壤塘	27.3	13	16.5	15	2	10.8	6	雅江	23.2	24	14.7	23	－1	8.5	25
峨边	25.3	18	14.9	20	2	10.4	11	盐源	20.8	29	12.7	28	－1	8.1	28

续表

县名	2013年	排名	2016年	排名	排名升降	降低百分点	排名	县名	2013年	排名	2016年	排名	排名升降	降低百分点	排名
稻城	21.1	27	11.9	29	2	9.2	23	康定	17.4	33	9.4	32	-1	7.9	30
乡城	30.3	10	19.4	11	1	10.9	4	金口河	12.8	43	5.3	42	-1	7.5	32
木里	27.8	12	16.9	13	1	10.8	5	马尔康	13.1	42	7.0	41	-1	6.1	42
色达	32.3	8	21.7	9	1	10.6	8	美姑	35.6	4	28.1	2	-2	7.5	33
喜德	33.5	7	23.1	8	1	10.3	13	昭觉	30.6	9	23.5	7	-2	7.1	37
金阳	36.5	3	26.3	4	1	10.2	14	金川	15.2	36	8.7	34	-2	6.5	40
越西	28.6	11	19.4	12	1	9.2	21	红原	13.8	41	7.3	39	-2	6.5	41
小金	17.7	32	9.0	33	1	8.7	24	若尔盖	14.6	39	7.9	36	-3	6.7	39
德格	27.1	14	16.6	14	0	10.5	9	甘孜	24.4	22	15.1	18	-4	9.3	19
甘洛	35.3	5	24.9	5	0	10.4	12	石渠	24.6	21	16.3	16	-5	8.4	27
炉霍	24.9	19	15.0	19	0	10.0	16	普格	26.9	15	19.4	10	-5	7.5	34
雷波	34.4	6	24.5	6	0	9.9	17	九寨沟	13.9	40	8.1	35	-5	5.9	44
新龙	22.8	25	13.6	25	0	9.2	22	阿坝	21.0	28	15.2	17	-11	5.8	45
马边	21.9	26	13.5	26	0	8.4	26								

资料来源：根据2013年、2016年底45个深度贫困县贫困发生率整理得到。

从贫困发生率降低百分点来看，甘孜州理塘县和阿坝州理县的贫困发生率下降幅度最大，分别达到12.0%和11.4%；阿坝州的九寨沟县和阿坝县下降幅度最小，分别为5.9%和5.8%。

二、脱贫历史速度与目标速度

深度贫困地区脱贫速度差异显著。从表8-2可以看出，2014~2017年，四川省45个深度贫困县年均脱贫速度存在明显差异，速度高于20%的有12个县（市），最快的三个县（市）均来自阿坝州，即理县、汶川县和马尔康市，其年均脱贫速度分别达到24.24%、23.28%和23.22%。而速度最慢的仍来自凉山州，昭觉县和美姑县的年均脱贫速度低于10%，仅为6.91%和6.65%。可以看出，从年均脱贫速度来看，大小凉山彝区和高原藏区以及四市州内部还存在一定差距。在2018~2020年，凉山州美姑县、昭觉县、普格县、甘洛县、喜德县、越西县、布拖县、木里县以及阿坝州的阿坝县若要按时完成精准脱贫目标任务，其年均脱贫速度应达到15%以上，其中，美姑县和昭觉县更需超过24%，攻坚难度巨大。

表8－2　深度贫困县脱贫进度预测　　单位:%

县名	2014～2017年均脱贫率	按现有脱贫速度2020年的脱贫程度	2020年达到脱贫目标应有脱贫速度	县名	2014～2017年均脱贫率	按现有脱贫速度2020年的脱贫程度	2020年达到脱贫目标应有脱贫速度
金口河区	18.14	127.00	9.14	甘孜县	15.01	105.08	13.32
峨边县	15.70	109.89	12.40	新龙县	14.58	102.04	13.90
马边县	15.91	111.35	12.12	德格县	14.20	99.40	14.40
汶川县	23.28	162.98	2.29	白玉县	17.24	120.69	10.35
理县	24.24	169.67	1.02	石渠县	15.00	105.02	13.33
茂县	22.94	160.61	2.74	色达县	14.46	101.22	14.05
松潘县	21.10	147.73	5.19	理塘县	20.21	141.50	6.38
九寨沟县	22.61	158.24	3.19	巴塘县	15.29	107.01	12.95
金川县	21.71	151.97	4.39	乡城县	16.36	114.49	11.53
小金县	20.89	146.24	5.48	稻城县	20.18	141.25	6.43
黑水县	18.29	128.00	8.95	得荣县	15.86	110.99	12.19
马尔康市	23.22	162.51	2.38	木里县	13.55	94.85	15.27
壤塘县	14.80	103.58	13.60	盐源县	16.15	113.03	11.80
阿坝县	13.17	92.18	15.77	普格县	10.42	72.94	19.44
若尔盖县	18.43	129.03	8.76	布拖县	13.50	94.48	15.34
红原县	22.48	157.35	3.36	金阳县	14.32	100.25	14.24
康定市	17.30	121.09	10.27	昭觉县	6.91	48.40	24.12
泸定县	20.98	146.84	5.36	喜德县	12.10	84.69	17.20
丹巴县	15.65	109.58	12.46	越西县	12.66	88.63	16.45
九龙县	16.18	113.28	11.76	甘洛县	11.13	77.90	18.49
雅江县	13.95	97.66	14.73	美姑县	6.65	46.57	24.46
道孚县	16.42	114.97	11.43	雷波县	15.67	109.69	12.44
炉霍县	19.52	136.64	7.31				

资料来源：根据45个深度贫困县贫困发生率计算得到。

如果按照现有脱贫速度推算2020年的脱贫进度，可以将45个深度贫困县划分为4个等级①。其中，可以完全实现精准脱贫目标的有12个县，较易实现脱贫目标的有12个县，较难实现的有15个县，很难实现的有6个县（见表8－3）。

① 采用德尔菲法，根据李小云、吴国宝、汪三贵三位扶贫专家意见，按照当前脱贫速度预测，到2020年实现程度超过140%的县划分为完全实现组，实现程度在110%～140%的划分为较易实现组，在90%～110%的定为较难实现组，低于90%的为很难实现组。

表 8-3　2020 年四川省深度贫困县实现精准脱贫的难易情况

实现程度	个数	县名					
完全实现	12	理县	汶川县	马尔康市	茂县	九寨沟县	红原县
		金川县	松潘县	泸定县	小金县	理塘县	稻城县
较易实现	12	炉霍县	若尔盖县	黑水县	金口河区	康定市	白玉县
		道孚县	乡城县	九龙县	盐源县	马边县	得荣县
较难实现	15	峨边县	雷波县	丹巴县	巴塘县	甘孜县	石渠县
		壤塘县	新龙县	色达县	金阳县	德格县	雅江县
		木里县	布拖县	阿坝县			
很难实现	6	越西县	喜德县	甘洛县	普格县	昭觉县	美姑县

资料来源：笔者整理得到。

第二节　基于 PSR 模型的脱贫攻坚进程综合评价

一、模型适用性分析

PSR 模型最早是经济合作组织（Organisation for Economic Cooperation and Development，OECD）为评价世界环境状况提出的评价模式，后被广泛应用于生态安全、生态可持续、土地集约利用等自然科学领域。其内在逻辑基础是人类活动不断向生态环境施加“压力”，从而改变了生态环境的面貌和自然资源的数量（“状态”），总体经济与区域政策（社会反应）是社会对环境变化的响应，后者是通过一个反馈路径来反映人类活动的影响。

PSR 模型框架不仅适用于自然资源、环境保护等领域的评价研究，也可以应用于经济、社会领域。政府、贫困群体、社会组织等多方主体之间都会发生交互作用，贫困系统与生态系统类似，需要以动态的视角去看待。现有研究主要将 PSR 分析框架应用于人类系统和生态系统的作用中，本书借鉴其分析思路，构建脱贫环境评价的 PSR（压力—状态—响应）模型框架（见图 8-3）。

在精准扶贫、精准脱贫过程中，脱贫环境中各个要素指标之间、脱贫活动中涉及的各方主体与脱贫环境之间都会发生交互作用，该系统与生态系统类似，也同样始终处于一个动态平衡状态。在 PSR 模型分析框架里，人类社会经济发展的状况，诸如经济增长、人均纯收入提高、农村人力资本提升、基础设施建设等对

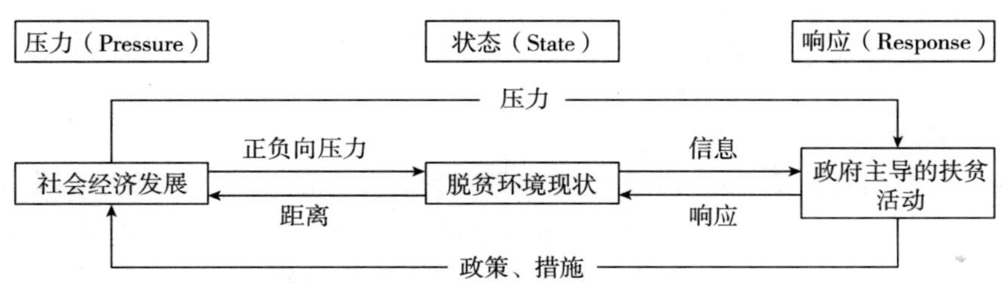

图8－3 脱贫环境评价的PSR（压力—状态—响应）模型框架

资料来源：笔者绘制得到。

脱贫环境形成一定的正向压力（＋P）。同时，社会经济发展中所造成的收入不平等、环境污染等又会对脱贫环境形成一定的负向压力（－P），即阻碍作用。在这种正负压力影响下，脱贫环境的状态（S）会发生改变，其结果又将传导到政府、社会等行为主体。随后，政府部门、社会组织等扶贫主体就会对受到压力影响后的脱贫环境状态做出相应的反应（R），即会采取相应措施，通过响应渠道对脱贫环境产生作用，从而对经济与社会发展产生影响。整个系统具有动态传导机制的特点，而且形成一个有机的动态循环。

该模型具有很强的逻辑关系，既有综合性又有时空性，从治理者的角度，不仅评价了现阶段脱贫攻坚工作的状态，还对所面临的压力及治理主体对脱贫攻坚工作采取的措施展开全面评价。

目前对贫困治理绩效、脱贫实现程度评价指标的研究，多集中于脱贫的状态，即贫困减缓的各方面表现，例如，基础设施改善、贫困发生率减少、公共服务提升等①②，很少综合考虑到面临压力及其响应对脱贫绩效评价的作用。而“压力—状态—响应”（PSR）分析框架③正好可以弥补上述缺陷。

综上所述，用PSR模型框架可以反映各方面因素对深度贫困地区脱贫攻坚的综合影响机制，评价进程状态，并在现有的状态背景下对未来脱贫攻坚进程的发展趋势进行预测，PSR模型对深度贫困地区脱贫攻坚进程评价具有适用性。

① 伍琴．公共投资对集中连片特困地区的扶贫机制研究——以赣南原中央苏区为例［J］．江西社会科学，2014，34（9）：69－74.

② 王曦璟，高艳云．地区公共服务供给与转移支付减贫效应研究——基于多维贫困分析框架［J］．财经理论与实践，2017，38（2）：92－98.

③ 李春瑜．大气环境治理绩效实证分析——基于PSR模型的主成分分析法［J］．中央财经大学学报，2016（3）：104－112.

二、指标选取与说明

1. 数据来源

本书数据均来自2016～2017年的《四川统计年鉴》《四川年鉴》《四川农村年鉴》中的市（州）、县（市、区）统计数据，部分数据来自2015年度四川省深度贫困地区各县国民经济和社会发展公报、政府工作报告。

2. 指标选取

脱贫攻坚是现阶段精准扶贫的直接目标，是全面建成小康社会的重要内容，其本质就是到2020年确保“稳定实现扶贫对象不愁吃、不愁穿，保障其义务教育、基本医疗和住房”，深度贫困地区也不例外。

基于对精准脱贫及脱贫进程的认识，本书在构建深度贫困地区精准脱贫进程评价指标时，主要的理论和现实依据有：第一，党的十九大报告中指出，重点攻克深度贫困地区脱贫任务，确保到2020年我国现行标准下农村贫困人口实现脱贫，贫困县全部“摘帽”，解决区域性整体贫困，做到脱真贫、真脱贫；第二，《中国农村扶贫开发纲要（2011～2020）》（以下简称《纲要》）中提出“到2020年，贫困地区农民人均纯收入增长幅度高于全国平均水平，基本公共服务主要领域指标接近全国平均水平，扭转发展差距扩大趋势”的主要目标。

一般来说，从经济收入、贫困减缓率及基础设施建设完成情况等方面构建的指标主要反映脱贫攻坚的状态特征，相关研究已较成熟。本书主要瞄准《纲要》中的主要任务要求，将其转化为量化指标进行整理，并根据数据可获得性，选取相关具有代表性的指标（如表8－4所示）。

脱贫攻坚压力指标主要指在经济和社会发展过程中对其形成的压力，政府系统的响应则通过响应力度与响应质量两类指标体现。基于此，本书从压力、状态、响应三方面构建脱贫攻坚进程评价指标体系，共计16个指标。考虑到压力、状态与响应因果关系的滞后性，因此，压力和状态指标选取2015年底数据，响应指标选取2016年底数据。脱贫攻坚进程评价指标选取情况如表8－5所示。

3. 指标定义

（1）压力。“公共财政支出”对减贫存在显著效应，是政府致力于减少贫困的重要政策工具[①]，公共财政支出越多，在公共服务、基础设施方面的提升越大，越有利于脱贫攻坚，所以是正向压力指标。

“城乡居民收入水平比”主要反映城乡居民之间的收入差距，差距越大，说

① 王娟，张克中．公共支出结构与农村减贫——基于省级面板数据的证据［J］．中国农村经济，2012（1）：31－42.

表8-4 《纲要》主要任务指标及阶段目标值

任务分类	具体指标	2015年目标值（%）	2020年目标值（%）
饮水安全	安全饮水率	80	100
生产生活用电	行政村通电率	100	100
	农村居民户通电率	90	100
交通	建制村硬化路通达率	80	100
	农村客运班车通达率	90	100
农村危房改造	安全住房率	90	100
教育	高中阶段教育毛入学率	80	90
医疗卫生	行政村卫生室覆盖率	90	100
公共文化	广播电视覆盖率	90	100
	行政村宽带覆盖率	90	100
社会保障	新农保覆盖率	90	100
人口和计划生育	人口自然增长率	≤8	≈0
林业和生态	森林覆盖率较2010年增长率	1.5	3.5

资料来源：根据《中国农村扶贫开发纲要（2011~2020）》整理得到。

表8-5 脱贫攻坚进程评价指标

PSR	指标序号	指标类型	具体指标	指标性质
Pressure	P1	经济增长压力	公共财政支出	+
	P2		城乡居民收入水平比	-
	P3		人均居民储蓄余额	+
	P4	社会发展压力	人口自然增长率	-
	P5		城镇化率	+
	P6		人均耕地面积	+
State	S1	经济状态	可支配收入增长幅度	+
	S2	脱贫状态	脱贫率	+
	S3		贫困发生率	-
	S4	基本公共服务状态	广播电视覆盖率	+
	S5		新农合参合率	+
	S6		中小学平均每个教师负担学生数	-
	S7		每千人口医疗卫生机构床位数	+
Response	R1	响应力度	人均扶贫资金投入	+
	R2		扶贫工作动态条数	+
	R3	响应质量	2016年考核优秀程度	+

资料来源：笔者整理得到。

明收入不平等现象越严重，而收入分配的不平等会恶化贫困状况，增大对贫困群体脱贫的压力①，因此，是负向压力指标。

“人均居民储蓄余额”主要反映居民的发展资本维度，人均居民储蓄余额增加，则贫困群体用于自身发展脱贫的经济资本就越多，对其脱贫具有正向影响，因此，是正向压力指标。

“人口自然增长率”主要反映居民家庭规模，人口自然增长率下降在提高家庭收入和降低家庭食品消费支出方面存在显著减贫效应，且在民族地区影响更大②。

“城镇化率”指城镇常住人口占该地区常住总人口的比例，城镇化率越高，则农村居民人均资源占有率就越高，则更加有利于其发展脱贫，因此，是正向压力指标。

“人均耕地面积”主要反映当地农村居民的自然资源占有状况，人均耕地面积的增加，有利于贫困群体通过发展产业脱贫，故此，是正向压力指标。

（2）状态。《中共中央国务院关于打赢脱贫攻坚战的决定》指出，打赢脱贫攻坚战的总体目标是，到 2020 年，稳定实现农村贫困人口不愁吃、不愁穿，义务教育、基本医疗和住房安全有保障。实现贫困地区农民人均可支配收入增长幅度高于全国平均水平，基本公共服务主要领域指标接近全国平均水平。因此，本书主要选取经济收入、贫困发生率和公共服务作为脱贫环境状态指标。

“农民人均可支配收入增长幅度”是反映贫困人口脱贫程度最重要的经济指标，其增长幅度越大，则表示当地脱贫攻坚的力度越强、状态越好。

“脱贫率”是指已脱贫人数占当地建档立卡总贫困人口的比例，是该地区脱贫攻坚实现程度的直接体现。

“贫困发生率”是指贫困县低于贫困线的人口占全部人口的比例，可以直接反映其贫困状态。

在公共服务方面，本书选取教育和医疗作为主要指标。教育和医疗是阻断贫困代际传递的有力武器③，更是稳定脱贫攻坚长效机制的重要保障。“中小学平均每个教师负担学生数”主要反映当地的教育资源状态，教育在精准扶贫、精准脱贫中具有基础性、先导性和持续性作用④，每个教师负担学生人数越少，则表示该地区教育资源越丰富，更能体现教育脱贫的效果；“每千人口医疗卫生机构床位数”主要反映医疗卫生资源，医疗卫生资源越丰富，人力资本健康的概率就

---

① 江克忠，刘生龙．收入结构、收入不平等与农村家庭贫困［J］．中国农村经济，2017（8）：75－90.

② 宁亚芳．西部民族地区人口政策缓贫效果检验［J］．中国人口科学，2014（6）：84－95.

③ 王瑾．破解中国贫困代际传递的路径探析［J］．社会主义研究，2008（1）：119－122.

④ 王嘉毅，封清云，张金．教育与精准扶贫精准脱贫［J］．教育研究，2017（1）：45－49.

越高，健康人力资本对经济长期增长和减贫有着重要作用①，从收入差距缩小视角来看，健康对农村减贫的作用比教育更为显著②。

（3）响应。本书从响应力度与响应质量两方面选取政府响应指标。响应力度主要选取"人均扶贫资金投入"和"扶贫工作动态条数"两个指标，其中，"人均扶贫资金投入"即年扶贫资金投入金额/建档立卡总人数，是直接反映政府在脱贫攻坚工作中响应力度的经济指标；"扶贫工作动态条数"主要反映当地政府官方网站中对扶贫工作的宣传力度。在响应质量方面，本书选取2016年度四川省脱贫攻坚第三方评估考核分数作为反映指标，如果得分越高，则反映出该县在2016年的脱贫攻坚政府响应质量越好。

4. 技术路线

第一，对PSR三个维度的16个选取指标进行标准化处理，运用熵值法对16项指标进行赋权。

第二，运用等权平均计算PSR模型各个维度的单项综合得分，并按照各维度综合得分的高低排序将其等比例划分为优势、中等、劣势三种类型。

第三，运用多边形面积进一步计算反映脱贫攻坚进程的综合得分，将其定义为脱贫进程指数（Poverty Alleviation Process Index，PAPI）。按照其综合得分的高低进行脱贫进程排序，并将45个县按照维度优劣划分为不同类型。

第四，对各县、两大片区各维度得分和综合得分进行对比分析，基于进程进度对其是否能按时完成脱贫攻坚任务进行预测，最后根据不同结果提出政策建议。

三、计算与结果

1. 指标数据标准化

为消除上述不同指标间的量纲差异，在确定各项指标的趋向性以后，本书采用极差法、标准化法对指标进行标准化处理，计算公式如下：

$$P_{ij}=\frac{x_{ij}-\min x_j}{\max x_j-\min x_j}\text{或}P_{ij}=\frac{\max x_j-x_{ij}}{\max x_j-\min x_j} \qquad (8-1)$$

在式（8-1）中，x_{ij}和p_{ij}分别表示i县第j个指标原值及其标准化后的数值；$\min x_j$表示第j个指标的最小值；$\max x_j$表示第j个指标的最大值。当x_{ij}为正趋向指标时，使用第一个公式计算；当x_{ij}为负趋向指标时，则使用第二个公式计算。标准化结果如表8-6所示。

① 王弟海．健康人力资本、经济增长和贫困陷阱［J］．经济研究，2012（6）：143-155.

② 程名望，Yanhong，盖庆恩等．农村减贫：应该更关注教育还是健康？——基于收入增长和差距缩小双重视角的实证［J］．经济研究，2014（11）：130-144.

表 8-6 标准化结果

序号	简称	压力						状态							响应		
		经济增长压力			社会发展压力			经济状态	脱贫状态		基本公共服务状态				响应力度		响应质量
		公共财政支出	城乡居民收入比	人均居民储蓄余额	城镇化率	人口自然增长率	人均耕地面积	农民人均可支配收入增速	脱贫率	贫困发生率	广播电视覆盖率	新农合参合率	中小学教师人均负担学生数	每千人口医疗卫生床位数	人均扶贫资金投入	扶贫工作动态条数	是否优秀
1	汶川	0.3722	0.9157	0.6469	0.1554	0.0963	0.4003	0.2013	1.0000	1.0000	0.9551	0.9945	0.8387	0.3547	0.5537	1.0000	0.9682
2	理县	0.1408	0.8373	0.4717	0.3905	0.0994	0.3553	0.2078	0.6548	0.8006	0.9101	0.9819	1.0000	0.3577	0.3189	0.0000	0.7285
3	茂县	0.3529	0.8681	0.4990	0.1587	0.3119	0.5108	0.2143	0.9143	0.9243	1.0000	0.9670	0.7406	0.4630	0.3105	0.1431	0.9709
4	松潘	0.3435	0.7867	0.3190	0.3548	0.1911	1.0000	0.2078	0.6310	0.8050	1.0000	0.9198	0.8132	0.2517	0.3152	0.3062	0.9881
5	九寨沟	0.2879	0.7899	0.6799	0.0654	0.3486	0.5665	0.2532	0.6144	0.8421	0.6966	1.0000	0.7852	0.3571	0.3687	0.3022	0.9083
6	金川	0.2818	0.8757	0.2832	0.4880	0.5657	0.4458	0.1883	0.6002	0.7943	0.9551	0.9670	0.8895	0.1984	0.3651	0.3161	0.9433
7	小金	0.3525	0.8154	0.3608	0.3969	0.0466	0.5705	0.2013	0.5180	0.7188	0.8539	0.6319	0.7917	0.2913	0.3136	0.0040	0.9574
8	黑水	0.3311	0.7634	0.3351	0.3995	0.0795	0.6377	0.1948	0.5079	0.7018	0.8888	0.9670	0.7149	0.1294	0.2113	0.4851	0.9099
9	马尔康	0.2734	0.7454	0.8066	0.0563	0.2668	0.7423	0.1883	0.4527	0.8160	1.0000	0.9780	0.8495	1.0000	0.4386	0.1730	0.9039
10	壤塘	0.2155	0.4716	0.1413	0.7149	0.4266	0.3668	0.1234	0.3033	0.4230	0.9438	0.9489	0.6673	0.3979	0.1473	0.0040	0.7518
11	阿坝	0.3899	0.7268	0.1296	0.6062	0.2309	0.5419	0.1623	0.1981	0.5532	0.8876	0.9890	0.5344	0.5577	0.1045	0.1849	0.9196
12	若尔盖	0.3499	0.7376	0.1608	0.5612	0.3364	0.2508	0.1623	0.6172	0.8086	0.0000	0.9725	0.5239	0.1538	0.1922	0.0577	1.0000
13	红原	0.2510	0.8117	0.1761	0.4593	0.1682	0.0000	0.1558	0.4778	0.6998	0.9551	0.9885	0.6321	0.3200	0.2613	0.2266	0.8975
14	康定	1.0000	0.7476	1.0000	0.0000	0.4220	0.4048	0.1883	0.5059	0.7295	0.9862	0.8352	0.5783	0.9234	0.2388	0.2922	0.8602
15	泸定	0.3573	1.0000	0.7723	0.2363	0.1904	0.3549	0.2532	0.6621	0.7772	0.9009	0.9462	0.7457	0.3447	0.2226	0.0835	0.1587
16	丹巴	0.3614	0.5452	0.4543	0.5089	0.0948	0.5465	0.1818	0.4900	0.7037	0.9044	0.9615	0.7724	0.2368	0.2470	0.0775	0.6724

续表

序号	简称	压力						状态							响应		
		经济增长压力			社会发展压力			经济状态	脱贫状态		基本公共服务状态				响应力度		响应质量
		公共财政支出	城乡居民收入比	人均居民储蓄余额	城镇化率	人口自然增长率	人均耕地面积	农民人均可支配收入增速	脱贫率	贫困发生率	广播电视覆盖率	新农合参合率	中小学教师人均负担学生数	每千人口医疗卫生床位数	人均扶贫资金投入	扶贫工作动态条数	是否优秀
17	九龙	0.2704	0.8839	0.2189	0.7097	0.4312	0.2930	0.1104	0.4617	0.7938	0.9367	0.8615	0.4918	0.1971	0.1519	0.4751	0.6476
18	雅江	0.2889	0.4711	0.2865	0.7086	0.4748	0.3443	0.3247	0.3871	0.5587	0.8098	0.9451	0.5015	0.2744	0.0778	0.2744	0.7377
19	道孚	0.4159	0.7272	0.1255	0.5657	0.4228	0.6360	0.3312	0.3972	0.5207	0.9490	0.9451	0.5479	0.0980	0.1966	0.0815	0.8176
20	炉霍	0.2779	0.7505	0.1644	0.5337	0.4281	0.6692	0.3247	0.3363	0.5152	0.9812	0.9560	0.5485	0.2229	0.2720	0.1571	0.8413
21	甘孜	0.3037	0.0319	0.1835	0.5146	1.0000	0.8349	0.3182	0.4142	0.5299	0.9778	0.9703	0.5478	0.1901	0.2082	0.8012	0.6465
22	新龙	0.2428	0.7051	0.0834	0.8788	0.4090	0.5085	0.3312	0.3657	0.5847	0.9147	1.0000	0.7363	0.1278	0.2577	0.1093	0.9714
23	德格	0.3222	0.7160	0.0192	0.8251	0.3173	0.2236	0.3961	0.4141	0.4793	0.9367	0.9451	0.5762	0.2236	0.1367	0.1730	0.9185
24	白玉	0.2302	0.7192	0.0921	0.8037	0.3318	0.5291	0.3312	0.3993	0.5081	0.9303	1.0000	0.7586	0.2517	0.2154	0.0557	0.5397
25	石渠	0.5935	0.1594	0.0415	0.8272	0.3333	0.1584	0.2857	0.3937	0.5231	0.7375	0.9945	0.4534	0.0000	0.1429	0.0696	0.9077
26	色达	0.4168	0.1180	0.4088	0.6992	0.6055	0.0686	0.4156	0.2288	0.2686	0.8371	0.9451	0.5953	0.3656	0.1719	0.1272	0.9056
27	理塘	0.4239	0.2290	0.1309	0.3613	0.4083	0.3702	1.0000	0.0802	0.0187	0.9672	0.8352	0.6544	0.1193	0.1482	0.1650	0.9320
28	巴塘	0.2930	0.5701	0.3157	0.5393	0.3157	0.6454	0.3182	0.3504	0.5586	0.8425	0.9451	0.6438	0.3656	0.1917	0.1312	0.6406
29	乡城	0.1158	0.4365	0.2932	0.5847	0.0321	0.4789	0.3182	0.2679	0.3381	0.9216	1.0000	0.7617	0.2797	0.2462	0.0477	0.5915
30	稻城	0.2696	0.5556	0.3318	0.6535	0.3593	0.6982	0.2662	0.4825	0.6260	0.8325	0.4505	0.7656	0.6960	0.5029	0.2346	0.9056
31	得荣	0.1673	0.4022	0.2727	0.7349	0.2699	0.6755	0.3182	0.3777	0.5160	0.8967	0.9451	0.8482	0.4350	0.3802	0.0040	0.5931
32	木里	0.6884	0.5499	0.1188	0.8802	0.3570	0.5161	0.2013	0.2662	0.4111	0.9775	0.9714	0.5875	0.2070	0.1823	0.1590	0.9093

续表

序号	简称	压力						状态							响应		
		经济增长压力			社会发展压力			经济状态	脱贫状态		基本公共服务状态				响应力度		响应质量
		公共财政支出	城乡居民收入比	人均居民储蓄余额	城镇化率	人口自然增长率	人均耕地面积	农民人均可支配收入增速	脱贫率	贫困发生率	广播电视覆盖率	新农合参合率	中小学教师人均负担学生数	每千人口医疗卫生床位数	人均扶贫资金投入	扶贫工作动态条数	是否优秀
33	盐源	0.9198	0.9149	0.0779	0.5410	0.3257	0.8182	0.0909	0.3831	0.6163	0.7921	0.9901	0.2885	0.1720	0.3545	0.4433	0.8807
34	普格	0.4006	0.6897	0.0530	0.7079	0.6101	0.7436	0.0844	0.1036	0.3746	0.8539	0.9451	0.0790	0.1322	0.0065	0.1948	0.2358
35	布拖	0.3553	0.3407	0.0609	0.7754	0.6116	0.5953	0.1104	0.0000	0.0000	0.5989	0.9725	0.0000	0.1570	0.0007	0.1372	0.1112
36	金阳	0.4481	0.3744	0.0018	0.8545	0.6002	0.4369	0.1234	0.1269	0.1000	0.5147	0.9478	0.1777	0.2546	0.0068	0.2028	0.6762
37	昭觉	0.5943	0.5541	0.0195	0.7349	0.5321	0.7305	0.1104	0.1412	0.2793	0.4944	0.9505	0.1658	0.1504	0.0062	0.5845	0.9228
38	喜德	0.4543	0.5517	0.0316	0.6523	0.5994	0.8601	0.1169	0.1482	0.2041	0.6787	0.0000	0.2247	0.0709	0.0042	0.1988	0.0443
39	越西	0.6288	0.6176	0.0919	0.6081	0.6116	0.5390	0.0779	0.2378	0.3687	0.9551	0.9588	0.0163	0.1320	0.0021	0.0000	0.8780
40	甘洛	0.4876	0.3690	0.0933	0.7493	0.3922	0.5132	0.1299	0.1768	0.1607	0.7562	0.9978	0.2442	0.2342	0.0004	0.0080	0.2035
41	美姑	0.5666	0.3920	0.0000	1.0000	0.5887	0.5342	0.1169	0.1228	0.1258	0.5955	0.9775	0.1638	0.2030	0.0033	0.2247	0.2558
42	雷波	0.6448	0.0000	0.1422	0.5664	0.4748	0.5410	0.0909	0.1632	0.1788	0.5944	0.9560	0.3272	0.2841	0.0000	0.1829	0.6681
43	金口河	0.0000	0.9747	0.4289	0.1007	0.0000	0.4948	0.0000	0.8435	0.8702	0.9551	0.8681	0.7678	0.3062	1.0000	0.0934	0.2844
44	马边	0.4190	0.6899	0.1840	0.6226	0.3211	0.6977	0.0844	0.5598	0.6156	0.9483	0.9005	0.3145	0.1480	0.7071	0.8767	0.0000
45	峨边	0.2776	0.6956	0.3669	0.3160	0.3058	0.7360	0.0844	0.4917	0.5388	0.9447	0.8352	0.5633	0.1991	0.8227	0.2247	0.0027

资料来源：笔者计算得到。

2. 熵权法赋权

在现有运用PSR模型的众多研究中，最关键的就是确定各评价指标的权重，它将直接影响评价结果的准确性。以往研究中常用的确定评价指标权重的方法主要有层次分析法、主成分分析法和熵权法，本书首次将PSR模型引入脱贫进程评价中，相关领域专家对此打分较为主观且意见分歧较大，因此，使用客观赋权的熵权法确定各评价指标的权重，根据各项指标传递给决策者的信息量大小来确定权重，从而消除人为因素的影响。主要计算方法如下：

（1）指标信息熵 H_j 的计算。

$$H_j = -k\sum_{j}^{n}(f_{ij}\ln f_{ij}) \quad (8-2)$$

式中，$k=\ln n^{-1}$，$f_{ij}=Y_{ij}/\sum_{j=1}^{n}Y_{ij}$，$Y_{ij}$表示标准化后的数值，且当$f_{ij}=0$时，$f_{ij}\ln f_{ij}=0$。根据上述公式求得各项指标的信息熵如表8－7所示。

表8－7　各项指标信息熵

指标编号	P1	P2	P3	P4	P5	P6	S1	S2
信息熵（H_j）	0.9693	0.9725	0.9062	0.9670	0.9575	0.9758	0.9499	0.9597
指标编号	S3	S4	S5	S6	S7	R1	R2	R3
信息熵（H_j）	0.9650	0.9906	0.9924	0.9662	0.9488	0.9007	0.8886	0.9646

资料来源：笔者计算得到。

（2）各项指标熵权 W_j 的计算。

$$w_j = (1-H_j)/\sum_{j=1}^{m}(1-H_j) \quad (8-3)$$

式中，$0\leqslant W_j\leqslant 1$ 且 $\sum_{j=1}^{m}W_j=1$。深度贫困地区脱贫攻坚进程评价指标的熵权计算结果如表8－8所示。

表8－8　各项指标熵权

指标编号	P1	P2	P3	P4	P5	P6	S1	S2
熵权（W_j）	0.0424	0.0379	0.1294	0.0455	0.0586	0.0334	0.0691	0.0556
指标编号	S3	S4	S5	S6	S7	R1	R2	R3
熵权（W_j）	0.0483	0.0129	0.0105	0.0466	0.0706	0.1370	0.1536	0.0488

资料来源：笔者计算得到。

3. 单维指数测算

根据熵权法计算的权重，对深度贫困地区脱贫环境展开评价，分别计算出脱贫环境压力（P）指标、状态（S）指标和响应（R）指标三个单维指数。计算指数及县域排名结果如表8－9所示。

表8－9　单维评价指数及排名

简称	压力	排名	状态	排名	响应	排名	简称	压力	排名	状态	排名	响应	排名
马边	0.1602	5	0.2046	2	0.2650	2	丹巴	0.1332	26	0.1300	27	0.0929	19
峨边	0.2383	1	0.1900	4	0.1219	14	稻城	0.1226	33	0.1452	16	0.0869	28
马尔康	0.1871	2	0.2109	1	0.1339	10	木里	0.1387	20	0.1340	23	0.0817	31
九寨沟	0.1381	21	0.1134	33	0.2789	1	新龙	0.1332	27	0.1247	31	0.0836	30
金口河	0.1724	4	0.1736	7	0.1451	6	道孚	0.0949	45	0.1458	15	0.0995	17
金川	0.1477	10	0.1323	24	0.1935	3	阿坝	0.1069	41	0.1381	19	0.0895	24
理县	0.1135	40	0.1677	9	0.1869	5	雅江	0.1436	13	0.1133	34	0.0757	34
汶川	0.1549	6	0.2005	3	0.1086	15	红原	0.1200	36	0.1350	21	0.0740	35
泸定	0.1495	9	0.1757	6	0.1377	8	石渠	0.1172	38	0.1300	26	0.0802	32
甘孜	0.1520	8	0.1626	11	0.1434	7	巴塘	0.1038	42	0.1308	25	0.0885	26
乡城	0.1424	16	0.1204	32	0.1916	4	壤塘	0.0963	44	0.1346	22	0.0786	33
茂县	0.1867	3	0.1724	8	0.0871	27	昭觉	0.1151	39	0.1271	30	0.0652	37
康定	0.1463	11	0.1665	10	0.1269	12	若尔盖	0.1377	23	0.0636	40	0.1021	16
白玉	0.1342	25	0.1833	5	0.0904	23	美姑	0.0990	43	0.1079	35	0.0731	36
盐源	0.1304	29	0.1396	18	0.1350	9	金阳	0.1220	34	0.0632	42	0.0647	38
黑水	0.1406	18	0.1295	28	0.1298	11	理塘	0.1427	15	0.0636	41	0.0362	41
得荣	0.1294	30	0.1596	12	0.0937	18	雷波	0.1367	24	0.0609	43	0.0449	39
松潘	0.1547	7	0.1035	36	0.1244	13	越西	0.1174	37	0.0770	37	0.0420	40
小金	0.1417	17	0.1482	14	0.0906	22	甘洛	0.1377	22	0.0504	44	0.0311	42
炉霍	0.1394	19	0.1450	17	0.0907	21	普格	0.1434	14	0.0688	39	0.0024	45
色达	0.1323	28	0.1525	13	0.0890	25	喜德	0.1209	35	0.0747	38	0.0138	44
德格	0.1446	12	0.1286	29	0.0861	29	布拖	0.1268	32	0.0366	45	0.0213	43
九龙	0.1287	31	0.1370	20	0.0920	20							

资料来源：笔者计算得到。

4. 综合指数测算

考虑到该分析框架中PSR三大维度相互之间存在不完全可替代关系，本书摒

弃以往减贫绩效通常采用的简单加权或剥夺个数统计的集成方法，选择采用计算 PSR 三角形面积的方法来对三个 PSR 维度进行集成。具体计算方法为：设第 i 个县的 PSR 三角形，三个维度的单项综合得分分别为 P、S、R，任意两个维度之间的夹角为 a 度，PSR 三角形的面积为：

$$S = (PS + SR + RP) \times \sin a \times \frac{1}{2} \tag{8-4}$$

如果 i 贫困县的各指标得分分布得更均衡，该公式计算后的得分也会更大，意味着他们实际的脱贫进程更好。反之，如果某县的指标得分组成两极分化严重，则得分会大幅降低，意味着他们的脱贫进程大打折扣。该方法可以较好地体现各指标之间的不完全可替代关系，而且比简单的加权更符合"压力—状态—响应"构成对脱贫进程结果的作用效果。具体的综合评价指数及排名如表 8－10 所示。

表 8－10　综合评价指数及排名

简称	综合	排名	简称	综合	排名	简称	综合	排名
汶川	0.2727	1	九龙	0.1732	16	阿坝	0.1425	31
康定	0.2382	2	得荣	0.1657	17	若尔盖	0.1418	32
马尔康	0.2303	3	盐源	0.1657	18	乡城	0.1399	33
马边	0.2297	4	丹巴	0.1647	19	理塘	0.1340	34
九寨沟	0.2127	5	巴塘	0.1624	20	壤塘	0.1331	35
甘孜	0.2050	6	小金	0.1619	21	昭觉	0.1314	36
金口河	0.2027	7	色达	0.1556	22	石渠	0.1213	37
茂县	0.2009	8	新龙	0.1549	23	金阳	0.1082	38
稻城	0.2005	9	炉霍	0.1542	24	普格	0.1050	39
金川	0.1983	10	白玉	0.1536	25	美姑	0.1050	40
峨边	0.1968	11	雅江	0.1534	26	雷波	0.1023	41
泸定	0.1932	12	道孚	0.1479	27	喜德	0.0949	42
松潘	0.1904	13	红原	0.1474	28	越西	0.0930	43
理县	0.1766	14	德格	0.1448	29	甘洛	0.0906	44
黑水	0.1754	15	木里	0.1440	30	布拖	0.0800	45

资料来源：笔者计算得到。

四、脱贫进程分析

1. 分市州对比分析

由图 8－4 可以看出，四大市州在状态（S）、响应（R）两个维度差异显著，特别在响应（R）维度，乐山市响应指数最高，达到 0.2191，是凉山州的 4.3 倍；阿坝州在脱贫环境的状态指数最高，为 0.1640，甘孜州和乐山市无明显差异，凉山州最低，仅为 0.0705；在压力指数方面，四大市州无明显差异。4 大市州内部各县情况如下：

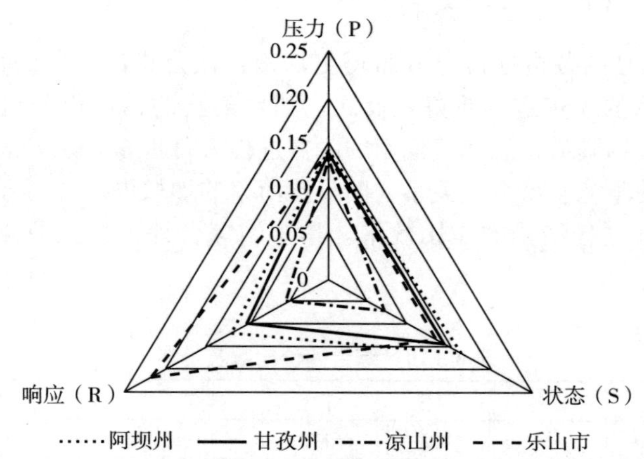

图 8－4　分市州脱贫环境评价指数

资料来源：笔者计算得到。

（1）甘孜藏族自治州。在甘孜州 18 个深度贫困县中，综合来看，康定市、甘孜县、稻城县的脱贫环境相对较好，综合指数在 0.20 以上；而乡城县、理塘县和石渠县脱贫环境相对较差，综合指数低于 0.14。接下来，我们将从压力（P）指数、状态（S）指数和响应（R）指数的测算结果进行具体阐述。

首先，从压力指数来看，甘孜、泸定、康定三县排位靠前，压力指数均在 0.145 以上，其中甘孜市最高，达到了 0.1520；排最末的是石渠、巴塘、道孚三县，其中，道孚压力指数略低于 0.10。在众多指标层中，人均居民储蓄余额和人均耕地面积两项指标对于改善脱贫环境的贡献率较高，说明人均资本的增加对脱贫环境起到了正向作用。

其次，从状态指数的结果来看，白玉、泸定、康定三县相对于乡城、雅江和理塘三县占据明显优势，脱贫环境相对较好。但是相对于压力指数，状态指数在各区县间两极分化相对较轻，最末的理塘县为 0.0636，而最高的白玉县未超过 0.20，仅有 0.1833。在各指标层中，脱贫率、贫困发生率、广播电视覆盖率、新农合参合率及中小学教师人均负担学生数贡献率较大，而农村居民人均可支配收

入增速和每千人医疗卫生机构床位数贡献率相对较低，暴露出贫困人口增收难和医疗保障不健全等问题，对于脱贫环境起到了反向作用。

最后，从响应指数的结果来看，乡城、甘孜、泸定三县仍然相对石渠、雅江、理塘占据明显优势。尽管排序第一位的乡城县响应指数仅有0.1916，最末位的理塘县却只有0.0362，差距仍然十分明显。政府响应措施对于脱贫环境改善的作用更加明显，尤其体现在2016年考核优秀程度这一指标上。

（2）阿坝藏族自治州。从分析结果来看，阿坝州13个深度贫困县中，压力（P）指数排前三位的依次是马尔康市、汶川县和茂县，压力指数均在0.15以上；并且这三县在整个深度贫困地区都排在前十。具体考虑压力指数的指标层，我们发现城乡居民收入比、人均居民储蓄余额以及人均耕地面积贡献率较大，因此，推测城乡收入差距缩小以及资本增加减小了这些地区贫困减缓的压力，使脱贫环境处于相对优势。

从状态（S）指数的测算结果来看，马尔康市和汶川县仍然排在本地区和整个深度贫困地区前列，脱贫环境优势明显，并且状态指数都超过了0.20。排名最末的若尔盖县也达到了0.0636，整体差距相对明显。具体考虑指标层可以发现，脱贫率的上升、贫困发生率的降低及福利的改善确实改善了脱贫环境，但是农民人均可支配收入增速贡献率不足也暴露出减贫与增收的矛盾。

从响应（R）指数的测算结果来看，排位略有变化，但是九寨沟县和汶川县仍然占据明显优势，享受的资源投入较多，从而脱贫环境改善明显。阿坝州13个深度贫困县中，超过0.10的仅有7个，而排名最末的红原县，响应指数仅为0.0740。并且指标层中2016年考核优秀程度这一指标的贡献率明显超过人均扶贫资金投入和扶贫工作动态条数。

综合来看，由于汶川县、马尔康市和九寨沟县在经济、社会、自然资本方面的比较优势存在及贫困状态的改善和政府投入的增加，因此，脱贫环境相对较好，不仅在阿坝州，而且在整个深度贫困地区占据明显的优势。

（3）凉山彝族自治州。在凉山州11个深度贫困县中，综合来看，盐源县、木里县和昭觉县脱贫环境相对较好，而越西县、甘洛县和布拖县脱贫环境相对较差。下面将具体从压力（P）指数、状态（S）指数和响应（R）指数的测算结果进行具体阐述。

在压力指数方面，尽管甘洛县整体情况较差，但是单从压力指数来看，它和普格县、木里县占据前三的位置，排名第一的普格县也仅有0.1434。具体分析各指标层，主要是公共财政支出增加、城乡居民收入差距减小、城镇化水平的提高以及相对较高的人口自然增长率和人均土地面积对脱贫环境的改善起到了作用。与甘孜州和阿坝州不同的是，凉山州人均居民储蓄余额对于脱贫环境的改善作用微不足道。

在状态指数方面，盐源县、木里县和昭觉县相对雷波县、甘洛县和布拖县脱贫环境较好。但是，从数值来分析，凉山州状态指数测度出来的减贫环境整体较差：除了盐源县（0.1396）、木里县（0.1340）、昭觉县（0.1271）和美姑县（0.1079）超过了0.10之外，其余7个区县均在0.10以下，尤其是布拖县仅有0.0366。具体分析各指标层，一方面，广播电视覆盖率和新农合参合率对于脱贫环境改善作用显著，贫困发生率的作用相对一般；显示出基本福利保障对于改善脱贫环境的确切作用；另一方面，直接影响贫困减缓的因素如脱贫率和农村居民人均可支配收入增速的作用没有得到充分发挥。

在响应指数方面，盐源县、木里县和美姑县仍然处于前列，布拖县、喜德县、普格县相对情况较差。与状态指数的分布不同，只有第一位的盐源县（0.1350）响应指数超过了0.10，其余10个区县均在0.10以下；更为严峻的现实是，排名最末的普格县，响应指数甚至远低于0.01，仅为0.0024。在指标层方面，扶贫工作动态条数和2016年考核优秀程度这两项指标贡献率明显高于人均扶贫资金投入，这和阿坝州、凉山州的情况比较类似。

（4）乐山市。乐山市深度贫困县只有三个，分别是马边县、金口河和峨边县，其综合指数分别为0.2297、0.2027和0.1968。从综合指数来看，三个区县脱贫环境差别不大，都在0.20左右，但是相对而言，峨边县的脱贫环境较差，而马边县较好。

从压力指数来看，城乡居民收入比、人均居民储蓄余额、城镇化率和人均耕地面积的贡献率要高一些，对于脱贫环境的改善作用相对更明显。从状态指数个指标层的贡献度来看，脱贫率、贫困发生率以及各项福利指标的作用更加明显，与此形成反差的是，农村居民人均可支配收入的贡献度低于0.1，甚至金口河区贡献度为0，说明增加贫困人口收入对于减贫的作用还没有得到充分实现。响应指数的结果与其他三个市州也有差异，体现在人均扶贫资金投入和2016年考核优秀程度这两项指标的贡献度明显高于扶贫工作动态条数。

2. 分片区对比分析

由图8－5可以看出，高原藏区和大小凉山彝区在压力（P）和响应（R）指数方面并无显著差异，高原藏区仅略高于大小凉山彝区，反映出大小凉山彝区在脱贫环境压力和政府响应方面并未落后于总体脱贫进程，由于自身发展基础积弱，导致在脱贫环境状态（S）方面依然与高原藏区存在相当大的差距，如果不考虑小凉山彝区对大小凉山彝区脱贫环境平均水平的提升作用，差距更为明显。

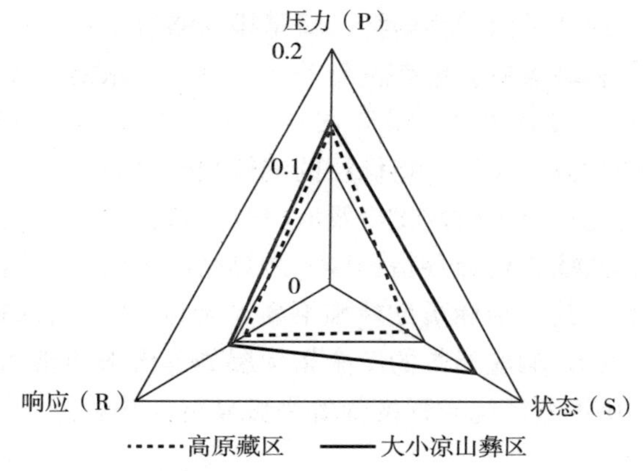

图8-5 分片区脱贫环境评价指数

资料来源：笔者绘制得到。

（1）高原藏区。在高原藏区32个深度贫困县中，阿坝州有13个，甘孜州18个，凉山州1个。从综合指数来看，汶川、康定、马尔康、九寨沟、甘孜、茂县、稻城七县脱贫环境较好，综合指数都在0.2以上；与此相对的是石渠、壤塘、理塘、乡城四县，综合指数低于0.14，脱贫环境处于相对劣势。再分市州来看，排名前十的深度贫困县中阿坝州有6个，甘孜州有6个；而在排名倒数的贫困县中，阿坝州有4个，甘孜州有5个，凉山州有1个。从整体来看，甘孜州的脱贫环境比阿坝州相对较差，凉山州的木里县排名第26，表明其脱贫环境不太理想。

对各维度的指标层进行分析可以发现，单从压力指数来说，城乡居民收入比、城镇化率及人均耕地面积对脱贫环境改善贡献更大，公共财政支出、人均居民储蓄余额和人口自然增长率的作用相对不显著；从状态指数的测算结果来看，贫困发生率、广播电视覆盖率、新农合参合率和中小学教师人均负担学生数贡献度较高，对脱贫环境改善的作用更显著，脱贫率及每千人口医疗卫生机构床位数，特别是农村居民人均可支配收入增速效果不显著；响应指数的结果也显示出，相对于人均扶贫资金投入和扶贫工作动态条数，2016年考核优秀程度明显贡献更大。

（2）大小凉山彝区。大小凉山彝区13个深度贫困县中，包含了乐山市3个和凉山州10个。从综合指数来看，排名前三的均属于乐山市，包括马边县、金口河区和峨边县，综合指数大于0.19；排名末四的布拖、甘洛、越西、喜德四县，综合指数未达到0.1，脱贫环境明显较差。不仅如此，分维度来看，压力指数和状态指数的前三均被乐山三县包揽，只是排名略有变化，而在响应指数的排序中，马边、金口河和峨边三县排名也靠前，可以看出乐山市小凉山彝区的脱贫环境明显优于凉山州大凉山彝区。

在全区的压力指数方面，从各指标层的测算结果来看，城镇化率、人均耕地面积、城乡居民收入比、公共财政支出及人口自然增长率作用明显，而人均居民储蓄余额效果有限；从状态指数各指标层的测算结果来看，广播电视覆盖率和新农合参合率效果显著，其余指标贡献度均不高，尤其是农村居民人均可支配收入增速远远低于其他指标；响应指数的三个指标层测算出来的指数均不高，但是相对而言，仍然是2016年考核优秀程度的效果更显著一些。

3. 单维对比分析

（1）压力值（Pressure）。45个深度贫困县压力指数的平均值为0.1372，中位数为0.1377，排序前三区县分别是峨边县、马尔康市和茂县，压力值在0.18以上。排序倒数三位分别是道孚、壤塘和美姑三县，压力值小于0.10。根据测算结果来看，高原藏区和大小凉山彝区45个深度贫困县就压力值这一指标衡量出的脱贫环境存在明显差异。经济、自然等资本禀赋较好的区县脱贫环境优于资本禀赋相对处于劣势的区县，两极分化较为明显，其中压力值最大的区县为峨边县，是道孚县的2倍多。

（2）状态值（State）。根据测算结果可以直观地看出，高原藏区和大小凉山彝区45个深度贫困县状态值平均值和中位数比较接近，其中，平均数为0.1305，而中位数为0.1340，但是仍然存在比较明显的两极分化现象，各区县之间的不平衡问题突出。例如，排名前三的区县分别是马尔康、马边和汶川三县，其状态值分别为0.2109、0.2046和0.2005，均高于0.20；而排名倒数三位的区县为布拖、甘洛、雷波三县，其状态值分别为0.0366、0.0504、0.0609，均明显低于0.10。不仅如此，金阳、理塘、若尔盖、普格、喜德和越西六县的状态值也明显低于0.10，即仅从状态值的测算结果来看，45个深度贫困县中有9个区县状态指数低于0.10。因此，尽管平均值和中位值与压力值测算结果相近，但状态值显示深度贫困县脱贫环境相对更差。

（3）响应值（Response）。响应值测算的结果和前两项存在明显差异。45个深度贫困县的响应值平均数为0.1016，中位数为0.0904，明显低于压力值和状态值的测算结果。再深入考察分布和排序，可以看到排名前三位的九寨沟、马边和金川三县，其响应值分别达到0.2789、0.2650、0.1935；而最末三位的普格、喜德和布拖三县，其响应值仅为0.0024、0.0138、0.0213，远远低于0.10。不仅如此，响应值低于0.10的区县还包括甘洛、理塘、越西、雷波、金阳、昭觉、美姑、红原、雅江、壤塘、石渠、木里、新龙、得格、稻城、茂县、巴塘、色达、阿坝、白玉、小金、炉霍、九龙、丹巴、得荣、道孚26个区县，只有16个区县的响应值超过了0.10。可见，响应值显示高原藏区和大小凉山彝区脱贫环境整体不理想，脱贫面临极大压力。

（4）分类分析。划分依据：如果单维排名均在45个深度贫困县前1/3，则划为“综合较好”组；如果单维排名均在15名以后，则划为“综合较差”组；如果仅有一维排在前1/3，则划为“对应维度较好”组；如果仅有一维排在15名以后，则划分为“对应维度较差”组。

马边县、峨边县、马尔康市、金口河区、汶川县、泸定县、甘孜县、康定市8个县（市、区）位于综合较好组，即乐山市小凉山彝区3县（区）、阿坝州2县（市）、甘孜州3县（市）在脱贫环境压力（P）、状态（S）、响应（R）三个维度的表现均为良好。值得注意的是，凉山州的大凉山彝区10县表现欠佳，反映出大凉山彝区的脱贫环境依然严峻，大凉山彝区与小凉山彝区存在明显的差距。

综合较差组共有20县（市、区），其中，包括阿坝州的阿坝县、红原县、壤塘县、若尔盖县4个县；甘孜州的炉霍县、九龙县、丹巴县、稻城县、新龙县、石渠县、巴塘县7个县；凉山州的木里县、昭觉县、美姑县、金阳县、雷波县、越西县、甘洛县、喜德县、布拖县9个县。可以看出，这20个县在脱贫环境压力（P）、状态（S）、响应（R）三个维度的表现均排名中后，因此，扶贫主体应从三个维度同时发力，改善地区脱贫环境。与此同时，凉山州除盐源县和普格县，其余9县均位于综合较差组，且布拖县、美姑县、昭觉县、金阳县、越西县、喜德县6县均排名45个深度贫困县的后1/3，这一结果进一步印证了大凉山彝区未来脱贫任务的艰巨性。

压力较好组主要有甘孜州的德格县、雅江县、理塘县及凉山州的普格县。此类地区的脱贫环境压力值位于深度贫困地区前列，但是其脱贫环境状态和响应值较差，这与压力较差组阿坝州的理县恰好相反，亟待提升脱贫困地区的公共服务水平、帮助贫困群体进一步脱贫增收。在脱贫环境响应方面，增强响应力度与响应质量。

状态较好组共有5县，包括甘孜州的白玉县、得荣县、色达县、道孚县及阿坝州的小金县。此类地区的脱贫环境状态位于45个深度贫困地区前列，但其压力和响应值明显偏低，这与状态较差组的甘孜州乡城县、阿坝州金川县和松潘县相反。因此，状态较好组需继续保持现有的减贫状态与进度，加强经济社会发展，提升脱贫环境压力。与此同时，本书的响应力度与质量也应当齐头并进。状态较差组的压力和响应较具优势，但脱贫环境状态欠佳，需要重点提升贫困群体的收入以及贫困地区的基础建设和公共服务水平。

响应较好组主要包括阿坝州的九寨沟县、黑水县和凉山州的盐源县，而阿坝州的茂县则归入响应较差组。响应较好组在脱贫环境响应方面排名45个深度贫困地区前列，反映2016年该组的3县在精准脱贫工作中的资源投入较为丰富，但2015年脱贫环境的压力和状态均排名靠后。此类深度贫困县应充分利用政府的积极响应，加快地区基础设施建设和公共服务水平提升，帮助贫困群体脱贫增收，保持较高的脱贫率，早日脱贫。阿坝州的茂县则应重点聚焦增强政府的响应力度，确保区域脱贫质量。

（5）综合值分析。从加权后的综合指数来看，45个深度贫困县综合指数的平均值为0.1599，中位数为0.1549，两者差异不明显。排序前五的区县依次是：汶川县、康定市、马尔康市、马边县和九寨沟县，其综合指数分别是0.2727、0.2382、0.2303、0.2297、0.2127。除此之外，综合指数在0.20以上的还有甘孜县、金口河区、茂县、稻城县。而排名最末五位的区县则依次是：布拖县、甘洛县、越西县、喜德县和雷波县，综合指数分别是0.0800、0.0906、0.0930、0.0949、0.1023。我们可以直观地看到，尽管情况较好的区县加权综合指数能达到0.20以上，但是布拖等县却远在0.10以下，汶川县的综合指数甚至超过了布拖县的三倍，县际分化极为严重。

根据分布情况来看，排名前15中的阿坝州有8个，乐山市有3个，甘孜州有4个，凉山州0个；排名在第16~30中，阿坝州有2个，乐山市0个，甘孜州有11个，凉山州有2个；排名在第31~45中，阿坝州有3个，乐山市0个，甘孜州有3个，凉山州有9个。从整体来看，乐山市和阿坝州减贫环境相对较好，尤其是乐山市三个区县整体情况都比较好；而凉山州和甘孜州减贫环境相对较差，特别是凉山州减贫面临严峻挑战。

第三节　本章小结

本章通过对四川省45个深度贫困县的区域概况与脱贫实现程度展开分析，并基于PSR（压力—状态—响应）模型框架，构建深度贫困地区脱贫环境评价指标体系，选取2015~2016年45个深度贫困县的相关统计数据，对各地区脱贫环境压力、脱贫状态和政府响应等状况进行系统的定量分析和综合评价。本书得出如下结论：

第一，到2020年，四川省深度贫困地区整体性脱贫目标可达成。在精准扶贫精准脱贫攻坚阶段的中间时点，除大凉山彝区5县之外，其余各县脱贫进度均

已过半。精准扶贫工作成效具有累进作用，各地区在脱贫攻坚前期常以基础设施建设为主，产业发展为辅，此类项目见效周期较长，一般情况下为 3～5 年。因此，可以预期各地区在脱贫攻坚后半程脱贫进度将继续提速，再加上现阶段大量资源、政策指向深度贫困地区，将进一步推动该区域的脱贫攻坚。因此，预期在 2020 年深度贫困地区可达成整体性脱贫目标。

第二，深度贫困地区脱贫基础与脱贫速度各异。阿坝州和甘孜州部分区县现已完成脱贫进程的 2/3，由于脱贫基础的相对劣势，彝区脱贫速度相对较慢，剩余脱贫距离最远，但控制脱贫基础异质性因素后，彝区的精准脱贫成效有所提升。因此，脱贫基础相对较好的地区在强调脱贫速度的同时，应重点谨防“暂时脱贫”陷阱，将重心放在稳定脱贫，注重巩固脱贫成果和脱贫质量。而脱贫基础较弱的大凉山彝区现阶段仍需聚焦脱贫速度，依靠经济发展的益贫作用打破深度贫困陷阱。

第三，深度贫困地区内部脱贫进程不均衡，脱贫面临潜在挑战。从地理分布来看，四川省深度贫困地区东部（阿坝州和乐山市）的脱贫进程综合评价值与西部（甘孜州和凉山州）存在明显差异。P、S、R 三个维度综合较好的县总体较少，大部分存在“偏科”现象，即存在 1～2 个维度的弱势区，此类地区应重点关注劣势维度，实现脱贫攻坚的进一步精准。而对于综合较差的地区则是四川省脱贫攻坚进程中的重中之重和难中之难，应列入重点帮扶对象，在政策、资金等扶贫资源上予以重点倾斜，聚焦总体、全局发力，提升整体脱贫能力。

第九章　深度贫困地区的扶贫政策效果检验

深度贫困地区地质条件复杂、生态环境脆弱、经济机会不足等多重不利因素相互叠加，脱贫攻坚任务艰巨、时间约束越发凸显。为了如期完成深度贫困地区全面脱贫、精准脱贫的标志性任务，不仅需要厘清其基本贫困特征，而且非常有必要对过去政府主导的减贫效果进行客观实证检验，为未来的扶贫政策跟进、政策调适及制度创新提供重要参考依据。

本部分主要利用四川阿坝州 8 个县的抽样调查数据，从微观视角分析四川省深度致贫原因，进一步厘清深度贫困地区的贫困状况。同时，本书认为，脱贫攻坚也要关注成本，为了更有效地实现稳健持续脱贫，本章对扶贫帮扶措施的减贫效应进行了实证分析，从而为未来四川省深度贫困地区脱贫攻坚行动提供政策启示。

第一节　样本考察

为了考察四川省深度贫困地区致贫原因的微观事实，调研人员对 8 个深度贫困县进行了问卷访谈，共涉及 118 个村，2750 户，剔除 174 份无效问卷，有效问卷为 2576 份，占样本总量的 93.67%。调研人员采集了贫困户家庭成员健康及就学状况，并询问了贫困户的致贫原因和最主要致贫原因，备选项包括因病、因残、因学、因灾、缺土地、缺水、缺技术、缺劳动、缺资金、其他。所有致贫原因、首要致贫原因频次及比例见表 9 - 1 所示。

从所有致贫原因的分布来看，首先是贫困户提及最多的致贫原因为因病、缺劳动力和缺资金，有 1102 户贫困户反映因病致贫，959 户存在缺劳动力，896 户存在缺资金的情况，分别占样本总数的 39.99%、34.8% 和 32.51%。其次是缺

技术、因残和因学致贫，分别占样本总数的19.99%、15.67%和14.37%。

从首要致贫原因的分布来看，有1028户贫困户反映其首要致贫原因为因病致贫，占样本总数的37.3%。在2576户贫困户中，有1746户反映家庭成员有疾病，占总样本的67.8%，医疗支出占总支出比重平均为13.6%，有459户家庭医疗支出占总支出比重超过30%。因病致贫和因病返贫是四川省深度贫困地区贫困人口的客观事实，也是实现精准脱贫需要重点瞄准的靶点。其他首要致贫原因按频度分依次为缺劳动力、缺资金、缺技术、因残、因学、缺土地和因灾，占比分别为15.13%、11.18%、10.38%、8.38%、6.57%、2.43%和0.91%。首要致贫原因的多样化也为精准施策提出了更高要求，需要扶贫力量有力下沉基层，自下而上形成帮扶政策诉求（如表9-1所示）。

表9-1 四川深度贫困地区致贫原因的微观表现

所有致贫原因	频次	比例（%）	首要致贫原因	频次	比例（%）
因病	1102	39.99	因病	1028	37.30
因残	432	15.67	因残	231	8.38
因学	396	14.37	因学	181	6.57
因灾	47	1.71	因灾	25	0.91
缺土地	89	3.23	缺土地	67	2.43
缺水	2	0.07	缺水	0	0.00
缺技术	551	19.99	缺技术	286	10.38
缺劳动力	959	34.80	缺劳动力	417	15.13
缺资金	896	32.51	缺资金	308	11.18
其他	95	3.45	其他	33	1.20

资料来源：笔者根据2017年暑期调研数据统计所得。

在厘清四川省深度贫困地区致贫原因的基础上，从微观层面的精准扶贫视角出发，对帮扶措施减贫效应展开实证研究，对下一阶段深度贫困地区脱贫攻坚政策制定具有重要参考意义。因此，接下来，本章节将利用2017年微观调研数据分析四川省深度贫困地区既往帮扶措施的减贫效应，主要思路是对各项帮扶措施与减贫结果的关系进行实证检验，通过各类帮扶措施的参数估计值来研判贫困减缓的程度，为下一阶段精准扶贫工作的政策调整提供参考。因此，本章将减贫效果作为被解释变量，将帮扶措施作为核心解释变量，将其他影响减贫效果的因素作为控制变量。

第二节　实证检验

一、变量选择与说明

1. 核心解释变量：帮扶措施

帮扶措施是本章节的核心解释变量，根据四川省扶贫帮扶实施政策清单，调研员利用问卷采集的帮扶措施包括危房改造、易地扶贫搬迁、医疗救助、小额信贷、子女助学补贴、最低生活保障、劳动技能培训、基建设施收入、发展特色产业、其他。贫困户得到各类帮扶的频次和频率如表9－2所示。

表9－2　四川省深度贫困地区的帮扶措施

帮扶措施	频次	频率（%）
危房改造	751	27.25
易地扶贫搬迁	409	14.84
医疗救助	1919	69.63
小额信贷	698	25.33
子女助学补贴	1231	44.67
最低生活保障	1323	48.00
劳动技能培训	1217	44.16
基建设施收入	746	27.07
发展特色产业	794	28.81
其他	306	11.10

资料来源：笔者根据调研数据统计所得。

其中，医疗救助、最低生活保障、子女助学补贴和劳动技能培训是贫困户得到的最常见帮扶措施，占总样本的比例分别为69.63%、48%、44.67%和44.16%。

2. 核心被解释变量：贫困脆弱性和人均纯收入

反映减贫效果的常用指标是贫困发生率和贫困人口收入。基于微观计量的样本要求，本章节将贫困人口人均纯收入作为反映减贫效果的代理变量。但收入仅能反映静态的贫困状态，基于可持续稳健脱贫的要求，还应考虑贫困户脱贫后返贫的风险。因此，为了反映减贫效果的稳健性，本章节综合使用贫困家庭人均纯收入和贫困脆弱性作为反映静态和动态减贫效果的代理变量。

贫困家庭人均纯收入 =（家庭总收入 - 生产经营性支出）/家庭常住人口数量

收入、支出和人口数据通过问卷调查得到。接下来简要介绍贫困脆弱性的测度方法。贫困脆弱性是对下一年陷入贫困的概率的测度①，该指标可以为政府在稳健减少贫困的政策目标上提供参考。本章节通过截面数据计算贫困脆弱性，使用贫困人口的收入预期及残差平方和贫困线来进行测量②。

收入预期通过当期收入的回归来预测。贫困线的设定为5000元，该数值等于官方贫困线与人均政府转移支付之和。设定该贫困线的原因在于稳健脱贫最终要依赖自我发展，现有的转移支付政策无法长期持续，因此，在官方贫困线之上，我们根据人均转移支付对贫困线进行了上调。同时，使用30%的概率作为识别贫困脆弱性的临界值。一般来讲，我们会使用50%作为临界值，但本章节使用30%的原因在于深度贫困地区通常面临着自然环境和市场环境的系统性风险，而解释变量无法刻画，为了将该种系统性风险考虑在内，我们使用了较低的概率30%作为临界值。

3. 控制变量

本章节选取帮扶措施之外能够影响减贫结果的因素作为控制变量，主要包括家庭基本信息变量和致贫原因变量。其中，家庭基本信息变量选取了家庭规模、60岁以上老人数量占比、16岁以下儿童数量占比、家庭成员是否有疾病、医疗支出占比与教育支出占比5个指标作为代理变量，致贫原因变量主要包括因病、因残、因学、因灾、缺土地、缺水、缺技术、缺劳力、缺资金与其他原因，共计10项指标。

本章节所涉及的家庭信息变量中的“家庭成员是否有疾病”指标、致贫原因变量以及帮扶措施变量相关指标均为虚拟变量。所有变量的统计描述如表9-3所示。

表9-3　变量描述性统计

变量	变量描述	指标	样本数	平均值	标准差	最小值	最大值
被解释变量	减贫效果	贫困脆弱性	2576	0.2698	0.4439	0	1
		人均纯收入对数值	2576	8.8428	0.4866	6.8013	11.1204

① KIasen S. Waibe l H. Vulnerability to poverty in South - East Asia: drivers, measurement, responses, and policy issues [J]. World Development, 2015 (71): 1-3.

② 蒋丽丽. 贫困脆弱性理论与政策研究新进展 [J]. 经济学动态, 2017 (6): 96-108.

续表

变量	变量描述	指标	样本数	平均值	标准差	最小值	最大值
解释变量	帮扶措施	危房改造	2576	0.2915	0.4546	0	1
		易地搬迁	2576	0.1588	0.3655	0	1
		医疗救助	2576	0.745	0.436	0	1
		小额信贷	2576	0.271	0.4445	0	1
		子女助学补贴	2576	0.4779	0.4996	0	1
		最低生活保障	2576	0.5136	0.4999	0	1
		劳动技能培训	2576	0.4724	0.4993	0	1
		基础设施收入	2576	0.2896	0.4537	0	1
		发展特色产业	2576	0.3082	0.4619	0	1
		其他帮扶措施	2576	0.1188	0.3236	0	1
控制变量	家庭基本信息	家庭规模	2576	4.0477	1.7327	1	12
		60 岁以上老人占比	2576	0.1806	0.2593	0	1
		16 岁以下儿童占比	2576	0.2052	0.2285	0	1
		医疗支出	2576	0.1339	0.2025	0	1
		教育支出	2576	0.1057	0.2165	0	0.9928
		家庭是否有人生病	2576	0.6778	0.4674	0	1
	致贫原因	因病	2576	0.4701	0.4992	0	1
		因残	2576	0.177	0.3818	0	1
		因学	2576	0.1615	0.3681	0	1
		因灾	2576	0.0202	0.1407	0	1
		缺土地	2576	0.0571	0.232	0	1
		缺水	2576	0.0016	0.0394	0	1
		缺技术	2576	0.269	0.4435	0	1
		缺劳力	2576	0.4243	0.4943	0	1
		缺资金	2576	0.4103	0.492	0	1
		其他致贫原因	2576	0.0563	0.2305	0	1

资料来源：笔者根据调研数据整理计算得到。

二、贫困减缓影响分析

为了客观评价各类帮扶政策对四川省深度贫困地区贫困减缓的影响，需要区别不同贫困家庭的背景差异，尤其是致贫原因的差异。为此，首先检验了不同致

贫原因对贫困家庭贫困减缓的异质影响，结果如表 9 -4 模型一所示。此外，为了凸显首要致贫原因这一主要矛盾，还将首要致贫原因作为核心解释变量，分析了首要致贫原因与贫困状况的关系，在评价减贫效应时，分别使用贫困家庭人均纯收入和贫困脆弱性作为被解释变量，实证检验了各帮扶措施对贫困减缓的影响，结果分别见表 9 -4 中的模型三和模型四。

1. 致贫原因对贫困家庭人均收入的影响

从模型一的所有致贫原因与贫困家庭人均纯收入的关系来看，家庭规模、老年人口占比、儿童占比、医疗支出与家里是否有人生病等家庭基本信息指标的回归系数均为负，参数估计值分别为 -0. 0562、 -0. 0883、 -0. 4745、 -0. 0083 和 -0. 0381，且均在常用显著性水平上统计显著，这些致贫原因对贫困家庭人均收入具有显著负面影响。从致贫原因来看，缺土地、缺资金和其他原因的参数估计同样显著为负，参数估计值分别为 -0. 1193、 -0. 0911 和 -0. 0688。但模型一中因病、因残、因学、缺技术和缺劳力的参数估计值为正，与预期明显不符（如表 9 -4 所示）。

表 9 -4　致贫原因、帮扶措施对贫困人口人均纯收入和贫困脆弱性的影响

解释变量	模型一	模型二	解释变量	模型三	模型四
家庭人口数量	-0. 0562 *** (0. 0056)	-0. 5823 *** (0. 0056)	家庭人口数量	-0. 0551 *** (0. 0057)	0. 0409 *** (0. 0038)
老年人口比重	-0. 0883 ** (0. 0389)	-0. 0714 * (0. 0385)	老年人口比重	-0. 0585 (0. 0385)	0. 0046 (0. 0256)
未成年人口比重	-0. 4745 *** (0. 0451)	-0. 4708 *** (0. 0449)	未成年人口比重	-0. 4156 *** (0. 0479)	1. 0475 *** (0. 0318)
医疗支出	-0. 0083 (0. 0465)	-0. 0143 (0. 0465)	医疗支出	-0. 0030 (0. 0468)	0. 0160 (0. 0310)
教育支出	0. 1825 *** (0. 0471)	0. 2039 *** (0. 0456)	教育支出	0. 2458 *** (0. 04469)	-0. 1620 *** (0. 0297)
是否有病人	-0. 0381 * (0. 0224)	-0. 2179 (0. 0223)	是否有病人	0. 0058 (0. 0207)	-0. 0078 (0. 0137)
因病	0. 0483 ** (0. 0210)	-0. 4262 (0. 1439)	危房改造	-0. 0103 (0. 0206)	0. 0589 *** (0. 0136)
因残	0. 0379 (0. 0248)	-0. 1062 (0. 1458)	易地搬迁	-0. 0928 *** (0. 0255)	0. 1548 *** (0. 0169)

续表

解释变量	模型一	模型二	解释变量	模型三	模型四
因学	0.0379 (0.0278)	-0.0622 (0.1460)	医疗救助	-0.0377* (0.0212)	0.0351** (0.0141)
因灾	-0.0214 (0.0636)	-0.0543 (0.1690)	小额信贷	0.0403** (0.0205)	-0.0364*** (0.0136)
缺土地	-0.1193*** (0.0389)	-0.2223 (0.1533)	助学补贴	-0.0758*** (0.0215)	0.1377*** (0.0143)
缺水	-0.0764 (0.2261)	—	生活保障	-0.0165 (0.0187)	0.0149 (0.0121)
缺技术	0.0552*** (0.0213)	-0.0632 (0.1455)	技能培训	0.0311* (0.0187)	-0.0761*** (0.0124)
缺劳力	0.0370* (0.0191)	-0.1115 (0.1447)	基础设施	0.0230 (0.0204)	-0.0532*** (0.0135)
缺资金	-0.0911*** (0.2000)	-0.1913 (0.1453)	特色产业	0.0052 (0.0285)	-0.0348*** (0.1291)
其他原因	-0.0688* (0.0399)	-0.3465** (0.1595)	其他措施	-0.0708** (0.0285)	0.1355*** (0.0189)
常数项	9.1741*** (0.0339)	9.2727*** (0.1453)	常数项	9.1973*** (0.0360)	-0.1767*** (0.0239)
R^2	0.1546	0.1482	R^2	0.1488	0.5498

资料来源：根据调研数据整理得到，*、**、***分别表示在10%、5%、1%的显著性水平上统计显著。

为此，我们进一步考察了首要致贫原因与四川省深度贫困地区人均纯收入的关系。模型二中包括因病、因残、因学、缺技术和缺劳力在内的所有首要致贫原因参数估计值均为负值，符合经济直觉。从模型二首要致贫原因对贫困人口收入的影响来看，对贫困人口收入影响最大的是因病致贫，其参数估计值为-0.4262。模型一和模型二结果的差异表明，首要致贫原因是四川深度贫困地区贫困家庭致贫的主要矛盾，帮扶措施应盯住其首要致贫原因，而非其他次生原因。另外，模型二家庭规模与家里是否有人生病指标的影响作用增强，系数分别为-0.5823、-0.2179。贫困家庭丧失劳动力或常年生病的老年人及未成年人的数量，增加了整个家庭的生活负担，对于该部分贫困家庭而言，利用社会保障政

策和助学政策有效减少家庭支出①，是实现有效减贫的重要渠道。

综上所述，四川省深度贫困地区的贫困状况并非某单一致贫因素导致，而是多种因素交织影响的结果。在家庭负担重、土地资源有限、生态保护的硬约束条件下，以农业生产为主的产业结构模式下，资本的进入依然存在困难，贫困家庭增收面临诸多现实困难。因此，在下一阶段的脱贫攻坚中，在现有资源禀赋条件下，应结合乡村振兴战略，在加快城乡融合发展的同时，从市场需求入手，借助农业供给侧结构性改革，引进技术，大力发展产业扶贫，例如，区域特色种植业、养殖业、林果业与乡村旅游产业扶贫项目等，增加贫困人口创业、就业机会，提升自我发展能力，为农村贫困人口的增收注入持续活力。

2. 帮扶措施对贫困家庭人均收入的影响

从模型三的回归结果来看，小额信贷、技能培训、基础设施收入与发展特色产业的回归系数为正，分别为0.0403、0.0311、0.0230、0.0052，且仅小额信贷与技能培训在常用显著性水平上统计显著，有效地改善了四川省深度贫困地区贫困家庭的人均收入。影响最大的是小额信贷和技能培训，两者均盯住贫困人口的自我发展能力，强调激发贫困人口的内生动力②。现有帮扶政策通过小额信贷、技能培训、基础设施与发展特色产业为深度贫困地区与贫困群体改善了基础设施条件，营造了相对公平的创业与就业发展空间，因此，减贫成效显著。

而其他帮扶措施，例如，易地搬迁、子女入学补贴等却表现负向影响，回归系数分别为 -0.0928、-0.0758，且在1%的显著性水平上统计显著。其可能原因是这些措施具有投入回报周期相对较长，样本数据的短期观察结果呈现出只有投入。例如，易地搬迁短期给移民带来的需要适应融入新环境、适应新生活、寻找新工作等带来的成本皆表现出负向影响，而脱离原有恶劣生存环境，进入经济机会、工作机会、较为便利的生活条件等对收入的提高需要经过一段磨合期才能充分显现。同样，教育回报周期相对更长，因此，短期表现不佳，但鉴于教育规模报酬递增的属性③，“百年树人”依然是拔穷根的根本。为了完成脱贫攻坚的任务目标，2020年之前仍需加大短期帮扶成效显著的诉求，同时，也要结合长期脱贫目标，加大基础设施与教育投入力度，实行分类指导与政策倾斜相结合。

---

① 王国洪．民族地区社会保障水平对有效减缓贫困的实证研究［J］．民族研究，2016（5）：65-78.

② 单德朋，王英．金融可得性、经济机会与贫困减缓——基于四川集中连片特困地区扶贫统计监测县级门限面板模型的实证分析［J］．财贸研究，2017（4）：50-60.

③ 单德朋．教育效能和结构对西部地区贫困减缓的影响研究［J］．中国人口科学，2012（5）：84-94.

3. 帮扶措施对贫困家庭贫困脆弱性的影响

接下来我们将从动态层面考察帮扶措施的减贫成效，即10项帮扶措施对家庭贫困脆弱性的影响。从模型四的结果来看，危房改造、易地搬迁、医疗救助、子女入学补贴、最低生活保障与其他帮扶措施6项指标均不利于贫困脆弱性的改善，回归系数均为正。并且，除最低生活保障以外，其他5项均在5%以上的显著性水平上统计显著。5项指标在模型四中影响大小的排序为：易地搬迁＞助学补贴＞其他帮扶措施＞危房改造＞医疗救助，在模型五中的影响大小排序，除助学补贴与其他帮扶措施顺序交换以外，其他均保持一致。而小额信贷、技能培训、基建设施收入、发展特色产业均有利于贫困脆弱性的改善，这些指标在模型五中影响大小排序为：技能培训＞基建设施收入＞发展特色产业＞小额信贷，后两项在模型四中的排序不同，其他均保持一致。可见，着力于改善基础设施条件、发展环境与经济机会的帮扶措施，在政策使用得当的情况下，能为贫困人口提供创业就业机会及自身能力增强方面的供给保障，从而为贫困人口短期和长期的增收营造了良好氛围，将有效改善贫困家庭的贫困脆弱性。以上帮扶措施对贫困脆弱性的影响与对贫困人口人均纯收入的影响在结论上是一致的，也进一步证实了这些帮扶措施将同样有利于下一阶段脱贫攻坚任务的推进。

从控制变量来看，家庭规模、老年人口占比、儿童人口占比及医疗支出均不利于贫困脆弱性改善，其中，家庭规模的影响最大，并在1%的显著性水平上统计显著。一般情况下，赡养负担与抚养负担会加大贫困家庭脱贫的难度，尤其是家庭规模大、家庭负担重的家庭应对风险能力较弱，更容易陷入贫困，不利于家庭贫困脆弱性的改善。

第三节　稳健性检验

模型三和模型四分别检验了不同帮扶措施对四川深度贫困地区静态收入和动态贫困脆弱性的影响，但该结果仅仅是从均值的角度，对各类帮扶措施对贫困减缓的总体影响进行了分析，依然无法回答如何针对不同致贫原因精准施策的问题。并且鉴于致贫原因对四川深度贫困地区人均收入的显著影响，我们也需要进一步剥离致贫原因差异对政策减贫影响的扰动。因此，有必要对模型四的结果进行稳健性检验，并识别出更具针对性的帮扶措施。为此，我们使用最常见的首要致贫原因对总体样本进行了细分，分为因病、缺资金、缺劳动和缺技术四个细分样本，分别检验帮扶措施对贫困脆弱性的影响，结果如表9-5所示。

表 9－5　细分致贫原因的稳健性检验

致贫原因	因病致贫模型六	缺资金模型七	缺劳力模型八	缺技术模型九
家庭人口数量	0.03127*** (0.0059)	0.0424*** (0.0089)	0.0568*** (0.0088)	0.0361*** (0.0109)
老年人口比重	0.0265 (0.0334)	0.0306 (0.0978)	0.0857 (0.0546)	0.1436 (0.1164)
未成年人口比重	0.7738*** (0.0524)	1.3864*** (0.0752)	1.0123*** (0.0668)	1.0265*** (0.0972)
医疗支出	-0.0212 (0.0377)	0.0741 (0.0844)	0.0276 (0.0844)	0.1016 (0.1142)
教育支出	-0.1612*** (0.0440)	0.0691 (0.0870)	-0.0386 (0.0924)	-0.2188* (0.1179)
是否有病人	0.0031 (0.0262)	0.0783** (0.0324)	0.0760** (0.0317)	0.0155 (0.0400)
危房改造	0.0398** (0.0183)	0.1072*** (0.0399)	0.0386 (0.0326)	0.1276*** (0.0445)
易地搬迁	0.1328*** (0.0265)	0.0769** (0.0366)	0.2274*** (0.0411)	0.1665*** (0.0478)
医疗救助	0.0435** (0.0217)	0.0361 (0.0373)	-0.0038 (0.0308)	0.1065** (0.0414)
小额信贷	-0.0237 (0.0186)	-0.0480 (0.0360)	0.0219 (0.0383)	0.0068 (0.0415)
助学补贴	0.1337*** (0.0208)	0.1581*** (0.0362)	0.2300*** (0.0350)	0.0809* (0.0433)
生活保障	0.0212 (0.0168)	-0.0220 (0.0315)	-0.0129 (0.0294)	0.1219*** (0.0386)
技能培训	-0.0806*** (0.0175)	-0.0734** (0.0327)	-0.1287*** (0.0316)	-0.0906** (0.0387)
基础设施	-0.0393** (0.0193)	-0.0919** (0.0361)	-0.0648** (0.0325)	-0.0317 (0.0383)
特色产业	-0.0113 (0.0175)	0.0150 (0.0360)	-0.0214 (0.0333)	0.01319 (0.0405)
其他措施	0.0763*** (0.0276)	0.0940** (0.0434)	0.0779* (0.0428)	0.1689*** (0.0611)

续表

致贫原因	因病致贫模型六	缺资金模型七	缺劳力模型八	缺技术模型九
常数项	-0.1727 *** (0.0412)	-0.1473 *** (0.0551)	-0.2486 *** (0.0541)	-0.3498 *** (0.0663)
拟合优度	0.4350	0.7460	0.6712	0.5932
样本数	1021	308	417	286

资料来源：根据调研数据整理计算得到。

从细分样本来看，针对因病致贫家庭，教育支出、技能培训和基础设施建设有效降低了贫困脆弱性，参数估计值分别为-0.1612、-0.0806和-0.0393，且均能在常用显著性水平上统计显著。医疗支出、小额信贷和发展特色产业也能够降低贫困脆弱性，但无法在常用显著性水平上统计显著。危房改造、易地搬迁、医疗救助和助学补贴的参数估计值为正，没有体现稳健脱贫的效果。针对缺资金致贫家庭，技能培训与基础设施建设有利于贫困脆弱性的改善，参数估计值分别为-0.0734与-0.0919，均在5%的显著性水平上统计显著。小额信贷与最低生活保障也有利于改善缺资金的贫困家庭的贫困脆弱性，但统计不显著。危房改造、易地搬迁、医疗救与助学补贴等政策的参数估计值为正，未能体现对持续稳健脱贫的积极影响。

针对因缺劳动力致贫的家庭，技能培训与基础设施建设有效降低了贫困脆弱性，参数估计值分别为-0.1287与-0.0648，并且均在常用显著性水平上统计显著。教育支出、医疗救助、最低生活保障与发展特色产业也能改善贫困脆弱性，但无法在常用显著性水平上统计显著。易地搬迁与住房补贴的参数估计值为正，且在1%的显著性水平上统计显著，不利于贫困脆弱性的改善，无法体现长久减贫效果。针对因缺技术致贫的家庭，教育支出与技能培训确实改善了家庭的贫困脆弱性，参数估计值分别为-0.2188与-0.0906，在常用显著性水平上统计显著。小额信贷与基础设施建设也体现出贫困脆弱性改善，但不显著。危房改造、易地搬迁、医疗救助、助学补贴、最低生活保障的参数估计值为正，均不利于家庭贫困脆弱性的改善，且均在常用显著性水平上统计显著。

从细分帮扶措施来看，技能培训能够提升贫困人口自我发展能力，有效地改善了所有样本的贫困脆弱性，尤其是显著降低了因缺技术致贫家庭的贫困脆弱性，体现了精准帮扶。小额信贷对于缺资金致贫家庭的积极影响最为显著，也能够改善因病致贫家庭的贫困脆弱性，但无法对缺劳力和缺技术的家庭起到积极作用。该结果也表明，金融扶贫需要供给侧信贷政策和需求侧信贷资金使用能力的匹配[①]。缺劳动力和缺技术的家庭，由于自我发展能力相对不强，无法有效使用信贷资金，从而导致小额信贷对其影响有限。

基础设施建设能够改善深度贫困地区的发展条件，有效改善了贫困群众创业就业机会，显著降低了因病、缺资金与缺劳力致贫家庭的贫困脆弱性，是着眼长远的重要帮扶政策选择。危房改造和易地搬迁并未有效改善四川省深度贫困地区贫困家庭的贫困脆弱性，这两类政策的共性在于这些政策均为一次性补助，对于生计资本积累和降低生活成本的影响相对较小。尤其是易地搬迁本身就是一个系统工程，搬迁贫困户需要较长时间才能重建生计资本[②]，在四川省深度贫困地区易地搬迁过程中，还存在易地搬迁贫困户依靠原有生产资料维持生计，生产和生活所在地通勤距离较长的情况。为此，四川省深度贫困地区下一阶段的易地搬迁要规划好新居所在地的生产资料，加大易地搬迁群众针对性技能培训，做到“搬得出、留得住、能致富”[③]。

针对生态环境脆弱地区和所在地区贫困群众，一方面，要加大生态补偿转移支付力度；另一方面，要增加护林员等公益性岗位。

医疗救助改善了缺少劳动力家庭的贫困脆弱性，但未能体现出对其他致贫原因家庭贫困脆弱性的改善，其原因在于医疗救助主要通过盯住减少贫困人口医疗开支，改善当期收入水平，但难以促进长期收入提升。并且就当前的医疗救助政策而言，还存在一些制度性问题，制约了医疗救助的减贫效果[④]。调研中发现，部分贫困户除了合作医疗报销和大病救助报销之外，自己仍需支付一定比例甚至高昂的费用；部分贫困户反映医疗费用首先需要自己支付，大约需要一年才能报销，报销期限较长；有贫困户反映不是定点医院很多费用不能报销，而定点医院又无法及时、方便就医。

助学补贴也在所有样本中表现不佳，与教育回报周期较长有关，在回报周期到来之前，仍需持续投入，并加大投入力度，有利于助推贫困状况的持续改善。

特色产业对四川深度贫困地区贫困脆弱性的影响也不显著，主要原因在于四川省深度贫困地区距市场的经济距离较远，且产品初加工工序缺失，特色产品的市场转化能力还亟待提高。

---

① 温涛，朱炯，王小华．中国农贷的“精英俘获”机制：贫困县与非贫困县的分层比较［J］．经济研究，2016（2）：111－125.

② 李文静，帅传敏，帅钰等．三峡库区移民贫困致因的精准识别与减贫路径的实证研究［J］．中国人口·资源与环境，2017，27（6）：136－144.

③ 何思妤，曾维忠．老水库移民多维贫困测量［J］．农村经济，2017（5）：66－71.

④ 方黎明．新型农村合作医疗和农村医疗救助制度对农村贫困居民就医经济负担的影响［J］．中国农村观察，2013（2）：80－92.

第四节　本章小结

综上所述，本部分基于大样本微观调查数据，对四川省深度贫困地区的微观表现和帮扶措施对贫困减缓的影响进行了实证研究，同时还引入贫困脆弱性，检验了各类帮扶措施对长期稳健减贫能力的影响。此外，为了识别不同致贫原因家庭帮扶影响的差异，我们还细分致贫原因样本，对帮扶政策对贫困减缓的影响进行了稳健性检验。本章节主要结论和启示如下：

第一，因病、缺劳力、缺资金和缺技术是四川省深度贫困地区出现频度最高的致贫原因，但不同致贫原因家庭的有效帮扶措施有所不同。教育支出、技能培训和基础设施建设能够有效降低因病致贫家庭的贫困脆弱性。针对缺资金致贫家庭，技能培训与基础设施建设是更有效的帮扶措施。技能培训与基础设施建设同样能够有效降低因缺劳动力致贫家庭的贫困脆弱性。针对因缺技术致贫的家庭，教育支出与技能培训都改善了家庭的贫困脆弱性。未来的帮扶政策设计需要针对贫困家庭的首要致贫原因，分类施策、精准扶贫，提升帮扶措施的精度和成效。

第二，小额信贷对于缺资金致贫家庭的积极影响最为显著，也能够改善因病致贫家庭的贫困脆弱性，但无法对缺劳力和缺技术的家庭起到积极作用。该结果也表明，金融扶贫需要供给侧信贷政策和需求侧信贷资金使用能力的匹配。缺劳动力和缺技术的家庭，由于自我发展能力相对不强，无法有效使用信贷资金，从而导致小额信贷对其影响有限。因此，为了充分发挥小额信贷在四川省深度贫困地区稳健脱贫中的作用，除需要继续从供给层面放松信贷约束之外，还需要从需求层面改善贫困人口自我发展能力。

第三，易地搬迁并未有效改善四川省深度贫困地区贫困家庭的贫困脆弱性，对于生计资本积累和降低生活成本的影响相对较小。在四川省深度贫困地区易地搬迁过程中，还存在易地搬迁贫困户依靠原有生产资料维持生计，生产和生活所在地通勤距离较长的情况。为此，四川省深度贫困地区下一阶段的易地搬迁要规划好新居所在地的生产资料，加大易地搬迁群众针对性技能培训，做到“搬得出、留得住、能致富”。

第四，医疗救助未能体现出对四川省深度贫困地区贫困脆弱性的积极影响，四川省深度贫困地区当前的医疗救助政策，还存在一些制度性问题，例如，部分重疾贫困户自付费用依然较高，医疗保险周期较长，定点医院服务项目有待改善等。

第五，技能培训有效地提升了四川省深度贫困群众脱贫致富的内在动力和发展能力，是四川省深度贫困地区当前持续稳健脱贫的最重要的帮扶措施。未来的减贫政策应在盯住短期就业增收的基础上，增强微观贫困主体自我发展能力。在培训内容设置上要充分体现贫困户的个性化需求，技能培训要与劳务输出挂钩，先找市场需求，找出口，然后针对性设计培训内容。另外，在贫困群众劳务输出方面，不仅要强调输出，而且要做好输出劳动力的有力后盾，提供再培训机会，并在维护贫困群众劳务权益方面积极作为。

第十章　深度贫困地区跨越贫困陷阱的典型经验

深度贫困地区既是精准脱贫攻坚工作的重点，也是难点，更是未来几年精准脱贫攻坚战的主战场，必须进一步聚焦聚力，啃下这块“硬骨头”，这是决定脱贫攻坚最终成败的关键。国家确定的深度贫困地区包括西藏和四省藏区、四川凉山等，涉及四川省阿坝州、甘孜州、凉山州与乐山市。本章重点梳理了四川省深度贫困地区脱贫攻坚实践过程中取得的成效、具体实践举措、积累的经验与面临的挑战，并对上述环节逐一展开了细致深入的分析。

第一节　深度贫困地区脱贫攻坚成效

一、脱贫攻坚成效显著，贫困人口大幅减少

自党的十八大以来，党中央把贫困人口脱贫作为全面建成小康社会的底线任务和标志性指标，全面打响了脱贫攻坚战。2017 年 6 月 23 日，习近平总书记主持召开深度贫困地区脱贫攻坚座谈会，强调“深度贫困地区脱贫攻坚更是这场硬仗中的硬仗，必须给予更加集中的支持，采取更加有效的举措，开展更加有力的工作”①，并明确提出八个方面重要要求，进一步指明了路径和方向。省委、省政府坚决贯彻党中央决策部署，始终把脱贫攻坚作为四川省头等大事来抓，始终把彝区、藏区等深度贫困地区作为重中之重，实施了一系列特殊支持政策，取得了决定性进展。

① 习近平．在深度贫困地区脱贫攻坚座谈会上的讲话［EB/OL］．http：//www. xinhuanet. com/politics/2017 －08/31/c_ 1121580205. htm，2017 －06 －23.

2017 年马尔康市、汶川县、理县、茂县和泸定县5 个深度贫困县顺利通过省级“摘帽”验收评估；同年，深度贫困地区贫困村退出 1813 个；阿坝州、甘孜州、凉山州和乐山市总计脱贫 21.6 万户，84.8 万人。截至 2017 年底，深度贫困地区贫困县还有 40 个，占四川省未脱贫县总数的 58.8%；贫困人口 62.2 万人，占四川省贫困人口的 36.3%，其中，贫困人口最多的是昭觉县，共7.5 万人，占本省贫困人口的 4.4%（如表 10 – 1 所示）。

表 10 – 1　2017 年深度贫困县基本情况

序号	市（州）	县（市、区）	贫困人口（万人）	农业人口（万人）	贫困发生率（%）
1	乐山市	金口河区	0.1	3.8	2.9
2		峨边县	0.9	12.4	7.2
3		马边县	1.8	16.8	10.5
4	阿坝州	汶川县	0.0	6.1	0.7
5		理县	0.0	3.5	0.3
6		茂县	0.1	8.4	0.7
7		马尔康市	0.0	3.1	0.9
8		松潘县	0.1	5.8	1.1
9		九寨沟县	0.1	4.7	1.2
10	阿坝州	金川县	0.1	6.2	2.0
11		小金县	0.2	6.9	2.9
12		黑水县	0.4	5.3	6.9
13		壤塘县	0.4	3.7	10.7
14		阿坝县	0.7	7.1	10.3
15		若尔盖县	0.1	6.9	1.2
16		红原县	0.0	3.7	1.1
17	甘孜州	泸定县	0.1	6.7	1.6
18		康定县	0.3	7.4	3.8
19		丹巴县	0.3	5.1	5.7
20		九龙县	0.2	5.8	4.1
21		雅江县	0.4	4.4	10.0
22		道孚县	0.4	4.9	7.2
23		炉霍县	0.4	4.2	8.4
24		甘孜县	0.6	6.4	10.1

续表

序号	市（州）	县（市、区）	贫困人口（万人）	农业人口（万人）	贫困发生率（%）
25	甘孜州	新龙县	0.5	4.6	10.5
26		德格县	1.0	8.3	11.9
27		白玉县	0.4	5.0	7.7
28		石渠县	1.0	9.1	11.0
29		色达县	0.7	4.9	14.2
30		理塘县	1.1	6.1	18.4
31		巴塘县	0.4	4.7	7.6
32		乡城县	0.2	2.5	7.2
33		稻城县	0.2	2.8	5.5
34		得荣县	0.2	2.2	7.6
35	凉山州	木里县	1.6	12.2	13.0
36		盐源县	2.6	36.4	7.2
37		普格县	4.3	18.3	23.7
38		布拖县	5.7	17.7	32.3
39		金阳县	6.1	19.0	32.2
40		昭觉县	7.5	29.3	25.6
41	凉山州	喜德县	3.7	21.0	17.5
42		越西县	4.5	32.4	14.0
43		甘洛县	2.5	21.2	11.8
44		美姑县	7.4	25.5	29.2
45		雷波县	3.0	23.6	12.6

资料来源：根据2017年统计数据计算得到。泸定县为2017年“摘帽”县。

二、收入来源趋向多元，贫困农户增收明显

2017年阿坝州户均年收入25578.2元，其中，工资性收入占36.9%，生产经营性收入占34.5%，财产性收入占2.6%，转移性收入占26%；甘孜州户均年收入21632.3元，其中，工资性收入占18.4%，生产经营性收入占35%，财产性收入占4%，转移性收入占42.6%；凉山州户均年收入22160.8元，其中，工资性收入占21%，生产经营性收入占63.1%，财产性收入占1.5%，转移性收入占14.3%；乐山市户均年收入19798.5元，其中，工资性收入占49.7%，生产经营性收入占27.8%，财产性收入占2%，转移性收入占20.5%。

2017 年阿坝州农村居民人均可支配收入 11751 元，比 2016 年增收 1049 元，增长 9.8%。其中，工资性收入 3274 元、增长 8.7%，经营净收入 6676 元、增长 10.2%，财产净收入 307 元、增长 13.9%，转移净收入 1494 元、增长 9.5%。

2017 年甘孜州农村居民人均可支配收入 10444 元，增长 11.5%。其中，工资性收入 1797 元，增长 12.9%；经营净收入 7113 元，增长 11.2%；财产净收入 103 元，增长 30.4%；转移净收入 1431 元，增长 10.2%。

2016 年凉山州农村居民人均可支配收入 10368 元，比 2015 年净增 946 元，增长 10.0%。2017 年乐山市农村居民人均可支配收入 13927 元，增长 9.2%。

总体来看，深度贫困地区三州及乐山市，贫困人口收入增长明显，收入结构更趋多元，工资性收入和生产经营性收入成为贫困户收入主要组成部分，但财产性收入占比普遍较低，说明深度贫困地区贫困户经济资本仍然不足。

三、基础设施明显改善，发展基础不断夯实

在深度贫困地区 2126 个深度贫困村中，45% 的贫困村有集体经济收入，64.7% 的贫困村已通沥青（水泥）路到乡镇，68% 的贫困村已经建设村卫生室，76.7% 的贫困村已经建设文化室，并有 70.3% 的深度贫困村实现了通信网络的覆盖。针对生活条件进行改善，深度贫困地区贫困村中 9.2 万户住房安全问题已解决，占到整个地区的 49.5%；64.9% 的贫困户已经实现饮水安全，73.4% 的贫困户已经不存在饮水困难问题。

具体来看，在阿坝州深度贫困村中，53.2% 有集体经济收入，90.5% 沥青（水泥）路通到乡镇，92.9% 已建设村卫生室，96% 已建设文化室，83.3% 实现通信网络覆盖；在甘孜州深度贫困村中，36.9% 有集体经济收入，67.8% 沥青（水泥）路通到乡镇，64.4% 已建设村卫生室，68.6% 已建设文化室，70.1% 实现通信网络覆盖；在凉山州深度贫困村中，48.4% 有集体经济收入，60% 沥青（水泥）路通到乡镇，66.8% 已建设村卫生室，78.1% 已建设文化室，68.4% 实现通信网络覆盖；在乐山市深度贫困村中，50% 有集体经济收入，98.3% 沥青（水泥）路通到乡镇，91.7% 已建设村卫生室，96.7% 已建设文化室，98.3% 实现通信网络覆盖。

在改善生活条件方面，阿坝州总计解决了 0.2 万户贫困户的住房和饮水问题，86% 的贫困户住上了安全住房，91% 的贫困户实现了饮水安全；甘孜州总计解决了 0.8 万户贫困户住房和饮水问题，分别有 77.9% 和 68.8% 的贫困户实现了住房和饮水安全；凉山州总共解决了 8 万户贫困户的住房和饮水安全问题，分别有 44.7% 和 62.9% 的贫困户实现了住房和饮水安全；乐山市总计解决了 0.2 万户贫困户的住房和饮水安全问题，93.1% 的贫困户实现了住房安全，99% 的贫

困户实现了饮水安全。

第二节　精准扶贫实践举措

一、基础扶贫

受自然、历史、地理等因素综合影响，深度贫困地区农村自然条件差、生态环境脆弱、经济发展落后、致贫因素复杂。着力补齐路、水、电、网等基础设施“短板”，加快解决“瓶颈”制约问题，全面改善贫困群众生产生活条件，为后续乡村振兴打下坚实基础。四川省藏区区内经济社会呈现与高耸地势完全不同的发展低谷，无论城镇化水平、地方财政收入、社会基础设施，还是产业结构、公共服务水平等方面，都落后于其他省份①。

当前，深度贫困地区最紧要、最突出的事情依然是基础设施建设问题。首先，基础设施建设历史欠账多，亟须补旧账填缺口；其次，大部分贫困村基础设施建设成本高、维护成本高，末梢工程突出，“最后一公里”问题严重；最后，现有基础设施建设基本属于“保生存型”供给，生活用电不稳定、通信信号不强、道路通村不通组等现象突出且普遍。

尽快改变农村基础设施滞后的状况，是广大贫困群众的迫切要求。凉山州木里县把脱贫攻坚作为头等大事来抓，把农村基础设施建设作为民生工程的重中之重，持续推进农村住房、公路、生态生活条件与公共服务建设，贫困地区和贫困人口生产生活条件得到极大改善。

专栏 10－1　推进基础设施建设，带动脱贫攻坚提速

【基本概况】

木里县隶属四川省凉山彝族自治州，是全国仅有的两个藏族自治县之一。基础设施建设落后、产业发展滞后、群众生活水平较低、群众科技文化水平不高使其成为全国“三区三州”深度贫困地区之一。为改善当地贫困人口的生活条件，提升当地基础设施和公共服务设施建设水平，促进区域脱贫与经济发展，凉山州

① 沈茂英．四川藏区精准扶贫面临的多维约束与化解策略［J］．农村经济，2015（6）：62－66.

进一步坚定信心决心，鲜明问题导向，采取过硬措施，特事特办补齐“短板”，聚焦聚力夯实基础，以确保深度贫困县如期脱贫“摘帽”。

【重点举措】

（1）着力打破交通“瓶颈”。加强骨干公路网络建设，加快推进计划总投资69亿元、总里程765公里的G227线、S220线、S469线和S463线公路建设，年内实现国道227线棉桠至梅雨段、李子坪至棉桠段全面建成通车，国道227线麦日（甘凉界）至巴亨垭口段和巴亨垭口至桃巴段公路改建工程、“亚三”公路、泸亚公路全面开工建设；实施农村公路建设三年大会战，开工建设13个乡通乡油路363.6千米、建成79.1千米，完成239.1千米通村通达项目建设，新改建19个村通村水泥路120.4千米，建成1个海事工作船泊位。围绕锦屏电站库区水运航道建设，力争于2017年内建设大型码头1个，小型码头17个。

（2）着力建好新居新寨。按照“新村建成即成景点”的原则，依托“洛克900里生态旅游线路”，定位旅游服务、扶贫开发功能，优先覆盖脱贫的33个贫困村，实施35个藏区新村、8个彝家新寨、10个幸福美丽新村建设；完成18个乡镇21个村254户（扶贫建卡户）1095人易地扶贫搬迁，切实改善贫困群众生产生活条件。结合水电移民、新型城镇化、城镇保障性安居工程和幸福美丽新村建设等载体，对接国家和省州移民搬迁安置规划，力争到2020年，实现具有搬迁条件和意愿的贫困户应搬尽搬。

（3）着力加强民生基础设施建设。大力实施“五小水利”工程建设，启动饮水安全提质增效工程，实施列瓦饮水工程和9.65千米项脚河防洪堤工程，改造引水渠道27.5千米，新建水窖400口，新增有效灌面500亩、改善灌面1000亩、节水灌面200亩。加强农村电网升级改造，实施计划总投资5936万元的县城区及1镇5乡电网提升改造工程，提高近1万户农牧民群众供电保障水平。加强城乡信息基础设施建设，逐步分批上报实施113个村宽带建设及4G网络全覆盖工程。

二、新村扶贫

贫困与生存、发展环境有直接关系，随着农村、农业的衰落，农村“空心化”加剧，农村发展环境恶化，将进一步增加脱贫难度。实现贫困人口精准脱贫就要改造农村整体环境，从建设幸福美丽新村、振兴农业着手，在贫困地区，特别是深度贫困地区继续深入推进新农村建设，以新村建设为引领，为贫困人口脱贫打造发展硬基础和软环境，通过贫困村的整体发展，带动贫困人口脱贫致富。

针对四川省11501个贫困村进一步推进幸福美丽新村建设，围绕彝家新寨、藏区新居、巴山新居、乌蒙新村建设，发展新产业、建设新民居、塑造新风貌、创建新机制、培育新农民、配强建好村班子。一方面，改善脱贫硬环境，通过大力推进新居基础设施建设和旧村改造改善贫困人口居住环境，以新村建设带动生产方式转变，为贫困人口提供农业持续发展条件；另一方面，改善脱贫软环境，挖掘本土知识，建设乡村文化，形成农村互助、勤劳等好风尚，以新村建设带动思想观念转变，激发脱贫发展的内在动力。

专栏 10-2　加大彝家新寨建设力度，助力贫困群众安居乐业[①]

【基本概况】

凉山彝族自治州昭觉县地处大凉山腹心地区，总人口 30.08 万人，其中彝族占 97.94%，是全国最大的彝族聚居县、国家扶贫开发工作重点县，2016 年尚有 191 个贫困村、46432 名贫困人口。近年来，昭觉县贯彻“加大彝家新寨建设力度，加快改变彝区群众生产生活方式，整体改善彝区贫困面貌”的重要指示，将脱贫攻坚作为头等大事，将彝家新寨作为重要载体，注重“输血”与“造血”并重、扶贫与扶智并举，精准发力、整体提升，帮助彝区群众住上好房子、过上好日子、养成好习惯、形成好风气，加快了脱贫致富奔小康步伐。

【重点举措】

（1）围绕“住上好房子”，先难后易建设彝家新寨。在规划上，昭觉县按照优先建设最困难的村、优先解决最困难的户“两个优先”原则，将 31 个极度贫困村摆在优先位置，注重科学选址、突出民族风情、体现经济实用，坚持就地扶贫与易地搬迁生态移民相结合，规划到村庄、布局到村落、设计到农户，2016 年已建成新寨 86 个、受益 3.5 万人，规划“十三五”期间新建新寨 141 个、解决 5.2 万群众安居问题。在建设上，突出功能完善、综合配套，推动水、电、路、气、房、环境改善“六到农家”，实行统规统建、统规自建“两结合”“五统一”。在资金上，构建多元投入机制，捆绑使用涉农资金、各类帮扶资金和信贷资金，设立彝家新寨建设资金专户，发挥资金最大效益。同步改善基础条件，改造国省干道 220 千米，新建农村公路 339 千米、进村入户路 237 千米、村民活动场所 63 个，6.2 万人结束无电历史。

（2）围绕“过上好日子”，产村相融发展富民产业。大抓特色农业，人均种

① 建设彝家新寨昭觉县“十三五”将解决 5.2 万群众安居问题［EB/OL］. http：//scnews. newssc. org/system/20160107/000637507. htm，2016－01－07.

植1亩以上马铃薯，建成马铃薯繁育温网室4.8万亩、马铃薯双行垄作16.6万亩，成为四川省唯一现代农业以奖代补资金县，积极培育巨星海椒、脆红李、莲花白、玛咖等增收产业。大抓畜牧养殖，加快建设“四川省现代畜牧业重点县”，建成畜牧科技园区168个，四畜存栏80.72万头（只），出栏53.02万头（只），畜牧产值达7.8亿元，商品率达42%。大抓生态产业，实施“1+X”生态产业“三年会战”，力争2017年种植核桃100万亩、华山松50万亩、大红袍花椒2万亩、索玛花5万亩，实现“应栽尽栽”。大抓文化旅游，打造集高原避暑、温泉度假、乡村特色旅游为一体的精品线路，让世人皆知“要品彝风，必到昭觉”。大抓劳务经济，力争到2019年输出农村劳动力10万人次、创收10亿元以上。

（3）围绕“养成好习惯”，兴教办学阻断贫困传递。昭觉县将发展民族教育作为脱贫攻坚的重中之重，实施十五年免费教育计划，帮助群众摒弃落后思想观念，提升知识文化素质，形成良好行为习惯。加快发展学前教育，目前已建成3所乡镇幼儿园和120个“一村一幼”幼教点，2017年新建34所乡镇幼儿园、115个村幼教点，实现学前教育全覆盖。同时，落实控辍保学“六长”责任制，抓紧新建、改扩建寄宿制学校57所，确保距学校2.5千米以外的学生都能住校就读，绝不让一个孩子失学。实施彝区免费职教计划，2016年招收学生达2461人，保证“应读尽读”。大力推进文化惠民，建成彝族文化博物馆、大凉山彝族民族文化生态园、彝族服饰文化产业园。

（4）围绕“形成好风气”，破旧立新倡导现代文明。昭觉县深入推进彝区健康文明新生活运动，每月1次全民大扫除，大力实施“计划生育五年专项计划”，深化破除高价婚姻、铺张浪费、薄养厚葬等专项整治，成立道德评议会、彝俗会、红白理事会等组织达268个，271个村全部建立村规民约，群众勤劳致富、优生优育、文明进步等彝区新风正在形成。高度重视因毒因病致贫返贫问题，制定昭觉禁毒防艾“20条”，重拳开展“飓风”行动，筑牢艾滋病防治“防火墙”，毒情疫情得到有效遏制。

三、教育扶贫

贫困户“一穷穷三代”的现象非常普遍，如何彻底摆脱贫困，斩断穷根，是精准扶贫必须解决的重要问题。教育则在精准扶贫精准脱贫中具有基础性、先导性和根本性作用。“扶贫先扶智”决定了教育扶贫的基础性地位；“治贫先治愚”决定了教育扶贫的先导性功能；“脱贫防返贫”决定了教育扶贫的根本性作用。习近平总书记指出，“要把发展教育扶贫作为治本之计，确保贫困人口子女都能接受良好的基础教育，具备就业创业能力，切断贫困代际传递”。教育扶贫作为一项直接作用于人之上的扶贫方式，主要通过提高贫困地区贫困人口的科学文化素质，充分挖掘和利用贫困人口内生动力和可持续发展能力，实现长效性脱贫①。

对于四川省深度贫困地区，最根本的反贫措施是通过教育提升贫困人口知识文化素质和专业技能，增强其自我发展能力和市场经济适应能力，逐步养成现代生产生活观念，从而阻断代际贫困，摆脱贫困陷阱。具体而言，教育支持精准扶贫精准脱贫，就是要采取特殊措施、精准发力，通过实施免费教育计划着力改善深度贫困地区农村教育资源和教育质量，坚持将“扶智”与“扶志”相结合，激发贫困群众内生动力，实现可持续的内源性发展。

专栏 10－3 “9＋3”免费教育点亮藏区学生梦想②

【基本概况】

从2009年开始，四川省每年组织藏区初中毕业生和未升学高中毕业生到内地免费接受三年中等职业教育，这就是“9＋3”免费教育计划。旨在普及高中阶段教育，为藏区培养技能型、实用型人才，推动跨越发展。经过三年努力，“9＋3”免费教育计划已探索出一条“州内打基础，内地学技能”“一人成才、全家脱贫”的民族地区人才培养和教育扶贫新路。

【重点举措】

（1）弥补职教“短腿”，做到应读尽读。藏族小伙儿单木确，来自阿坝州壤塘县，家中兄弟姐妹多，经济困难，初中毕业后就辍学，回家放牛。2011年9月，藏区“9＋3”中职免费教育政策实施第3年，他得以重返校园，到泸州市职业技术学校学前教育专业学习。

实施“9＋3”免费教育计划以来，内地各中职学校创新培养模式，把培养学生成才作为“9＋3”计划的基本方向。结合民族地区学生特点，各学校遵循“第一年注重养成教育，打牢学习基础；第二年注重技能培养，促进学有所长；第三年注重顶岗实习，推进学生就业”的培养思路，推行“混班混住”“一帮一、结对子”工作模式。

单木确文化基础薄弱，尤其是学前教育的五项技能“画、弹、跳、唱、说”

① 张琦，史志乐．我国教育扶贫政策创新及实践研究［J］．贵州社会科学，2017（4）：154－160.

② 四川省扶贫和移民工作局．“9＋3”计划：一人成才全家脱贫［EB/OL］．http：//www. scfpym. gov. cn/show. aspx？id＝42957&cid＝32，2015－12－28.

等学习困难，在老师的耐心辅导下，他坚持学习，2013 年顺利考取了幼儿教师职业资格证。

7 年来，民族地区学生思想觉悟和学习效果进步明显，为培养新一代民族地区优秀建设者和接班人打下了坚实基础。“9 +3”学生中有 1 万多人次受到各级各类表彰；四川省发展“9 + 3”学生党员 1700 多人，在校生中团员比例达 85%。

在此基础上，四川省将就业及创新创业教育贯穿整个教育教学过程，帮助民族地区学生树立正确的就业观念，合理规划职业生涯；出台帮扶政策，逐一落实就业岗位，确保“9 +3”学生“就业有出路、创业有帮扶、升学有渠道”。“9 + 3”计划弥补了民族地区职教薄弱“短腿”，做到应读尽读，点燃了民族地区孩子求学上进的心。

（2）切断贫困传递的“脐带”。肖芳感叹道：“‘9 +3’计划改变了我的人生。”初中毕业失学后，“9 +3”免费教育计划吸纳她成为首批受益学生，入读内江铁路机械学校。肖芳毕业后考入成都地铁运营公司，成为中国首位藏族地铁女司机。如今，工作 4 年的肖芳收获了爱情，贷款在成都郊区买了房子，准备把父母接来一起住。

单木确选择了自主创业。2014 年 7 月，在老师们的出谋划策下、父母和亲朋好友的支持下，他在壤塘县上寨镇蒲西乡开了一家服装店，主要销售民族饰品和服装，同时售卖旅游纪念品，小店经营得有声有色。

据了解，已毕业的 4 届藏区“9 +3”学生初次就业率均达到 98% 以上，其中，2015 年达到 99. 28%。有 3000 多人通过招考（聘）充实到藏区基层公务员和事业单位队伍，成为促进藏区繁荣稳定的新生力量，1000 多人参军入伍，2000 多人考入高职院校继续学习深造，其余毕业生在藏区和内地实现了就业创业。

在民族地区，“一人成才、全家脱贫”的教育成效正初步显现。一些地方干部告诉记者，最初群众对这项政策不了解，看到肖芳成才的事例后，纷纷主动要求把自家孩子送出大山学习一技之长。

政府通过支持农村、贫困地区以及民族地区教育，让更多贫困家庭的孩子掌握谋生的一技之长，带动家庭脱贫致富。

四、就业扶贫

就业扶贫是贫困群众最欢迎、最能“吹糠见米”的脱贫举措，需要紧抓不放、下足功夫，通过就业扶贫提高贫困群众就业能力和收入水平，加快增收脱贫步伐。就业扶贫作为一项重要的扶贫民生工程，在经济、政治和社会层面均具有重大意义，只有贫困人口稳定就业，收入来源和稳定脱贫才有保障。在经济下行压力持续加大的大环境下，就业形势十分严峻，贫困人口受机会有限、能力不足等客观因素限制，就业更是难上加难。积极地给予地缘性贫困农村就业援助措施，以改善和增强其劳动力人群的就业能力、手段和机会，这也是我国现阶段反贫困制度建设中坚守公平、正义和共享理念的体现①。

解决好深度贫困地区贫困群众就业，推进就业扶贫，必须充分发挥党委政府的主导作用，以高度的政治自觉和责任担当，认真践行党的群众路线，带着对贫困群众的真情实感来落实。凉山州越西县以实现“每个有劳动力的贫困家庭至少有一人就业”为目标，坚定不移落实就业扶贫“九条措施”，推动人力资源向人力资本转变，打好就业组合拳，助力脱贫攻坚战。

专栏 10-4　打好就业组合拳，助力脱贫攻坚战②

【基本概况】

越西县位于四川省南部、凉山州北部，因越过嶲水设郡县得名。是文昌文化的发源地，古为南方丝绸之路“零关古道”要塞，是一个以彝族为主体的多民族杂居山区农业县。2017 年剩余建档立卡贫困村 183 个、贫困人口 13674 户 53613 人，贫困发生率 15%。针对面宽、量大、程度深的贫困现状，越西县始终将脱贫攻坚作为“头等大事”，始终将就业扶贫作为重要支撑，精准推动创业就业扶持一批，助推贫困劳动力充分就业、稳定就业。

【重点举措】

（1）坚持精准结合，促进长期稳定就业。一是与越西县情相结合。通过“四步工作法”组织开展 4000 多名贫困劳动力资源现状调查；建立“一库五名单”和劳动力储备台账，为县乡村“一对一”结对帮扶就业摸清家底，制定工作方案。二是与精准脱贫政策相结合。锁定脱贫奔康目标任务，将就业扶贫深度融入产业发展、市场主体培育及其他脱贫政策，吸纳大量贫困劳动力就业，推动政策红利效益最大化。三是与其他经济社会发展规划相结合。结合“十三五”规划，编制就业扶贫“十三五”专项规划和年度计划，五年内建成 208 个贫困村

① 王丽华．就业援助：西部农村反贫困的现实抉择——基于减缓地缘性贫困和生态贫困的视角［J］．理论探讨，2012（2）：96.

② 四川省扶贫和移民工作局．脱贫攻坚简报 2017 年第 117 期［EB/OL］．http：//www. scfpym. gov. cn/show. aspx？id = 59843&cid = 132，2017 - 08 - 31.

的社会保障服务体系及服务平台，规划完成2.8万人次各类技能培训，劳务产值社会效益1.8亿元。

（2）打造劳务品牌，促进异地转移就业。一是搭建转移就业平台。与2家省内职业学校和2家国内集团公司签订培训就业和订单培训输出协议，实现200余人贫困劳动力培训就业。成功建立劳务QQ群、经纪人微信群等省内外用工信息宣传平台。二是规范转移就业秩序。对登记在册的380名劳务经纪人开展定期培训，建立1~5颗星的信用评价制度并定期公布，为用工企业和贫困劳动力外出务工提供参考，促进劳动就业秩序。三是延伸转移就业服务。派出2名公安民警和4名懂彝语的管理人员驻厂，将服务工作延伸到工人务工集中地区，在东莞市设立劳务工作服务站，为广东地区的越西贫困劳动力提供就业服务。

（3）搭建就业平台，促进就地就近就业。一是依托产业培育搭平台。实施“1园区+10基地”现代农业体系建设，扶持壮大一批劳动密集型企业；深入落实建筑业优惠政策，开展业务的建筑企业达到48户，本地注册9户；启动总投资8亿元的观音河流域康养旅游项目，为贫困劳动力就地就近提供100多个就业岗位。二是依托项目建设添机会。吸纳200多名贫困劳动力参与到大型铁路交通项目建设，实现本地就业；结合用工需求，制定套餐式课程，完成80余名贫困劳动力技能培训并与建房企业签订用工合同。三是依托兜底安置促均等。按照平均每村5个岗位标准开发公益性岗位，通过非全日制用工的方式进行过渡性兜底安置，实现850人贫困劳动力托底就业，每人每年增收3600元；选聘生态护林员211名、落实资金139万元，每人每年增收6580元。

（4）整合政策资源，促进技能培训就业。一是与贫困劳动力就业意愿相衔接。充分尊重贫困群众意愿，统筹制定“9+X”培训菜单，开展20多次技能培训送到门口、培训菜单送到群众手中活动，促进灵活就业。二是与村级产业发展规划相衔接。全县289个建制村挂牌成立农民“夜校+点题培养中心”，分级落实教学师资977人，根据各村产业发展规划，针对性开展农业、工业、餐饮和农村电商等技能培训500余班次和1.3万余人次。三是与职业教育发展相衔接。通过国家单招、国家高考、“2+3”五年制大专联办方式，为200余名贫困学生升学就业搭建两不误平台。与四川工业科技学院等5所职业教育学校牵手，实施职业教育“三免三定”计划，资助贫困学生免费参加职业教育，通过校企一体化职培模式实现就业、带动脱贫。

五、健康扶贫

因病致贫、因病返贫是导致农村人口贫困的首要原因。健康扶贫工程作为精准扶贫精准脱贫基本方略的重要内容，是实现健康中国战略的关键环节。在深度贫困成因中，需要特别关注因病致贫问题。因病致贫、因病返贫仍然是农村贫困的主因。健康风险已成为导致收入贫困的重要风险因素，消除健康贫困已成为脱贫攻坚战中的一场“硬仗”①。完善健康扶贫政策体系，保障农村贫困人口享有基本医疗卫生服务，防止因病致贫因病返贫。

阿坝州紧紧围绕中央和省委、省政府关于深度贫困地区脱贫攻坚的最新部署和指示要求，把大骨节病区与高半山区、边远牧区、地震灾区列为全州脱贫攻坚“四个战场”，探索推行“3+3”病区精准扶贫模式，形成了集“研、阻、治、防”为一体的大骨节病综合防治网络，大骨节病病情得到有效控制，儿童新增病例从2007年的0.27%下降至0。

专栏10-5　祛病根拔穷根，坚决啃下“硬骨头”②

【基本概况】

阿坝州位于四川省西北部，与青海、甘肃交界处，以少数民族为主要人口。全自治州以高海拔山区为主。阿坝州属于中国典型的经济欠发达地区，也是一种罕见的疾病——大骨节病的重病区。2015年，在阿坝州全州1352个行政村中，有379个村有大骨节病及其他骨关节病人，患者人数已经达到4万多人。大骨节病区与高半山区、边远牧区、地震灾区并列为全州脱贫攻坚“四个战场”。

【重点举措】

（1）三个统筹，瞄准“短板”齐攻坚。始终聚焦大骨节病区贫困村退出和贫困户脱贫目标，将患病贫困群众作为重中之重加快突破，形成了以“三个统筹”为指导原则的大骨节病贫困群众脱贫思路。一是整体推进与重点突破相统筹。按照贫困村退出“一低五有”和贫困户脱贫“一超六有”的脱贫标准进行整体推进的同时，针对病区贫困村、贫困户特殊难题，专门制订工作方案、落实工作举措，进一步锁定目标、精准施策，实施重点突破、靶向发力。二是治病与治穷相统筹。紧盯6543名大骨节病贫困人口，大力实施易地育人、更换粮食、改善饮水、卫生防治等九大措施，阻断病因链和致病源，切实提高治病防病能力。对大骨节病情稳定区域，参照“四到县”制度下放权力，由各县（市）统筹安排试点资金，自主确定帮扶政策，重点支持病区群众发展产业，切实增强增收能力。三是发展与保障相统筹。根据贫困群众患病严重程度，坚持分类施策，

① 张仲芳．精准扶贫政策背景下医疗保障反贫困研究［J］．探索，2017（2）：81－85.

② 四川省扶贫和移民工作局．脱贫攻坚简报2017年第209期［EB/OL］．http：//www.scfpym.gov.cn/show.aspx？id＝61498&cid＝132，2017－12－31.

分类扶持。对有劳动能力的Ⅰ、Ⅱ度建档立卡贫困大骨节病人，有针对性地开展种养殖业、乡村旅游业、文化旅游用品加工等方面的技能培训，支持其发展增收；对Ⅲ度和没有劳动能力的建档立卡贫困大骨节病人，重点实施“医疗救助”和“低保政策兜底”；对已脱贫的大骨节病贫困患者，按照脱贫不脱政策，持续落实帮扶措施，防止返贫。

（2）三项结合，多措并举见实效。在“三个统筹”原则的指导下，充分考虑大骨节病贫困群众实际，在具体工作中，注重综合施策、结合推进。一是易地搬迁与健康扶贫相结合。将易地育人作为切断病因源的主要手段，大力实施易地扶贫搬迁，五年试点期间，全州累计投入资金22亿元，实施大骨节病区等“一方水土养不起一方人”的贫困村整体搬迁293个，搬迁贫困人口1.71万户，有效控制大骨节病在重病区持续蔓延。同时，将健康扶贫列入全州五大扶贫行动之一，探索建立了贫困人口“一站式”医疗保障、先诊疗后付费机制，贫困患者县域内住院和慢性病门诊治疗医疗费用个人支付比例控制在了5%以内。例如，汶川县在全国率先成立了健康委员会和移动诊疗中心，率先普及全民免费体检和全员慢病管理。二是产业扶贫与资产收益扶贫相结合。针对有劳动能力贫困患病群众，大力实施全域旅游、精品牦牛、特色农业三大产业扶贫行动，依托阿坝州丰富的旅游资源，做大做强特色农业品牌，推动发展康养健身游、休闲度假游、乡村体验游、特色文化游等新业态，吸纳贫困患病群众就地就近就业，实现稳定增收。2017年，全州共投入产业扶贫资金2.8亿元，发展特色林果业6.3万亩，建成养殖基地96个，增加旅游岗位5543个，其中，带动患病贫困人口增收4500人以上。积极探索资产收益扶贫模式，将财政扶贫资金和涉农资金投入到设施农业、乡村旅游等项目形成的资产，折股量化给具备条件的贫困村和贫困户，优先保障Ⅲ度和无劳动能力的贫困患病群众，实现产业收益。例如，红原县将1500万元扶贫资金入股更攀农牧民合作社，1363户无劳动能力贫困户持股分红，每年可实现户均增收1200元。三是生态补偿与生态公益岗位扶贫相结合。依托作为长江、黄河上游生态屏障的区位优势，积极争取国家生态补偿政策，在生态脆弱地区大力实施退耕还林，2017年完成新一轮退耕还林0.68万亩，巩固退耕还林成果74.18万亩，在199个乡（镇）、1023个行政村选聘3039名建档立卡贫困人口担任生态护林员。大力探索贫困群众参与生态保护新机制，开发生态保护公益性岗位，引导有能力、有意愿的贫困群众就地就近成为森林管护员、湿地保护员、草场维护员，实现增收脱贫。目前，全州获得公益性岗位的大骨节病人有1000余人，每人每月可获得岗位工资830元，为患病贫困人口稳定脱贫增加了筹码。

“3+3”病区精准扶贫模式的扎实推进，让大骨节病贫困群众走上脱贫“快车道”，截至2017年底，全州6543名建档立卡贫困大骨节病人已实现脱贫2908人，成效显著。

六、产业扶贫

产业扶贫是稳定脱贫的根本之策，需要持续用力、精细培育，推动贫困群众持续增收、增强“造血”功能。由于产业结构单一，传统农业在贫困地区产业中占主导地位，经济呈封闭的自给半自给状态，商品化程度低，市场竞争力弱，资本形成能力严重不足[①]。要带动深度贫困地区贫困户稳定脱贫，就得从产业发展入手，增强其产业带动能力。在扶贫开发过程中，我国提出了从“输血式扶贫”到“造血式扶贫”的理念，而产业扶贫则是后者的主力军。产业扶贫因具有经济效率和社会效益的双重优越性，被各类型贫困地区广泛采纳。

四川省先后出台政策支持、鼓励大户发展规模化经营，积极引导企业等经营主体到贫困地区发展，利用先进的技术服务农业，以折资入股等形式吸引贫困对象参与产业发展，用开阔的眼界来带领贫困户打破固有思维，进行特色经营，拓宽农业产业化规模，用产业发展增强贫困群众致富能力。

甘孜州炉霍县积极探索“飞地”产业园区扶贫模式，创新走出了适宜高原藏区产业扶贫的新路子。

专栏10－6　“飞地”产业进炉霍，绣出“脱贫奔康花”[②]

【基本概况】

炉霍县地处康北中心，交通要地，其生物、水能和土地资源丰富，是甘孜州最典型的半农半牧县。多年来，炉霍县农牧产业“小而杂”“零而散”的特征非常突出，同时，工业基础落后也是制约其经济社会发展的重要因素。为提高当地自我发展能力，打造“造血式”扶贫功能，炉霍县结合区域实际，以农业供给侧结构性改革为主攻方向，以推进特色种植业为脱贫奔康突破点和着力点，积极探索“飞地”产业园区扶贫模式，2016年，炉霍县通过“飞地”产业园区扶贫模式带动贫困户户均增收890元，成功实现2个贫困村脱贫“摘帽”。经测算，2017年48个贫困村可获分红收入288万元，带动3197名贫困人口每年增收300

---

① 程联涛．我国贫困地区区域特征及扶贫对策［J］．贵州社会科学，2014（10）：114－117.

② 甘孜藏族自治州扶贫和移民工作局．炉霍县“飞地产业”绣出“脱贫奔康花”［EB/OL］．http：//www. gzzfpymj. gov. cn/page195？article_ id＝731&pagenum＝all，2017－09－25.

余元。

【重点举措】

(1) 借鸡生蛋，突破“一方资源富裕不了一方百姓”的困境。坚持把脱贫攻坚作为首要政治任务，深入分析全县88个贫困村的资源禀赋，针对资源贫瘠、土地分散的贫困村，大胆开展“飞地”产业扶贫模式的尝试，跳出贫困村，探索致富路。明确“党委引导统筹、班子齐抓共管、企业协同合作、村民积极参与”原则，制定《炉霍县扶贫“飞地”产业建设项目工作方案》《炉霍县农民专业合作社股份量化工作实施方案》，实行“两书两要两表”（“两书”，即村“两委”委托乡政府委托书、乡镇政府委托县政府委托书；“两要”，即村“两委”要召开农业产业扶贫建设项目提议会、乡镇政府要委托县政府建设农业产业扶贫建设项目决议会；“两表”，即村“两委”关于农业产业扶贫建设项目提议表、村民大会农业产业扶贫项目建设承诺签名表），扎实推进“飞地”产业扶贫园区建设。

(2) 聚沙成塔，克服“资金分散形成不了规模效应”的困难。正视脱贫奔康面宽、线长、点多的实际，转变传统“撒胡椒面”“下毛毛雨”的扶贫方式，整合产业扶贫基金、对口援建资金，集中力量办大事，把好钢用在刀刃上，突出“飞地”扶贫产业园区这个重点，辐射带动贫困村发展。通过整合各类要素，固化形成贫困村集体资产，作为参与“飞地”产业扶贫园区建设的股本，有效地推动了资源变资产、资金变股金、农民变股民。2016年，“飞地”产业扶贫园区共整合资金1000余万元，建设冬暖式蔬菜大棚40个；2017年，整合资金4000余万元，在斯木镇建设100个冬暖式蔬菜大棚，将计划退出的48个贫困村每村2个纳入“飞地”产业扶贫范围。未来五年，力争将产业园区内的冬暖式蔬菜大棚规模扩大至1000个，覆盖全县88个贫困村及83个非贫困村。同时，继续加大“圣洁甘孜”“鲜水源”品牌的特色优质农牧产品，大力发展电子商务交易平台，创新农产品流通模式，将优质产品推销出去，提高农业市场竞争力，使“飞地”经济不仅在脱贫攻坚中扮演关键角色，更县域经济发展中发挥引领作用。

(3) 筑巢引凤，解决“产业散杂吸引不了企业入驻”的问题。多年来，炉霍县农牧产业“小而杂”“零而散”的特征非常突出，被人们形象地称为“一背篼背不完、一卡车装不满”，不得不面对“酒好也怕巷子深”的尴尬局面。针对这个问题，炉霍县坚持市场导向，从引进、扶持、发展新型经营主体着手，培育引领农牧产业发展的“火车头”，拉动农牧业形成适度规模化经营。一是优化投资环境。深入开展发展软环境专项整治行动，营造“人人关心软环境，事事关系软环境，处处体现软环境，时时维护软环境”的良好氛围，提高政务服务的质量效率，着力提振企业投资信心。二是加大资金投入。有效整合产业扶贫基金、对口援建资金等，重点投向“飞地”产业园区建设。采取股份合作方式，村企联手解决资金缺口。三是狠抓结构调整。在科学开展市场调查的基础上，将大棚蔬菜作为主打品牌产品，集中连片打造，形成标准化生产、规模化经营的格局。“栽好梧桐树，引得凤来栖”，2016年成功引进的甘孜州盛煌农业发展有限公司，在炉霍县注册成立“鲜水源”有限责任公司，“飞地”产业扶贫园区建设全面提速。

（4）穿针引线，杜绝“机制缺失兼顾不了各方利益”的情形。按照“土地集中、各村飞地、龙头经营、入股分红”的思路，依托炉霍县“鲜水源”有限责任公司，推进“龙头企业＋专合社＋集体经济＋贫困农户”的股权量化的“4＋”飞地经济模式。党委政府搭桥、社会企业参与、村社支部穿线、党员干部带头，各方就投资入股、经营管理、收益分红等深入洽谈，达成一致意见，形成制度机制，实现共建共享共赢。按照“全民受益、共享红利、照顾贫困户”的原则，投入产业扶贫基金、对口援建资金建大棚，贫困村合作社以大棚资产入股，公司以技术、管理等折资入股，村民每人持1股（贫困人口持2股），形成股份合作关系。在此基础上，按照每年每个棚3万元向合作社保底分红，各村按占股数量的不同，股数在100股以下、100～200股、201～300股、301～400股、401～500股的分别按50%、40%、30%、20%、10%的比例提留作为村集体经济用于基础设施和后续产业发展后，剩余部分面向村民按股分红。经测算，2017年48个贫困村可获分红收入288万元，带动3197名贫困人口每年增收300余元。

七、社会保障扶贫

中国的社会保障体系经历了数十年的发展，在缩小收入差距、保护人力资本、降低社会风险和保障基本需求等方面发挥着重要的反贫困作用。社会保障既是反贫困的重要目标，也是反贫困的主要路径。贫困农村主要劳动力大多处于流动状态，留守人口多为老人、妇女、儿童、老弱病残。因此，社会保护和救助性措施在扶贫工作中的作用日益凸显①。

统筹各类扶贫保障措施，建立以社会保险、社会救助、社会福利制度为主体，以慈善帮扶、社工助力为辅助的综合保障体系，为完全丧失劳动能力和部分丧失劳动能力但无法依靠产业就业帮扶脱贫的贫困人口提供兜底保障。乐山市大力推进社会保障民生工程，扎实推进小凉山彝区脱贫攻坚工作。

① 朱俊立．政府购买社会保障扶贫服务与乡村社会治理创新［J］．财政研究，2014（11）：46－49.

专栏10－7　社会保障兜底线，编织民生幸福网①

【基本概况】

大小凉山彝区作为四川省脱贫攻坚最艰巨的战场之一，贫困面宽、量大、程度深，“没有彝区的小康，就没有四川省同步的全面小康”。乐山市始终把小凉山彝区作为全市脱贫攻坚的主战场，百倍用心、千倍用力，坚决打赢脱贫攻坚这场硬战，确保小凉山彝区贫困群众如期实现脱贫奔康，确保不落下一户一人。

【重点举措】

乐山市金口河区牢牢锁定“区摘帽、村退出、户脱贫”总体目标，把握高质量脱贫工作标准，围绕“六个精准”“五个一批”，稳步实施总投资9亿元、17类的对标补短项目和总投资11.92亿元、14类的巩固提升项目，确保高质量退出2个村，减贫1086人，持续巩固3402人脱贫成效，努力走在大小凉山脱贫攻坚前列。通过强化质量标准，坚决打好政策兜底硬仗。计划整合扶贫资金3000万元，开展大病救助、教育资助、低保兜底、技能培训等12个专项行动，大力实施义务教育“改薄”工程、医疗卫生机构建设“填平补齐”工程，严格落实贫困人口“十五年免费教育”“十免四补助”“八个100%”等扶持政策，全额兜住因病、因学、因灾、失劳致贫返贫底线。

八、生态扶贫

生态保护脱贫，是一举两得、两全其美的好事，既能把生态环境保护好，又能解决当地群众的贫困问题。生态扶贫是绿色发展、协调发展理念在扶贫开发领域的具体体现，是中国特色扶贫道路的核心内容。

习近平总书记指出，扶贫开发要同保护生态环境结合起来，强调要深入推进精准施策，扎实做好生态扶贫等重点工作。要切实贯彻绿色发展理念，把脱贫攻坚与建设美丽中国结合起来。加强贫困地区的生态环境保护和建设，既是当前治贫之举，也是长远固本之道②。牢固树立“绿水青山就是金山银山”的理念，坚持扶贫开发与生态保护并重，坚定走生态优先、绿色发展之路，推动贫困地区扶贫开发与生态保护相协调、脱贫致富与可持续发展相促进，使贫困人口从生态保

① 四川省扶贫和移民工作局．脱贫攻坚简报2017年第199期［EB/OL］．http：//www. scfpym. gov. cn/show. aspx？id＝61488，2017－12－26.

② 马建堂．认真学习贯彻习近平总书记重要讲话精神　齐心协力打赢脱贫决胜攻坚战［J］．国家行政学院学报，2016（2）：4－10.

护与修复中得到更多实惠。

自脱贫攻坚战打响以来，面对新形势、新任务新要求，四川省凉山州始终把建设长江上游生态屏障、维护国家生态安全摆在首要位置，打好“生态牌”，走好“扶贫路”，下足“绣花”功夫，做好“精准”文章，让四川天更蓝、地更绿、水更清、环境更优美，取得生态环境保护扶贫明显成效。

专栏10－8　生态扶贫下功夫，阿坝富民出新招[①]

【基本概况】

作为国家和省连片扶贫开发地区，阿坝州13县（市）都是贫困县，且呈现贫困分布广、程度深、返贫率高的特征。打赢脱贫攻坚战，天蓝、山青、水绿，是阿坝最大的发展优势。“家底”并不殷实的阿坝，坚定不移地选择在生态扶贫上下“绣花”功夫，打造以生态为核心竞争力的新兴增长极，探索生态保护、发展生态经济与脱贫攻坚有机结合的路子。

【重点举措】

结合森林湿地管护面积广和防沙治沙工程多的实际，若尔盖转变森林管护模式、实施生态护林员政策，采用“原有管护＋生态护林员”的扶贫模式，并选聘建档立卡贫困农牧民参与森林管护、湿地管护、防沙治沙工程后期管护等工作，实现在保护良好生态的同时分享生态红利，帮助贫困群众实现脱贫增收。

目前若尔盖县已选聘森林管护员264人、湿地管护员24人、防沙治沙工程后期管护员12人。300名贫困户每人每年能从生态保护中实现增收9960元。

阿坝州已制定生态建设扶贫2017年实施计划，将利用森林保险资金和生态护林员资金聘用1023个村4219名贫困群众从事森林管护、湿地保护，从生态保护和生态建设中实现脱贫增收。阿坝州接下来将引导贫困农牧民参加或组建劳务合作社，参与生态建设项目的劳务务工；引导贫困农牧民参加或组建林木种苗合作社，生产培育沙化土地治理、湿地保护与恢复等项目所需林木种子、苗木，促进农牧民增收。

养牦牛不再是牧民们唯一的致富渠道，现在越来越多的牧民认识到，依靠良好的生态草原搞旅游业，收入会更好。

---

① 阿坝在生态扶贫上下“绣花”功夫　养牦牛不再是牧民唯一致富渠道［N］．四川日报，2017－03－25（1）．

九、党建扶贫

党建扶贫是产生于20世纪80年代的一项重要制度创举，其突出作用一直延续至今。农村基层党组是党在农村全部工作和战斗力的基础，是贯彻落实党的扶贫开发工作部署的战斗堡垒[①]。打赢扶贫攻坚战，推进扶贫开发，必须抓好党建促扶贫。“抓党建促扶贫”这一新思想、新论断，深刻地揭示了党的建设和扶贫开发之间互相依存、互相促进的内在规律。

抓好党建促扶贫，前提是把党建抓好，要按照习近平总书记的要求，围绕脱贫致富这个政治任务“主旋律”来抓好党的各项建设，发挥农村基层党组织的战斗堡垒作用，党员的先锋模范作用，干部的骨干带头作用，增强党的凝聚力、战斗力、领导力。而“促”是关键，具体而言，只有“促”才能实现贫困地区脱贫攻坚的目标。

专栏10－9　强化党建引领，助推脱贫攻坚[②]

【基本概况】

九龙县位于四川省西部，甘孜藏族自治州东南部，贡嘎山西南，处在雅安、凉山、甘孜三市州的结合部，辖区面积6770平方千米。九龙县突出党员干部与社会力量的统筹整合，注重党政主导与社会动员有机结合，切实增强整体合力，突出干事创业、脱贫攻坚中“党建”这个关键、“人”这个根本，狠抓帮扶力量精准，形成“力量齐聚、措施精准、责任明晰”的根本帮扶工作格局。

【重点举措】

（1）构建全覆盖帮扶格局，不覆盖不晋级。着力推进帮扶力量协调管理，及时补充全县帮扶协调小组、单位帮扶协调小组成员，定期召开联席会议，解疑剖难，指导开展“六个一”帮扶工作的纵深推进，形成党委领导、政府主导、社会参与的合力攻坚格局，突出组织领导，明确架构体系，实现帮扶力量全覆盖。截至目前，全县19个贫困村“六个一”帮扶力量全覆盖、44个非贫困“四个一”帮扶力量全覆盖。动员干部职工1912人对2101户贫困户开展结对帮扶，由帮扶办指导乡镇全覆盖结对，相机微调，针对贫困户具体情况落实帮扶责任

① 公丕宏．基层党组织要扛责任担重任［EB/OL］．中国共产党新闻网，http：//cpc. people. com. cn/n1/2017/1101/c223633－29620788. html，2017－11－01.

② 九龙县探索“四晋”思路　实现党建助推脱贫深度融合［EB/OL］. http：//www. jlxwzzb. gov. cn/news/view. asp？id＝410，2017－03－02.

人，订户定人定时定责，不脱贫不脱钩，实现全方位跟进扶贫，突出扶贫启智、扶贫扶志、扶贫共治。结对帮扶单位少结对一人，结对支部不得升星晋级、支部党员扣减道德积分。

（2）健全最务实帮扶机制，不健全不晋级。建立健全全县纵向方案+横向制度+支部的帮扶协调框架体系。根据省、州、县脱贫攻坚及帮扶工作要求，制定《九龙县“六个一”帮扶方案》，明确了“六个一”帮扶主体的责任、工作任务、工作要求等。建立健全指导、督察、考核、报发、问责、保障、表彰激励七大制度，全力夯实帮扶之基。发动党员力量，由农村党支部牵头，每月收集汇总辖区内贫困群众困难诉求，建立为群众办好事、解难事工作台账，结对机关支部和农村支部党员根据自身工作性质和特长进行领办，每名党员每月至少领办一件为群众解决困难的事项。帮扶单位、结对支部按照帮扶主体的责任工作体系建立健全相关工作机制，开展党员领办帮扶活动，不贯彻落实不升星晋级。

（3）围绕干实事突击冲锋，无成效不晋级。围绕脱贫攻坚时间任务，强化“六个一”帮扶作用发挥情况。一是深入一线，靠前指挥。19 个贫困村 34 名县级责任人到所包村组调研指导 200 余人次，衔接项目 61 个，指导贫困村制定过硬脱贫措施。二是整合资源，精准发力。19 个驻村工作组、65 个帮扶单位、1912 名帮扶干部总共协调项目 106 个，投入帮扶资金 567.42 万元，整合项目资金 2840.5 万元，发放慰问物资折现及资金 90.389 万元、走访慰问 4005 人次。政策宣讲 198 场次，涉及 15169 人次。三是因地制宜，提升能力。19 名驻村农技人员、5 个专家巡回组开展技术培训共计 81 次，受训农牧民达 3621 人次，协助贫困村编制完成了《农业产业扶贫规划》19 个，制定了《贫困户脱贫方案》666 个。目前已建立 346 个农牧业专合作社，其中 19 个贫困村 54 个。四是合力共举，聚力八方。以广东东莞、成都青白江和西南油气田公司、省煤田地质局、省农行对口帮扶我县为契机，树立“产业支援”和“智力支援”理念，突出“造血”和“扶智”重点，积极推动坚持对口支援向对口合作转变，对口支援与精准扶贫深度融合，共同谋划招商引资新路径、脱贫攻坚新模式。累计实施项目 43 个，涉及资金 5100 余万元。各帮扶力量牵头单位部门党支部，对照年度计划不完成任务不升星晋级。

（4）直面最刺眼帮扶问题，不整改不晋级。聚焦脱贫攻坚十大突出问题：区位劣势明显，基础建设薄弱；帮扶单位虚与委蛇，主动性较差；驻村工作组痕迹管理不善，逻辑性较差；第一书记政策不清，积极性不足；驻村农技员业务不对口，专业性不强；帮扶责任人囿于己任，下基层不够；乡镇政策宣讲不足，群众满意度不高；责权事权不规范，衔接配合不足；农民夜校开课不规范，实效性不足；帮扶人才储备不足，协调难度大。标本兼顾，践行四大整改举措：一是制定完善5项制度，建立“积分制管理，痕迹追踪”机制，严格实行三项问责，强化帮扶主体管理；二是搭建帮扶办、攻坚办业务磋商平台，协助乡镇加强与帮扶单位联系沟通，协调各职能部门，整合各种资源，全力帮扶贫困村；三是明确标准，下发1个通知，制定1方案、1手册、2清单，定期通报乡镇、单位材料报送情况，规范材料报送和归档；四是开展业务知识培训和帮扶干部谈心谈话，乡镇党委书记分别与第一书记谈心谈话57人次，督察组与第一书记谈心谈话19人次，提高第一书记思想认识。根据近期督察情况，精准发出问题“点球”，以支部为统揽，实施最严格限时整改，不整改不升星晋级。

十、精神扶贫

贫困表现为物质或机会的匮乏，自我发展能力不足等具体形式，但从成因上来分析，在很大程度上要归咎于“等、靠、要”消极观念根深蒂固。“扶贫先扶志，治贫先治愚”不仅是强调教育在扶贫中的地位与作用，更是指出通过精神扶贫帮助贫困群众摆脱坐等帮扶、安于贫困现状等陋习的重要性。总结推广扶贫先进、脱贫典型，用身边人身边事示范引领，让贫困群众学有榜样、行有示范、赶有标杆，营造脱贫光荣、勤劳致富氛围。

为深入推进内源扶贫，把“扶贫”同“扶志”结合起来，不断激发贫困家庭脱贫的内生动力，积极营造“劳动脱贫光荣，坐等帮扶可耻”的氛围，鼓励其通过增加劳动供给来增加家庭收入，努力通过自身劳动脱贫，马边彝族自治县着力创新“以奖代补”精准扶贫新机制，蹚出了一条“脱真贫、真脱贫”新路。

专栏10-10 贫困家庭奋进计划，激发脱贫内生动力①

【基本概况】

近年来，马边彝族自治县聚焦脱贫攻坚“头等大事”，落实“绣花”式扶贫举措，累计脱贫25844人贫困人口，完成51个省定贫困村退出，实现连战连胜。为激发贫困家庭脱贫的内生动力，马边县与省内高校合作，在经过充分调研、论证的基础上，通过试点形式实施“贫困家庭奋进计划”，创新“以奖代补”精准扶贫新机制，鼓励当地贫困群众通过自身努力摆脱贫困。通过该项目的深度试点和全覆盖全县建档立卡贫困户，有效激发了贫困户脱贫的内生动力，参与项目的

① 课题组根据访谈调研资料整理。

贫困户的劳动性收入整体在逐渐增加。

【重点举措】

（1）立足实际，谋好致富新思路。一是精选试点村。2017年，在充分考虑各村组实际情况的基础上，在35个预退出村中选取劳动乡柏香村、沙腔乡干田坝村作为项目试点村，给予劳动收入奖励。同时，在95个省定贫困村中随机选取了苏坝镇峰溪村、沙腔乡二坪村作为样本村与试点村试点成效进行对比，但不给予劳动收入奖励。二是确定实施对象。由西南财经大学、县扶贫移民局负责制定参与“贫困家庭奋进计划”家庭必须具备的4项9条前提条件，在试点村、样本村中选择符合上述条件并自愿参加“贫困家庭奋进计划”的贫困户作为实施对象。同时，在试点村、样本村每村落实4～8名专项工作人员具体负责“贫困家庭奋进计划”的宣传、实施等工作。三是夯实基础工作。由西南财经大学负责开发设计管理系统，对确定的参与家庭、专项工作人员进行培训，全面掌握项目实施有关注意事项和工作细节，填写《家庭信息初始登记表》，签订有关承诺书等。

（2）创新引领，夯筑脱贫新模式。一是完善体系。在开展“贫困家庭奋进计划”上，全面推广“六大脱贫攻坚奋进激励”，设立脱贫致富标兵奖，对自主发展种养产业、自主创业等致富标兵进行奖励。设立就业务工奖励，对贫困户劳动力创业进行奖励。设立脱贫勤劳奖，对有劳动意愿、积极参与劳动收入奖励计划、拥有农业或非农劳动性收入的建档立卡贫困户进行奖励。二是全面实施。出台《马边彝族自治县“贫困家庭奋进计划”试点工作实施方案》《马边彝族自治县脱贫攻坚奋进激励实施方案》，明确实施对象、实施方式、实施程序、项目评估、惩罚制度、工作职责等。“贫困家庭奋进计划”规划2018年在全县有劳动力的贫困户中全面实施，市级安排专项扶贫奖补资金，县级足额匹配和统筹资金。三是扩大覆盖。在试点村与非试点村，贫困户与非贫困户中同时开展，奖励资金按季度发放，按照每户每季度不超过1500元，每年不超过4000元的标准进行奖励，激发群众劳动积极性，提高收入，以典型带动其他贫困户、非贫困户积极参与到项目实施中来。

（3）发挥优势，探出增收新成效。一是抓实先期试点。从2017年4月试点以来，参与贫困户增长明显，2个实验村186户参与农户共申报劳动性收入319.99万元，核实金额为296.74万元，发放奖励金为18.23万元，参与户全年工资性收入比2016年增长近2倍，项目激发了贫困户脱贫的内生动力，参与项目的贫困户的劳动性收入整体在逐渐增加，获得的奖励有较快上升。二是抓以点带面。结合在全县开展青少年教育促进奖励、劳动收入奖励等六大脱贫攻坚奋进激励奖励，在全县贫困户中普及劳动收入奖，设置脱贫致富标兵奖20名，其中产业发展投入奖励10名，每户定额奖励资金不超过2000元；产业发展收入奖励10名，对项目产业销售收入的10%给予成效奖励，每年每户奖励资金不超过1000元。设置就业务工奖励20名，对贫困家庭劳务收入按10%进行奖励，每年每户奖励资金不超过2400元。设置创业奖励若干名，对创办领办实体的贫困户一次性给予1万元奖励资金，县政府召开大会奖励。设置脱贫勤劳奖若干名，每个家庭每年奖励100元。截至目前，“劳动收入奖”发放奖励金29.36万元，惠及1640户贫困户。三是抓巩固提升。提前规划好2018年试点村，快速启动劳动收入奖励工作，保证按期足额发放奖励金。同步向贫困户宣传“贫困家庭奋进计划”与其他扶贫政策之间的关系，激发贫困户参与项目积极性，增强了贫困群众参与感、认同感、获得感。目前，脱贫攻坚“六大激励奖励”试点工作已在荣丁镇后池村全面实施。

（4）内外联动，增强发展新动力。一是增强参与感。创新推行“六大奋进激励奖励”和“贫困家庭奋进计划”，扩大贫困群众在扶贫各个环节的参与度，通过以工代赈、以奖代补等方式，提倡多劳多得，营造勤劳致富的氛围，贫困群众的参与感大幅度提升。二是增强奋进感。大力推广思想扶贫“十大主题教育”，常态化开展“感恩奋进·我的脱贫路”主题活动，用身边人的进步和事业的成功，激励贫困群众相互启发、开拓思路，树立起脱贫奔康的信心，激发干事创业的热情，依靠自己的努力改变命运。例如，劳动乡柏香村贫困户李财燕，通过自力更生、发扬艰苦奋斗精神成功脱贫，并选举为四川省人大代表。三是增强幸福感。实施移风易俗三年攻坚，积极倡导节俭办理婚丧嫁娶，持续推进红白喜事规范化、纠纷处理法治化、感恩奋进传导化，推动现代文明蔚然成风。出台公职人员行为规范“九不准”规定，从改进调查研究、联系指导基层、精简会议活动等9个方面落实36条细则，推动干部作风向务实转变。大力实施“三改四革命”，全面开展“五星家庭”评选，引导贫困群众“三改五洗”，养成好习惯。

十一、社会扶贫

社会扶贫是指多元行动主体针对贫困人口和社会弱势群体所提供的各种救助、开发以及社会服务活动。我国的社会扶贫包括定点扶贫、对口扶贫、企业扶贫、社会组织扶贫、国际机构扶贫和个人扶贫①。为深入贯彻落实《国务院办公厅关于进一步动员社会各方面力量参与扶贫开发的意见》（国办发〔2014〕58号）精神，全面推进社会扶贫体制机制创新，进一步发掘社会各方面力量参与扶贫开发的巨大潜力，积极动员引导社会各方面力量参与支持脱贫攻坚，凝聚起打

① 李周．社会扶贫的经验、问题与进路［J］．求索，2016（11）：41－45.

好脱贫攻坚战的强大合力，集中力量打好新时期扶贫攻坚战。

中纪委以高度的政治责任感和历史使命感，深化思想认识，坚定政治站位，始终以“干在实处、走在前列”作为工作取向，始终“把援彝工作干得最好、把援彝干部人才锻炼得最好”作为工作追求，始终坚持工作力度、人才队伍、帮扶资金“三个只增不减”工作举措，不断加力加劲推进对口帮扶工作，助力乐山市马边县、凉山州雷波县脱贫攻坚工作有力有序开展，取得阶段性成效。

专栏 10－11　扶到点上帮到根上，定点扶贫成效显著①

【基本概况】

雷波县和马边县均处在大小凉山彝区，属于乌蒙山集中连片特困地区。两县集老、少、边、穷于一体，区域整体贫困和绝对贫困问题交织，贫困程度深，减贫成本高，脱贫难度大。自党的十八大以来，中央纪委监察部机关大力帮扶四川省马边县、雷波县，以实际行动向党中央决策部署看齐，着力打赢脱贫攻坚战。

【重点举措】

（1）倾全力抓落实，深入贯彻中央精准扶贫要求。走进雷波县磨石村村民芦阿哥的新宅，两张中央纪委有关领导和村民的大幅合影首先映入了记者眼帘。“照片是我特意跟村里要的。我们要记住这些人，感谢这些人，是他们让我们的日子越过越好。”芦阿哥的老伴满脸喜悦地说。

扶贫难度越大，越需要坚强的领导作保障。中央纪委领导始终高度重视，把定点扶贫作为重要政治任务来落实。王岐山同志心系贫困地区和贫困群众，多次就机关定点扶贫工作做出重要指示。中央扶贫开发工作会议和中央单位定点扶贫工作会议刚刚结束，王岐山同志立即指示“真正贯彻党中央精准扶贫的要求”，抓紧研究加强机关定点扶贫工作的具体措施。2016 年 7 月，王岐山同志主持召开中央纪委办公会议，专题研究审议机关定点扶贫工作，决定每半年听取一次推进情况汇报，督导定点扶贫任务落实，强调“依靠当地党组织，发挥群众积极性，从村内道路、通信、电视等基础性建设入手，深入细致、持之以恒，逐步推动贫困地区面貌改变”。

中央纪委副书记赵洪祝 5 次对委部机关定点扶贫工作做出专门批示，强调扶

① 中共中央纪律检查委员会，中华人民共和国国家监察委员会．党的十八大以来中央纪委监察部机关定点扶贫工作纪实［EB/OL］. http：//www. ccdi. gov. cn/yaowen/201707/t20170725_ 148604. html，2017－07－25.

贫必须有实招、用实劲，确保按时完成任务。中央纪委副书记杨晓渡、吴玉良，中央纪委秘书长杨晓超先后多次组织研究定点扶贫工作，杨晓超同志率领工作组深入定点扶贫县，督导扶贫攻坚任务落实。

为加强对定点扶贫工作的组织领导，推动中央精准扶贫要求的贯彻落实，中央纪委监察部机关成立了由中央纪委秘书长总牵头，中央纪委组织部部长、机关事务管理局局长和机关党委常务副书记协助，机关扶贫办承担日常工作，机关各厅、部、室、局和直属单位共同参与的工作机制，在增强定点扶贫工作实效性上狠下功夫。

“党风政风监督室、信访室等部门加强对当地有关方面的指导，促进对扶贫领域腐败行为的查处；机关事务管理局优先保障马边、雷波两县办案设备需求；机关党委发动机关党群组织，对帮扶村建档立卡贫困户开展形式多样的帮扶；杂志社、报社、出版社等直属单位发挥自身优势，在助残、助病、助学、助老等方面发挥作用……”机关扶贫办负责人告诉记者，机关各单位落实中央纪委领导要求，不断明确责任，怀着饱满的热情主动作为、积极探索，合力推动定点扶贫工作扎实深入开展，成效正在日益显现。

（2）想实招、用实劲，走到群众身边真扶贫扶真贫。“如果不是中央纪委派来的扶贫干部帮忙，我现在不知道过着啥样的日子！”说这话的，是马边县柏香村村民李丹。原本就家境窘迫的她，因为一场交通事故花光了全部积蓄，还欠下不少外债。想养鸡赚钱，又因缺乏技术造成鸡只大量死亡。在走投无路之际，中央纪委监察部机关挂职干部、柏香村的第一书记帅志聪找到了她，帮她联系专业人员解决技术难题，还为她联系公司拓展销路。经过一年多的发展，李丹已成为村里的养鸡示范户，她家的土鸡最贵能卖到 20 多元一斤。

这样的故事，在中央纪委监察部机关的定点扶贫县还有很多。为把定点扶贫工作做实做细，中央纪委监察部机关充分发挥干部资源优势，选派优秀中青年干部到扶贫点挂职锻炼，“零距离”帮助困难群众脱贫致富。

记者在柏香村采访时，见到了第一书记帅志聪——黑瘦的脸庞，憨厚的笑容，裤脚上和胶鞋上沾满了泥土，让人很难想象这是一位 28 岁的机关干部。近两年的挂职时间里，他几乎天天走村入户，和老百姓打成了一片。村里的狗如今见了他不仅不叫，还会摇尾巴。正是这样的一批乐于奉献、敢于担当的挂职干部，深入基层一线访民情、听民意、解民忧，帮助因地制宜理思路、制规划、添举措，为推进精准扶贫工作奠定了坚实的基础。

基础设施建设薄弱，是制约扶贫工作的一大瓶颈。为此，中央纪委监察部机关积极筹措，协调吸收资金，通过挂职干部，大力改善重点帮扶村的基础建设。“原来有的村民小组没有通路，到山顶的农户家需要两个多小时，很多时候需要手脚并用才爬得上去。”机关挂职干部、雷波县委常委、副县长王明感慨地说，现在路都通了，看着村民们骑着摩托车在平坦的路上穿行，心里和他们一样高兴。

一方面坚持“输血”，另一方面也要重视“造血”。针对民族地区脱贫后返贫率高的现实情况，中央纪委监察部机关和挂职干部积极开展产业帮扶，推动可持续脱贫。近年来，部委机关积极组织在两县推广优质茶叶、核桃、脐橙等特色产业和芭蕉芋猪、土鸡等养殖产业，推动成立订单式养猪和养羊、养蜂合作社，让困难群众的钱袋子鼓起来。

在雷波县磨石村，15 亩紫山药正在田里茁壮成长。机关挂职干部、磨石村第一书记王寿梗站在田边兴奋地说，“小康不小康，关键看老乡。我们下一步还会引进更多像紫山药一样收益高、见效快的品种，让老乡们尽快富起来，和全国人民一道奔向全面小康。”

（3）扶根本谋长远，打造“永不走的工作队”。扶贫开发，要给钱给物，更要建个好支部。中央纪委监察部机关定点扶贫工作始终高度重视基层党组织建设工作，扶贫干部把建强基层党组织作为脱贫的根本举措和扶贫的最大政绩，着力配齐配强村“两委”班子，激活每一个党员“细胞”，提高他们带领群众致富的能力，打造“永不走的工作队”。

随着各级党组织切实扛起主体责任，两县脱贫攻坚工作成效正在凸显——2016 年马边县脱贫 16 村 1222 户 4893 人，雷波县脱贫 31 村 1459 户 6022 人；选派第一书记的柏香村、磨石村2016 年分别脱贫55 户 210 人和62 户 276 人，达到脱贫标准。

十二、财政金融扶贫

财政金融扶贫既是我国精准扶贫的重要组成部分，也是扶贫攻坚的重要路径。金融扶贫是通过向贫困地区提供有效信贷资金扶持，实现贫困地区经济发展、贫困农户脱贫致富。在当前形势下，做好金融精准扶贫工作是贯彻执行中央金融扶贫决策部署的战略举措，是加快脱贫攻坚进程的有力手段，更是金融系统履行社会责任的必然要求。

激发建档立卡贫困户内生动力、实现脱贫致富作为财政金融扶贫根本任务，中国人民银行阿坝州中心支行在确保结对帮扶项目、资金、措施落实到位，在力求高质量完成按期脱贫任务的基础上，创新推进扶贫发展资金互助项目，推动财政扶贫、产业扶贫与金融扶贫政策良性互动，探索构建具有内生性和长效性的稳定发展机制。

专栏10-12　打造金融扶贫“阿坝模式”，着力提升藏区金融服务水平①

【基本概况】

为深入贯彻落实总行金融精准扶贫工作部署，中国人民银行阿坝州中心支行（以下简称人行阿坝中支）组织带领全州金融系统，积极对接阿坝州委、州政府脱贫攻坚部署，先后开展了金融扶贫惠农工程、扶贫开发金融服务、金融助推脱贫攻坚等工作，有效创新工作机制，精细化工作举措，精准化实施路径，金融助推脱贫攻坚取得良好成效。

【重点举措】

（1）践行金融精准扶贫。针对阿坝州贫困人口普遍存在的产业发展项目缺失、产业发展动力不足、市场对接能力较弱的现状，阿坝州金融助推脱贫攻坚领导小组积极以支持产业发展和产业扶贫为突破口，推动创建金融扶贫的银政合作模式、产业扶贫模式和个人扶贫模式，并以发展绿色金融为新的突破口，确保金融扶贫工作全方位推进，全力提升金融支持产业扶贫对建档立卡贫困户的带动效应，增强建档立卡贫困户脱贫解困的可持续性。

针对阿坝州特色产业资源分布情况，阿坝州金融助推脱贫攻坚领导小组制定《阿坝州金融助推脱贫攻坚示范基地管理办法》，明确建设“农（牧）业产业化、文化旅游产业、乡村旅游产业、民族文化产业、创业就业带动”五类特色示范基地的准入条件、支持方案和政策保障。通过做好“四项加法”，发挥示范基地在金融扶贫中的引领示范作用。一是“基地+信贷+再贷款”，对评定的示范基地，以扶贫再贷款“戴帽”进行支持，直接发挥再贷款货币政策工具的政策效应，2016年设立扶贫再贷款以来，已累计投放5.5亿元重点用于支持示范基地。二是“基地+信贷+金融服务”，对有条件的示范基地同步提升基础金融服务，特别对涉及服务行业的示范基地优先打造农村金融综合服务站，不断增强示范基地的发展基础。三是“基地+信贷+信用”，在基地建设中坚持“信用先行”，同步开展信用户、信用村评定，推进信用、信贷联动，形成守信正向激励机制。四是“基地+信贷+保险”，对示范基地配套跟进保险服务，在普惠性的农业政策保险外，针对示范基地开办特色水果等创新农业保险业务。通过强化保险保障，有效提升“三农”以及示范基地抵御风险能力。

① 新华网．党建与业务深度融合打造金融扶贫“阿坝模式”［EB/OL］．http：//www.xinhuanet.com/2017-10/17/c_129721830.htm，2017-10-17.

（2）夯实信用建设基石。信用体系建设不仅是信贷资源投入扶贫领域的重要基础，更是贫困地区实现可持续发展的重要保障。阿坝州在实施金融助推脱贫攻坚过程中，坚持信用先行，创新建立"党委总揽、政府主导、部门联动、人行推动、金融机构参与"的信用体系建设工作长效机制，先后成立州县两级信用体系建设领导小组，形成政府部门齐抓共管的工作格局。推动《阿坝州农村信用体系建设实施意见》《阿坝州旅游文化信用体系建设实施方案》《阿坝州诚信文化教育实施方案》等文件出台，阿坝州政府将信用建设纳入对各县的目标考核，确保了金融扶贫的可持续性，有效地降低了金融风险。

据了解，截至2017年6月末，全州已发放扶贫小额信贷4.33亿元，其中，直接运用扶贫再贷款资金1.68亿元，惠及1.19万户贫困户。按照"信用+信贷"方式创建示范基地，通过产业发展，带动贫困户脱贫和县域产业发展。创建64个金融助推脱贫攻坚信用示范基地，累计投入贷款10.56亿元。信用示范基地直接带动2174户贫困户脱贫致富，间接带动1.08万户农户增收致富。区域信用环境得到优化，不良贷款呈逐步下降趋势。6月末，阿坝州不良贷款率同比下降1.31个百分点。

（3）改善农村支付环境。2017年，推动出台《阿坝州金融精准扶贫示范区建设总体方案》及具体方案和财政补贴等相关配套办法。将农村支付环境建设作为金融助推脱贫攻坚的"三大重要支撑"之一纳入阿坝州委、州政府脱贫攻坚重要工作中同部署、同落实、同考核；同时，人行阿坝中支切实承担并发挥好"迅通工程、支付惠农示范工程领导小组"办公室的职能及功能，两次组织工作调研督导组对阿坝州13县（市）开展巡回调研和督导，督促阿坝州各县按照"一县一策"的原则完善了工作实施细则和评估、考核指标体系，进一步明确了领导小组成员单位职责分工、强化了领导小组办公室议事机制，使工作机制进一步延伸至各县域和相关各部门，强化了机制保障，为各县域金融机构更好地开展工作创造了条件；农村支付环境建设扶持政策、措施日趋优化，为保障其可持续发展，发挥更多、更大、更好的作用奠定了坚实基础。

截至2017年6月末，共计建立"助农取款服务点"2052个，全面消除1146个具备电力、通信等基本条件的金融服务空白乡（镇）、村；成功创建92个银行卡助农取款示范点、12个农村金融综合服务平台、17个农村金融综合服务示范站；推动增加藏语提示，实现ATM藏汉双语提示。累计办理小额取现32.32万笔、金额11338.23万元，代理转账18.08万笔、金额37200万元，现金汇款895笔、金额119.17万元，代理缴费5199笔、金额170.55万元，钞币兑换、自助点验钞18.32万次、金额826.36万元，牦牛保险保费交纳30万头，银行卡余额查询26.76万次，收集1000余户小额信贷资料。退耕还林等各类涉农补贴直发

126.63 万笔、金额 14671.69 万元，国库直拨补贴 227960 户、金额 12383.43 万元。把银行开到了广大农牧民家门口，农村金融服务从无到有、从有到多，从多到全。多数农牧民足不出村就可取现和查询余额，部分农牧民已享受到与县城同等方便、快捷、高效的多元化金融服务，且为其节约了大量成本，仅助农取款就节约取现成本 1616 万元，代理牦牛保险节约投保、获取理赔成本 100 余万元。

第三节　主要经验

一、基础设施建设补齐“短板”，社会保障兜底改善民生

深度贫困地区公共服务、基础设施建设是薄弱环节，并且由于自然地理条件艰苦，建设成本高、建设难度大，客观上抑制了市场经济的发育和优势产业的培育，既不利于经济发展，又因为产业结构不合理，第二、第三产业不发达，导致劳动力需求不足，贫困人口就业增收面临双重挑战。因此，实现深度贫困地区的稳定脱贫，基础在于补齐经济社会发展的各项“短板”，改善社会公共服务。

高原藏区和大小凉山彝区聚焦脱贫攻坚“两不愁三保障”“四个好”目标，全面融入贫困县脱贫“摘帽”与小康建设同步工程，以深度贫困村基础设施为重点，加大资金投入力度，把帮扶资金和项目重点向贫困村、贫困户倾斜，夯实水利、道路等基础设施建设。大力实施安全住房建设，稳步推进易地扶贫搬迁和危房改造项目，启动藏区新居、彝家新寨等项目，补齐住房“短板”；实施“三建五改”行动，改善人居生活环境；建立贫困人口“一站式”医疗保障、先诊疗后付费机制，确保医疗保障贫困人口全覆盖；推进“一村一幼”标准化和寄宿制学校建设，加强职业教育和培训，弥补教育“短板”；加快县域内“六小工程”进度，促进农民增收；着力打通脱贫攻坚工作“最后一公里”，满足基本生活和生产需求；加快完善社会公共服务，弥补社会事业“短板”，建造村级卫生室、文化活动室、幼儿园和乡镇便民服务中心。

住房安全、教育和医疗保障与民生息息相关，但长期以来缺失深度贫困地区发展突出的“短板”。民生建设滞后，不仅阻碍了地区经济发展，而且对贫困人口造成权利剥夺，不利于贫困人口的自我发展和自我实现。脱贫攻坚首要攻克的便是这些“短板”，通过道路交通、住房卫生以及教育医疗等基础设施和社会服务体系的完善，切实解决制约贫困人口增收和发展的“瓶颈”，从而为精准脱贫奠定基础。

二、强化扶贫干部队伍建设，实干导向凝聚攻坚合力

乡村基层组织和基层的干部队伍建设，既是政府各项方针、政策的最终执行者，也是直接面对群众、联系群众、服务群众的主体①。扶贫干部队伍作为实施精准扶贫精准脱贫的一线骨干队伍，其能力与素质，特别是执行能力事关能否顺利完成脱贫攻坚战。精准扶贫需要驻村帮扶干部能够帮助建立良好的目标瞄准机制、提出切实可行的扶贫规划并能够采取多样性的手段，根据不同村庄和不同农户的致贫原因，采取有针对性的帮扶措施②。

阿坝州建立差异化的扶贫支持政策，深入践行"一线工作法"，压紧压实多层次、全方位"责任链条"。动态掌握帮扶力量的工作情况，及时调整完善帮扶力量，切实加强基层干部、驻村人员等力量的培训，打造一支坚定的脱贫攻坚队伍。甘孜州优化攻坚力量，锻造攻坚队伍，大力实施"硕博人才进甘孜""百千万康巴英才"工程，加强教育培训，通过"干部素质提升工程"打造高素质的扶贫队伍。凉山州鲜明实干导向，汇聚干部群众攻坚合力，鲜明责任导向，落实攻坚责任。实施"筑底强基·凝聚民心"工程，从严问责问效，集合各方开展精准扶贫，形成攻坚合力。

综合来看，高原藏区和大小凉山彝区坚持实干导向，进一步压实帮扶单位责任，强化扶贫队伍执行力，汇聚攻坚合力，经验主要集中在：一是强化激励约束机制，厘清县级政府脱贫主体责任、行业部门扶贫责任、扶贫部门的部门责任与扶贫干部责任之间的关系，动态调整完善各方力量，优化扶贫队伍结构，以实干为导向，加强问责问效，坚决杜绝腐败和敷衍，形成攻坚合力；二是坚持"实用""管用"原则，通过人才引进、自主培育等方式，培养一批年轻后备干部，建立和完善传帮带机制，使年轻干部迅速进入到精准扶贫工作角色中，为扶贫开发工作打造一个具备综合素质、专业水平、创新性水平和抗压能力的稳定后备团队；三是尤其加强驻村干部队伍建设，提升驻村干部工作能力。通过优化驻村干部结构、实行干部"选""派"结合、强化创新能力培养、提升执行能力和价值认同，打造精锐驻村干部队伍。

三、党建扶贫引领基层治理，四好建设助推乡村善治

精准扶贫可以看作乡村治理进程中的一个阶段，是乡村振兴的基础。乡村治

① 王丹莉，武力．干部驻村：西藏乡村基层治理方式再透视——基于西藏六地一市干部驻村的问卷调查［J］．河北学刊，2017（3）：164－169.

② 王晓毅．精准扶贫与驻村帮扶［J］．国家行政学院学报，2016（3）：56－62.

理的最高要求是实现善治①。而要实现乡村善治，不仅需要不断提高基层民主管理水平，同时要求全面构建乡村社会新型道德规范，形成积极向上的文化氛围，促进乡村物质文化和精神文明同步发展。

阿坝州坚持以“养成好习惯、形成好风气”为总要求，以乡村基层社会治理为切入点，以乡村治理深层次问题为导向，大力开展乡村“善治工程”，努力推动贫困村寨形成“四个好”。一是充分发挥党建在全面增强乡村善治的组织引领力，加强农村党员干部后备力量建设，培育壮大一批“善治”的带头人队伍；二是坚持法治为本，健全基层公共法律服务体系，加大普法宣传力度，真正把人民调解组织、乡村法律服务、寺庙管理等嵌入乡村治理体系；三是以自治为基，大力培育服务性、公益性、互助性农村社会组织，全面提升基层民主管理水平；四是坚持德治为先，建好用好乡村思想文化阵地，筑牢“国家好、民族好、大家才会好”的思想共识，切实增强“五个认同”，全面构建乡村社会新型道德规范。

基层实现善治需要坚持两个原则：基本权利保护原则和辅助性原则。这两个原则要求政府在提供基本保障的基础上，充分尊重基层民主自主性，尊重差异性，通过引导和激励，而非强迫的方式，帮助基层民主的运行，实现自我管理、自我服务。但是需要认识到的是，大小凉山彝区和高原藏区地理上属于偏远落后地区，社会分类上属于民族地区，其社会结构和文化构成与其他贫困地区有很大差异，集中体现在精神文化方面就是：主观能动性差、市场参与意识薄弱，受传统习俗和宗教文化侵染严重，现代性伦理缺失问题突出。这就要求政府在基本权利保护的基础上，更加强调辅助性。要推动区域风貌改造，扫除陈规陋习，引导树立“勤劳致富，自力更生”的共同思想认识，在此基础上，通过教育、宣传和人才培养，提升基层自治能力，推动乡村自治实现“四个好”。

四、创新定点帮扶东西协作，构建脱贫帮扶“双赢”机制

传统扶贫模式致力于解决贫困人口短期的物质问题，往往忽视了贫困群体自身发展和自我实现的需要。深度贫困地区市场经济和优势产业的发育滞后，既不利于经济总量的增加，同时难以实现对就业的充分带动，贫困人口缺少持续稳定的收入增长机会。或者仅仅因为产业过于低端以及产品未达到市场化运作，造成贫困群体增产不增收，“一穷穷一片”。要实现稳定、长效、可持续的精准脱贫，必须从贫困人口可行能力入手，建立起新型的扶贫协作关系，重点在于切实实现

① 冯兴元．乡村治理关键在于善治［J］．华中师范大学学报（人文社会科学版），2017，56（3）：7－10.

由“输血”到“造血”的转变。

凉山州创新“扶贫+市场”帮扶思维，全面实施“以购代捐”精准扶贫帮扶模式，结合农业供给侧结构性改革，大力发展“一村一品”特色绿色农业，构建“贫困户+专业合作社+第一书记+电商平台+消费者”联结机制，实现供需双方有效对接，推动形成“让购买者有回报、让受助者有尊严”的新型帮扶协作关系。这一模式的优势在于围绕当地特色农业产业，通过以购代捐，改变利益联结方式，让贫困农户有效参与到市场运作中，通过自身努力，实现了收入的增长。

此外，针对贫困群体发展能力不足的问题，开展技能培训和就业指导，也是实现稳定脱贫的重要手段。阿坝州九寨沟县在地震导致旅游业停板、农民工大量失业的严峻形势下，充分把握灾后重建机遇，发挥帮扶资源优势，着力实施“农民工匠”工程，不断拓宽“一人就业，全家脱贫”的致富路径。一是瞄准需求，大力开展就业创业培训。主动调整农民工匠实用技能培训方向，针对建设施工等领域所需的技术工种和自主创业开展技能培训，切实提高农民工匠就业竞争力。二是搭建平台，全面促进人岗精准对接。将人岗对接作为就业扶贫的关键重点，转变服务方式，做好农民工匠与岗位需求精准对接工作。三是通过政府引导，有序开展集中劳务输出。

以人为本，从贫困人口的实际生存和发展需要出发进行精准帮扶，贫困人口的自我脱贫和自我发展能力才会得到真正提升，脱贫攻坚的内生动力才会真正形成①。新型扶贫协作模式是一种合作型扶贫模式，“人”是扶贫工作的核心，人的发展和自我实现、自我满足是脱贫的关键所在。围绕贫困群体可行能力和发展需要开展项目，充分调动其积极性和创造性，尊重贫困群体的参与性、权利和意愿，形成政府引导、社会协作、贫困户自主自立的新型合作关系，才是实现稳定、长效、可持续脱贫的最终手段。

第四节　面临挑战

由于历史和现实的因素，深度贫困地区一般地处偏远，土地贫瘠，自然灾害频繁，交通不便，信息闭塞，教育水平低，科技落后，文化卫生事业不发达，经

① 莫光辉．精准扶贫：中国扶贫开发模式的内生变革与治理突破［J］．中国特色社会主义研究，2016（2）：73－77.

济基础薄弱，社会保障水平十分低下，已经脱贫的农户也面临诸多返贫挑战，主要包括精准脱贫难度指数高、区域个体返贫压力大、摆脱贫困内生动力弱和脱贫后续发展挑战大。

一、脱贫攻坚难度指数高

1. 主体功能区视角

四川省贫困地区在空间上呈现经济地理的边缘性、政治地理的敏感性、生态地理的脆弱性等多重叠加耦合，从国家主体功能区角度来看，四川省深度贫困地区大多属于限制开发区或禁止开发区，也是四川省甚至全国重要的生态功能区。这些地区资源环境承载能力较低，不具备大规模高强度工业化、城镇化开发的条件，因此，应把发展生态经济作为一项战略选择，实现资源开发与资源培植相结合，生态文明与经济建设相融合，实现经济效益、生态效益、社会效益的和谐统一，不断探索生态经济的发展模式。提供生态产品作为该地区的发展目标之一①；而生态产品要转变成生态经济，进而变成生态优势，不仅取决于生态交易市场，而且还高度依赖是否拥有形成共识、权威的政策法规制度，同时，与人类社会文明程度、国家经济发展水平也密切相关。加之各国之间、中央与地方之间、不同地区之间的生态利益博弈，生态生产者与生态购买（需求）者之间形成的价格易于被扭曲低估。

生态产品价格要回归市场价值，例如，退耕还林、退牧还草相关补贴标准，可以提高到贫困地区群众认为放弃耕种农作物、放弃养牛羊（机会成本）等是一种经济人的理性选择，此时的价格才是均衡价格（Equilibrium Price）。当生态价格低于机会成本时，保护建设生态的内在动力就值得各方担忧。在我国，生态产品的定价权在中央政府，地方政府则无定价权，拥有一定的议价权，而贫困户则既无定价权也无议价权。因此，生态功能区的脱贫严重依赖国家层面的生态政策、资源开发政策等，而上述政策的调整变动涉及不同利益集团的既得利益，考验着各方智慧。

2. 社会发育的视角

一个地区社会发育程度低体现在多方面，社会心理层面表现为个体意识尚未觉醒；群体意识层面表现为眼光狭窄，注重眼前利益、局部利益，忽视长远利益和全局利益，小生产者意识根深蒂固地禁锢着人们的思维；文化氛围层面表现为文化消费在其本质上还属于满足人自然本性需求的消费。社会发育程度低的原因

① 贾长安．论西部贫困地区产业升级与生态经济转型的互动关系［J］．学术论坛，2015，38（4）：63－67.

是复杂的。从空间层面来看，社会发育程度低的地区往往具有空间环境上的相对封闭性，与外界交往、联系匮乏；从历史层面来看，空间环境的封闭性，又容易造成社会发育程度低的地区长期停留在一种社会形态中，呈现平行而非上升式的发展历程，文化积累长期处于低水平陷阱中。长期的自我封闭与低水平循环发展，容易造成人们对落后生产生活方式和低水平形象思维的路径依赖，形成贫困文化，陷入低水平均衡陷阱。就四川省而言，社会发育程度相对较低的地区，主要集中在大小凉山彝区和高原藏区。

综上所述，地理环境封闭、历史发展欠账、文明发育不足，思想观念滞后等，直接制约着这些地区的人文素质的改善与提高，导致并加重了贫困深度。而打破环境封闭、弥补历史欠账、消除贫困文化、更新发展理念均要经历一个较长的过程，社会发育的耗时性和脱贫攻坚的限时性之间存在巨大反差与内在矛盾，成为低社会发育程度地区脱贫攻坚最大的难点。

3. 特殊类型村视角

与一般贫困村相比，特殊类型贫困村存在特殊的属性特征，造成其成为脱贫攻坚的难点所在。根据四川省 11501 个村的特点，高半山村和“空心村”脱贫最为艰难。高半山区特指农区河谷以上，位于山体相对高度一半以上或海拔高度在 2300 米以上的农村地区。四川省高半山区占四川省总面积的 38%，地理区位与贫困区域基本重合。高半山村脱贫攻坚面临着扶贫工作是优先尊重主体意愿还是遵循经济效益的两难选择；面临着易地扶贫搬迁带来生活便利性与生产不便性的艰难选择。位于高半山的贫困村，其区域环境封闭、山高坡陡、气候恶劣、生态脆弱、交通不畅、信息闭塞，往往形成地理和信息上的双重“孤岛”，身处其中的贫困者与外界联系、交流匮乏，生产发展处于自给不自足的状态，人们居住分散、劳动素质低下、思想观念陈旧，在缺乏外力有效介入的情况下，先进的意识、技术和制度均难以自我产生，也难以被本土贫困者自主引进，容易形成贫困的“孤岛”。

“空心村”是在我国工业化、城镇化和农业现代化的时代背景下，由于城乡资源配置不平衡，致使公共服务缺失，人口外流，农村人口非农化速度加快，进而带来农村政治、经济、文化等多种要素的空心化，是多元要素“空心”的复合体①。“空心村”是在工业化、城镇化背景下农村变迁的阶段性外在表现，“空心”并不一定是一种空间形态，而是土地、人口、经济、社会、文化等各要素偏离和谐“运行轨道”的结果，是农村多要素“空心”的综合，是农村社会“生态失衡”的体现。“空心村”脱贫最大的难点在于，随着精壮劳动力的流失，人

① 张柏林．“空心村”困境及化解之道［J］．河南社会科学，2016，24（12）：108－112.

才“空心”化问题凸显，而不管是脱贫还是发展，其首要保障就是人力和人才，缺乏人的支撑，“空心村”的农业劳动生产、基础设施建设、公共服务运行、科技推广示范等均难以推行，容易造成村庄的“塌陷”。

4. 深度贫困群体的视角

少数民族、残疾人、老人、儿童等既是扶贫重点更是脱贫的难点。截至2013年底，在四川省贫困人口中，少数民族贫困人口仍有90.57万，占14.5%；残疾贫困者13.74万，占2.2%；60岁以上老年贫困者195.78万，占31.3%；18岁以下未成年贫困者58.03万，占9.3%。四川省少数民族致贫原因复杂，多维贫困叠加，特别是代际贫困问题突出。贫困代际传递既是慢性贫困（Chronic Poverty）的特性，也是慢性贫困的成因。慢性贫困意味着扶贫具有长期性，而实现2020年全面建成小康社会又要求如期脱贫，如何兼顾短期与长期问题，达到“标本兼治”，既实现短期暂时性脱贫又确保长期稳定性脱贫，是少数民族脱贫的一大难点。此外，少数民族贫困不仅是自然生态环境因素的产物，更是贫困人群生活方式等人文要素失调作用的结果。民族地区农户受制于落后的教育水平、恶劣的自然生态条件和本民族的文化特征，在劳动力使用、家庭生产投资等方面很难实现合理的资源配置①。

老年人脱贫的挑战在于：一是家庭养老瓦解下的多维帮扶难题。目前，农村家庭养老出现了瓦解。大多数“空心村”青壮年外出打工，并不能承担起照顾老人的责任，同时他们还会将自己的子女留给老人照顾，更加加重了老人的负担；二是现代生产方式下的资源获取难题。当前农村社会的生产方式与传统社会已经相去甚远，老年人的经验和价值出现了边际效应递减趋势，他们缺乏知识和技术来进行市场交易以获取相应的经济资源，被排斥于现代化的生产方式之外②；三是财富非均衡性转移下增收难题。在农村老人经历了现代性的“去价值化”之后，又经历了财富非均衡性转移，即在年轻时积累的财富过早、过多地转移到子代手中，特别是分家之后很多老人生活条件可能恶化，从而加重了老年人的贫困。

残疾人脱贫的挑战主要体现在：一是收支状况中存在隐蔽性贫困问题，即残疾人的医疗康复消费高，在传统以收入为标准的贫困线衡量下，可能将贫困残疾

① 汪三贵，张伟宾，陈虹妃，杨龙．少数民族贫困变动趋势、原因及对策［J］．贵州社会科学，2012（12）：85－90.

② 仇凤仙，杨文健．建构与消解：农村老年贫困场域形塑机制分析——以皖北D村为例［J］．社会科学战线，2014（4）：173－178.

人视为非贫困人口，从而出现瞄准偏误[①]；二是传统扶贫主要是直接或间接帮助增收，然而贫困残疾人需求特殊，更加多元，脱贫需求与扶贫供给之间存在着精准对接难题；三是残疾人精准扶贫除了注重发挥政府的主导作用之外，更需要社会爱心人士、社会企业、社会组织的积极参与，而当前残疾人精准扶贫中政府和社会力量还难以实现充分有效对接。

二、抗逆力弱返贫风险高

降低脆弱性（Reducing Vulnerabilities）、增强抗逆力（Building Resilience）防止新的致贫与返贫现象，以自我发展能力建设巩固扶贫攻坚成果，实现持久脱贫[②]，是脱贫攻坚要实现的重要目标。一方面，由于信息不对称，在精准脱贫评估考核中，相关主体可能存在掩盖于己不利信息的动机，以获取利己的扶贫政策与资源，而一旦脱贫的政治高压形成，下级扶贫主体又可能出于追求政绩而“急躁冒进”，人为地让贫困对象“数字脱贫”（“虚脱”），即面临精准脱贫退与不退的“道德风险”（Moral Hazard）问题。另一方面，在精准脱贫考核中，被考核者存在隐藏信息的动机，在脱贫考核机制不健全时，由扶贫部门自主考核容易导致考核过程流于形式，听汇报开座谈多，以“说”代“做”多，内部人“自己考核自己”多。在信息不对称情况下，帮扶对象也有隐藏信息的动机，村级组织和村民更倾向于隐藏信息延迟“退出”。当村组织、村民在评估考核中力量较弱时，容易造成“被脱贫”，当完全让被帮扶者评估时又会造成“难脱贫”，因此，即使有客观标准，脱贫结果也可能难以被老百姓所认可。

当前深度贫困地区经济发展普遍面临缺乏核心竞争力、县域经济发展后劲不足、经济结构不合理等诸多问题，很多已经脱贫“摘帽”的地区始终面临返贫的风险[③]。第一，深度贫困地区多处于山区，自然条件恶劣，贫困人口数量较多且分散，贫困户对转移性收入倚重程度高，经营性、工资性、财产性收入占比低，务工工资性收入稳定性差；第二，贫困地区经济发展受到多种因素限制，地方财政收入仅能维持其自身基本运转，在改善民生、保障公共安全等方面力不从心，而过大的扶贫压力导致地区经济发展、基础设施建设和产业转型缺乏必要的资金支持，对外招商引资时缺乏明显优势和足够的吸引力；第三，贫困地区农业发展受到国际市场农产品价格倒挂的影响，近年来农业收入因市场价格波动而有

---

① 中国国际扶贫中心．残疾人精准扶贫探究——来自四川巴中的实践［EB/OL］．http：//www.iprcc.org.cn/Home/Activity/activityaction/cid/184.html，2015－12－11.

② 冷志明，殷强．以自我发展能力建设巩固扶贫攻坚成果［N］．光明日报，2016－03－27（6）．

③ 刘宇，程春梅．贫困地区县域经济发展靠什么［J］．人民论坛，2017（20）：84－85.

所减少，而农业龙头企业多以初级加工为主，产品结构单一、抗风险能力较差、品牌影响力不足、规模较小、缺乏特色等现象较为普遍，无法提供足够的就业岗位和带动经济发展；第四，经济发展后劲不足，很多贫困地区经济主要以原材料加工、初级产品生产和低端产品生产为主，缺乏必备的基础条件和网络经济来有效应对不断变化的市场经济和网络经济；第五，农村人口普遍向外流动，大多数青壮年长期外出务工，劳动力的缺乏难以推动农村经济快速发展；第六，未来市场经济条件下，互联网经济必将成为经济发展的重要拉动力量，然而当前四川贫困地区在网络人才队伍建设、人才引入、信息化基础条件建设和电商发展等方面还没有做好充分准备。脱贫离不开持续稳定增长的直接性物资支持，目前深度贫困地区主要靠四川省利用行政体系推动的扶贫方式以现金或物资供应作为主要手段，虽然这种减贫措施具有风险低、见效快、考核方便的优点，但在一定程度上加深了贫困户对政府及外界力量的依赖，进一步放弃对财富的主动追求和对生产的积极谋划，不利于农业生产和农村经营活动的创新发展。省内高寒藏区，贫困状况存在很大特殊性，当地农村反贫困更多地依赖于政府力量，农户的自主反贫困能力相对较弱，对国家扶贫政策寄予更多期望，对政策的依赖性相较于其他地区也更强①。政府或其他组织及个人一旦停止或减弱资金、技术扶持力度，贫困户和贫困地区就容易返贫。

返贫人口的脱贫挑战在于，返贫本身意味着贫困者的脆弱性。脆弱性既是贫困的原因，也是脱贫的障碍，更是返贫的重要影响因素。这种脆弱性既可能源于自身的能力不足，也可能源于外部的权利赋予和机会创造再一次失败。返贫，不仅意味着在经济上从摆脱贫困退落到再一次跌入贫困，而且也意味着对这些曾经历经艰难走出困境的脱贫对象的心理实行了二次打击。另外，现行的一些政策法规排斥了部分深陷贫困境遇的群体，例如，农村的“黑户”死角问题、大小凉山彝区的失依儿童问题。

三、激发脱贫内生动力难

虽然深度贫困地区贫困问题是多层面、多角度的复杂原因综合而成的，但其中最突出的还是收入和温饱问题，因此，无论是政府还是贫困户自身都对经济、物质投入更为重视，却忽视了贫困人口思想观念落后、人力资本不足等问题。部分贫困户缺乏脱贫致富的主观能动性和积极性，过度依赖政府的扶贫帮扶政策，形成“等、靠、要”的思维模式，出现了贫困户与政府在脱贫攻坚中的博弈，

---

① 李波，刘丽娜，李俊杰．高寒藏区农村反贫困政策依赖性研究：基于分位数回归模型的经验分析［J］．中央民族大学学报（哲学社会科学版），2017（5）：69－78.

而长期以来形成的以政府为主体的扶贫模式在某种程度上对这种思维模式进行了进一步强化。此外，虽然近年来文盲人口减少、人口素质得到提升，尤其是青壮年人口素质提升明显，但是不可回避的是，由于环境的闭塞，长期徘徊于贫困线，对教育的重视程度不够、投入不足，部分贫困人口受教育水平较低、思想相对保守，主观上致富愿望迫切，但又怕失败、不敢投资；家庭占有和使用资本的能力、抵御风险的能力与贫困程度呈现负相关①。部分贫困户抵御风险的能力较弱，面对自然灾害、市场巨变等意外状况时无法有效应对，自力更生发展致富动力不足；部分贫困户受技术、市场等因素影响，发展受挫失去信心；部分贫困户存在体制、职业、地域歧视等，眼高手低，导致出现很多基层岗位无人问津而贫困户又抱怨就业无门的现象。

从目前面对的深度贫困问题来看，物资匮乏、经济利益得不到满足的现象固然存在，但更严峻的是根深蒂固的思想贫困和精神贫乏，过度依赖政府帮扶、忽视自身脱贫能力建设，导致无法从根本上改变贫困现状，贫困户在脱贫后容易因外在条件变化而返贫，这种思想和精神的贫困比物质贫困更长期、更深重、更顽固、影响也更深远。要持续推进深度贫困地区脱贫攻坚，对贫困群众还要进行法纪意识、移风易俗方面的教育，重视贫困对象精神层面和思想观念的正确引导，要将扶贫和扶志、扶智相结合，增强贫困地区脱贫致富的内生动力。

驻村干部在实施精准扶贫工作过程中也面临动力不足的问题，突出表现为驻村干部驻村不住村，入村不作为、慢作为，开拓意识和创新能力不足。一方面，各地高位推进精准扶贫，必然要求选优配强驻村干部，然而现有各单位自身在职优秀干部数量少，选派下去必然会影响本单位工作开展；另一方面，干部驻村成效的取得往往依赖于驻村部门所掌握资源的多寡及对扶贫工作的重视程度；此外，现有干部驻村帮扶缺乏有效激励和严格考核机制，不能有效规范驻村行为，驻村干部作用未完全发挥，工作成效一时还不明显。

四、脱贫长效机制构建难

虽然国家每年向贫困地区注入大量资金，但在资金投入结构上往往是农业占较大的比重，用于教育、医疗、卫生、保障等方面的资金较少。在农业投资结构中，种植业投资偏多；与农业生产关系不大的一些项目投入过重。没有能引导贫困户积极参与产业开发提高自身发展能力，发挥自身优势发展特色产业以解决自身贫困问题脱贫致富。由于深度贫困地区城市经济发展不强劲，区域辐射带动能

① 张望．能力视角下影响家庭贫困及其代际传递的主要因素剖析［J］．农村经济，2016（3）：105－110.

力较弱，横向联合与对口帮助工作开展不够深入，贫困群众收入来源单一使整体经济条件较差，很多贫困户都缺乏生产经营启动资金，小额贷款金额度小，发展家庭种养业生产经营难度大。而贫困村企业入驻很少使产业发展缓慢，科技教育发展滞后，以工代赈、科技扶贫的力度不够，这种“项目扶贫”只注重“输血”而不注重“造血”，不能从根本上解决贫困问题。又由于自然条件和资源较为恶劣，脱贫农民的素质没有得到普遍有效提高，劳务输出收效甚微，区域内医疗卫生条件相对较差，贫困者身体素质机能不够，往往会使劳动力下降，让家庭陷入返贫风险。

一方面，政府投入具有明显的短期行为①。致贫原因错综复杂，政府投入只能解决矛盾相对尖锐的、表现相对突出的问题，而不能从根本上解决贫困的深层次问题。随着贫困户贫困状况的好转，政府投入不断递减后，已脱贫的贫困户因资金链断裂又会陷入贫困之中。另一方面，在市场经济大背景下，政府主要集中于资金扶持和物资扶持，只能解决贫苦户的燃眉之急和一时之困，无法有效促进贫困居民掌握脱贫致富技术和经营管理技能。此外，随着电子信息化时代的到来，贫困户因受教育水平有限、思想的相对落后，掌握及运用科学技术成了一大难题，无法在第一时间掌握先进的生产、管理、销售技术，制约了其脱贫致富的能力。我国现在提出“开发式”扶贫，是要从传统向创新，从外部注入转向内部培育扶贫模式，随着模式的变化，深度扶贫地区也要结合地方实际情况做出属于自己行之有效的多样化脱贫方法，不能仅仅固守传统做法。

在集中资源、高位推进之下，通过“五个一批”，发展增收项目和社会保障兜底相结合，基本能确保短时间内贫困人口的脱贫。然而，集中资源大力度将贫困人口“托举”出贫困线后，一旦扶贫项目撤出或政策力度减小，脆弱的贫困人口可能再次跌入贫困陷阱。实现贫困区域和人口长期稳定脱贫，既要坚持“输血”式救济型扶贫，也要实施“造血”式开发型扶贫，既要确保短期内脱贫又要将贫困人口“扶上马，送一程”，提高其稳定脱贫的能力。

一方面，在当前的扶贫压力下，通过直接给贫困人口现金、简单兜底等方式，能够短期内直接使贫困人口脱贫，这种简单的扶贫方式往往使扶贫工作“方便了”扶贫帮扶者，却没有针对贫困人口进行个性化的帮扶，不利于贫困人口稳定脱贫；另一方面，贫困人口在外部简单给钱、给物的情况下，容易形成贫困人口“等、靠、要”的思想，过度依赖外力，将扶贫资源福利化，并未用于本该用于扶持发展生产、改善生活条件等领域。在大规模资源投入的情况下，其贫困

① 李娟．党建扶贫需防止三类返贫问题［EB/OL］．http：//www.qstheory.cn/laigao/ycjx/2017-02/10/m_1120443662.htm，求是网，2017-02-10.

状况虽然短期内得到改善，由于自身可持续生计资本积累水平难以抵御自然和市场多重风险，极易出现贫困反复。与此同时，农村扶贫过程中存在的争贫与闹访现象，会直接影响到村委会在精准识别中的组织工作，同时动摇村委会在村庄里的权威。最终导致的结果是扶贫问题转化成了村庄治理问题，维稳工作压倒扶贫工作，这对精准扶贫工作的长期开展是不利的①。

第五节　本章小结

为确保决战决胜脱贫攻坚战，四川省深度贫困地区围绕基础设施、新村建设等具体领域，结合自身特点制订实施 12 个专项行动方案。本章重点梳理了四川省深度贫困地区脱贫攻坚实践过程中取得的成效、具体实践举措、积累的经验与面临的挑战，并对上述环节逐一展开了细致深入的分析。

第一，四川省深度贫困地区脱贫攻坚成效巨大，但面临的困难和挑战同样巨大。截至 2017 年，通过深入实施脱贫攻坚，阿坝州、甘孜州、凉山州和乐山市总计脱贫 21. 6 万户，84. 8 万人；从收入水平和收入结构来看，深度贫困地区三州以及乐山市，贫困人口收入增长明显，收入结构更趋多元，贫困户收入主要以工资性收入和生产经营性收入为主，但财产性收入偏低现象仍未根本改变；在深度贫困地区 2126 个深度贫困村中，超过 60% 的贫困村在道路、卫生、通信、饮水、住房方面已经得到保障，生产生活条件整体改善明显。针对深度贫困地区发展基础差、底子薄的现实，四川省创新性开展了基础扶贫、新村扶贫、教育扶贫、就业扶贫、健康扶贫、产业扶贫、社会保障扶贫、生态扶贫、党建扶贫、精神扶贫、社会扶贫、财政金融扶贫等因地制宜举措，取得显著成效。

第二，四川省深度贫困地区脱贫攻坚取得明显进展，脱贫攻坚取得了不少宝贵经验。主要经验为：基础设施建设补齐“短板”，社会保障兜底改善民生；强化扶贫干部队伍建设，实干导向凝聚攻坚合力；党建扶贫引领基层治理，“四好”建设助推乡村善治；创新定点帮扶东西协作，构建脱贫帮扶“双赢”机制。深度贫困地区基础设施建设与公共服务是薄弱环节，要实现深度贫困地区的稳定脱贫，基础在于补齐经济社会发展的各项“短板”，改善社会公共服务。作为实施精准扶贫精准脱贫的一线骨干队伍，切实加强基层干部、驻村人员等力量的培

① 万江红，苏运勋．精准扶贫基层实践困境及其解释——村民自治的视角［J］．贵州社会科学，2016（8）：149－154.

训，打造一支坚定的脱贫攻坚队伍是深度贫困地区的重点工作之一。坚持党的领导，以乡村基层社会治理为切入点，以乡村治理深层次问题为导向，大力开展乡村“善治工程”，努力推动贫困村寨形成“四个好”。从贫困人口可行能力入手，开展技能培训和就业指导，大力发展“一村一品”特色绿色农业，构建“贫困户+专业合作社+第一书记+电商平台+消费者”联结机制，建立起新型的扶贫协作关系，实现由“输血”到“造血”的转变。

第三，深度贫困地区面临着脱贫攻坚难度指数高、抗逆力弱返贫风险高，激发脱贫内生动力难、脱贫长效机制构建难“两高两难”挑战。四川省深度贫困地区空间上呈现出经济地理的边缘性、政治地理的敏感性、生态地理的脆弱性等多重叠加耦合，导致了地理环境封闭、历史发展欠账等问题，制约了地区发展，导致并加重了贫困深度，加上区域内部的“空心村”、高半山村，以及少数民族、残疾人、老人、儿童等深度贫困群体，共同抬高了脱贫攻坚难度指数；四川省高寒藏区农村反贫困更多地依赖于政府力量，农户的自主反贫困能力相对较弱，对政策的依赖性相较于其他地区也更强，抗逆力弱返贫风险高；同时，过度依赖政府帮扶、忽视自身脱贫能力建设，导致无法从根本上改变贫困现状，贫困户在脱贫后容易因外在条件变化而返贫，导致激发脱贫内生动力难。在集中资源、高位推进之下，现行扶贫举措基本能确保短时间内将贫困人口“托举”出贫困线后，由于缺乏针对贫困人口进行个性化的帮扶，不利于贫困人口稳定脱贫，贫困人口在外部简单给钱、给物的情况下，容易形成对外部的依赖，自主脱贫、积极脱贫意愿不强，因此，上述因素导致了脱贫长效机制构建难的问题。

第十一章　稳定脱贫视角下深度贫困地区的返贫风险及应对

本章研究构建了贫困人口脱贫风险分析框架，从农户微观视角，以农户调研数据实证分析深度贫困地区脱贫进程中可能出现的风险。其中，在静态分析中运用农户脆弱性分析与风险的分解方法实证分析了农户生计资本框架下的脱贫稳定性和脱贫风险问题。在动态分析中，运用灰色关联预测法分析了农户在脱贫进程中显性贫困、隐性贫困和临界贫困组之间的风险动态变化，并分析了各类贫困组内部的风险动态变化。

第一节　脱贫风险与分析框架

风险和机会往往相伴而来，两者是一个相对的概念。风险是负担，同时也是机会，为了追求机会，人们必须面对风险，风险和机会的本质是个体风险偏好的不同。由于穷人意识到负面冲击会使他们陷入赤贫、破产或危机，可能就会坚持使用那些看来比较保险但实际上落后的生产技术和谋生手段，而不冒险把握或尝试能够使其生活变得更好的各种机会，从而长期陷入恶性贫困陷阱。由此，不同学者对个体风险偏好进行了研究，树立了基于风险与机会的贫困分析框架。实验经济学引入个体风险偏好的研究开拓了个体风险研究视野，Von Neumann 等提出了期望效用函数和前景理论，成为个体风险偏好研究的理论基石。

此外，Holt – Laury 机制开创了个体风险偏好研究的新领域。国内对个体风险偏好的研究较少，较为典型的为周业安等以大学生为实验对象，计测实验对象

的风险厌恶和不平等厌恶水平①。以脆弱性贫困群体为实验对象，应用此类实验机制较大范围的研究贫困群体风险状况的影响，是未来反贫研究的一个新的分析思路和框架。

基于以上分析，本书提出了一个关于脱贫进程中风险分析的基本框架，如图11－1所示。贫困成因可归纳为风险与机会，由风险造成的贫困进行风险管理，以事前防止非贫困群体陷入贫困及原本贫困的群体更加贫困的可能性。针对机会，一方面，应加强外部介入，提供更多的发展机会；另一方面，在政策上，相对于风险的静态和动态模式，需要从扶贫流程上建立和完善相应的静态与动态风险管理机制，从而使贫困人口稳定脱贫。

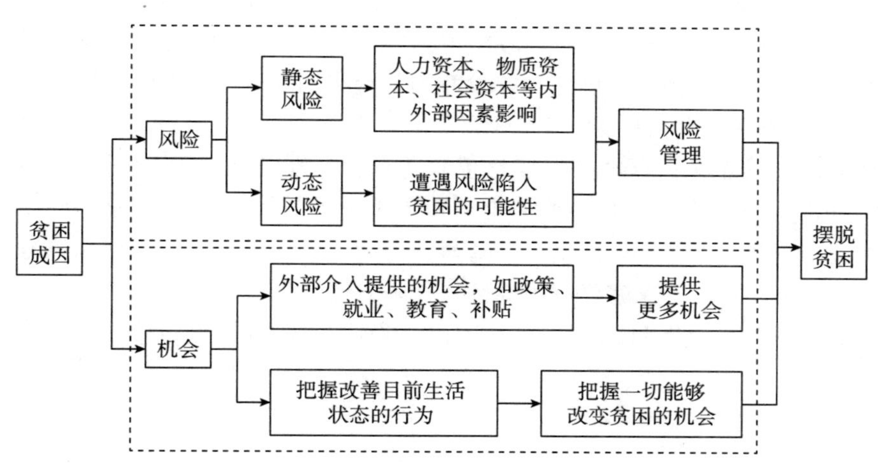

图11－1　脱贫风险分析框架

第二节　静态风险

一、数据来源

数据来源于课题组于2017年在四川雷波县、峨边彝族自治县、雅江县三个

① 王文略，毛谦谦，余劲．基于风险与机会视角的贫困再定义［J］．中国人口·资源与环境，2015，25（12）：147－153.

深度贫困县开展的农户精准扶贫调研。该调研采用分层抽样方法，选取县和村，在村级层面采取随机抽样方法，共计收集农户369份问卷。该问卷主要涉及2016年的家庭成员情况、家庭资产情况、家庭储蓄情况、种植业林果业基本情况、年收入年支出情况、家庭基础建设情况、家庭决策及社会关系等。

二、模型构建

根据Ligon和Schechter（2003）的定义，采用脆弱性分解法，可以将风险分离出来①。脆弱性反映的是家庭福利受某些不确定因素影响的波动，这种家庭福利的变动通常可以用消费的效用函数来反映。基于这种思想可以设 h（$h=1, 2, \cdots, n$）为风险规避的家庭类型（这符合大多数人的普遍心理），其效用函数为严格递增且弱凹性质的实数集函数，表示为 $U_h(\cdot): R \rightarrow R$。家庭在某时间段内的脆弱性可定义为家庭确定性等价效用与家庭期望效用的差值，即：

$$V_h = U_h(Z_{ce}) - EU_h(C_h) \quad (11-1)$$

其中，V_h 表示某一家庭的脆弱性值，Z_{ce} 表示家庭在没有风险时的确定性消费，$U_h(Z_{ce})$ 表示家庭在确定性等价消费水平下的效用值，C_h 表示风险下的家庭消费现实消费，$EU_h(C_h)$ 表示家庭消费的期望效用。当 $V_h \leqslant 0$ 时，家庭没有脆弱性；当 $V_h > 0$ 时，家庭具有脆弱性。在脆弱性测量过程中需要选择相关的效用函数。本书采用的是Ligon和Schechter（2003）在脆弱性测量中采用的函数形式，即：

$$U_h(C_h) = \frac{C_h^{1-r}}{1-r}, \ r > 1 \quad (11-2)$$

其中，C_h 表示家庭的消费。r 表示家庭在消费（生产和生活消费）中的风险偏好，取值越大，表示风险偏好越高。其取值应大于1，本书将根据Ligon等的研究方法采用 $r=2$ 和 $r=3$ 两种取值情况进行研究。Ligon（2003）、杨文（2012）对脆弱性进行了分解②，将脆弱性主要分解为了贫困或不平等、协同性风险、异质性风险及不可解释风险。本书针对风险的研究内容，进行如下分解：

$$V_h = D1 + D2 + D3$$

其中：

$$D1 = U_h(Z_{ce}) - U_h(E(C_h))$$

$$D2 = EU_h(E(C_h/Zx)) - EU_h(E(C_h/Zx, Zi))$$

---

① Ligon E, Schechter L. Measuring Vulnerability [J]. Economic Journal, 2003, 113 (48): 95-102.

② 杨文，孙蚌珠，王学龙．中国农村家庭脆弱性的测量与分解［J］．经济研究，2012（4）：40-51.

$D3 = EU_h\ (E\ (C_h/Zx,\ Zi))\ - EU_h\ (E\ (C_h))$

式中，D1 表示协同性风险，该风险是区域不同发展水平下形成的风险，D2 表示家庭异质性风险，该风险是家庭在不同特征下形成的风险，D3 表示未知的不可解释风险。Zx 表示影响农村家庭消费产生影响的协变量，例如，村落哑变量等。Zi 表示第 i 个农户某一时期的特征变量，例如，物质资本、社会资本等。

脆弱性反映了家庭面临风险时在消费方面的调整，这些调整可能来自家庭内部和外部的各种因素，例如，前文所分析到的家庭教育、健康等因素，因此，在分析风险时，有必要控制可能影响风险的变量。在外部冲击方面，主要选择灾害冲击，尤其是自然灾害的冲击进行分析。在内部风险的分析中主要选择可持续生计资本进行分析。由于体弱多病者占家庭人口的比例、家庭劳动力最高文化程度等可能会影响到农户脆弱性①，因此，有必要将农户健康、教育、社会资本、物质资本等放入控制变量中。另外，因为区域经济发展和非农就业对农户家庭经济有影响②，所以本书将地区变量和是否纯农业户变量放入控制变量中。根据以上分析，具体的模型设定为：

$$V1 = \varphi_0 + \varphi_1 W + \varphi_1 Villagehead + \varphi_2 ill + \varphi_3 assets + \varphi_4 land + \varphi_5 seniored + \varphi_6 laborpro + \varphi_7 \sum area + \varphi_8 purpe + \omega$$

$$C2_i = \varphi_0 + \varphi_1 W + \varphi_1 Villagehead + \varphi_2 ill + \varphi_3 assets + \varphi_4 land + \varphi_5 seniored + \varphi_6 laborpro + \varphi_7 \sum area + \varphi_8 purpe + \omega$$

$$C1_i = \varphi_0 + \varphi_1 W + \varphi_1 Villagehead + \varphi_2 ill + \varphi_3 assets + \varphi_4 land + \varphi_5 seniored + \varphi_6 laborpro + \varphi_7 \sum area + \varphi_8 purpe + \omega$$

以上模型中被解释变量 C1、C2 分别表示家庭人均消费和家庭人均生产性消费值，V1 表示用家庭人均消费估计的风险脆弱性值。解释变量名及含义和前文数据描述相同，主要包括自然灾害变量与内部风险变量：家里是否有乡村干部、家庭劳动力中高中以上文化比、家庭劳动力占家庭总人口比重、家里是否有大病患者、家庭年末固定资产价值的对数、家庭耕地面积的对数。具体变量选择情况及基本数值如表 11 -1 所示。

① 武拉平，郭俊芳，赵泽林，吕明霞．山西农村贫困脆弱性的分解和原因研究［J］．山西大学学报（哲学社会科学版），2012（6）：95 -100.

② 辛岭，蒋和平．农村劳动力非农就业的影响因素分析——基于四川省 1006 个农村劳动力的调查［J］．农业技术经济，2009（6）：19 -25.

表 11 - 1 主要变量描述性统计

变量名	均值	方差	最小值	最大值	变量说明
C1	3524. 214	2856. 328	129	117964	变量表示家庭人均消费（单位：元）
C2	1969. 786	1802. 905	353	19183	变量表示家庭人均生产性消费（单位：元）
Villagehead	0. 031	0. 316	0	1	变量表示是否乡村干部，是则取“1”，否则取“0”
seniored	0. 059	0. 385	0	1	变量表示家庭劳动力高中以上文化占比（单位:%）
laborpro	0. 704	0. 271	0	1	变量表示家庭劳动力占家庭总人口比重（单位:%）
ill	0. 420	0. 199	0	1	变量表示家里是否有大病患者，是则取“1”，否则取“0”
land	1. 949	0. 733	0	10	变量表示家庭耕地面积的对数
assets	7. 281	0. 726	1	20	变量表示家庭年末固定资产价值的对数
any	0. 917	0. 683	0	1	是否参加“新农合”，是则取“1”，否则取“0”
anw	0. 902	0. 734	0	1	是否参加“新农保”，是则取“1”，否则取“0”
shuz	728. 551	429. 35	0	11500	当年获得的政府转移性收入（单位：元）
Purpe	0. 853	0. 548	0	1	变量表示是否纯农业户，是则取“1”，否则取“0”
W	0. 024	0. 144	0	1	变量表示当年是否遭遇严重自然灾害，是则取“1”，否则取“0”

资料来源：根据 2017 年调研数据整理得到。

三、结果及分析

根据前部分的公式及模型，为测算出风险值，有必要对消费函数进行估测，因此，本部分采用家庭人均消费做了具体测算，测算结果见表 11 - 2。表 11 - 2（1）列是对总消费的回归结果，表 11 - 2（2）列是对生产性消费的回归结果。结果显示对于总消费而言，自然灾害变量、社会保障性政策变量、人力资本类变量和家庭资产类变量都显著地影响了农户的风险偏好。对于生产性消费而言，除了自然灾害和疾病有着明显的负向影响。说明在家庭收入水平较低的情况下，农户为应对未来的风险冲击，很可能减少短期的生产性消费，而维持基本的生存性消费，由此将进一步增加农户风险暴露的可能。

表 11 - 2 贫困农户消费支出回归结果

变量名	(1)	(2)
W	0. 3234***	- 0. 6446**

续表

变量名	(1)	(2)
Villagehead	-0.5016	0.3058
seniored	-0.4158 *	-0.297
laborpro	-0.1551 *	-0.2904
ill	0.0033 *	-0.363
assets	-0.4059 *	0.0682
land	0.2178	0.0682
purpe	0.0066	0.1562
any	-0.1129 **	0.0718
anw	-0.1379 **	0.0532
shuz	0.0335	-0.0114
Constant	1.250	0.622

资料来源：根据2017年调研数据计算得到。表中*表示在10%水平上显著，**表示在5%水平上显著，***表示在1%水平上显著。表中拟合度为0.0025。因篇幅原因控制变量中地区变量回归情况省略。

通过农户风险测算得出了风险分解结果（见表11-3）。从表11-3可以看出，家庭所面临的各种风险对风险规避类型系数有强烈的敏感性，当风险规避类型r=2时的各风险值及总风险值显著性低于r=3时的相应值。无论是村内不平等值还是村落间不平等值在r=3时都是r=2时相应值的2倍左右。异质性风险、协同性风险及未知性风险三者的比重在不同风险规避类型r条件下是相对稳定的。当r=2时，异质性风险、协同性风险及未知性风险的值依次为：0.1621、0.366、0.0217；而当r=3时，三者的值依次为0.3816、0.0840、0.0292。这表明，在深度贫困地区随着贫困农户风险偏好的增加，反而容易使家庭暴露在社会风险之中，这也进一步说明当农户处于贫困状态时，越是敢于冒险越具有风险，例如，种植新型经济作物等尝试反而容易导致其暴露于风险之中。在家庭所面临的各种风险中，异质性风险成为家庭风险的主要组成部分。此外，村落之间的不平等成为风险的主要来源，即使在r=3时也达到了0.2166，这说明村落之间的政策差异可能导致农户面临更大的不确定性风险。

表11-3　贫困农户风险分解回归结果

风险类型	R=2	R=3
家庭风险均值	0.2203	0.4948

续表

风险类型	R = 2	R = 3
异质性风险均值	0.1621	0.3816
协同性风险均值	0.0366	0.0840
未知性风险值	0.0217	0.0292
村落内部不平等	0.0852	0.1565
村落间不平等	0.2166	0.4202

资料来源：根据2017年调研数据计算得到。

通过线性方程回归得出了风险分解下的各因素影响程度（见表11－4）。在表11－4中，表11－4（1）列是各因素对总风险的影响，表11－4（2）列是各因素对协同性风险的影响，表11－4（3）列是各因素对异质性风险的影响，表11－4（4）列是各因素对未知风险的影响。可以看出，在农户的劳动力人数、劳动力文化水平高中以上占比和健康状况能显著降低家庭的风险暴露。出现这种情况可能是因为劳动力人数、劳动力教育程度和健康状况能增强农户的创收能力，从而增强农户的风险抵御能力。此外，在各列中，耕地面积、纯农业户增加了农户的风险暴露，说明农作物面积越大、越是单纯依靠农业，农户反而难以抵御风险，因而在深度贫困地区促进农户的多元化经营是化解农户风险的重要手段。自然灾害则明显增加了农户风险暴露，说明贫困地区开展生产性和非生产性保险将具有明显的降风险作用。此外，在政府政策中，新农合和新农保有效地提高了农户抵御疾病风险的能力，但是直接性的转移支付（如发放现金、现金补贴等）并没有从根本上提升农户风险抵御能力，反而增加了农户脱贫的不稳定性，说明深度贫困地区农户在接受现金类转移性支付时容易出现脱贫"挤出效应"，即农户对外来收入补贴期望过高而导致自身在生产中的投入积极性降低和投入降低，当外部补贴降低时，农户更容易暴露在风险中。

表11－4　风险分解的影响因素回归结果

变量类名	(1)	(2)	(3)	(4)
Villagehead	−2.5512	−0.336	−0.9276	−1.2876
	(0.1548)	(0.0168)	(0.012)	(0.108)
seniored	−0.8016*	−0.1308*	−0.0708*	−0.6*
	(0.0864)	(0.012)	(0.030)	(0.0156)

续表

变量类名	(1)	(2)	(3)	(4)
laborpro	-1.686**	-0.2604**	-0.186**	-1.2396**
	(0.2376)	(0.0576)	(0.0444)	(0.0564)
ill	0.468**	0.1116**	0.0996**	0.2568**
	(0.1314)	(0.0096)	(0.0276)	(0.0504)
assets	-1.7016	-0.2124	-0.8664	-0.6228
	(0.297)	(0.0228)	(0.0996)	(0.0756)
land	0.534	0.3036	0.3708	0.6012
	(0.27)	(0.0096)	(0.1032)	(0.0672)
purpe	0.2388	0.018	0.0816	0.1392
	(0.1368)	(0.0264)	(0.0396)	(0.0252)
any	-0.1276**	-0.0791*	-0.0546*	-0.0250*
	(0.0077)	(0.0048)	(0.0033)	(0.0017)
anw	-0.1119**	-0.0174*	-0.0251**	-0.0113*
	(0.0068)	(0.0042)	(0.0029)	(0.0022)
shuz	0.0401	0.0248	0.0171	0.0103
	(0.0043)	(0.0027)	(0.0018)	(0.0021)
W	0.372**	0.230***	0.122***	0.168**
	(0.150)	(0.174)	(0.046)	(0.040)
Constant	17.6916	8.5188	6.4488	2.724
	(0.8658)	(0.3684)	(0.1764)	(0.0324)
R^2	2.5512	0.088	0.057	0.083

资料来源：根据2017年调研数据计算得到。表中*表示在10%水平上显著，**表示在5%水平上显著，***表示在1%水平上显著。

总体而言，通过以上分析后得出的启示性发现如下：

（1）深度贫困地区农户容易陷入“风险—贫困—风险”的恶性循环。农户为应对未来的不确定性风险冲击，很可能做出“有限理性”的决策，即为了维持现有基本生存性消费，减少短期的生产性消费，由此将进一步增加农户自身风险暴露的可能，从而直接影响农户脱贫的稳定性，增大了返贫概率。此外，从化解风险和强化脱贫稳定性的途径来看，为使贫困农户摆脱“风险—贫困—风险”的恶性循环，重点是需要强化农户家庭人力资本，促进农户多元化经营，着重强化深度贫困地区生产性和非生产性保险。

(2) 风险偏好与市场化直接影响到农户脱贫稳定性。从静态风险来看，样本中家庭风险均值为0.2203，其中，异质性风险、协同性风险及未知性风险随着r值的增加而增大，因此，在深度贫困地区，随着贫困农户风险偏好的增加，反而容易使家庭暴露在风险之中，这从侧面反映出只有当农户具有一定抵御能力时，市场化、产业化的引导才能起到明显的积极作用。

(3) 家庭所面临的各种风险中，异质性风险是主要组成部分。分析发现，村级资源分配情况和稳定脱贫直接相关，村落之间的不平等是脱贫风险大和脱贫不稳定的主要因素。村落之间的政策差异可能导致农户面临更大的不确定性风险，这说明在深度贫困地区村级瞄准和户级瞄准同等重要，因此，精准到村和村级帮扶不能因为村级脱贫而立即取消。

(4) 深度贫困地区的农户在接受现金类转移性支付时容易出现脱贫“挤出效应”。在外部补贴“过度”的情况下，贫困人口自生能力会发生弱化，当外部补贴降低时，农户更容易暴露在风险中，因此，在贫困人口政策支持层面，应适当考虑直接补贴量的范围和数量，进一步调整直接补贴的方式和途径，将更多资金瞄准于保障性和保险性的支持。

第三节　动态风险

一、风险分类及动态转化

1. 脱贫风险分类

根据已有研究将贫困状态分为收入贫困和支出型贫困，将非贫困状态分为临界贫困和稳定脱贫状态。其中，收入贫困是依据当下生活水平，核算当年家庭人均收入在贫困线以下的贫困群体，则为收入贫困。支出型贫困是指家庭人均收入位于贫困线之上，但因学、因病、突发事件等特殊性支出，使家庭出现“入不敷出”的现象，且实际生活水平处于绝对贫困状态。临界贫困是处于贫困线边缘的非贫困状态，虽然是非贫困状态，但是较容易陷入贫困。稳定脱贫是超出临界贫困的另一种非贫困状态。

从风险视角来看，脱贫过程中的动态风险是贫困状态发生动态变化，进而导致扶贫瞄准困难、贫困加深等风险，包括非贫困状态转向贫困状态的风险及在各个贫困类型之间变化的风险。其中，“显性风险”对应的是收入贫困，是指陷入收入贫困的可能性，该可能性越大表示显性风险越大。“隐性风险”是指陷入支出型贫困的可能性，该可能性越大表示隐性风险越大，处于隐性风险中的农户收入高于贫困线而无法被识别为贫困户，但其实际生活确实又处于贫困状态，是“隐性”的状态。按支出型贫困的成因，又可以将隐性风险细分为选择性风险和非选择性风险。选择性风险主要是指家庭或个人在消费和储蓄之间，为了满足某些刚性的需求（婚嫁、建房或购房等），而不得不降低基本生活支出①，从而可能导致其基本生活支出位于最低支出保障贫困线以下的贫困风险。非选择性风险则指个人或家庭由于重大疾病，突发意外等原因，可能导致出现“入不敷出”的贫困风险。

非贫困群体也可面临着陷入贫困的风险。在非贫困群体范围内，存在两条临界贫困线，一条是支出临界贫困线，另一条则为收入临界贫困线。非贫困群体位于临界贫困线附近则面临临界贫困风险。当有较大可能性出现收入高于临界贫困线时则为稳定脱贫状态，如图 11 –2 所示。

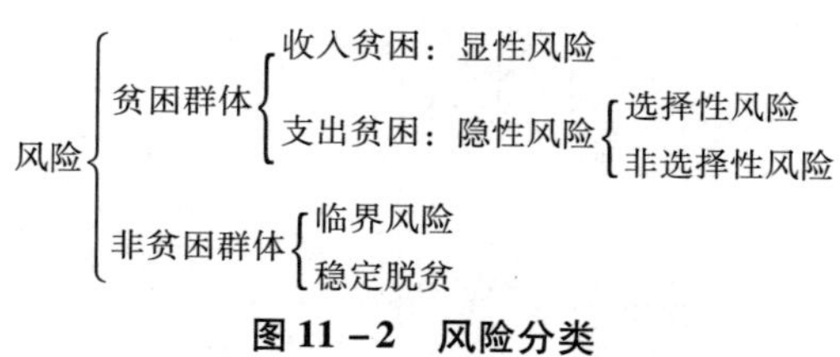

图 11 –2　风险分类

根据贫困的类型，在图 11 –3 中：OE 为收支平衡线，PL1、PL4 为保障最低生活的收入、支出，PL3 为一条支出临界线，是临界风险区域，即当个人或家庭的支出处于这条线以上时，此时的支出远远超过个人或家庭的收入，出现“入不敷出”的现象，如果在一定时期内无法平衡，则容易陷入贫困。PL2 是另一条临界线即收入临界线，在界定和识别临界群体时，需要从收入处于这一范围的群体中来进行测算，EF、EG 为低收入线。

图 11 –3 中贫困线 PL1 左边的三个区域，表示未来收入可能处于国家贫困标准以下，即显性风险区域。由于 AOBM 区域收入在贫困线以下，且支出也在最低支出贫困线以下，因此，可能出现严重贫困；MBDK 区域的群体，是中度贫困风险区域。从这类人群收入来看，属于贫困群体，但从支出来看，又不贫困，结合两个维度来看，其处于收支平衡线以上，属于支出大于收入的范围，这种情况可以从两方面解析：一是此类群体无重大特殊支出，其他支出较多（人情、宗教等

① 谢宇，谢建社．发展型社会政策视角下的支出型贫困问题研究［J］．学习与探索，2017（3）：40 – 47.

支出）；二是这部分群体中有借钱提前消费的现象。图 11 - 3 中 KDFH 区域的群体远离收支平衡线，支出处于临界贫困线之上，这类人群容易出现极度贫困的风险。

图 11 - 3 中 I1、I3、I5 区域为隐性风险区域，分为选择性风险、非选择性风险。MKQ 区域中虽然农户支出大于收入，但超过的范围并不多，且处于支出临界线以下，属于支出型贫困家庭。图 11 - 3 中 I2 区域为临界风险区域，这部分群体处于收支平衡线之下，收入在临界收入范围内，支出也处于最低支出保障线以上，支出临界线以下，无特殊重大支出，保持在低水平均衡状态。其他区域表示了暂不贫困群体的状态，虽然图 11 - 3 中 LQE 区域的支出超过了支出临界线，但因收入相对较高，且处于收支平衡线之下，因此，被排除在了风险区域。

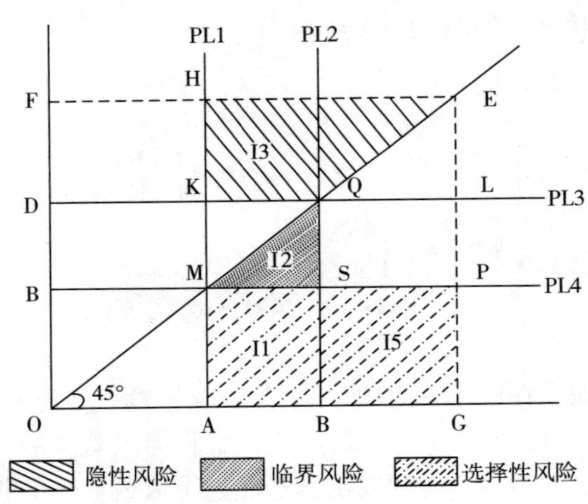

图 11 - 3 贫困及风险的分类

2. 风险动态转化

厘清贫困风险间的转化机理，对提前预判、精准治理具有重要的现实意义。家庭可能不断地在贫困与非贫困两种状态之间转换①②，从贫困动态变化过程来看，大致可分为脱贫、陷贫、持续贫困和绝不贫困四种动态过程③。从不同类型

① Herrera J. , Roubaud F. Urban Poverty Dynamics in Peru and Madagascar, 1997 - 1999: a Panel Data Analysis [J] . International Planning Studies, 2005, 46 (1): 21 - 48.

② Bigsten, A. Shimclcs. Poverty Trasition and Persistence in Ethopia: 1994 - 2001 [J] . World Development, 2008, 36 (9): 1559 - 1584.

③ 叶初升，赵锐武，孙永平. 动态贫困研究的前沿动态 [J] . 经济学动态，2013 (4): 120 - 128.

贫困及其风险的视角进行动态比较研究，剖析三种类型贫困间的动态转化机理，从而提出贫困分类治理的政策建议，有效防止贫困间的相互转化，实现全面、高效、精准的脱贫。从图 11 –4 可以看出三种贫困间的基本转化包括临界风险与显性风险的相互转化、临界风险与隐性风险的相互转化，显性风险与隐性风险的相互转化。

图 11 –4　贫困风险互转化

二、数据来源与方法介绍

本部分利用课题组于 2017 年在四川省雷波县、峨边彝族自治县、雅江县三个深度贫困县开展的农户精准扶贫调研数据进行分析，调研的基本情况在前一部分已经做了介绍，因而不再赘述。在数据分析中采用灰色预测法，瞄准于 2020 年脱贫时间节点，对深度贫困地区农户的收入和消费进行了预测。

灰色预测法是一种对含有不确定因素的系统进行预测的方法。灰色系统是介于白色系统和黑色系统之间的一种系统。白色系统是指一个系统的内部特征是完全已知的，即系统的信息是完全充分的。而黑色系统是指一个系统的内部信息对外界来说是一无所知的，只能通过它与外界的联系来加以观测研究。灰色系统内的一部分信息是已知的，另一部分信息是未知的，系统内各因素间具有不确定的关系。灰色预测通过鉴别系统因素之间发展趋势的相异程度，即进行关联分析，并对原始数据进行生成处理来寻找系统变动的规律，生成有较强规律性的数据序列，然后建立相应的微分方程模型，从而预测事物未来发展趋势的状况。其用等时距观测到的反应预测对象特征的一系列数量值构造灰色预测模型，预测未来某一时刻的特征量，或达到某一特征量的时间。

三、结果及分析

从组内收入预测结果来看，深度贫困农户稳定性比较高，处于贫困线之上附近的农户稳定性较低，因此，最低收入水平的农户面临较大的显性风险，而贫困线之上的农户面临较大的临界风险。表中的“行”显示的是 2016 年处于各个等级家庭的数量，“列”显示的是 2020 年处于各等级家庭的数量。主对角线上的元素是各个收入等级上保持其收入等级不变的家庭比例，反映了保持收入等级的稳定性和未来收入风险。其呈现的特征是随着贫困程度的减弱，贫困稳定性也减弱。最贫困的家庭稳定性最强，达到了26%以上。这意味着，如果不强化扶贫措施，在2016年最贫困的家庭中，有26%的人群在2020年有可能仍然处于最贫困的状态。2016年处于贫困线边缘的非贫困农户稳定性较弱，到2020年这部分人群中有27%的农户可能陷入贫困，因而面临较大的临界风险（如表11－5所示）。

表11－5　脱贫进程中的显性贫困组内动态变化

		脱贫目标期（2020年）				
		Y≤0.25PL	Y≤0.5PL	Y≤0.75PL	Y≤1PL	Y≤1.25PL
观察基期（2016年）	Y≤0.25PL	0.2682	0.2071	0.1622	0.1138	0.0855
	Y≤0.5PL	0.2632	0.2348	0.1957	0.1904	0.1551
	Y≤0.75PL	0.1631	0.2719	0.2401	0.2814	0.1977
	Y≤1PL	0.1422	0.1812	0.2983	0.1900	0.2391
	Y≤1.25PL	0.1633	0.1049	0.1936	0.2744	0.1226

资料来源：根据2017年调研数据计算得到。

深度贫困家庭表现出的较高稳定性反映了一种较强的贫困惯性，而处于贫困线边缘的非贫困家庭不稳定性则较强，这可能和收入结构的不稳定性和增收的不稳定性有关，一方面，非贫困家庭收入不稳定容易陷入贫困；另一方面，深度贫困家庭收入变化小，脱贫有困难。这也说明脱贫进程中的显性风险人群主要是深度贫困家庭和临界贫困家庭，其中临界贫困家庭还没有相应的政策瞄准措施，因而更需要动态瞄准、动态施策。需要说明的是，考虑到深度贫困地区贫困深度和强度特征，在该部分计算中没有列出收入较高的富裕家庭的转换情况，主要是在贫困户和临界贫困户之间进行的动态变化计算。

从组内消费预测结果来看，在瞄准于2020年脱贫目标的背景下，首先，在脱贫进程中农户最大的风险是非选择性风险；其次，是选择性风险，其中，非选择性风险化解最为困难，另外，在脱贫过程中农户脱贫稳定性还较弱，需要强化政策支持。具体而言，从2016～2020年，各种风险中，农户出现非选择性风险的概率达到24%，而出现选择性风险的概率为15%，出现临界风险的概率为10%（如表11－6所示）。

表 11－6　脱贫进程中的隐性贫困组内动态变化　　单位：%

		脱贫目标期（2020 年）				
		M1	M2	M3	W	总占比
观察基期（2016 年）	M1	0.3056	0.2697	0.2920	0.3023	0.1573
	M2	0.1944	0.3473	0.2132	0.2923	0.2402
	M3	0.2052	0.2286	0.3097	0.2054	0.1062
	W	0	0	0	0.2029	0.5062
	总占比	0.1573	0.2402	0.1062	0.5062	1.0000

资料来源：根据 2017 年调研数据计算得到。表中 M1 表示选择性贫困，M2 表示非选择性贫困，M3 表示临界贫困，W 表示稳定脱贫。

其中，非选择性风险化解较为困难，从 2016～2020 年，有 70% 的贫困家庭能够通过自身能力化解非选择性风险，另有 30% 的贫困家庭无法通过自身能力化解非选择性风险。有 81% 的贫困家庭能够通过自身能力化解选择性风险，另有 19% 的家庭无法化解此类风险。在政策措施没有强化的情况下，能够稳定脱贫，完全避免隐性贫困风险的农户仅为 50%。

从组间贫困风险预测结果来看，隐性风险大于显性风险和临界风险。结果表明，到 2020 年，在各类风险中，首先，显性风险占比为 16%，隐性风险占比为 30%，临界风险占比为 27%。显性风险主要来源于 2016 年的隐性贫困家庭，其次是临界贫困家庭，而隐性风险的主要来源也是 2016 年的隐性贫困家庭，说明隐性贫困家庭存在显性与隐性双重风险，贫困状态极不稳定，贫困风险较强。临界贫困风险则主要来源于 2016 年的临界贫困家庭，说明临界贫困家庭容易陷入贫困，但陷入程度不深，风险家庭数量大，但脱贫难度相对较小（如表 11－7 所示）。

表 11－7　脱贫进程中的贫困风险组间动态变化　　单位：%

		脱贫目标期（2020 年）				
		F1	F2	F3	W	总占比
观察基期（2016 年）	F1	0.2023	0.361	0.184	0.3327	0.1602
	F2	0.5919	0.4041	0.113	0.3119	0.3038
	F3	0.2047	0.3044	0.2611	0.1783	0.2710
	W	0	0	0	0.1771	0.265
	总占比	0.271	0.3038	0.1602	0.265	1

资料来源：根据 2017 年调研数据计算得到。表中 F1 表示显性贫困，F2 表示隐性贫困，F3 表示临界贫困（收入型临界贫困），W 表示稳定脱贫。

总体而言，通过以上分析后得出的启示性发现如下：

（1）从贫困类型组内来看，在脱贫进程中深度贫困农户面临较大的显性风险，且存在脱贫“黏性”，需要政策外力将其推过脱贫“临界拐点”。从分析结果来看，需要将深度贫困家庭非转移性人均纯收入“托举”到贫困线的0.75~1时，深度贫困人口才会初步具备内生脱贫能力，从而实现稳定脱贫。

（2）处于贫困线附近的非贫困户面临着临界风险，其脱贫难度不大，陷入的贫困层级不深，但容易出现“风险恶化”的问题。一旦没有及时发现和识别这类贫困，则这类家庭的脱贫将需要更多的帮扶资源和帮扶时间，从而降低了政策效率和脱贫时效。在脱贫进程中农户面临着较大的非选择性风险，且非选择性风险化解最为困难，有30%的贫困家庭无法通过自身能力化解非选择性风险，因此，在脱贫过程中重点是要强化非选择性风险化解机制。

（3）从贫困类型组间来看，隐性风险大于显性风险和临界风险。隐性风险的主要来自前期的显性贫困家庭，这意味着深度贫困地区农户自身抵抗风险能力较弱，从消费支出角度防范隐性贫困不仅是防止隐性贫困本身，而且是阻断显性贫困动态变化和贫困延续的重要手段。因此，在脱贫进程中需要将贫困的治理由“事后”转向“事前”的治理，由“收入型扶贫”向收入和支出双轮驱动的扶贫方式转变，重点针对隐性贫困和临界贫困进行事前的风险管理，调整差异化帮扶措施，扩大政策惠及对象和范围。

第四节　本章小结

本部分主要从农户微观视角，以农户调研数据实证分析深度贫困地区脱贫进程中可能出现的风险。利用课题组于2017年在四川雷波县、峨边彝族自治县、雅江县三个深度贫困县开展的农户精准扶贫调研数据。

第一，在静态分析中，运用农户脆弱性分析与风险的分解方法实证分析了农户生计资本框架下的脱贫稳定性和脱贫风险问题。家庭人均消费做了具体测算，结果显示对于总消费而言，自然灾害变量、社会保障性政策变量、人力资本类变量和家庭资产类变量都显著地影响了农户的风险偏好。对于生产性消费而言，除自然灾害和疾病有明显的负向影响之外，表明在家庭收入水平较低的情况下，农户为应对未来的风险冲击，很可能减少短期的生产性消费，而维持基本的生存性消费，由此将进一步增加农户风险暴露的可能。

第二，在动态分析中，运用灰色关联预测法分析了农户在脱贫进程中显性贫

困、隐性贫困和临界贫困组之间的风险动态变化，并分析了各类贫困组内部的风险动态变化。从贫困动态变化过程来看，大致可分为脱贫、陷贫、持续贫困和绝不贫困四种动态过程①。从不同类型贫困及其风险的视角进行动态比较研究，剖析三种类型贫困间的动态转化机理，从而提出贫困分类治理的政策建议，有效防止贫困间的相互转化，实现全面、高效、精准的脱贫。根据分析可以看出三种贫困间的基本转化包括临界风险与显性风险的相互转化、临界风险与隐性风险的相互转化，显性风险与隐性风险的相互转化。

经过两种分析的综合结果，得到的启示为：在脱贫进程中深度贫困农户面临较大的显性风险，需要将深度贫困家庭非转移性人均纯收入“托举”到贫困线的0.75~1时，深度贫困人口才会初步具备内生脱贫能力，从而实现稳定脱贫；脱贫进程中农户面临着较大的非选择性风险，且非选择性风险化解最为困难，有30%的贫困家庭无法通过自身能力化解非选择性风险，因此，在脱贫过程中重点是要强化非选择性风险化解机制；隐性风险主要来源于前期的显性贫困家庭，说明深度贫困地区农户自身抵抗风险能力较弱，从消费支出角度防范隐性贫困不仅是防止隐性贫困本身，而且是阻断显性贫困动态变化和贫困延续的重要手段。为此，在脱贫进程中需要将贫困的治理由“事后”转向“事前”的治理，由“收入型扶贫”向收入和支出双轮驱动的扶贫方式转变，重点针对隐性贫困和临界贫困进行事前的风险管理，调整差异化帮扶措施，扩大政策惠及对象和范围。

① 叶初升，赵锐武，孙永平．动态贫困研究的前沿动态［J］．经济学动态，2013（4）：120-128.

第十二章 深度贫困地区脱贫攻坚与乡村振兴有机衔接

打好精准脱贫攻坚战，实施乡村振兴战略是党的十九大提出的实现全面小康的标志性目标和重大战略，是党的“三农”工作的总抓手。2018 年 2 月，习近平在四川省视察的重要讲话中强调：“实施乡村振兴战略，基础和前提还是要把脱贫攻坚战打赢打好。”[①] 2018 年 5 月 31 日，中共中央政治局会议在审议《乡村振兴战略规划（2018～2022 年）》和《关于打赢脱贫攻坚战三年行动的指导意见》时指出：“要着力激发贫困人口内生动力，着力夯实贫困人口稳定脱贫基础，着力加强扶贫领域作风建设，切实提高贫困人口获得感，确保到 2020 年贫困地区和贫困群众同全国一道进入全面小康社会，为实施乡村振兴战略打好基础。”解决好乡村的贫困问题是实现乡村振兴的前提。未来三年是脱贫攻坚战冲刺阶段与乡村振兴战略开篇阶段的重合期[②]，在这一特殊背景下，厘清精准脱贫与乡村振兴的关系十分必要。

在理论研究上，当前学术界对于精准脱贫与乡村振兴关系的讨论方兴未艾。贺雪峰[③]、黄承伟[④]、王超[⑤]、徐虹[⑥]、李孝忠[⑦]、刘解龙[⑧]等学者分别对精准脱贫

---

① 习近平在打好精准脱贫攻坚战座谈会上强调：提高脱贫质量聚焦深贫地区，扎扎实实把脱贫攻坚战推向前进［N］. 人民日报，2018－02－15（1）.

② 中共中央国务院关于实施乡村振兴战略的意见［EB/OL］. http：//politics. people. com. cn/n1/2018/0205/c1001－29804814. html，2018－02－05.

③ 贺雪峰. 关于实施乡村振兴战略的几个问题［J］. 南京农业大学学报（社会科学版），2018，18（3）：19－26＋152.

④ 黄承伟. 论习近平新时代中国特色社会主义扶贫思想［J］. 南京农业大学学报（社会科学版），2018，18（3）：12－18＋152.

⑤ 王超，蒋彬. 乡村振兴战略背景下农村精准扶贫创新生态系统研究［J］. 四川师范大学学报（社会科学版），2018（3）：5－15.

⑥ 徐虹，王彩彩. 乡村振兴战略下对精准扶贫的再思考［J］. 农村经济，2018（3）：11－17.

⑦ 李孝忠. 乡村振兴：历史逻辑与现实抉择［J］. 中国发展观察，2018（Z1）：54－56.

⑧ 刘解龙. 精准扶贫精准脱贫中期阶段的理论思考［J］. 湖南社会科学，2018（1）：49－55.

与乡村振兴的复杂性、精准性、区域性、层次性、阶段性和动态性问题进行了较多探讨。但对两者的内在逻辑关联和有机衔接路径目前尚缺乏深入研究，而对于这一问题的明确恰是理顺当前农业农村工作的关键。基于此，本书在厘清精准脱贫与乡村振兴内在逻辑前提下，系统剖析精准脱贫与乡村振兴的实践关联，综合提出精准脱贫与乡村振兴有机衔接路径。

第一节　理论逻辑

中国共产党一贯重视乡村工作，“全心全意为人民服务”的执政理念在很大程度上屏蔽了新古典发展经济学所非议的国家机会主义行为①②，由于历史上一些乡村政策存在的制度缺陷，乡村建设过程中产生了较大的交易费用与制度成本。这种成本在扶贫领域集中体现为乡村扶贫效率下降和福利损失，在快速的工业化和城市化的映衬下，又更集中地表现为乡村内部的贫富差距和城乡差距。实施精准脱贫攻坚战和乡村振兴战略是当前全面建成小康社会乡村篇的两块基石，两者在本质上都是为了解决全面建成小康社会期间分配与再分配不均衡③而进行的制度设计，只不过两者在解决此问题上所立足的维度有所区别。

贫困是人类社会面临的最大挑战。一方面，自 1949 年以来，我国开展的五次大规模的扶贫活动取得了显著成效，这些“输血”式、普惠式大规模扶贫活动通过一般性的资源配置调整方式解决了大部分人的生存和基本发展问题。另一方面，由于“输血”式、普惠式扶贫的瞄准对象不精准，外部资源输送进入社区时往往会出现精英捕获，扶贫资源渐渐向基层精英和经济基础好、容易出政绩的村庄倾斜，出现了张五常所说“捐助的人不容易把钱交到真正需要协助的人的手上”的现象④。这就使“输血”式、普惠式扶贫效率下降，一般性的资源配置方式和普通激励手段难以解决当前面临的区域性贫困和阶层性贫困问题。在此背景下，中央政府提出精准脱贫方略着力于解决这一问题。精准脱贫的理论意义在于其试图通过精确识别、精确帮扶、精确管理来减少制度性交易成本，从而达到

---

① 林毅夫．后发优势与后发劣势——与杨小凯教授商榷［J］．经济学（季刊），2003（3）：989－1004.

② 曹李海．国家治理情景下地方政府机会主义的特征事实与生成机理［J］．内蒙古社会科学（汉文版），2017，38（2）：39－45.

③ ［英］阿尔弗雷德、马歇尔．经济学原理［M］．刘生龙译．北京：中国社会科学出版社，2008.

④ 张五常．经济解释［M］．北京：中信出版社，2014.

提高脱贫效率的目的。精准脱贫方略自实施以来成效显著，中国乡村建档立卡贫困人口已由2013年的8249万人减少到了2017年的3046万人，同时这一方略对非贫困乡村的发展也产生了显著的正外部性①。值得注意的是，精准脱贫虽然通过减少交易费用提高了扶贫效率，但从长期来看，“运动式”的精准脱贫各项政策对于动态贫困问题是否长期有效尚有待时间验证。

精准脱贫目标在于解决贫困群众基础的生存发展需求，而乡村振兴旨在减少城乡福利差异，同时要不断满足乡村居民的更高层次发展需要。乡村振兴可以被认为是对长久以来的城乡二元结构经济体制的一次系统反思，其目的在于减少城乡二元结构下工业主导农业和城市主导乡村的非均衡发展模式所造成的乡村凋敝②③。在极化效应下，资本、劳动力和技术向城市集中流动，逐渐形成城市愈加繁荣，乡村愈加落后的中心—边缘经济，城乡在收入、社会保障、教育和基础设施公共服务上差距不断拉大④。在这样的前提下，乡村振兴战略应运而生。事实上，乡村振兴不仅要从经济上改善城乡关系，而且从政治、经济、文化、社会和生态五个方面对乡村进行全面升级，引导城乡资源配置优化，从而实现城乡融合发展和福利均衡。显然，城乡融合发展和福利均衡的实现对于精准脱贫意义重大，一方面，乡村贫困居民脱贫和实现“两不愁三保障”为城乡融合发展和福利均衡补齐了“短板”，这是城乡融合发展和福利均衡的最基本前提；另一方面，乡村政治、经济、文化、社会和生态五个方面的全面升级对于推动形成脱贫稳定长效内生动力具有重要作用。

因此，乡村振兴和精准脱贫的理论逻辑链条应该是：精准脱贫和乡村振兴之间是相互协调和相互促进的关系。精准扶贫通过政策性措施，精确瞄准贫困地区和贫困户推进脱贫攻坚，解决了绝对贫困问题，但稳定脱贫内生动力的形成需要更长效的机制；乡村振兴在协调城乡资源配置实现帕累托最优的过程中，天然地强化了脱贫内生动力，降低了精准脱贫的制度费用；同时乡村振兴过程中存在“短板”效应，精准脱贫解决了乡村贫困居民的基本生存和发展需求，弥补了乡村振兴的最低“短板”。

---

① 高帅．贫困识别、演进与精准扶贫研究［M］．北京：经济科学出版社，2016.

② Lewis, W. A. Economic Development with Unlimited Supply of Labor［J］. Manchester School, 1954, 22 (2): 139-191.

③ 张军．乡村价值定位与乡村振兴［J］．中国农村经济，2018（1）：2-10.

④ Krugman P. Increasing Returns and Economic Geography［J］. Journal of Political Economy, 1991, 99 (3): 483-499.

第二节　实践逻辑

一、精准脱贫是乡村振兴的前提和基础

在全面建成小康社会建设过程中，精准脱贫和乡村振兴的时序在《中共中央国务院关于打赢脱贫攻坚战的决定》[①] 和《中共中央国务院关于实施乡村振兴战略的决定》中进行了安排，脱贫攻坚的近期目标是到2020年要实现消除绝对贫困，稳定实现"两不愁""三保障"，确保我国现行标准下农村贫困人口实现脱贫，贫困县全部"摘帽"，解决区域性整体贫困。中期目标是2035年相对贫困进一步缓解，在消除绝对贫困的基础上，巩固前期脱贫成果，防止返贫发生，消弭贫困脆弱性；远期目标，2050年消除贫困实现共同富裕，在消除贫困化之后促进贫困对象实现长期可持续稳定脱贫。乡村振兴时序安排近期即到2020年，乡村振兴相关制度框架和政策体系基本形成；中期目标则是到2035年，基本实现农业农村现代化；远期目标为到2050年，乡村全面振兴，农业强、农村美、农民富全面实现。

由此可见，以消除绝对贫困为目标的精准脱贫要在2020年前完成，这是当前最大的历史使命。打好打赢脱贫攻坚战是全面建成小康社会的底线任务，是乡村振兴的首场硬仗，是乡村振兴的前提、基础和底线，是必须率先完成的任务。精准脱贫攻坚战的实施效果，对于乡村振兴战略有基础性的影响。

从空间关系上来看，精准脱贫与乡村振兴具有耦合关系。耦合本是物理学概念，现已被广泛运用于经济学等相关领域研究。是指在一定时间与空间范畴之内，两个及以上的系统基于一定的相互影响使系统之内各要素由无序向有序逐步演化与协同促进，进而使系统产生相变的特征和规律[②③]。精准脱贫主要聚焦以集中连片特困地区和以"三区""三州"为代表的深度贫困地区，而乡村振兴的区域则是基于城乡融合的原则覆盖整个农村区域。当前我国共有集中连片特困地区14个，覆盖了19个省（自治区、直辖市）的505个县，面积占我国陆地国土

① 中共中央　国务院关于打赢脱贫攻坚战的决定［N］．人民日报，2015－12－08（1）．

② 叶玉瑶，张虹鸥，刘凯等．珠江三角洲建设用地扩展与工业化的耦合关系研究［J］．人文地理，2011（4）：79－84.

③ 马丽，金凤君，刘毅．中国经济与环境污染耦合度格局及工业结构解析［J］．地理学报，2012，67（10）：1299－1307.

总面积的14.7%，达到141.3万平方千米，深度贫困地区贫困发生率16.69%，是全国贫困发生率的3.7倍，贫困人口、贫困人口数量占全国贫困人口的8.2%①。乡村要振兴、集中连片特困地区和深度贫困地区是其覆盖区域的重要组成部分，这些区域脱贫攻坚任务能否顺利完成、脱贫长效机制能否完善、内生动力是否形成，直接影响乡村振兴战略的实施与推进。

二、乡村振兴为精准脱贫提供长效内生动力

乡村振兴助力产业扶贫。发展生产脱贫一批既是精准脱贫五个一批中的重点，也是形成脱贫内生动力的主要举措。作为一种内生发展机制，产业扶贫试图在市场导向的前提下以产业发展带动贫困地区发展，从而实现贫困群众稳定增收，这在实质上是由“输血式扶贫”向“造血式扶贫”的转变，这种转变对于去除贫困发生的动因和促进贫困个体与贫困区域协同发展具有重要意义②。

在乡村振兴二十字方针中，产业兴旺排在首位，这与产业脱贫高度契合。首先，乡村振兴能为产业脱贫提供产业支撑，产业的存在是产业脱贫的前提，乡村振兴通过结合区位优势布局和培育地方优势特色产业，为产业脱贫提供了产业基础。其次，乡村振兴在提供产业基础的同时，通过对农业多功能性的有力挖掘和第一、第二、第三产业融合，极大延伸了产业链，这为产业脱贫的长久有效提供了保障。最后，乡村振兴的产业建设是全方位的立体产业建设，其不仅在生产方式上进行变革，同时还在大力发展新模式新业态，这有助于产业脱贫质量和水平的提升③。

乡村振兴助力精神脱贫。精准脱贫，关键在人，激发贫困人口内生动力是形成长效脱贫内生动力的核心。现阶段，我国扶贫工作由各级党委政府主导，扶贫干部的帮扶是脱贫的重要力量；一些贫困群众则主要关心政府和扶贫干部能给多少帮扶，至于如何通过自身努力才能脱贫却鲜有考虑，这部分贫困群众脱贫内生动力明显不足④。因此，要实现贫困人口稳定长效脱贫的目标，精神脱贫是首要任务。要实现贫困群众精神脱贫，就要通过解决好精神层面的问题，激发摆脱贫困的内生动力，发展出贫困地区干部群众的主动性、积极性和创造性，变被动救

---

① 黄康生：加大力度推进“三区三州”深度贫困地区脱贫攻坚［EB/OL］. http：//www. rmzxb. com. cn/c/2017－08－29/1755433. shtml

② 林鄂平．产业扶贫再认识［EB/OL］. http：//www. scfpym. gov. cn/show. aspx？ id＝16743. 2013－06－24.

③ 孔祥智．产业兴旺是乡村振兴的基础［J］．农村金融研究，2018（2）：9－13.

④ 赵书栋，李炳全．精神扶贫：精准扶贫的内生性动力［J］．延安大学学报（社会科学版），2018，40（1）：90－94.

济为主动脱贫，提升自主脱贫能力。一方面，乡村振兴战略二十字方针提出“乡风文明”，通过乡村文化建设和发展教育，可以为贫困主体树立信心，改变贫困人口的“心穷”状态，调动他们脱贫致富的内生性动力，促进精神脱贫长效内生动力的形成。另一方面，在二十字方针中还强调“治理有效”。通过对乡村治理机构的改革和对乡村干部队伍素养的提升，可以打造高素质的乡村干部队伍，促进各项精准扶贫决策的贯彻落实，使基层扶贫干部“有所为”和“能为之”①。

第三节　衔接路径

打好脱贫攻坚战和实施乡村振兴战略事关全面建成小康社会，未来三年是脱贫攻坚战的决胜时期，同时也是乡村振兴启动的关键时期。在这一特殊历史背景下的精准脱贫应聚焦深度贫困地区，坚持脱贫攻坚的质量标准，注重精神扶贫，谨防福利陷阱和悬崖效应。同时，在具体实践之中精准脱贫必须和乡村振兴战略有机衔接，特别是在战略思维和体制机制上做到有机衔接。

一、在实施乡村振兴战略中坚持系统思维

乡村振兴不仅要实现乡村产业的发展，更重要的是致力于乡村的全面繁荣。正如贫困治理，乡村的振兴也是多维度的系统工程。只有从乡村治理、乡村产业、乡村文化、乡村社会、乡村环境等方面对乡村进行全面改善，才能够稳定提升乡村发展水平，培育乡村繁荣的内生动能。精准脱贫方略中的系统思维和精准思维可以为乡村振兴战略系统实施提供借鉴。党的十九大报告和《中共中央　国务院关于实施乡村振兴战略的意见》为乡村振兴战略提供了战略方向上的指导。但是，要将乡村振兴战略落到实处，其政策指导不可或缺。乡村振兴战略的顶层政策指导应以党的十九大报告和《中共中央　国务院关于实施乡村振兴战略的意见》为引领，立足于我国城乡发展的现状和基础，跳出乡村发展乡村，为城乡发展提供新动能。在具体实践中，首先，应当坚持立法先行，构建服务于乡村发展的法律制度体系，为乡村产业发展、社会治理、文化繁荣和生态建设提供基础性的法律和制度保障。其次，要坚持城乡融合的发展理念，把城市与乡村作为一个有机协调的系统，通过对城乡之间人力、技术、资本和自然资源等要素的优化配置，实现城乡发展相互支撑。最后，乡村是乡村振兴的主战场，但这并不意味着

① 王曙光．乡村振兴战略与中国扶贫开发的战略转型［J］．农村金融研究，2018（2）：14－19.

只有政府和农户是乡村振兴的参与主体；乡村振兴作为一个系统工程，务必要协调全社会的力量，动员企业、社会组织、科研院所等社会主体从资本、人力和技术等方面加大对乡村的投入，为乡村振兴提供有力支持。

二、在实施乡村振兴战略中坚持精准思维

我国乡村在区域之间存在着广泛的差异，不仅体现在资源禀赋、发展环境方面，也体现在文化传统、社区结构类型等方面。因此，在乡村振兴战略实施过程中无法借助简单模板一体化推进，因地制宜、分类扶持和体现特色的精准思维是乡村振兴应坚持的基本思维。在具体实施中，乡村振兴要做到对象精准和方法精准。乡村振兴对象精准的关键在于明确不同条件下乡村振兴侧重点，由于乡村的资源禀赋和所处发展阶段的不同，在乡村振兴战略实施的过程中其侧重点也应当有所差异。例如，东部发达地区乡村由于经济基础较好，其乡村建设的重点应放在乡村治理、文化建设和生态文明建设之上；而西部地区广大乡村由于经济基础相对较弱，则应当以产业建设为先。方法精准的关键则在于强化规划引领，通过科学规划将乡村振兴的任务和目标精确落实是具体实施乡村振兴战略的第一步。乡村振兴规划要做到多规合一，对空间和时间进行系统安排，同时要做到精准分类指导，结合各地区实际扬长避短，找到乡村发展前景，在规划之中体现出差异、个性和特色，避免出现“千村一面”的现象。

三、在脱贫攻坚过程中融入乡村振兴思想

多维贫困视角下的精准脱贫，不仅要实现物质上的脱贫，还要实现精神脱贫和生态脱贫。中央一再强调精准脱贫要坚持标准不吊高胃口，但这并不意味着脱贫攻坚就可以不注重脱贫质量。首先，在乡村振兴的背景下，脱贫攻坚在坚持标准不吊高胃口的同时也要结合自身的资源优势，根据脱贫攻坚的任务，将乡村振兴战略的思想和原则融入具体的脱贫攻坚的计划和行动之中，统筹脱贫攻坚与乡村振兴之间的有机衔接，奠定精准脱贫的制度和物质基础。其次，要通过大力发展乡村教育和乡风治理，引导贫困居民精神脱贫，助力脱贫长效内生动力的形成。最后，要将乡村振兴“生态宜居”的理念融入生态环境恶劣地区的精准脱贫工作；对于“一方水土养不活一方人”的生态脆弱区，要果断实施生态移民工程；贫困人口搬迁后应通过实施生态修复工程促进生态恢复；而在贫困人口新迁入的区域则要科学规划合理安置，为相关贫困人口实现生态宜居提供助力。

四、借鉴脱贫攻坚体制机制促进乡村振兴

乡村振兴战略的实施具有涉及面广和持续时间长的特点，这需要强有力的体

制机制来保障其实施。脱贫攻坚过程中形成了大量的体制机制创新，例如，中央统筹、省负总责、市县抓落实的管理体制，社会动员机制，考核评价机制，动态监测机制等。实践证明，这些机制为脱贫攻坚在保障上做出了巨大贡献，将这些在脱贫攻坚过程中所积累的体制机制和工作方式应用到乡村振兴战略实施当中，将为乡村振兴的实现提供有力支撑。例如，构建从中央到地方的乡村振兴统筹管理体制机制，明确乡村振兴分工和合作机制，将乡村振兴纳入基层政府工作绩效考核的评价体系，制定乡村振兴项目的动态监测机制等。同时，脱贫攻坚作战的组织体系锤炼了一大批干部和人才，“联系领导”“帮扶单位”“脱贫攻坚驻村工作组”“选派优秀干部到村任第一书记”“驻村农技员”等组织工作形式取得了良好的效果。乡村振兴战略的实施涉及面更广，任务更重，对强有力的组织体系需求更大。脱贫攻坚的组织体系为乡村振兴提供了一个优质的“模板”，在实施乡村振兴战略过程中可因地制宜借鉴脱贫攻坚作战中的组织动员体系，为乡村振兴提供有力组织支撑。

第四节　本章小结

乡村振兴，摆脱贫困是前提。精准脱贫和乡村振兴战略都是我国为实现“两个一百年”奋斗目标确定的国家战略。前者立足于实现第一个百年奋斗目标——全面建成小康社会，后者着眼于第二个百年奋斗目标——到21世纪中叶把我国建成富强民主文明和谐美丽的社会主义现代化强国。一方面，脱贫攻坚是我国当前减贫的主要任务和基本形式，它与城乡融合发展、共同富裕、质量兴农、乡村绿色发展、乡村文化兴盛和乡村善治一起，共同构筑中国特色社会主义乡村振兴道路；另一方面，只有包括贫困乡村在内的全国农村共同实现了乡村振兴，我国的乡村振兴才是全面的。只有精准脱贫攻坚和乡村振兴战略相互支撑、协调推进，“两个一百年”的奋斗目标才能最终实现。

附　录

中共中央　国务院关于打赢脱贫攻坚战三年行动的指导意见①

（2018 年 6 月 15 日）

党的十八大以来，以习近平同志为核心的党中央把脱贫攻坚工作纳入“五位一体”总体布局和“四个全面”战略布局，作为实现第一个百年奋斗目标的重点任务，作出一系列重大部署和安排，全面打响脱贫攻坚战。过去 5 年，我们采取超常规举措，以前所未有的力度推进脱贫攻坚，农村贫困人口显著减少，贫困发生率持续下降，解决区域性整体贫困迈出坚实步伐，贫困地区农民生产生活条件显著改善，贫困群众获得感显著增强，脱贫攻坚取得决定性进展，创造了我国减贫史上的最好成绩。过去 5 年，我们充分发挥政治优势和制度优势，构筑了全社会扶贫的强大合力，建立了中国特色的脱贫攻坚制度体系，为全球减贫事业贡献了中国智慧和中国方案，谱写了人类反贫困史上的辉煌篇章。

党的十九大明确把精准脱贫作为决胜全面建成小康社会必须打好的三大攻坚战之一，作出了新的部署。从脱贫攻坚任务看，未来 3 年，还有 3000 万左右农村贫困人口需要脱贫，其中因病、因残致贫比例居高不下，在剩余 3 年时间内完成脱贫目标，任务十分艰巨。特别是西藏、四省藏区、南疆四地州和四川凉山州、云南怒江州、甘肃临夏州（以下简称“三区三州”）等深度贫困地区，不仅贫困发生率高、贫困程度深，而且基础条件薄弱、致贫原因复杂、发展严重滞后、公共服务不足，脱贫难度更大。从脱贫攻坚工作看，形式主义、官僚主义、弄虚作假、急躁和厌战情绪以及消极腐败现象仍然存在，有的还很严重，影响脱贫攻坚有效推进。必须清醒地把握打赢脱贫攻坚战的困难和挑战，切实增强责任感和紧迫感，一鼓作气、尽锐出战、精准施策，以更有力的行动、更扎实的工作，集中力量攻克贫困的难中之难、坚中之坚，确保坚决打赢脱贫这场对如期全

---

① 资料来源：中国政府网，http：//www. gov. cn/zhengce/2018 －08/19/content_ 5314959. htm。

面建成小康社会、实现第一个百年奋斗目标具有决定性意义的攻坚战。

党的十九大关于打赢脱贫攻坚战总体部署，根据各地区各部门贯彻落实《中共中央、国务院关于打赢脱贫攻坚战的决定》的进展和实践中存在的突出问题，现就完善顶层设计、强化政策措施、加强统筹协调，推动脱贫攻坚工作更加有效开展，制定以下指导意见。

一、全面把握打赢脱贫攻坚战三年行动的总体要求

（一）指导思想

全面贯彻党的十九大和十九届二中、三中全会精神，以习近平新时代中国特色社会主义思想为指导，充分发挥政治优势和制度优势，坚持精准扶贫精准脱贫基本方略，坚持中央统筹、省负总责、市县抓落实的工作机制，坚持大扶贫工作格局，坚持脱贫攻坚目标和现行扶贫标准，聚焦深度贫困地区和特殊贫困群体，突出问题导向，优化政策供给，下足绣花功夫，着力激发贫困人口内生动力，着力夯实贫困人口稳定脱贫基础，着力加强扶贫领域作风建设，切实提高贫困人口获得感，确保到2020年贫困地区和贫困群众同全国一道进入全面小康社会，为实施乡村振兴战略打好基础。

（二）任务目标

到2020年，巩固脱贫成果，通过发展生产脱贫一批，易地搬迁脱贫一批，生态补偿脱贫一批，发展教育脱贫一批，社会保障兜底一批，因地制宜综合施策，确保现行标准下农村贫困人口实现脱贫，消除绝对贫困；确保贫困县全部摘帽，解决区域性整体贫困。实现贫困地区农民人均可支配收入增长幅度高于全国平均水平。实现贫困地区基本公共服务主要领域指标接近全国平均水平，主要有：贫困地区具备条件的乡镇和建制村通硬化路，贫困村全部实现通动力电，全面解决贫困人口住房和饮水安全问题，贫困村达到人居环境干净整洁的基本要求，切实解决义务教育学生因贫失学辍学问题，基本养老保险和基本医疗保险、大病保险实现贫困人口全覆盖，最低生活保障实现应保尽保。集中连片特困地区和革命老区、民族地区、边疆地区发展环境明显改善，深度贫困地区如期完成全面脱贫任务。

（三）工作要求

坚持严格执行现行扶贫标准。严格按照“两不愁、三保障”要求，确保贫困人口不愁吃、不愁穿；保障贫困家庭孩子接受九年义务教育，确保有学上、上得起学；保障贫困人口基本医疗需求，确保大病和慢性病得到有效救治和保障；保障贫困人口基本居住条件，确保住上安全住房。要量力而行，既不能降低标准，也不能擅自拔高标准、提不切实际的目标，避免陷入“福利陷阱”，防止产

生贫困村和非贫困村、贫困户和非贫困户待遇的“悬崖效应”，留下后遗症。

坚持精准扶贫精准脱贫基本方略。做到扶持对象精准、项目安排精准、资金使用精准、措施到户精准、因村派人（第一书记）精准、脱贫成效精准，因地制宜、从实际出发，解决好扶持谁、谁来扶、怎么扶、如何退问题，做到扶真贫、真扶贫，脱真贫、真脱贫。

坚持把提高脱贫质量放在首位。牢固树立正确政绩观，不急功近利，不好高骛远，更加注重帮扶的长期效果，夯实稳定脱贫、逐步致富的基础。要合理确定脱贫时序，不搞层层加码，不赶时间进度、搞冲刺，不搞拖延耽误，确保脱贫攻坚成果经得起历史和实践检验。

坚持扶贫同扶志扶智相结合。正确处理外部帮扶和贫困群众自身努力的关系，强化脱贫光荣导向，更加注重培养贫困群众依靠自力更生实现脱贫致富的意识，更加注重提高贫困地区和贫困人口自我发展能力。

坚持开发式扶贫和保障性扶贫相统筹。把开发式扶贫作为脱贫基本途径，针对致贫原因和贫困人口结构，加强和完善保障性扶贫措施，造血输血协同，发挥两种方式的综合脱贫效应。

坚持脱贫攻坚与锤炼作风、锻炼队伍相统一。把脱贫攻坚战场作为培养干部的重要阵地，强化基层帮扶力量，密切党同人民群众血肉联系，提高干部干事创业本领，培养了解国情和农村实际的干部队伍。

坚持调动全社会扶贫积极性。充分发挥政府和社会两方面力量作用，强化政府责任，引导市场、社会协同发力，构建专项扶贫、行业扶贫、社会扶贫互为补充的大扶贫格局。

二、集中力量支持深度贫困地区脱贫攻坚

（一）着力改善深度贫困地区发展条件

推进深度贫困地区交通建设攻坚，加快实施深度贫困地区具备条件的建制村通硬化路工程。加快实施深度贫困地区农村饮水安全巩固提升工程。加快深度贫困地区小型水利工程建设，推进深度贫困地区在建重大水利工程建设进度。推进深度贫困地区农村电网建设攻坚，实现农网动力电全覆盖。加强“三区三州”电网建设，加快解决网架结构薄弱、供电质量偏低等问题。加大深度贫困地区互联网基础设施建设投资力度，加快实现深度贫困地区贫困村网络全覆盖。推进深度贫困地区整合资金、统一规划、统筹实施农村土地综合整治和高标准农田建设。推进西藏、四省藏区、新疆南疆退耕还林还草、退牧还草工程。加快岩溶地区石漠化综合治理、西藏生态安全屏障、青海三江源生态保护、祁连山生态保护和综合治理等重点工程建设。实施贫困村提升工程。

（二）着力解决深度贫困地区群众特殊困难

全面实施“三区三州”健康扶贫攻坚行动，重点做好包虫病、艾滋病、大骨节病、结核病等疾病综合防治。加强禁毒脱贫工作，分级分类落实禁毒脱贫举措。采取特殊措施和手段推动人口较少民族贫困人口精准脱贫。全面落实边民补助、住房保障等守边固边政策，改善抵边一线乡村交通、饮水等条件，启动实施抵边村寨电网升级改造攻坚计划，加快推进边境村镇宽带网络建设。稳妥推进新疆南疆土地清理再分配改革，建立土地经营与贫困户直接挂钩的利益分配机制。

（三）着力加大深度贫困地区政策倾斜力度

中央财政进一步增加对深度贫困地区专项扶贫资金、教育医疗保障等转移支付，加大重点生态功能区转移支付、农村危房改造补助资金、中央预算内投资、车购税收入补助地方资金、县级基本财力保障机制奖补资金等对深度贫困地区的倾斜力度，增加安排深度贫困地区一般债券限额。规范扶贫领域融资，依法发行地方政府债券，加大深度贫困地区扶贫投入。新增金融资金优先满足深度贫困地区，新增金融服务优先布局深度贫困地区，对深度贫困地区发放的精准扶贫贷款实行差异化贷款利率。保障深度贫困地区产业发展、基础设施建设、易地扶贫搬迁、民生发展等用地，对土地利用规划计划指标不足部分由中央协同所在省份解决。深度贫困地区开展城乡建设用地增减挂钩可不受指标规模限制，建立深度贫困地区城乡建设用地增减挂钩节余指标跨省域调剂使用机制。深度贫困地区建设用地涉及农用地转用和土地征收的，依法加快审批。在援藏援疆援青工作中，进一步加大对“三区三州”等深度贫困地区干部选派倾斜支持力度。

三、强化到村到户到人精准帮扶举措

（一）加大产业扶贫力度

深入实施贫困地区特色产业提升工程，因地制宜加快发展对贫困户增收带动作用明显的种植养殖业、林草业、农产品加工业、特色手工业、休闲农业和乡村旅游，积极培育和推广有市场、有品牌、有效益的特色产品。将贫困地区特色农业项目优先列入优势特色农业提质增效行动计划，加大扶持力度，建设一批特色种植养殖基地和良种繁育基地。支持有条件的贫困县创办一二三产业融合发展扶贫产业园。组织国家级龙头企业与贫困县合作创建绿色食品、有机农产品原料标准化基地。实施中药材产业扶贫行动计划，鼓励中医药企业到贫困地区建设中药材基地。多渠道拓宽农产品营销渠道，推动批发市场、电商企业、大型超市等市场主体与贫困村建立长期稳定的产销关系，支持供销、邮政及各类企业把服务网点延伸到贫困村，推广以购代捐的扶贫模式，组织开展贫困地区农产品定向直供直销学校、医院、机关食堂和交易市场活动。加快推进“快递下乡”工程，完善贫困地区农村物流配送体系，加强特色优势农产品生产基地冷链设施建设。推动邮政与快递、交通运输企业在农村地区扩展合作范围、合作领域和服务内容。完善新型农业经营主体与贫困户联动发展的利益联结机制，推广股份合作、订单帮扶、生产托管等有效做法，实现贫困户与现代农业发展有机衔接。建立贫困户产业发展指导员制度，明确到户帮扶干部承担产业发展指导职责，帮助贫困户协调解决生产经营中的问题。鼓励各地通过政府购买服务方式向贫困户提供便利高效的农业社会化服务。实施电商扶贫，优先在贫困县建设农村电子商务服务站点。继续实施电子商务进农村综合示范项目。动员大型电商企业和电商强县对口帮扶贫困县，推进电商扶贫网络频道建设。积极推动贫困地区农村资源变资产、资金变股金、农民变股东改革，制定实施贫困地区集体经济薄弱村发展提升计划，通过盘活集体资源、入股或参股、量化资产收益等渠道增加集体经济收入。在条件适宜地区，以贫困村村级光伏电站建设为重点，有序推进光伏扶贫。支持贫困县整合财政涉农资金发展特色产业。鼓励地方从实际出发利用扶贫资金发展短期难见效、未来能够持续发挥效益的产业。规范和推动资产收益扶贫工作，确保贫困户获得稳定收益。将产业扶贫纳入贫困县扶贫成效考核和党政一把手离任审计，引导各地发展长期稳定的脱贫产业项目。

（二）全力推进就业扶贫

实施就业扶贫行动计划，推动就业意愿、就业技能与就业岗位精准对接，提高劳务组织化程度和就业脱贫覆盖面。鼓励贫困地区发展生态友好型劳动密集型产业，通过岗位补贴、场租补贴、贷款支持等方式，扶持企业在贫困乡村发展一批扶贫车间，吸纳贫困家庭劳动力就近就业。推进贫困县农民工创业园建设，加大创业担保贷款、创业服务力度，推动创业带动就业。鼓励开发多种形式的公益岗位，通过以工代赈、以奖代补、劳务补助等方式，动员更多贫困群众参与小型基础设施、农村人居环境整治等项目建设，吸纳贫困家庭劳动力参与保洁、治安、护路、管水、扶残助残、养老护理等，增加劳务收入。深入推进扶贫劳务协作，加强劳务输出服务工作，在外出劳动力就业较多的城市建立服务机构，提高劳务对接的组织化程度和就业质量。东部地区要组织企业到西部地区建设产业园区，吸纳贫困人口稳定就业。西部地区要组织贫困人口到东部地区就业。实施家政和护工服务劳务对接扶贫行动，打造贫困地区家政和护工服务品牌，完善家政和护工就业保障机制。实施技能脱贫专项行动，统筹整合各类培训资源，组织有就业培训意愿的贫困家庭劳动力参加劳动预备制培训、岗前培训、订单培训和岗位技能提升培训，按规定落实职业培训补贴政策。推进职业教育东西协作行动，实现东西部职业院校结对帮扶全覆盖，深入实施技能脱贫千校行动，支持东部地区职业院校招收对口帮扶的西部地区贫困家庭学生，帮助有在东部地区就业意愿

的毕业生实现就业。在人口集中和产业发展需要的贫困地区办好一批中等职业学校（含技工学校），建设一批职业技能实习实训基地。

（三）深入推动易地扶贫搬迁

全面落实国家易地扶贫搬迁政策要求和规范标准，结合推进新型城镇化，进一步提高集中安置比例，稳妥推进分散安置并强化跟踪监管，完善安置区配套基础设施和公共服务设施，严守贫困户住房建设面积和自筹资金底线，统筹各项扶贫和保障措施，确保完成剩余390万左右贫困人口搬迁建设任务，确保搬迁一户、稳定脱贫一户。按照以岗定搬、以业定迁原则，加强后续产业发展和转移就业工作，确保贫困搬迁家庭至少1个劳动力实现稳定就业。在自然条件和发展环境异常恶劣地区，结合行政村规划布局调整，鼓励实施整村整组搬迁。今后3年集中力量完成“十三五”规划的建档立卡贫困人口搬迁任务，确保具备搬迁安置条件的贫困人口应搬尽搬，逐步实施同步搬迁。对目前不具备搬迁安置条件的贫困人口，优先解决其“两不愁、三保障”问题，今后可结合实施乡村振兴战略压茬推进，通过实施生态宜居搬迁和有助于稳定脱贫、逐步致富的其他形式搬迁，继续稳步推进。加强安置区社区管理和服务，切实做好搬迁群众户口迁移、上学就医、社会保障、心理疏导等接续服务工作，引导搬迁群众培养良好生活习惯，尽快融入新环境新社区。强化易地扶贫搬迁督促检查，确保高质量完成易地扶贫搬迁目标任务。

（四）加强生态扶贫

创新生态扶贫机制，加大贫困地区生态保护修复力度，实现生态改善和脱贫双赢。推进生态保护扶贫行动，到2020年在有劳动能力的贫困人口中新增选聘生态护林员、草管员岗位40万个。加大对贫困地区天然林保护工程建设支持力度。探索天然林、集体公益林托管，推广“合作社 + 管护 + 贫困户”模式，吸纳贫困人口参与管护。建设生态扶贫专业合作社（队），吸纳贫困人口参与防沙治沙、石漠化治理、防护林建设和储备林营造。推进贫困地区低产低效林提质增效工程。加大贫困地区新一轮退耕还林还草支持力度，将新增退耕还林还草任务向贫困地区倾斜，在确保省级耕地保有量和基本农田保护任务前提下，将25度以上坡耕地、重要水源地15～25度坡耕地、陡坡梯田、严重石漠化耕地、严重污染耕地、移民搬迁撂荒耕地纳入新一轮退耕还林还草工程范围，对符合退耕政策的贫困村、贫困户实现全覆盖。结合建立国家公园体制，多渠道筹措资金，对生态核心区内的居民实施生态搬迁，带动贫困群众脱贫。深化贫困地区集体林权制度改革，鼓励贫困人口将林地经营权入股造林合作社，增加贫困人口资产性收入。完善横向生态保护补偿机制，让保护生态的贫困县、贫困村、贫困户更多受益。鼓励纳入碳排放权交易市场的重点排放单位购买贫困地区林业碳汇。

（五）着力实施教育脱贫攻坚行动

以保障义务教育为核心，全面落实教育扶贫政策，进一步降低贫困地区特别是深度贫困地区、民族地区义务教育辍学率，稳步提升贫困地区义务教育质量。强化义务教育控辍保学联保联控责任，在辍学高发区“一县一策”制定工作方案，实施贫困学生台账化精准控辍，确保贫困家庭适龄学生不因贫失学辍学。全面推进贫困地区义务教育薄弱学校改造工作，重点加强乡镇寄宿制学校和乡村小规模学校建设，确保所有义务教育学校达到基本办学条件。实施好农村义务教育学生营养改善计划。在贫困地区优先实施教育信息化2.0行动计划，加强学校网络教学环境建设，共享优质教育资源。改善贫困地区乡村教师待遇，落实教师生活补助政策，均衡配置城乡教师资源。加大贫困地区教师特岗计划实施力度，深入推进义务教育阶段教师校长交流轮岗和对口帮扶工作，国培计划、公费师范生培养、中小学教师信息技术应用能力提升工程等重点支持贫困地区。鼓励通过公益捐赠等方式，设立贫困地区优秀教师奖励基金，用于表彰长期扎根基层的优秀乡村教师。健全覆盖各级各类教育的资助政策体系，学生资助政策实现应助尽助。加大贫困地区推广普及国家通用语言文字工作力度。开展民族地区学前儿童学习普通话行动。

（六）深入实施健康扶贫工程

将贫困人口全部纳入城乡居民基本医疗保险、大病保险和医疗救助保障范围。落实贫困人口参加城乡居民基本医疗保险个人缴费财政补贴政策，实施扶贫医疗救助。切实降低贫困人口就医负担，在严格费用管控、确定诊疗方案、确定单病种收费标准、规范转诊和集中定点救治的基础上，对城乡居民基本医疗保险和大病保险支付后自负费用仍有困难的患者，加大医疗救助和其他保障政策的帮扶力度。全面落实农村贫困人口县域内定点医疗机构住院治疗先诊疗后付费，在定点医院设立综合服务窗口，实现各项医疗保障政策“一站式”信息交换和即时结算。在贫困地区加快推进县乡村三级卫生服务标准化建设，确保每个贫困县建好1~2所县级公立医院（含中医院），加强贫困地区乡镇卫生院和村卫生室能力建设。深入实施医院对口帮扶，全国963家三级医院与832个贫困县的1180家县级医院结对帮扶，为贫困县医院配置远程医疗设施设备，全面建成从三级医院到县医院互联互通的远程医疗服务网络。贫困地区每个乡镇卫生院至少设立1个全科医生特岗。支持地方免费培养农村高职（专科）医学生，经助理全科医生培训合格后，补充到贫困地区村卫生室和乡镇卫生院。贫困地区可在现有编制总量内直接面向人才市场选拔录用医技人员，选拔录用时优先考虑当地医疗卫生事业紧缺人才。全面实施贫困地区县乡村医疗卫生机构一体化管理，构建三级联动的医疗服务和健康管理平台，为贫困群众提供基本健康服务。加强对贫困地区

慢性病、常见病的防治，开展专项行动，降低因病致贫返贫风险。开展地方病和重大传染病攻坚行动，实施预防、筛查、治疗、康复、管理的全过程综合防治。贫困地区妇女宫颈癌、乳腺癌检查和儿童营养改善、新生儿疾病筛查项目扩大到所有贫困县。开展和规范家庭医生（乡村医生）签约服务，落实签约服务政策，优先为妇幼、老人、残疾人等重点人群开展健康服务和慢性病综合防控，做好高血压、糖尿病、结核病、严重精神障碍等慢性病规范管理。实施贫困地区健康促进三年行动计划。将脱贫攻坚与落实生育政策紧密结合，倡导优生优育，利用基层计划生育服务力量，加强出生缺陷综合防治宣传教育。

（七）加快推进农村危房改造

允许各省（自治区、直辖市）根据国务院主管部门制定的原则，结合各自实际推广简便易行的危房鉴定程序，规范对象认定程序，建立危房台账并实施精准管理，改造一户、销档一户，确保完成建档立卡贫困户等4类重点对象危房改造任务。明确农村危房改造基本安全要求，保证正常使用安全和基本使用功能。因地制宜推广农房加固改造，在危房改造任务较重的省份开展农房加固改造示范，结合地方实际推广现代生土农房等改良型传统民居，鼓励通过闲置农房置换或长期租赁等方式，兜底解决特殊贫困群体基本住房安全问题。落实各级补助资金，完善分类分级补助标准。加强补助资金使用管理和监督检查，支付给农户的资金要及时足额直接拨付到户。建立完善危房改造信息公示制度。

（八）强化综合保障性扶贫

统筹各类保障措施，建立以社会保险、社会救助、社会福利制度为主体，以社会帮扶、社工助力为辅助的综合保障体系，为完全丧失劳动能力和部分丧失劳动能力且无法依靠产业就业帮扶脱贫的贫困人口提供兜底保障。完善城乡居民基本养老保险制度，对符合条件的贫困人口由地方政府代缴城乡居民养老保险费。继续实施社会服务兜底工程，加快建设为老年人、残疾人、精神障碍患者等特殊群体提供服务的设施。鼓励各地通过互助养老、设立孝善基金等途径，创新家庭养老方式。加快建立贫困家庭“三留守”关爱服务体系，落实家庭赡养、监护照料法定义务，探索建立信息台账和定期探访制度。完善农村低保制度，健全低保对象认定方法，将完全丧失劳动能力和部分丧失劳动能力且无法依靠产业就业帮扶脱贫的贫困人口纳入低保范围。对地广人稀的贫困地区适度降低国家救灾应急响应启动条件。加大临时救助力度，及时将符合条件的返贫人口纳入救助范围。

（九）开展贫困残疾人脱贫行动

将符合条件的建档立卡贫困残疾人纳入农村低保和城乡医疗救助范围。完善困难残疾人生活补贴和重度残疾人护理补贴制度，有条件的地方逐步扩大政策覆盖面。深入实施“福康工程”等残疾人精准康复服务项目，优先为贫困家庭有康复需求的残疾人提供基本康复服务和辅助器具适配服务。对16周岁以上有长期照料护理需求的贫困重度残疾人，符合特困人员救助供养条件的纳入特困人员救助供养；不符合救助供养条件的，鼓励地方通过政府补贴、购买服务、设立公益岗位、集中托养等多种方式，为贫困重度残疾人提供集中照料或日间照料、邻里照护服务。逐步推进农村贫困重度残疾人家庭无障碍改造。实施第二期特殊教育提升计划，帮助贫困家庭残疾儿童多种形式接受义务教育，加快发展非义务教育阶段特殊教育。资产收益扶贫项目要优先安排贫困残疾人家庭。

（十）开展扶贫扶志行动

加强教育引导，开展扶志教育活动，创办脱贫攻坚“农民夜校”、“讲习所”等，加强思想、文化、道德、法律、感恩教育，弘扬自尊、自爱、自强精神，防止政策养懒汉、助长不劳而获和“等靠要”等不良习气。加大以工代赈实施力度，动员更多贫困群众投工投劳。推广以表现换积分、以积分换物品的“爱心公益超市”等自助式帮扶做法，实现社会爱心捐赠与贫困群众个性化需求的精准对接。鼓励各地总结推广脱贫典型，宣传表彰自强不息、自力更生脱贫致富的先进事迹和先进典型，用身边人身边事示范带动贫困群众。大力开展移风易俗活动，选树一批文明村镇和星级文明户，推广“星级评比”等做法，引导贫困村修订完善村规民约，发挥村民议事会、道德评议会、红白理事会、禁毒禁赌会等群众组织作用，坚持自治、法治、德治相结合，教育引导贫困群众弘扬传统美德、树立文明新风。加强对高额彩礼、薄养厚葬、子女不赡养老人等问题的专项治理。深入推进文化扶贫工作，提升贫困群众的公共文化服务获得感。把扶贫领域诚信纳入国家信用监管体系，将不履行赡养义务、虚报冒领扶贫资金、严重违反公序良俗等行为人列入失信人员名单。

四、加快补齐贫困地区基础设施短板

（一）加快实施交通扶贫行动

在贫困地区加快建成外通内联、通村畅乡、客车到村、安全便捷的交通运输网络。尽快实现具备条件的乡镇、建制村通硬化路。以示范县为载体，推进贫困地区“四好农村路”建设。扩大农村客运覆盖范围，到2020年实现具备条件的建制村通客车目标。加快贫困地区农村公路安全生命防护工程建设，基本完成乡道及以上行政等级公路安全隐患治理。推进窄路基路面农村公路合理加宽改造和危桥改造。改造建设一批贫困乡村旅游路、产业路、资源路，优先改善自然人文、少数民族特色村寨和风情小镇等旅游景点景区交通设施。加大成品油税费改革转移支付用于贫困地区农村公路养护力度。推进国家铁路网、国家高速公路网连接贫困地区项目建设，加快贫困地区普通国省道改造和支线机场、通用机场、内河航道建设。

（二）大力推进水利扶贫行动

加快实施贫困地区农村饮水安全巩固提升工程，落实工程建设和管护责任，强化水源保护和水质保障，因地制宜加强供水工程建设与改造，显著提高农村集中供水率、自来水普及率、供水保证率和水质达标率，到2020年全面解决贫困人口饮水安全问题。加快贫困地区大中型灌区续建配套与节水改造、小型农田水利工程建设，实现灌溉水源、灌排骨干工程与田间工程协调配套。切实加强贫困地区防洪工程建设和运行管理。继续推进贫困地区水土保持和水生态建设工程。

（三）大力实施电力和网络扶贫行动

实施贫困地区农网改造升级，加强电力基础设施建设，建立贫困地区电力普遍服务监测评价体系，引导电网企业做好贫困地区农村电力建设管理和供电服务，到2020年实现大电网延伸覆盖至全部县城。大力推进贫困地区农村可再生能源开发利用。

深入实施网络扶贫行动，统筹推进网络覆盖、农村电商、网络扶智、信息服务、网络公益5大工程向纵深发展，创新“互联网+”扶贫模式。完善电信普遍服务补偿机制，引导基础电信企业加大投资力度，实现90%以上贫困村宽带网络覆盖。鼓励基础电信企业针对贫困地区和贫困群众推出资费优惠举措，鼓励企业开发有助精准脱贫的移动应用软件、智能终端。

（四）大力推进贫困地区农村人居环境整治

开展贫困地区农村人居环境整治三年行动，因地制宜确定贫困地区村庄人居环境整治目标，重点推进农村生活垃圾治理、卫生厕所改造。开展贫困地区农村生活垃圾治理专项行动，有条件的地方探索建立村庄保洁制度。因地制宜普及不同类型的卫生厕所，同步开展厕所粪污治理。有条件的地方逐步开展生活污水治理。加快推进通村组道路建设，基本解决村内道路泥泞、村民出行不便等问题。

五、加强精准脱贫攻坚行动支撑保障

（一）强化财政投入保障

坚持增加政府扶贫投入与提高资金使用效益并重，健全与脱贫攻坚任务相适应的投入保障机制，支持贫困地区围绕现行脱贫目标，尽快补齐脱贫攻坚短板。加大财政专项扶贫资金和教育、医疗保障等转移支付支持力度。规范扶贫领域融资，增强扶贫投入能力，疏堵并举防范化解扶贫领域融资风险。进一步加强资金整合，赋予贫困县更充分的资源配置权，确保整合资金围绕脱贫攻坚项目精准使用，提高使用效率和效益。全面加强各类扶贫资金项目绩效管理，落实资金使用者的绩效主体责任，明确绩效目标，加强执行监控，强化评价结果运用，提高扶贫资金使用效益。建立县级脱贫攻坚项目库，健全公告公示制度。加强扶贫资金项目常态化监管，强化主管部门监管责任，确保扶贫资金尤其是到户到人的资金落到实处。

（二）加大金融扶贫支持力度

加强扶贫再贷款使用管理，优化运用扶贫再贷款发放贷款定价机制，引导金融机构合理合规增加对带动贫困户就业的企业和贫困户生产经营的信贷投放。加强金融精准扶贫服务。支持国家开发银行和中国农业发展银行进一步发挥好扶贫金融事业部的作用，支持中国农业银行、中国邮政储蓄银行、农村信用社、村镇银行等金融机构增加扶贫信贷投放，推动大中型商业银行完善普惠金融事业部体制机制。创新产业扶贫信贷产品和模式，建立健全金融支持产业发展与带动贫困户脱贫的挂钩机制和扶持政策。规范扶贫小额信贷发放，在风险可控前提下可办理无还本续贷业务，对确因非主观因素不能到期偿还贷款的贫困户可协助其办理贷款展期业务。加强扶贫信贷风险防范，支持贫困地区完善风险补偿机制。推进贫困地区信用体系建设。支持贫困地区金融服务站建设，推广电子支付方式，逐步实现基础金融服务不出村。支持贫困地区开发特色农业险种，开展扶贫小额贷款保证保险等业务，探索发展价格保险、产值保险、“保险 + 期货”等新型险种。扩大贫困地区涉农保险保障范围，开发物流仓储、设施农业、“互联网 +”等险种。鼓励上市公司、证券公司等市场主体依法依规设立或参与市场化运作的贫困地区产业投资基金和扶贫公益基金。贫困地区企业首次公开发行股票、在全国中小企业股份转让系统挂牌、发行公司债券等按规定实行“绿色通道”政策。

（三）加强土地政策支持

支持贫困地区编制村级土地利用规划，挖掘土地优化利用脱贫的潜力。贫困地区建设用地符合土地利用总体规划修改条件的，按规定及时审查批复。新增建设用地计划、增减挂钩节余指标调剂计划、工矿废弃地复垦利用计划向贫困地区倾斜。脱贫攻坚期内，国家每年对集中连片特困地区、国家扶贫开发工作重点县专项安排一定数量新增建设用地计划。贫困地区建设用地增减挂钩节余指标和工矿废弃地复垦利用节余指标，允许在省域内调剂使用。建立土地整治和高标准农田建设等新增耕地指标跨省域调剂机制。贫困地区符合条件的补充和改造耕地项目，优先用于跨省域补充耕地国家统筹，所得收益通过支出预算用于支持脱贫攻坚。优先安排贫困地区土地整治项目和高标准农田建设补助资金，指导和督促贫困地区完善县级土地整治规划。

（四）实施人才和科技扶贫计划

深入实施边远贫困地区、边疆民族地区、革命老区人才支持计划，扩大急需紧缺专业技术人才选派培养规模。贫困地区在县乡公务员考试录用中，从大学生村官、“三支一扶”等人员中定向招录公务员，从贫困地区优秀村干部中招录乡镇公务员。

动员全社会科技力量投入脱贫攻坚主战场，开展科技精准帮扶行动。以县为单位建立产业扶贫技术专家组，各类涉农院校和科研院所组建产业扶贫技术团队，重点为贫困村、贫困户提供技术服务。支持有条件的贫困县建设农业科技园和星创天地等载体，展示和推广农业先进科技成果。在贫困地区全面实施农技推广特聘计划，从农村乡土专家、种养能手等一线服务人员招聘一批特聘农技员，由县级政府聘为贫困村科技扶贫带头人。加强贫困村创业致富带头人培育培养，提升创业项目带贫减贫效果。建立科技特派员与贫困村结对服务关系，实现科技特派员对贫困村科技服务和创业带动全覆盖。

六、动员全社会力量参与脱贫攻坚

（一）加大东西部扶贫协作和对口支援力度

把人才支持、市场对接、劳务协作、资金支持等作为协作重点，深化东西部扶贫协作，推进携手奔小康行动贫困县全覆盖，并向贫困村延伸。强化东西部扶贫协作责任落实，加强组织协调、工作指导和督导检查，建立扶贫协作台账制度，每年对账考核。优化结对协作关系，实化细化县之间、乡镇之间、行政村之间结对帮扶措施，推广“闽宁示范村”模式。突出产业帮扶，鼓励合作建设承接产业转移的基地，引导企业精准结对帮扶。突出劳务协作，有组织地开展人岗对接，提高协作规模和质量。突出人才支援，加大力度推进干部双向挂职、人才双向交流，提高干部人才支持和培训培养精准性。突出资金支持，切实加强资金监管，确保东西部扶贫协作资金精准使用。将帮扶贫困残疾人脱贫纳入东西部扶贫协作范围。

实施好“十三五”对口支援新疆、西藏和四省藏区经济社会发展规划，严格落实中央确定的80%以上资金用于保障和改善民生、用于县及县以下基层的要求，进一步聚焦脱贫攻坚的重点和难点，确保更多资金、项目和工作精力投向贫困人口。

（二）深入开展定点扶贫工作

落实定点扶贫工作责任，把定点扶贫县脱贫工作纳入本单位工作重点，加强工作力量，出台具体帮扶措施。定点扶贫单位主要负责同志要承担第一责任人职责，定期研究帮扶工作。强化定点扶贫牵头单位责任。加强对定点扶贫县脱贫攻坚工作指导，督促落实脱贫主体责任。把定点扶贫县作为转变作风、调查研究的基地，通过解剖麻雀，总结定点扶贫县脱贫经验，完善本部门扶贫政策，推动脱贫攻坚工作。选派优秀中青年干部、后备干部到贫困地区挂职，落实艰苦地区挂职干部生活补助政策。

（三）扎实做好军队帮扶工作

加强军地脱贫攻坚工作协调，驻地部队要积极承担帮扶任务，参与扶贫行动，广泛开展扶贫济困活动。接续做好"八一爱民学校"援建工作，组织开展多种形式的结对助学活动。组织军队系统医院对口帮扶贫困县县级医院，深入贫困村送医送药、巡诊治病。帮助革命老区加强红色资源开发，培育壮大红色旅游产业，带动贫困人口脱贫。帮助培育退役军人和民兵预备役人员脱贫致富带头人。

（四）激励各类企业、社会组织扶贫

落实国有企业精准扶贫责任，通过发展产业、对接市场、安置就业等多种方式帮助贫困户脱贫。深入推进"万企帮万村"精准扶贫行动，引导民营企业积极开展产业扶贫、就业扶贫、公益扶贫，鼓励有条件的大型民营企业通过设立扶贫产业投资基金等方式参与脱贫攻坚。持续开展"光彩行"活动，提高精准扶贫成效。

支持社会组织参与脱贫攻坚，加快建立社会组织帮扶项目与贫困地区需求信息对接机制，确保贫困人口发展需求与社会帮扶有效对接。鼓励引导社会各界使用贫困地区产品和服务，推动贫困地区和贫困户融入大市场。实施全国性社会组织参与"三区三州"深度贫困地区脱贫攻坚行动。实施社会工作"专业人才服务三区计划"、"服务机构牵手计划"、"教育对口扶贫计划"，为贫困人口提供生计发展、能力提升、心理支持等专业服务。加强对社会组织扶贫的引导和管理，优化环境、整合力量、创新方式，提高扶贫效能。落实社会扶贫资金所得税税前扣除政策。

（五）大力开展扶贫志愿服务活动

动员组织各类志愿服务团队、社会各界爱心人士开展扶贫志愿服务。实施社会工作专业人才服务贫困地区系列行动计划，支持引导专业社会工作和志愿服务力量积极参与精准扶贫。推进扶贫志愿服务制度化，建立扶贫志愿服务人员库，鼓励国家机关、企事业单位、人民团体、社会组织等组建常态化、专业化服务团队。制定落实扶贫志愿服务支持政策。

七、夯实精准扶贫精准脱贫基础性工作

（一）强化扶贫信息的精准和共享

进一步加强建档立卡工作，提高精准识别质量，完善动态管理机制，做到"脱贫即出、返贫即入"。剔除不合条件的人口，及时纳入符合条件但遗漏在外

的贫困人口和返贫人口，确保应扶尽扶。抓紧完善扶贫开发大数据平台，通过端口对接、数据交换等方式，实现户籍、教育、健康、就业、社会保险、住房、银行、农村低保、残疾人等信息与贫困人口建档立卡信息有效对接。完善贫困人口统计监测体系，为脱贫攻坚提供科学依据。加强贫困人口建档立卡数据和农村贫困统计监测数据衔接，逐步形成指标统一、项目规范的贫困监测体系。强化扶贫开发大数据平台共享使用，拓展扶贫数据系统服务功能，为脱贫攻坚决策和工作指导等提供可靠手段和支撑。建立脱贫成效巩固提升监测机制，对脱贫户实施跟踪和动态监测，及时了解其生产生活情况。按照国家信息安全标准构建扶贫开发信息安全防护体系，确保系统和数据安全。开展建档立卡专项评估检查。

（二）健全贫困退出机制

严格执行贫困退出标准和程序，规范贫困县、贫困村、贫困人口退出组织实施工作。指导地方修订完善扶贫工作考核评估指标和贫困县验收指标，对超出“两不愁、三保障”标准的指标，予以剔除或不作为硬性指标，取消行业部门与扶贫无关的搭车任务。改进贫困县退出专项评估检查，由各省（自治区、直辖市）统一组织，因地制宜制定符合贫困地区实际的检查方案，并对退出贫困县的质量负责。中央结合脱贫攻坚督查巡查工作，对贫困县退出进行抽查。脱贫攻坚期内扶贫政策保持稳定，贫困县、贫困村、贫困户退出后，相关政策保持一段时间。

（三）开展国家脱贫攻坚普查

2020 年至 2021 年年初对脱贫摘帽县进行一次普查，全面了解贫困人口脱贫实现情况。普查工作由国务院统一部署实施，重点围绕脱贫结果的真实性和准确性，调查贫困人口“两不愁、三保障”实现情况、获得帮扶情况、贫困人口参与脱贫攻坚项目情况等。地方各级党委和政府要认真配合做好普查工作。

八、加强和改善党对脱贫攻坚工作的领导

（一）进一步落实脱贫攻坚责任制

强化中央统筹、省负总责、市县抓落实的工作机制。中央统筹，重在做好顶层设计，在政策、资金等方面为地方创造条件，加强脱贫效果监管；省负总责，重在把党中央大政方针转化为实施方案，加强指导和督导，促进工作落实；市县抓落实，重在从当地实际出发推动脱贫攻坚各项政策措施落地生根。各级党委和政府要把打赢脱贫攻坚战作为重大政治任务，增强政治担当、责任担当和行动自觉，层层传导压力，建立落实台账，压实脱贫责任，加大问责问效力度。健全脱贫攻坚工作机制，脱贫攻坚任务重的省（自治区、直辖市）党委和政府每季度至少专题研究一次脱贫攻坚工作，贫困县党委和政府每月至少专题研究一次脱贫

攻坚工作。贫困县党政正职每个月至少要有5个工作日用于扶贫。实施五级书记遍访贫困对象行动，省（自治区、直辖市）党委书记遍访贫困县，市（地、州、盟）党委书记遍访脱贫攻坚任务重的乡镇，县（市、区、旗）党委书记遍访贫困村，乡镇党委书记和村党组织书记遍访贫困户。以遍访贫困对象行动带头转变作风，接地气、查实情，了解贫困群体实际需求，掌握第一手资料，发现突出矛盾，解决突出问题。

（二）压实中央部门扶贫责任

党中央、国务院各相关部门单位要按照中央脱贫攻坚系列重大决策部署要求制定完善配套政策举措，实化细化三年行动方案，并抓好组织实施工作。国务院扶贫开发领导小组要分解落实各地区脱贫目标任务，实化细化脱贫具体举措，分解到年、落实到人。国务院扶贫开发领导小组成员单位每年向中央报告本部门本单位脱贫攻坚工作情况。脱贫攻坚期内，国务院扶贫开发领导小组成员以及部门扶贫干部、定点扶贫干部要按政策规定保持稳定，不能胜任的要及时调整。

（三）完善脱贫攻坚考核监督评估机制

进一步完善扶贫考核评估工作，充分体现省负总责原则，切实解决基层疲于迎评迎检问题。改进对省级党委和政府扶贫开发工作成效第三方评估方式，缩小范围，简化程序，精简内容，重点评估"两不愁、三保障"实现情况，提高考核评估质量和水平。改进省市两级对县及县以下扶贫工作考核，原则上每年对县的考核不超过2次，加强对县委书记的工作考核，注重发挥考核的正向激励作用。未经省里批准，市级以下不得开展第三方评估。改进约谈省级领导的方式，开展常态化约谈，随时发现问题随时约谈。完善监督机制，国务院扶贫开发领导小组每年组织脱贫攻坚督查巡查，纪检监察机关和审计、扶贫等部门按照职能开展监督工作。充分发挥人大、政协、民主党派监督作用。

（四）建强贫困村党组织

深入推进抓党建促脱贫攻坚，全面强化贫困地区农村基层党组织领导核心地位，切实提升贫困村党组织的组织力。防止封建家族势力、地方黑恶势力、违法违规宗教活动侵蚀基层政权，干扰破坏村务。大力整顿贫困村软弱涣散党组织，以县为单位组织摸排，逐村分析研判，坚决撤换不胜任、不合格、不尽职的村党组织书记。重点从外出务工经商创业人员、大学生村官、本村致富能手中选配，本村没有合适人员的，从县乡机关公职人员中派任。建立健全回引本土大学生、高校培养培训、县乡统筹招聘机制，为每个贫困村储备1至2名后备干部。加大在贫困村青年农民、外出务工青年中发展党员力度。支持党员创办领办脱贫致富项目，完善贫困村党员结对帮扶机制。全面落实贫困村"两委"联席会议、"四议两公开"和村务监督等工作制度。派强用好第一书记和驻村工作队，从县以上

党政机关选派过硬的优秀干部参加驻村帮扶。加强考核和工作指导，对不适应的及时召回调整。派出单位要严格落实项目、资金、责任捆绑要求，加大保障支持力度。强化贫困地区农村基层党建工作责任落实，将抓党建促脱贫攻坚情况作为县乡党委书记抓基层党建工作述职评议考核的重点内容。对不够重视贫困村党组织建设、措施不力的地方，上级党组织要及时约谈提醒相关责任人，后果严重的要问责追责。

（五）培养锻炼过硬的脱贫攻坚干部队伍

保持贫困县党政正职稳定，确需调整的，必须符合中央规定，对于不能胜任的要及时撤换，对于弄虚作假的要坚决问责。实施全国脱贫攻坚全面培训，落实分级培训责任，保证贫困地区主要负责同志和扶贫系统干部轮训一遍。对县级以上领导干部，重点是通过培训提高思想认识，引导树立正确政绩观，掌握精准脱贫方法论，提升研究攻坚问题、解决攻坚难题能力。对基层干部，重点是通过采取案例教学、现场教学等实战培训方法，提高实战能力，增强精准扶贫工作本领。加大对贫困村干部培训力度，每年对村党组织书记集中轮训一次，突出需求导向和实战化训练，着重提高落实党的扶贫政策、团结带领贫困群众脱贫致富的本领。加强对扶贫挂职干部跟踪管理和具体指导，采取“挂包结合”等方式，落实保障支持措施，激励干部人在心在、履职尽责。加强对脱贫一线干部的关爱激励，注重在脱贫攻坚一线考察识别干部，对如期完成任务且表现突出的贫困县党政正职应予以重用，对在脱贫攻坚中工作出色、表现优秀的扶贫干部、基层干部注重提拔使用。对奋战在脱贫攻坚一线的县乡干部要落实好津补贴、周转房等政策，改善工作条件。对在脱贫攻坚中因公牺牲的干部和基层党员的家属及时给予抚恤，长期帮扶慰问。全面落实贫困村干部报酬待遇和正常离任村干部生活补贴。

（六）营造良好舆论氛围

深入宣传习近平总书记关于扶贫工作的重要论述，宣传党中央关于精准扶贫精准脱贫的重大决策部署，宣传脱贫攻坚典型经验，宣传脱贫攻坚取得的伟大成就，为打赢脱贫攻坚战注入强大精神动力。组织广播电视、报刊杂志等媒体推出一批脱贫攻坚重点新闻报道。积极利用网站、微博、微信、移动客户端等新媒体平台开展宣传推广。推出一批反映扶贫脱贫感人事迹的优秀文艺作品，加大扶贫题材文化产品和服务的供给。继续开展全国脱贫攻坚奖和全国脱贫攻坚模范评选表彰，选树脱贫攻坚先进典型。按程序设立脱贫攻坚组织创新奖，鼓励各地从实际出发开展脱贫攻坚工作创新。每年组织报告团，分区域巡回宣讲脱贫先进典型。讲好中国脱贫攻坚故事，反映中国为全球减贫事业作出的重大贡献。加强减贫领域国际交流与合作，帮助受援国建好国际扶贫示范村，为全球减贫事业贡献中国方案。适时对脱贫攻坚精神进行总结。

（七）开展扶贫领域腐败和作风问题专项治理

把作风建设贯穿脱贫攻坚全过程，集中力量解决扶贫领域“四个意识”不强、责任落实不到位、工作措施不精准、资金管理使用不规范、工作作风不扎实、考核评估不严不实等突出问题，确保取得明显成效。改进调查研究，深入基层、深入群众，多层次、多方位、多渠道调查了解实际情况，注重发现并解决问题，力戒“走过场”。注重工作实效，减轻基层工作负担，减少村级填表报数，精简会议文件，让基层干部把精力放在办实事上。严格扶贫资金审计，加强扶贫事务公开。严肃查处贪污挪用、截留私分、虚报冒领、强占掠夺等行为。依纪依法坚决查处贯彻党中央脱贫攻坚决策部署不坚决不到位、弄虚作假问题，主体责任、监督责任和职能部门监管职责不落实问题，坚决纠正脱贫攻坚工作中的形式主义、官僚主义。把扶贫领域腐败和作风问题作为巡视巡察工作重点。中央巡视机构组织开展扶贫领域专项巡视。加强警示教育工作，集中曝光各级纪检监察机关查处的扶贫领域典型案例。

（八）做好脱贫攻坚风险防范工作

防范产业扶贫市场风险，防止产业项目盲目跟风、一刀切导致失败造成损失，各地要对扶贫主导产业面临的技术和市场等风险进行评估，制定防范和处置风险的应对措施。防范扶贫小额贷款还贷风险，纠正户贷企用、违规用款等问题。防范加重地方政府债务风险，防止地方政府以脱贫攻坚名义盲目举债，防止金融机构借支持脱贫攻坚名义违法违规提供融资，坚决遏制地方政府隐性债务增量。

（九）统筹衔接脱贫攻坚与乡村振兴

脱贫攻坚期内，贫困地区乡村振兴主要任务是脱贫攻坚。乡村振兴相关支持政策要优先向贫困地区倾斜，补齐基础设施和基本公共服务短板，以乡村振兴巩固脱贫成果。抓紧研究制定 2020 年后减贫战略。研究推进扶贫开发立法。

参考文献

［1］ Agénor P. R. Public Capital, Health Persistence and Poverty Traps ［J］. Journal of Economics, 2015, 115 (2): 103 –131.

［2］ Alkire S., Apablaza M, Chakravarty S. et al. Measuring Chronic Multidimensional Poverty ［J］. Journal of Policy Modeling, 2017, 39 (7).

［3］ Azariadis C., Stachurski J. Poverty Traps ［M］. Handbook of Economic Growth, 2005.

［4］ Banerjee A. V., Mullainathan S. The Shape of Temptation: Implications for the Economic Lives of the Poor ［J］. Social Science Electronic Publishing, 2010, 21 (8): 141 –167.

［5］ Barrett C. B., Swallow B M. Fractal Poverty Traps ［J］. World Development, 2005, 34 (1): 1 –15.

［6］ Berhanu W. Recurrent Shocks, Poverty Traps and the Degradation of Pastoralists' Social Capital in Southern Ethiopia ［J］. African Journal of Agricultural & Resource Economics, 2011 (1): 121 –147.

［7］ Bloom D. E., Canning D., Sevilla J. Geography and Poverty Traps ［J］. Journal of Economic Growth, 2003, 8 (4): 355 –378.

［8］ Burke W. J., Jayne T. S. Spatial Disadvantages or Spatial Poverty Traps: Household Evidence from Rural Kenya ［M］. MSU International Development Working Paper No. 93, 2008.

［9］ Chambers R. Poverty and Livelihoods: Whose Reality Counts? ［M］. Milestones and Turning Points in Development Thinking. Palgrave Macmillan UK, 2012.

［10］ Chivers D. Success, Survive or Escape? Aspirations and Poverty Traps ［J］. Journal of Economic Behavior & Organization, 2017, 43 (6): 325 –358.

［11］ Churchill S. A., Smyth R. Ethnic Diversity and Poverty ［J］. Monash Economics Working Papers, 2017, 95 (4): 285 –302.

[12] Durairaj V. The Bottom Billion: Why are the Poorest Countries Failing and What Can be Done About It [J]. Bulletin of the World Health Organization, 2007, 85 (11): 790 - 838.

[13] Fang Y., Zou W. Neighborhood Effects and Regional Poverty Traps in Rural China [J]. China & World Economy, 2014, 22 (1): 83 - 102.

[14] Guriev S., Vakulenko E. Breaking Out of Poverty Traps: Internal Migration and Interregional Convergence in Russia [J]. Social Science Electronic Publishing, 2015, 43 (3): 633 - 649.

[15] Hoddinott J., Kinsey B. Child Growth in the Time of Drought [J]. Oxford Bulletin of Economics & Statistics, 2010, 63 (4): 409 - 436.

[16] Hulme D., Moore K., Shepherd A. Chronic Poverty: Meanings and Analytical Frameworks [J]. Ssrn Electronic Journal, 2001, 106 (16): 15 - 27.

[17] Jalan J., Ravallion M. Are the Poor Less Well Insured? Evidence on Vulnerability to Income Risk in rural China [J]. Journal of Development Economics, 1999, 58 (1): 61 - 81.

[18] Jalan J., Ravallion M. Geographic Poverty Traps? A Micro model of Consumption Growth in Rural China [J]. Journal of Applied Econometrics, 2002, 17 (4): 329 - 346.

[19] Jalan J., Ravallion M. Transient Poverty in Postreform Pural China [J]. Journal of Comparative Economics, 1998, 26 (2): 338 - 357.

[20] Kabeer N. Safety Nets and Opportunity Ladders: Addressing Vulnerability and Enhancing Productivity in South Asia [J]. Development Policy Review, 2002, 20 (5): 589 - 614.

[21] Klasing M. "Culture Matters" - growth, Technological Progress, Poverty Traps and Endogenous Cultural Change [J]. Journal of Thermal Stresses, 2013, 36 (2): 71 - 93.

[22] Knight J., Li S. D. Q. Education and the Poverty Trap in Rural China: Closing the Trap [J]. Oxford Development Studies, 2009, 37 (4): 311 - 332.

[23] Kraay A., Mckenzie D. Do Poverty Traps Exist? Assessing the Evidence [J]. Journal of Economic Perspectives, 2014, 28 (3): 127 - 148.

[24] Kraay A., Raddatz C. Poverty Traps, Aid, and Growth [J]. Journal of Development Economics, 2010, 82 (2): 315 - 347.

[25] Krugman P. Increasing Returns and Economic Geography [J]. Journal of Political Economy, 1991, 99 (3): 483 - 499.

［26］ Laajaj R. Endogenous Time Horizon and Behavioral Poverty Trap: Theory and Evidence from Mozambique ［J］. Journal of Development Economics, 2017, 127 (10): 187－208.

［27］ Lewis, W. A. Economic Development with Unlimited Supply of Labor ［D］. Manchester School, 1954, 22 (2): 139－191.

［28］ Mani A., Mullainathan S., Shafir E., Zhao J. Poverty Impedes Cognitive Function ［J］. Science, 2013, 97 (6): 1169.

［29］ Maria E S. Human Capital and the Quality of Education in a Poverty Trap Model ［J］. Oxford Development Studies, 2011, 39 (1): 25－47.

［30］ May J., Baulch B. Poverty Traps and Structural Poverty in South Africa: Reassessing the Evidence from KwaZulu－Natal, 1993 to 2004 ［J］. Why Poverty Persists, 2011 (6): 187－218.

［31］ Moran R., Bank I. A. D. Escaping the Poverty Trap: Investing in Children in Latin America ［M］. Inter－American Development Bank, Distributed by the Johns Hopkins University Press, 2003.

［32］ Nelson R. R. A Theory of the Low－level Equilibrium Trap in Underdeveloped Economies ［J］. American Economic Review, 2006, 46 (5): 894－908.

［33］ Prieur F., Jean－Marie A, Tidball M. Growth and Irreversible Pollution: Are Emission Permits a Means of Avoiding Environmental and Poverty Traps ［J］. Macroeconomic Dynamics, 2013, 17 (2): 261－293.

［34］ Ravallion M., Chen S., Sangraula P. New Evidence on the Urbanization of Global Poverty ［J］. Population & Development Review, 2010, 33 (4): 667－701.

［35］ Ravallion M. The Economics of Poverty ［M］. Oxford University Press, 2016.

［36］ Raza A., Murad H. S., Zakar M. Z. Contextualizing Poverty and Culture; Towards A Social Economy of Community Centered Knowledge Based Development ［J］. International Journal of Social Economics, 2016, 43 (5).

［37］ Vreyer P. D., Herrera J, Mesplé－Somps S. Consumption Growth and Spatial Poverty Traps: An Analysis of the Effects of Social Services and Community Infrastructures on Living Standards in Rural Peru ［J］. Working Papers, 2002, 20 (3): 495－503.

［38］［印］阿玛蒂亚·森. 贫困与饥荒——论权利与剥夺［M］. 王宇，王文玉译. 北京：商务印书馆，2001.

［39］［印］阿玛蒂亚·森. 以自由看待发展［M］. 任赜，于真译. 北京：

中国人民大学出版社，2013.

[40] 安强，杨兆萍，徐晓亮等．南疆三地州贫困与旅游资源优势空间关联研究［J］．地理科学进展，2016，35（4）：515－525.

[41] 北京师范大学管理学院．2016 中国民生发展报告——精准扶贫，共享民生发展［M］．北京：北京师范大学出版社，2017.

[42] 毕辰欣．地方治理视野下贵州乌蒙山地区扶贫开发研究［D］．贵州财经大学硕士学位论文，2012.

[43] 别振宇．民族地区“整村推进”扶贫模式与对策研究——以恩施市三岔乡天池岭村为例［D］．中南民族大学硕士学位论文，2010.

[44] 蔡昉，张车伟．中国人口与劳动问题报告——迈向全面小康的共享发展［M］．北京：社会科学文献出版社，2016.

[45] 蔡昉．中国人口与劳动问题报告（2015），面向全面建成小康社会的政策调整［M］．北京：社会科学文献出版社，2015.

[46] 曹李海．国家治理情景下地方政府机会主义的特征事实与生成机理［J］．内蒙古社会科学（汉文版），2017，38（2）：39－45.

[47] 曹廷贵，刘博．多样与适配：民族地区的金融支持与反贫困［J］．经济学家，2013（7）：103－104.

[48] 曾以禹，吴琼，衣旭彤．深度贫困地区林业精准扶贫案例研究［J］．林业经济，2017，39（8）：27－30.

[49] 产业扶贫再认识［EB/OL］．http：//www.scfpym.gov.cn/show.aspx?id=16743.2013－06－24.

[50] 陈成文．对贫困类型划分的再认识及其政策意义［J］．社会科学家，2017（6）：8－14.

[51] 陈纯槿．教育精准扶贫与代际流动［M］．上海：华东师范大学出版社，2017.

[52] 陈坚．易地扶贫搬迁政策执行困境及对策——基于政策执行过程视角［J］．探索，2017（4）：5－6.

[53] 陈健生．生态脆弱地区农村慢性贫困研究［D］．西南财经大学博士学位论文，2008.

[54] 陈全功，程蹊．空间贫困理论视野下的民族地区扶贫问题［J］．中南民族大学学报（人文社会科学版），2011，31（1）：58－63.

[55] 陈全功，李忠斌．民族地区农户持续性贫困探究［J］．中国农村观察，2009（5）：39－48.

[56] 程联涛．我国贫困地区区域特征及扶贫对策［J］．贵州社会科学，

2014（10）：114－117.

［57］仇雨临，张忠朝．贵州民族地区医疗保障反贫困研究［J］．国家行政学院学报，2016（3）：69－75.

［58］戴庆中，李德建．文化视域下的民族地区反贫困策略研究［J］．贵州社会科学，2011（12）：64－68.

［59］党国英．贫困类型与减贫战略选择［J］．改革，2016（8）：68－70.

［60］丁文广，冶伟峰，米璇等．甘肃省不同地理区域灾害与贫困耦合关系量化研究［J］．经济地理，2013，33（3）：28－35.

［61］丁忠毅．府际协作治理能力建设的阻滞因素及其化解——以对口支援边疆民族地区为中心的考察［J］．理论探讨，2016（3）：160－165.

［62］方黎明．新型农村合作医疗和农村医疗救助制度对农村贫困居民就医经济负担的影响［J］．中国农村观察，2013（2）：80－92.

［63］方迎风，童光荣，邹薇．公共资本、私人投资与区域性贫困陷阱［J］．经济评论，2015（5）：70－83.

［64］冯彦．滇西北“大河流域”区贫困类型及脱贫研究［J］．云南地理环境研究，2001，13（1）：87－93.

［65］高飞．民族地区连片开发扶贫模式的实践与反思——以帕森斯 AGIL 功能分析模型为工具［J］．云南民族大学学报（哲学社会科学版），2013，30（2）：73－80.

［66］高帅．贫困识别、演进与精准扶贫研究［M］．北京：经济科学出版社，2016.

［67］耿宝江，庄天慧，彭良琴．四川藏区旅游精准扶贫驱动机制与微观机理［J］．贵州民族研究，2016，37（4）：157－160.

［68］耿小娟．民族地区贫困问题及多元化扶贫开发模式选择［J］．兰州学刊，2015（7）：204－208.

［69］顾永红，向德平，胡振光．可持续生计视角下连片特困地区妇女贫困研究［J］．江汉论坛，2014（6）：136－140.

［70］关付新．山区贫困陷阱的构造及其突破［J］．青海师范大学学报（哲学社会科学版），2005（4）：21－25.

［71］桂金赛，孙玉芬．云南深度贫困片区扶贫攻坚面临的困难与对策实证研究［J］．全国商情，2016（24）：51－53.

［72］郭熙保，罗知．论贫困概念的演进［J］．江西社会科学，2005（11）：38－43.

［73］郭志仪，金文俊．“少生快富”工程对统筹少数民族人口资源环境与

发展的作用分析［J］．人口研究，2010，34（6）：104－109.

［74］韩宇，施若．我国贫困地区农村医疗保障的水平及其改革探析——以滇、黔、陕、甘、青五省为例［J］．上海经济研究，2015（3）．

［75］何龙斌．省际边缘区“贫困陷阱”的形成与突破——以陕、鄂、川、甘省际边缘区为例［J］．经济问题探索，2016（9）：58－64.

［76］何仁伟，李光勤，刘运伟等．基于可持续生计的精准扶贫分析方法及应用研究——以四川凉山彝族自治州为例［J］．地理科学进展，2017，36（2）：182－192.

［77］贺立龙，郑怡君，胡闻涛等．易地搬迁破解深度贫困的精准性及施策成效［J］．西北农林科技大学学报（社会科学版），2017，17（6）：9－17.

［78］贺雪峰．关于实施乡村振兴战略的几个问题［J］．南京农业大学学报（社会科学版），2018，18（3）：19－26＋152.

［79］洪秋妹，常向阳．我国农村居民疾病与贫困的相互作用分析［J］．农业经济问题，2010，31（4）：85－94.

［80］胡鞍钢，李春波．新世纪的新贫困：知识贫困［J］．中国社会科学，2001（3）：70－81.

［81］湖北民族地区经济社会发展研究中心课题组．民族地区经济社会发展调研报告［M］．北京：经济科学出版社，2017.

［82］黄承伟，刘欣，周晶．鉴往知来——十八世纪以来国际贫困与反贫困理论评述［M］．南宁：广西人民出版社，2017.

［83］黄承伟，王建民．少数民族与扶贫开发［M］．北京：民族出版社，2011.

［84］黄承伟，叶韬，赖力．扶贫模式创新——精准扶贫：理论研究与贵州实践［J］．贵州社会科学，2016（10）：4－11.

［85］黄承伟．论习近平新时代中国特色社会主义扶贫思想［J］．南京农业大学学报（社会科学版），2018，18（3）：12－18＋152.

［86］黄康生：加大力度推进“三区三州”深度贫困地区脱贫攻坚［EB/OL］．http：//www.rmzxb.com.cn/c/2017－08－29/1755433.shtml.

［87］黄顺君．社会参与西部民族地区精准协同扶贫机制创新研究——基于社会资本协同扶贫治理逻辑［J］．贵州民族研究，2016（11）：52－55.

［88］黄颂文．西部民族地区农村反贫困的思路［J］．学术论坛，2004（4）：95－98.

［89］焦若水．民族妇女贫困：制度与文化的双重解释［J］．青海民族研究，2006，72（4）：53－56.

［90］解垩．农村家庭的资产与贫困陷阱［J］．中国人口科学，2014（6）：71－83.

［91］康晓光．中国贫困与反贫困理论［M］．南宁：广西人民出版社，1995.

［92］孔祥智．产业兴旺是乡村振兴的基础［J］．农村金融研究，2018（2）：9－13.

［93］蓝红星，杨浩，庄天慧等．集中连片特困地区农村慢性贫困问题研究——以大小凉山彝区为例［M］．北京：科学出版社，2017.

［94］蓝红星．中国少数民族地区贫困问题研究［M］．北京：经济科学出版社，2013.

［95］乐章，刘二鹏．家庭禀赋、社会福利与农村老年贫困研究［J］．农业经济问题，2016（8）：63－73.

［96］李俊杰．集中连片特困地区反贫困研究——以乌蒙山区为例［M］．北京：科学出版社，2013.

［97］李琼，张登巧．民族地区社会保障制度减贫的功能及实践［J］．甘肃社会科学，2017（4）：87－92.

［98］李瑞华．内蒙古贫困与反贫困的经济学研究［D］．武汉理工大学博士学位论文，2013.

［99］李实，John K. 中国城市中的三种贫困类型［J］．经济研究，2002（10）：47－58.

［100］李小云．把攻克深度贫困堡垒作为脱贫攻坚的重中之重［N］．贵阳日报，2017－08－09.

［101］李小云．东西部扶贫协作和对口支援的四维考量［J］．改革，2017（8）：61－64.

［102］李孝忠．乡村振兴：历史逻辑与现实抉择［J］．中国发展观察，2018（Z1）：54－56.

［103］李雅赛．人力资源开发视角下西部民族地区反贫困研究［D］．中南民族大学硕士学位论文，2014.

［104］李永红．县域空间贫困地理资本结构与特征分析［D］．宁夏大学硕士学位论文，2016.

［105］廖桂蓉．教育期望与贫困陷阱：对藏区牧民持续贫困的一种解释［J］．西南民族大学学报（人文社会科学版），2014，35（6）：198－201.

［106］廖娟．残疾与贫困：基于收入贫困和多维贫困测量的研究［J］．人口与发展，2015（1）：68－77.

[107] 林卡，范晓光．贫困、制度和国家的反贫困战略——一项关于转型中国贫困问题的研究［C］．社会政策国际论坛，2006.

[108] 林闽钢，张瑞利．农村贫困家庭代际传递研究——基于CHNS数据的分析［J］．农业技术经济，2012（1）：29－35.

[109] 林毅夫．后发优势与后发劣势——与杨小凯教授商榷［J］．经济学（季刊），2003（3）：989－1004.

[110] 刘洪军，陈柳钦．制度创新与经济增长：对发展中国家跨越贫困陷阱的道路的思考［J］．经济科学，2001（4）：114－119.

[111] 刘解龙．精准扶贫精准脱贫中期阶段的理论思考［J］．湖南社会科学，2018（1）：49－55.

[112] 刘生龙，李军．健康、劳动参与及中国农村老年贫困［J］．中国农村经济，2012（1）：56－68.

[113] 刘廷兰．民族地区农村扶贫模式效果分析［D］．中央民族大学硕士学位论文，2011.

[114] 刘小鹏，苏晓芳，王亚娟等．空间贫困研究及其对我国贫困地理研究的启示［J］．干旱区地理，2014，37（1）：144－152.

[115] 刘一明，胡卓玮，赵文吉等．基于BP神经网络的区域贫困空间特征研究——以武陵山连片特困区为例［J］．地球信息科学学报，2015，17（1）：69－77.

[116] 柳劲松．空间经济学视阈下武陵山区农村职教扶贫研究［M］．北京：科学出版社，2018.

[117] 龙祖坤，杜倩文，周婷．武陵山区旅游扶贫效率的时间演进与空间分异［J］．经济地理，2015，35（10）：210－217.

[118] 卢冲，耿宝江，庄天慧等．藏区贫困农牧民参与旅游扶贫的意愿及行为研究——基于四川藏区23县（市）1320户的调查［J］．旅游学刊，2017，32（1）：64－76.

[119] 卢明昌．宗祖文化与精准扶贫［M］．北京：社会科学文献出版社，2017.

[120] 陆汉文，黄承伟．中国精准扶贫发展报告［M］．北京：社会科学文献出版社，2017.

[121] 骆希，庄天慧．贫困治理视域下小农集体行动的现实需求、困境与培育［J］．农村经济，2016（5）：80－86.

[122] 马金玲．西部贫困民族地区女童教育的发展［J］．民族教育研究，2000（4）：64－68.

[123] 马丽，金凤君，刘毅．中国经济与环境污染耦合度格局及工业结构解析［J］．地理学报，2012，67（10）：1299－1307.

［124］［英］阿尔弗雷德，马歇尔．经济学原理［M］．刘生龙译．北京：中国社会科学出版社，2008.

［125］宁亚芳．西部民族地区人口政策缓贫效果检验［J］．中国人口科学，2014（6）：84－95.

［126］牛胜强．多维视角下深度贫困地区脱贫攻坚困境及战略路径选择［J］．理论月刊，2017（12）：146－150.

［127］欧阳峣等．大国经济发展理论［M］．北京：中国人民大学出版社，2014.

［128］潘明明，李光明，龚新蜀．西部民族特困区农村人力资源开发减贫效应研究——以南疆三地州为例［J］．人口与发展，2016，22（2）：72－81.

［129］祁毓，卢洪友．“环境贫困陷阱”发生机理与中国环境拐点［J］．中国人口·资源与环境，2015，25（10）：71－78.

［130］乔宇．生态贫困视域下民族生态脆弱地区减贫研究——以武陵山片区为例［J］．贵州民族研究，2015（2）：125－128.

［131］任晓冬，高新才．喀斯特环境与贫困类型划分［J］．农村经济，2010（2）：55－58.

［132］任宗哲，白宽犁，王建康．陕西精准脱贫研究报告［M］．北京：社会科学文献出版社，2018.

［133］桑晚晴．民族地区集中连片特困区搬迁扶贫研究——以四川省为例［J］．农村经济，2016（3）：50－54.

［134］申鹏，李玉．农业供给侧改革视角下西部民族地区特色产业发展研究——以麻江蓝莓产业为例［J］．贵州民族研究，2017（6）：203－207.

［135］［美］西奥多·舒尔茨．论人力资本投资［M］．吴珠华译．北京：北京经济学院出版社，1990.

［136］斯丽娟．以工代赈在农村扶贫开发中的效益——基于甘肃省以工代赈政策实施的调查［J］．甘肃社会科学，2011（3）：237－239.

［137］［日］速水佑次郎．发展经济学：从贫困到富裕（第三版）［M］．李周译．北京：社会科学文献出版社，2009.

［138］孙璐．扶贫项目绩效评估研究——基于精准扶贫的视角［M］．北京：社会科学文献出版社，2018.

［139］孙亚范．农民专业合作社的利益机制及其运行绩效研究——基于成员行为的分析［M］．北京：中国社会科学出版社，2015.

[140] 覃志敏．推进深度贫困地区的精准扶贫治理［J］．中国国情国力，2017（12）：48－50.

[141] 谭贤楚，朱力．贫困类型与政策含义：西部民族山区农村的贫困人口——基于恩施州的实证研究［J］．未来与发展，2012，35（1）：109－113.

[142] 唐毅．基础设施投资与民族地区经济发展研究［D］．中南民族大学硕士学位论文，2009.

[143] 田朝晖，解安．社会救助的贫困治理绩效及其“陷阱”规避——以三江源生态移民为例［J］．南京人口管理干部学院学报，2012，28（3）：70－74.

[144] 万国威，高丽茹．结构、文化抑或排斥：西部民族地区特困农牧民的致贫机理［J］．人口学刊，2016，38（5）：70－82.

[145] 汪三贵，王彩玲．交通基础设施的可获得性与贫困村劳动力迁移——来自贫困村农户的证据［J］．劳动经济研究，2015（6）：22－37.

[146] 王超，蒋彬．乡村振兴战略背景下农村精准扶贫创新生态系统研究［J］．四川师范大学学报（社会科学版），2018（3）：5－15.

[147] 王怀栋．民族地区特色产业视觉下民族马业发展升级思考——以内蒙古锡林郭勒盟马业为例［J］．贵州民族研究，2017（12）：188－191.

[148] 王孔敬．民族地区特色资源产业精准扶贫研究——以湖北恩施州为例［M］．北京：科学出版社，2012.

[149] 王亮亮，杨意蕾．贫困陷阱与贫困循环研究——以贵州麻山地区代化镇为例［J］．中国农业资源与区划，2015，36（2）：94－101.

[150] 王曙光．乡村振兴战略与中国扶贫开发的战略转型［J］．农村金融研究，2018（2）：14－19.

[151] 王曙光．中国的贫困与反贫困［J］．农村经济，2011（3）：3－8.

[152] 王文略，毛谦谦，余劲．基于风险与机会视角的贫困再定义［J］．中国人口·资源与环境，2015，25（12）：147－153.

[153] 王小林，张晓颖．迈向2030：中国减贫与全球贫困治理［M］．北京：社会科学文献出版社，2017.

[154] 王晓毅．反思的发展与民族地区反贫困——基于滇西北和贵州的案例研究［J］．中国农业大学学报（社会科学版），2015，32（4）：5－14.

[155] 王晓毅．易地扶贫搬迁方式的转变与创新［J］．改革，2016（8）：71－73.

[156] 王晓毅等．生态移民与精准扶贫——宁夏的实践与经验［M］．北京：社会科学文献出版社，2017.

［157］王永明，王美霞，吴殿廷等．贵州省乡村贫困空间格局与形成机制分析［J］．地理科学，2017，37（2）：217－227.

［158］王瑜，汪三贵．农村贫困人口的聚类与减贫对策分析［J］．中国农业大学学报（社会科学版），2015，32（2）：98－109.

［159］王瑜，汪三贵．特殊类型贫困地区农户的贫困决定与收入增长［J］．贵州社会科学，2016（5）：145－155.

［160］王志章，刘天元．连片特困地区农村贫困代际传递的内生原因与破解路径［J］．农村经济，2016（5）：74－79.

［161］韦璞．贫困、贫困风险与社会保障的关联性［J］．广西社会科学，2015（2）：134－141.

［162］为公．第一书记与精准扶贫：农村扶贫工作思索与创新［M］．北京：首都经济贸易大学出版社，2017.

［163］吴传俭．经济资源错配视角下的农村贫困与中国反贫困路径研究［J］．宏观经济研究，2016（6）：3－19.

［164］吴国宝．东西部扶贫协作困境及其破解［J］．改革，2017（8）：57－61.

［165］吴国宝．对中国扶贫战略的简评［J］．中国农村经济，1996（8）：26－30.

［166］吴海鹰，马夫．我国人口较少民族的贫困与扶贫开发［J］．云南社会科学，2005（1）：80－85.

［167］吴小红．民族地区医疗卫生事业发展困境与突破［J］．贵州民族研究，2015（2）：46－49.

［168］武汉大学，全国扶贫宣传教育中心组．中国反贫困发展报告．2017：定点扶贫专题［M］．武汉：华中科技大学出版社，2017.

［169］兀晶．论西部民族地区环境资源型产业扶贫模式的创建［J］．贵州民族研究，2017（1）：168－171.

［170］郗永勤等．循环经济发展的机制与政策研究［M］．北京：社会科学文献出版社，2014.

［171］习近平．在深度贫困地区脱贫攻坚座谈会上的讲话［J］．党建，2017（9）：4－9.

［172］习近平在打好精准脱贫攻坚战座谈会上强调：提高脱贫质量聚焦深贫地区，扎扎实实把脱贫攻坚战推向前进［N］．人民日报，2018－02－15（01）．

［173］习明明，郭熙保．贫困陷阱理论研究的最新进展［J］．经济学动态，2012（3）：109－114.

[174] 向德平，张大维等．连片特困地区贫困特征与减贫需求分析——基于武陵山片区8县149个村的调查［M］．北京：经济日报出版社，2016.

[175] 向德平．中国反贫困发展报告——社会组织参与扶贫专题［M］．武汉：华中科技大学出版社，2016.

[176] 向延平，陈友莲．欠发达地区地理贫困陷阱形成机理与地理瞄准扶贫路径研究［J］．新余学院学报，2016，21（3）：6－8.

[177] 徐虹，王彩彩．乡村振兴战略下对精准扶贫的再思考［J］．农村经济，2018（3）：11－17.

[178] 徐伍达．西藏打赢深度贫困地区脱贫攻坚战的路径选择［J］．西南民族大学学报（人文社科版），2018，39（5）：57－62.

[179] 许军涛．贫困治理中的合作经济组织参与研究［D］．华中师范大学博士学位论文，2015.

[180]［英］亚当·斯密．国民财富的性质和原因的研究（上卷）［M］．郭大力，王亚南译．北京：商务印书馆，2015.

[181] 杨栋会．西南民族地区农村收入差距和贫困研究［D］．中国农业科学院博士学位论文，2009.

[182] 杨帆，庄天慧．精准扶贫的理论框架与实践逻辑解析——基于社会发展模型［J］．四川师范大学学报（社会科学版），2017，44（2）：37－43.

[183] 杨浩，庄天慧，蓝红星．气象灾害对贫困地区农户脆弱性影响研究——基于全国592个贫困县53271户的分析［J］．农业技术经济，2016（3）：103－112.

[184] 叶初升，高考，刘亚飞．贫困陷阱：资产匮乏与悲观心理的正反馈［J］．上海财经大学学报，2014，16（4）：44－53.

[185] 叶普万．贫困概念及其类型研究述评［J］．复印报刊资料（农业经济导刊），2006（7）：124－127.

[186] 叶玉瑶，张虹鸥，刘凯等．珠江三角洲建设用地扩展与工业化的耦合关系研究［J］．人文地理，2011（4）：79－84.

[187] 于开红．马克思主义视阈下的中国生态贫困问题研究［D］．西南财经大学博士学位论文，2016.

[188] 郁建兴，高翔．从行政推动到内源发展：中国农业农村的再出发［M］．北京：北京师范大学出版社，2013.

[189] 袁航，刘梦璐，刘景景．基于健康营养调查（CHNS）对地理禀赋贫困陷阱的实证分析［J］．经济地理，2017，37（6）：45－51.

[190] 张倍倍．西南边疆民族地区经济发展与社会稳定机制建设研究［D］．

西南财经大学硕士学位论文，2012.

［191］张建华．贫困测度与政策评估——基于中国转型时期城镇贫困问题的研究［M］．北京：人民出版社，2010.

［192］张军．乡村价值定位与乡村振兴［J］．中国农村经济，2018（1）：2－10.

［193］张俊良，闫东东．多维禀赋条件、地理空间溢出与区域贫困治理——以龙门山断裂带区域为例［J］．中国人口科学，2016（5）：35－48.

［194］张康之．为了人的共生共在［M］．北京：人民出版社，2016.

［195］张丽君，董益铭，韩石．西部民族地区空间贫困陷阱分析［J］．民族研究，2015（1）：25－35＋124.

［196］张丽君，杨秀明，于倩．精准扶贫背景下内蒙古贫困特征比较分析及对策研究［J］．内蒙古社会科学（汉文版），2017，38（4）：199－204.

［197］张亮晶，杨瑚，尚明瑞．西部民族地区生态环境与反贫困战略研究——以肃南裕固族自治县为例［J］．干旱区资源与环境，2011，25（3）：53－58.

［198］张琦，史志乐．我国教育扶贫政策创新及实践研究［J］．贵州社会科学，2017（4）：154－160.

［199］张琦．整村推进扶贫模式与少数民族社区发展［M］．北京：民族出版社，2013.

［200］张琦等．中国绿色减贫指数报告［M］．北京：经济日报出版社，2014.

［201］张童朝，颜廷武，何可等．基于市场参与维度的农户多维贫困测量研究——以连片特困地区为例［J］．中南财经政法大学学报，2016（3）：38－45.

［202］张伟，罗向明，郭颂平．民族地区农业保险补贴政策评价与补贴模式优化——基于反贫困视角［J］．中央财经大学学报，2014，1（8）：31－38.

［203］张文秀等．西南少数民族牧区新农村建设研究［M］．北京：中国农业出版社，2012.

［204］张五常．经济解释［M］．北京：中信出版社，2014.

［205］张序，方茜．民族地区基本公共服务均等化分析［J］．经济体制改革，2009（4）：138－141.

［206］张昭，杨澄宇，袁强．“收入导向型”多维贫困的识别与流动性研究——基于 CFPS 调查数据农村子样本的考察［J］．经济理论与经济管理，2017（2）：98－112.

［207］赵书栋，李炳全．精神扶贫：精准扶贫的内生性动力［J］．延安大

学学报（社会科学版），2018，40（1）：90－94.

［208］赵晓峰，邢成举．农民合作社与精准扶贫协同发展机制构建：理论逻辑与实践路径［J］．农业经济问题，2016（4）：23－29.

［209］赵莹．基于地理资本的集中连片特困地区空间贫困陷阱研究［D］．宁夏大学硕士学位论文，2015.

［210］郑瑞强，朱述斌，王英．连片特困区扶贫资源配置效应与优化机制［M］．北京：社会科学文献出版社，2017.

［211］郑长德．“三区”“三州”深度贫困地区脱贫奔康与可持续发展研究［J］．民族学刊，2017，8（6）：1－8.

［212］郑长德．基于包容性绿色发展视域的集中连片特困民族地区减贫政策研究［J］．中南民族大学学报（人文社会科学版），2016，36（1）：115－121.

［213］郑长德．贫困陷阱、发展援助与集中连片特困地区的减贫与发展［J］．西南民族大学学报（人文社会科学版），2017，38（1）：120－127.

［214］郑子敬．深度贫困地区增减挂钩节余指标跨省交易的路径研究［J］．中国土地，2017（12）：34－37.

［215］中共中央　国务院关于打赢脱贫攻坚战的决定［N］．人民日报，2015－12－08（1）.

［216］中共中央　国务院关于实施乡村振兴战略的意见［EB/OL］．http：//politics. people. com. cn/n1/2018/0205/c1001－29804814. html，2018－02－05.

［217］钟海燕，郑长德．川甘青结合部藏族聚居区绿色包容性发展研究［J］．西南民族大学学报（人文社会科学版），2017，38（6）：134－141.

［218］周力，孙杰．气候变化与中国连片特困地区资产贫困陷阱［J］．南京农业大学学报（社会科学版），2016，16（5）：55－64.

［219］周茂春，邓鹏．西部农村贫困陷阱反思及终结治理［J］．云南财经大学学报（社会科学版），2009，24（2）：97－100.

［220］周猛．集中连片特困地区的致贫因素和减贫对策探析——以西藏自治区改则县为例［J］．开发研究，2012（6）：43－46.

［221］周强，张全红．中国家庭长期多维贫困状态转化及教育因素研究［J］．数量经济技术经济研究，2017（4）：3－19.

［222］朱玲．减贫与包容：发展经济学研究［M］．北京：中国社会科学出版社，2013.

［223］朱晓阳．边缘与贫困——贫困群体研究反思［M］．北京：社会科学文献出版社，2012.

［224］庄天慧，张军．民族地区扶贫开发研究——基于致贫因子与孕灾环境

契合的视角［J］．农业经济问题，2012（8）：50－55.

［225］庄天慧．四川藏区农牧民收入水平、结构及差距研究［J］．西南民族大学学报（人文社会科学版），2016，37（1）：152－155.

［226］庄天慧．西南少数民族贫困县的贫困和反贫困调查与评估［M］．北京：中国农业出版社，2011.

［227］邹薇，方迎风．中国农村区域性贫困陷阱研究——基于“群体效应”的视角［J］．经济学动态，2012（6）：3－15.

［228］邹薇，郑浩．贫困家庭的孩子为什么不读书：风险、人力资本代际传递和贫困陷阱［J］．经济学动态，2014（6）：16－31.

［229］邹文杰．医疗卫生服务均等化的减贫效应及门槛特征——基于空间异质性的分析［J］．经济学家，2014（8）：59－65.

后　记

本书系本人从事民族地区贫困问题研究工作以来，专题对深度贫困地区如何跨越贫困陷阱按期实现精准脱贫进行深入系统思考研究而形成的专著。在此，首先要感谢四川省“天府万人计划”天府社科菁英项目和四川省社会科学高水平研究团队“农村精准扶贫创新研究”团队的资助。

成功跨越贫困陷阱历来是全世界深陷贫困中的国家（地区）梦寐以求的大事。消除贫困、改善民生、实现共同富裕，是社会主义的本质要求，是我们党的重要使命。在世界各国共同应对绝对贫困（极端贫困）这一全球性重大挑战时，中国以高度智慧确立了打赢脱贫攻坚战、攻克深度贫困堡垒的宏伟目标。将研究成果付梓成书，以期能够为关注以“三区三州”为代表的我国深度贫困地区的人们，推动全面建成小康社会、实现第一个百年奋斗目标任务提供参考与启发，为中国乃至世界跨越贫困陷阱尽绵薄之力。

在本书的研究过程中，一直得到了众多人士和机构的悉心指导、无私帮助和鼎力支持。包括但不限于国务院扶贫办中国扶贫发展中心主任黄承伟研究员、中国人民大学汪三贵教授、北京师范大学张琦教授、中国社科院农村发展研究所吴国宝研究员、四川省社会科学院郭晓鸣研究员、西南民族大学郑长德教授，四川省人民政府副秘书长、省扶贫开发局局长降初，四川省扶贫开发局督查考核处处长薛兵、四川省教育厅挂职雷波县委副书记李大鹏、云南省扶贫办副主任唐家华、云南省迪庆藏族自治州政协副主席格桑朗杰、四川省阿坝藏族羌族自治州扶贫开发局副局长朱钰，四川省凉山彝族自治州雷波县、昭觉县、木里县、喜德县、布拖县和甘孜藏族自治州石渠县、色达县、炉霍县等的领导和工作人员，在此一并诚挚致谢。

借此机会，还要特别感谢我所在的四川省社会科学高水平研究团队“农村精准扶贫创新研究”团队，这是一支充满情怀、团结拼搏、奋发有为并永远在追求卓越的优秀团队。感谢团队师生在课题入户调研、资料收集、问卷校验和报告撰写等过程中付出的汗水和艰辛。从内容撰写到成书出版，项目组全体人员召开了多次研讨会，对研究思路、技术路线、研究难点、调研提纲、问卷设计、理论框架、章节大纲等进行了深入讨论乃至争论，它是一项集体劳动、协作攻关的成果。本专著各章节的主要写作分工及其修订完善如下：蓝红星负责第一章、第三章、第十章；庄天慧负责第四章、第十二章；曾维忠负责第五章；陈光燕负责第二章；胡原负责第八章；王英负责第九章；胡海、许鲜负责第六章；何思妤、张海霞负责第七章，杨浩负责第十一章。

除此之外，参与本书调研和写作的人员还有：孙锦杨、戴小文、汪为、何恩美、王虎成、张社梅、唐宏、徐定德、冉瑞平、耿宝江、刘宇荧、舒扬等。在各章节写作的基础上，由蓝红星、庄天慧对最终成果转化的专著全稿进行了补充、修订和完善。

本书在撰写过程中，尽最大努力将所参考的文献资料陈列在每页下方，以表达对原作者所做工作的敬意和感谢，但其中遗漏可能难以避免，由此造成的不当之处，敬请原作者予以谅解。尽管我们试图将自己的作品打造成精品，但由于学识和水平均有限，疏漏和欠缺在所难免，敬请读者批评指正。本书的出版得到了经济管理出版社的大力支持，在此特别感谢曹靖先生为本书的出版所付出的辛苦工作。

跨越贫困陷阱是全球贫困治理研究热点问题。深度贫困地区跨域贫困陷阱的研究工作不仅面临对深度贫困认知和实践不足导致研究典型性不够的困难，而且面临我国深度贫困地区农户居住分散、语言沟通不便、交通不畅、调研时间季节性限制、入户成本高等诸多困难。纵然如此，筚路蓝缕、披荆斩棘，我们的研究依然得到了顺利推进，取得了初步成果，这是最令我感到欣慰的。我们将继续和各界同道并肩前行，并期望能抛砖引玉、有更多的成果问世，帮助深度贫困地区尽快跨越贫困陷阱，更好地推动世界消除绝对贫困。在此，谨将此书献给所有为全球减贫事业辛勤工作、默默付出的人们！

作者
2019 年 11 月于成都

图书在版编目（CIP）数据

中国深度贫困地区跨越贫困陷阱研究/蓝红星，庄天慧著．—北京：经济管理出版社，2019.11

ISBN 978 - 7 - 5096 - 5482 - 8

Ⅰ.①中…　Ⅱ.①蓝…　②庄…　Ⅲ.①少数民族—民族地区—扶贫—研究—中国　Ⅳ.①F127.8

中国版本图书馆 CIP 数据核字(2019)第 258375 号

组稿编辑：曹　靖
责任编辑：任爱清
责任印制：黄章平
责任校对：陈　颖

出版发行：经济管理出版社
（北京市海淀区北蜂窝 8 号中雅大厦 A 座 11 层　100038）
网　　址：www. E - mp. com. cn
电　　话：（010）51915602
印　　刷：北京玺诚印务有限公司
经　　销：新华书店
开　　本：720mm × 1000mm/16
印　　张：18.75
字　　数：353 千字
版　　次：2019 年 12 月第 1 版　　2019 年 12 月第 1 次印刷
书　　号：ISBN 978 - 7 - 5096 - 5482 - 8
定　　价：88.00 元